高等学校法学系列教材·基础与应用

国际商法
（第2版）

温耀原　周　晖◎主　编
罗佩华　苑莹焱◎副主编

清华大学出版社
北　京

内 容 简 介

本书根据国家新颁布实施的《民法典》，结合近年新制定和修订的外商投资法、公司法、证券法、商标法等法律法规，依照国际商事实务操作规程，系统介绍了以下内容：国际商事组织法、代理法、合同法、国际货物买卖法、国际货物运输法与保险法、票据法、产品责任法、知识产权保护法、国际商事仲裁法等国际商法理论基础知识。此外，本书还结合学生就业需要，提供案例教学指引，以提高读者应用能力。

本书既可作为普通高等院校法律、国际商事、金融等专业教学的首选教材；也可兼顾高职高专、应用型大学、成人高等教育的教学；还可用于工商企业财经管理干部等从业人员的在职培训；并为其他对国际商事法律法规感兴趣的读者提供有益的学习指导。

本书封面贴有清华大学出版社防伪标签，无标签者不得销售。
版权所有，侵权必究。举报：010-62782989，beiqinquan@tup.tsinghua.edu.cn。

图书在版编目(CIP)数据

国际商法/温耀原，周晖主编. —2 版. —北京：清华大学出版社，2022.2（2025.1重印）
高等学校法学系列教材. 基础与应用
ISBN 978-7-302-59915-9

Ⅰ.①国… Ⅱ.①温… ②周… Ⅲ.①国际商法－高等学校－教材 Ⅳ.①D996.1

中国版本图书馆 CIP 数据核字(2022)第 020150 号

责任编辑：刘　晶
封面设计：汉风唐韵
责任校对：宋玉莲
责任印制：刘　菲

出版发行：清华大学出版社
网　　址：https://www.tup.com.cn，https://www.wqxuetang.com
地　　址：北京清华大学学研大厦 A 座　　邮　编：100084
社 总 机：010-83470000　　邮　购：010-62786544
投稿与读者服务：010-62776969，c-service@tup.tsinghua.edu.cn
质量反馈：010-62772015，zhiliang@tup.tsinghua.edu.cn

印 装 者：三河市春园印刷有限公司
经　　销：全国新华书店
开　　本：185mm×260mm　　印　张：20.75　　字　数：442 千字
版　　次：2015 年 3 月第 1 版　2022 年 2 月第 2 版　印　次：2025 年 1 月第 3 次印刷
定　　价：89.00 元

产品编号：092282-01

本书编审委员会

主　　任：牟惟仲

副 主 任：林　征　　冀俊杰　　张昌连　　翁心刚　　唐征友
　　　　　王海文　　张建国　　车亚军　　李遐桢　　李大军

编　　委：李爱华　　李遐桢　　周　晖　　侯春平　　刘志军
　　　　　李耀华　　温耀原　　张肖华　　白　硕　　罗佩华
　　　　　苑莹焱　　郎晨光　　侯　斌　　崔嵩超　　储玉坤
　　　　　刘久照　　郭　可　　杨四龙　　李官澄　　朱忠明
　　　　　葛胜义　　郭建磊　　荆　京　　张冠男　　侯晓娜

总　　编：李大军

副 总 编：李爱华　　侯春平　　周　晖　　温耀原　　罗佩华

专 家 组：李遐桢　　王海文　　李耀华　　杨四龙　　郎晨光

序　言

随着改革开放进程的加快和社会主义市场经济的快速发展,我国经济建设一直保持着持续高速增长的态势,已经成为全球第二大经济体。经济发展越快,市场竞争越激烈,越是需要法律法规作保障。法律法规既是规则,也是企业的行为准则;法律法规在开拓国际市场、国际商务活动交往、防止金融诈骗、打击违法犯罪、推动民族品牌创建、构建和谐社会等方面发挥着越来越大的作用。

目前,我国正处于经济稳步发展的重要时期,随着经济转型、产业结构调整、传统企业改造,涌现了大批旅游、物流、电子商务、生物医药、动漫、演艺、文化创意、绿色生态、循环经济等新型产业。为支持"中小微"型企业和大众自主创业,为与国际经济接轨,适应中国经济国际化发展趋势,近年来国家不断加大税制改革、调整财政政策,并及时颁布实施了一系列法律法规,包括劳动法、旅游法、商标法、税法、保险法等,以更好地搞活经营、活跃市场,确保我国经济的可持续发展。

市场经济是法治经济,经济活动必须遵纪守法,法律法规执行与监管是市场经济的永恒主题。随着我国法律体系的完善,全民更要严格遵守法律法规,企业也更须依法办事、规范经营。当前,面对经济的快速发展、日趋激烈的国际市场竞争,更新观念、学习最新法律法规、调整业务知识结构、掌握各项新的管理制度、加强在职从业人员的法律法规应用技能培训、强化法律道德素质培养已成为亟待推进的工作内容。

社会经济的发展需要有知识、会操作、能顶岗的实务型专业人才,本套教材的出版不仅有力地配合了高等教育法律教学的创新和教材更新,而且也满足了社会需求,起到了为国家经济建设服务的作用;对依法治国、依法办事、依法经营,对加强法治观念、树立企业形象、提升核心竞争力、有效进行自我保护具有积极的现实意义。

本套教材作为普通高等教育本科院校法律法规课程的特色教材,以读者应用能力训练为主线,严格按照教育部关于"加强职业教育、突出实践技能与能力培养"的教育教学改革要求,结合各项法律法规的教学特点,以及企事业单位对各种法律专业人才的实际需求,组织从事法律法规相关课程教学的专家学者与具有丰富实践经验的律师共同撰写。

本套教材包括《经济法》《商法》《海商法》《税法》《国际商法》《劳动与社会保障法》《金融法律法规》《保险法律法规》《会计法律法规》《电子商务法律法规》等。参与编写的单位有:北京科技大学、吉林工程技术师范学院、北京物资学院、华北科技学院、北京联合大学、哈尔滨师范大学、北方工业大学、山西大学、首钢工学院、牡丹江大学、北京教育学院、燕山大学、北京城市学院、东北财经大学、北京财贸职业学院、厦门集美大学、北京朝阳社区学院、大连商务学院、北京西城社区学院、郑州大学、北京石景山社区学院、大连海事大学、浙江工业大学、大连工业大学等全国三十多所高校。

  由于本套教材紧密结合中国经济改革与发展实际,融入法律法规实践教学理念,坚持改革创新,注重与时俱进,有效解决了本科法律教材知识老化、案例过时、重理论轻实践等问题,具有选材新颖、知识系统、案例真实、贴近实际、通俗易懂等特点。因此本套教材既可以作为普通高等教育本科院校、高职高专院校相关专业课程的首选教材,也可以作为各类企事业机构从业人员的在职教育教材,对于广大社会公众也是非常有益的普法资料。

  在教材编著过程中,我们参阅借鉴了大量国内外有关金融、财税等法律法规的最新书刊资料和国家新出台的政策法规及管理制度,并得到有关行业、企业领导与专家学者的悉心指导,在此一并致谢。为配合本套教材的使用,特提供配套电子课件,读者可以从清华大学出版社网站(www.tup.com.cn)免费下载。同时也请读者多提改进意见,以使教材不断完善。

编委会主任 年惟仲
2021 年 8 月

第 2 版前言

《中华人民共和国国民经济和社会发展第十四个五年规划和 2035 年远景目标纲要》提出,坚持实施更大范围、更宽领域、更深层次的对外开放,依托我国超大规模市场优势,促进国际合作,实现互利共赢,推动共建"一带一路"行稳致远,推动构建人类命运共同体。

市场经济是法治经济,经济活动必须在法治的框架下进行。加强市场主体的法制观念、依法经营、依法办事、营造良好的经商环境,对我国外向型经济发展具有积极的促进作用。

国际商法是法学、工商管理、经济管理专业的重要基础课程,也是国际商事从业人员必须掌握的关键知识技能。国际化的市场经济需要国际商事法律法规的保障,面对国际市场的激烈竞争,国际交易中对于相关企业及从业人员的法律素质的要求越来越高,加强现代企业经营管理者的国际商事法律法规应用培训,提高其依法经营、依法管理的水平,使之更好地为我国国际化经济发展服务,既是外向型工商服务企业可持续发展的战略选择,也是本书出版的实质目的和重要意义。

本书作为高等教育法学和工商管理专业的特色教材,以学习者应用能力培养为主线,坚持科学发展观,严格按照教育部关于"加强职业教育、突出应用能力培养"的教学改革要求,突出实用性,注重实践应用技能训练。

全书共十章,根据国家新颁布实施的《民法典》,结合近年新制定和修订的外商投资法、公司法、证券法、商标法等经济法规,依照国际商事实务操作规程,系统介绍了以下内容:国际商事组织法、代理法、合同法、国际货物买卖法、国际货物运输法与保险法、票据法、产品责任法、知识产权保护法、国际商事仲裁法等国际商法理论基础知识。此外,本书结合学生就业需要,提供案例分析素材,以提高读者解决国际商事纠纷的实务操作能力。

本书融入了国际商法最新的实践教学理念,坚持改革创新,力求严谨,注重与时俱进,具有选材新颖、体例完整、观点科学、案例真实、贴近实际、突出实用性、便于理解掌握等特点。本书既可作为普通高等院校法律、国际商事、金融等专业教学的首选教材;也可兼顾高职高专、应用型大学、成人高等教育的教学;还可用于工商企业财经管理干部等从业人员的在职培训;并为其他对国际商事法律法规感兴趣的读者提供有益的学习指导。

本书由李大军统筹策划并具体组织,温耀原和周晖任主编,温耀原统改稿,罗佩华、苑莹焱任副主编,由李爱华教授审定。作者写作分工如下:牟惟仲(序言),周晖(第一章、

第二章),罗佩华(第三章、第四章),温耀原(第五章、第六章、第八章),苑莹焱(第七章、第九章),马平(第十章);李晓新(文字版式修改、制作教学课件)。

  本书再版过程中,我们参阅了大量国际商事法律法规的最新书刊和网站资料,并得到业界有关专家学者的具体指导,在此一并致谢。为了方便教学,本书提供配套电子课件,读者可以从清华大学出版社网站(www.tup.com.cn)免费下载。因国际商事法律法规随经济发展不断调整,且作者水平有限,书中难免存在不妥之处,恳请各位读者批评指正。

作　者

2022 年 6 月

目 录

第一章 国际商法导论 ··· 1
 第一节 国际商法概述 ··· 1
 第二节 国际商法的渊源 ·· 3
 第三节 世界两大主要法律体系 ··· 6
 第四节 中国的法律制度 ··· 13

第二章 国际商事组织法 ··· 17
 第一节 商事组织法概述 ·· 17
 第二节 个人独资企业法 ·· 19
 第三节 合伙企业法 ·· 21
 第四节 公司法 ·· 28
 第五节 中国商事组织法 ·· 48

第三章 国际商事代理法 ··· 62
 第一节 商事代理法概述 ·· 62
 第二节 商事代理的法律关系 ·· 73
 第三节 国际商事代理法 ·· 76
 第四节 中国代理法与外贸代理制 ·· 79

第四章 国际商事合同法 ··· 83
 第一节 国际商事合同法概述 ·· 83
 第二节 合同的成立及效力 ·· 84
 第三节 合同的履行 ··· 100
 第四节 合同的消灭 ··· 105
 第五节 违约责任 ·· 108
 第六节 电子商务示范法 ··· 115
 第七节 中国的合同法 ·· 117

第五章 国际货物买卖惯例与国际公约 ······································ 123
 第一节 国际货物买卖法概述 ··· 123
 第二节 国际贸易术语解释通则 ·· 129
 第三节 国际货物买卖合同双方的权利义务 ·························· 145
 第四节 违约救济措施 ·· 151
 第五节 货物所有权与风险转移 ·· 159

第六章　国际货物运输法与保险法 ················· 165
第一节　国际货物运输法概述 ················· 165
第二节　国际海上货物运输法 ················· 167
第三节　其他运输方式法律制度 ················· 178
第四节　我国关于国际海上货物运输的《海商法》 ················· 186
第五节　国际货物运输保险法概述 ················· 190
第六节　国际海上货物运输保险法 ················· 196
第七节　我国海上货物运输保险的险别 ················· 202

第七章　票据法 ················· 206
第一节　票据法概述 ················· 206
第二节　票据法律体系 ················· 212
第三节　汇票、本票和支票 ················· 214
第四节　本票 ················· 228
第五节　支票 ················· 230
第六节　中国票据法 ················· 232

第八章　产品责任法 ················· 242
第一节　产品责任法概述 ················· 242
第二节　几个主要国家的产品责任法 ················· 248
第三节　有关产品责任的国际立法 ················· 258
第四节　中国的产品责任法 ················· 262

第九章　国际知识产权法 ················· 267
第一节　知识产权法概述 ················· 267
第二节　商标法 ················· 269
第三节　专利法 ················· 276
第四节　著作权法 ················· 282
第五节　商业秘密法 ················· 287
第六节　知识产权的国际公约 ················· 290
第七节　中国知识产权保护法 ················· 298

第十章　国际商事仲裁法 ················· 302
第一节　国际商事仲裁法概述 ················· 302
第二节　国际商事仲裁协议 ················· 307
第三节　国际商事仲裁程序 ················· 310
第四节　国际商事仲裁裁决的承认和执行 ················· 313
第五节　中国的仲裁机构、仲裁程序与仲裁法 ················· 315

参考资料 ················· 321

第一章 国际商法导论

【学习目标】
1. 了解国际商法概念和渊源。
2. 了解大陆法系和英美法系的结构和渊源。
3. 掌握我国《民法典》中对商法内容的规定。

第一节 国际商法概述

一、国际商法的概念

学习国际商法首先要了解什么是商法。《中国大百科全书·法学卷》中对商法的解释是:"商法传统上指与民法并列,互为补充的部门法,即调整市场经济中商人、商业组织和商业活动的法律规范的总称。"[1]这一定义明确了商法调整的是商业主体间的商事关系。商事关系是指平等的商事主体在实施商事行为过程中所产生的各种社会关系,因此商法是调整商事主体在参与市场经济活动中所形成的商事关系的法律规范的总称。

🚩【知识链接】

法学中的"商"不同于经济学中的"商"

经济学中的商,是指介于生产者与消费者之间的媒介行为,称为"固有商"或"买卖商"(第一种商)。法学中的商,是指以营利为目的主体所从事的一切营利性活动,除第一种商之外,还包括:第二种商,也称"辅助商",指间接沟通生产和消费渠道的行为,如行纪、居间、运送等;第三种商,指提供资金融通或与上述商有密切关系的行为,如信托、出版、印刷等;第四种商,指与第三种商有关系的行为,如保险、服务、娱乐等。

国际商法是在传统商法基础上形成的,但它又不同于传统的商法,它具有自己的特点。

国际商法是调整国际商事关系的法律规范的总称。它的调整对象是国际商事关系。国际商事关系中所谓"国际性"指的是跨越国界的意思。这种国际性的判断一方面是指

---

[1] 《中国大百科全书·法学卷》,北京,中国大百科全书出版社,1984。

商事主体的国际性,也就是指作为国际商法主体的企业或个人的营业地位于不同的国家;另一方面,这种国际性也是指商事行为的国际性,即指商主体所从事的商事交易行为跨越了国界。

二、国际商法的产生与发展

商法是伴随着商品交换与商品经济而产生与发展起来的。古希腊时期,地中海沿岸地区由于其独特的地理位置及通航条件,不同国家之间的商业交易十分活跃,与此同时就出现了一些调整商业交易关系的法律规范。其中,影响比较大的就是罗马法。罗马法中的万民法是从罗马的外国人法中发展而来的,类似于"涉外民事法",具有国际性。罗马法是诸法合体,没有专门的商事法律,但一般认为罗马法中有关调整商事关系的法律规范应该是国际商法的最初萌芽。

但是大多数学者认为国际商法主要起源于欧洲中世纪的商人习惯法,中世纪商人习惯法指的是公元11世纪至16世纪在欧洲,特别是在地中海沿岸的一些城邦中发展起来的商人法。11世纪时地中海沿岸地区已成为世界贸易的中心区域,意大利的一些城市商业非常繁荣,进而带动了大西洋沿岸地区的经济发展。而此时的欧洲正处于封建法和寺院法的控制之下,正常的商业活动不但得不到法律保护,相反却被认为是非法的。

商人阶层为了保护自身的合法利益,从封建主手中买得自治权,组建商人法庭,并依照他们在长期实践中形成的习惯来解决商事交易中的问题。例如,意大利的佛罗伦萨等地就出现了商人行会组织——商人基尔特(Merchant Guild),以保护商人自己的利益。这些商事习惯和惯例就逐渐发展形成了商人习惯法。这种商人习惯法适用于各国商人,从而使当时的商法具有鲜明的国际性。

17世纪以后,国际商法进入一个新的发展阶段。随着欧洲中央集权国家的日益强大,近代资产阶级主权学说也受到推崇,欧洲各国开始注重商事立法,纷纷把商法纳入本国的国内法,这一阶段的商法就失去了其原有的国际性的特点。

法国于1807年制定了统一的《法国商法典》,创立了大陆法系"民商分立"的立法体例,为欧洲各国所效仿。1897年,德国制定了独立的《德国商法典》,该法典对其后的大陆法系国家的商法也影响颇深。1899年,日本也制定了独立的商法典。英美法系国家多属判例法系,19世纪以后,也开始制定一系列的单行的商事法规。如美国1906年的《统一买卖法》和英国1893年的《货物买卖法》等。

第二次世界大战以后,随着社会生产力的迅猛发展与科技水平的不断提高,国际间的经济交往日益紧密,国际经济一体化趋势不断加强。这种新的发展趋势客观上就要求建立统一的国际商法,以摆脱各国国内法对国际商事关系发展所形成的阻碍。许多国际组织开始进行统一国际商事立法的工作。国际商法也自此进入一个新的发展阶段,该阶段的特点主要是恢复了商法的国际性和统一性。

三、国际商法的内容

国际商法是调整国际商事活动的,而国际商事活动是处于不断发展变化之中的。传统的国际商事交易是以有形商品的交易为主,但是,在当今世界,经济高速发展,技术飞速进步,全球经济一体化程度加剧,国际经济交往中出现了新的交易对象和交易方式。

除了原有的有形商品买卖之外,资金、技术、劳务等作为新型的交易对象加入进来。随之,国际技术转让、国际融资、国际投资、国际租赁、国际工程承包等新型的交易方式也出现了。这些新生事物的产生和发展,突破了传统国际商法的范畴,拓展了新的领域,构成了国际商法新的内容。

本教材在导论部分对国际商法的基础知识进行了简要阐述,其他章节主要介绍商事组织法、商事代理法、商事合同法、货物买卖法、产品责任法、货物运输与保险法、票据法、知识产权法及国际商事仲裁法等内容。

第二节　国际商法的渊源

法的渊源是指法的效力渊源,也就是根据法的效力来源而表现出来的法的不同形式。国际商法作为一种法律规范,其渊源主要有:国际条约、国际商事惯例和各国国内商事法。

一、国际条约

国际条约或公约,是指两个或两个以上的国际法主体间以国际法为准则缔结的,明确相互之间权利、义务关系的书面协议。国际条约或公约对于缔约国具有法律约束力,是国际商法的重要渊源。我国法律明确规定:我国缔结或参加的国际条约与我国法律有不同规定的,除我国声明保留的条款外,应适用国际条约的规定。

对于国际条约,可以按照不同的标准分为以下不同的种类:

1. 根据国际条约规定内容的不同来分类

(1)专门的国际商事条约,这是指国际法主体间所缔结的专门以商事为内容,明确相互间权利、义务关系的书面协议。

(2)包含有商事条款的一般国际条约,这是指国际法主体间缔结的非专门以商事为内容,但其中部分条款涉及商事关系的国际条约。

2. 根据国际条约的性质的不同来分类

(1)统一实体法条约。这是国际法主体间缔结的直接规定商事主体间具体权利、义务关系的国际条约。如1978年的《国际汇票和本票公约》及1980年的《联合国国际货物销售合同公约》等。

（2）统一冲突法条约。这是指国际法主体间缔结的不直接规定商事主体间权利、义务关系，而是规定有关商事问题应该适用哪国法律作为准据法的国际条约。如《产品责任适用法律公约》和《国际货物销售合同适用法律公约》等，都属于该类条约。

3. 根据国际条约的缔约国数量的不同来分类

（1）国际商事领域内的多边条约。多边条约一般是由缔约国签字、批准后，自全体缔约国或国际条约所约定的一定数目的国家批准或明确表示受约束之日起生效。国际商事中的多边条约主要有：1978 年的《联合国海上货物运输公约》（汉堡规则）；1980 年的《联合国国际货物销售合同公约》；1980 年的《国际货物多式联运公约》；1981 年的《万国邮政公约》；1883 年的《保护工业产权的巴黎公约》（1967 年修订）和 1967 年的《商标国际注册马德里协定》等。

（2）国际商事条约中的双边条约。这些双边条约主要有：《避免双重征税和防止偷税漏税协定》《相互保护和促进投资协定》《通商航海条约》《贸易协定书》等。

二、国际商事惯例

国际商事惯例，是指在长期的国际商事活动中，经过反复实践而被商事主体所普遍接受的商事习惯规则。国际商事惯例是国际商法的另外一个重要渊源。

国际商事惯例，是被许多国家和地区认可的商业活动中的习惯性做法，具有普遍的适用性。它不同于国际条约，不是以国家间协议的方式出现的，而是由民间组织或商业团体把长期实践中所形成的习惯做法归纳成文，给予明确的定义和解释。目前，广泛适用的国际商事惯例基本上都是由某些国际组织或某些国家的商业团体根据长期形成的商业习惯制订的，这些惯例以成文的方式存在着，其内容中有明确的权利和义务规定，为解决当事人之间的争议，处理赔偿纠纷提供了重要依据。

尽管国际商事惯例具有普遍适用性，但它不同于国际条约，不具有当然的法律约束力，也就是说它不具有直接的普遍法律约束力。通常各个国家都允许其商事合同的当事人有选择适用国际商事惯例的自由，一旦当事人在合同中明确约定适用某些惯例时，当事人即受该惯例的约束，该惯例就对该当事人具有了法律拘束力。当然，当事人在选择适用国际商事惯例的同时，也可以针对现有的规则进行变更、修改或补充。因而，国际商事惯例适用起来就显得非常灵活。

目前，在国际贸易领域较具影响力的国际商事惯例主要有：国际商会制定的《国际贸易术语解释通则》《跟单信用证统一惯例》及《1995 年托收统一规则》等。

小贴士

国际商事惯例取得法律效力的途径

国际商事惯例不是国家立法，也不是国际条约，不具有当然的法律效力，要取得法律效力必须经过国家的认可。国家认可国际商事惯例的法律效力一般有间接和直接两种途径。

1. 间接途径

这种途径是指国际商事惯例通过当事人的协议选择而间接取得法律拘束力,它是国际商事惯例取得法律效力的最主要途径。在国际合同领域,"当事人意思自治"原则已为世界各国普遍承认。这样,特定国际商事惯例就因法院地国或仲裁地国承认当事人的选择而被间接地赋予法律效力。这一途径已为一些国际条约所规定。

2. 直接途径

直接途径不以当事人协议为条件,而是直接通过国内立法或国际条约赋予国际商事惯例以法律约束力。

(1) 国内立法的规定。

《日本商法典》第1条规定:"关于商事,本法无规定者,适用商习惯法,无商习惯法,适用民法。"《瑞士民法典》第1条规定:"本法无相应规定时,法官应依据惯例。"我国《民法通则》第142条第3款以及《海商法》第268条都规定,我国法律和我国缔结或参加的国际条约没有规定的,可以适用国际惯例。此外,美国《统一商法典》明确规定采用国际贸易中普遍承认的原则和惯例。特别是,西班牙和伊拉克已将《国际贸易术语解释通则》全盘移植到其国内法中,赋予其国内法上的普遍约束力。

(2) 国际条约的规定。

1964年《国际货物买卖统一法》第9条第2款撇开当事人的协议,直接认可惯例的约束力:"当事人还须受一般人在同样情况下认为应适用于契约的惯例的约束。"1980年《联合国国际货物销售合同公约》第8条第3款规定:"在确定一方当事人的意旨或一个通情达理的人应有的理解时,应适当地考虑到……当事人之间确立的任何习惯做法、惯例和当事人其后的任何行为",从而直接认可了国际商事惯例的效力。

(资料来源:http://baike.baidu.com/view/785065.htm)

三、各国国内商事法

国内商事法也是国际商法一个不可忽视的法律渊源。一般来讲,一国的国内商事立法只对本国国内的商事活动具有约束力,但是,依照国家主权原则,涉外商事法律关系也应由某一国的国内商事法进行管辖,从而导致某国的国内商事法成为国际商法的渊源之一。另外,尽管目前已有大量的国际商事条约和国际商事惯例,但是,在国际贸易领域中所涉及的商事活动是灵活多变、纷繁复杂的,现有的国际条约和惯例的内容不可能涵盖所有这些商事关系。因此,国际贸易发展的现实需要也决定了一定程度上必须依照各国国内商事法的规定来调整有关的国际商事关系。

总之,各国国内商事法作为国际商法的一个重要组成部分,是对国际条约、国际商务惯例调整国际商事活动的重要补充。也正因为这一点，在学习和研究国际商法时，必然也要注重对各国国内商事立法的研究和探讨。

第三节 世界两大主要法律体系

所谓法系，是在对世界各国法律制度的现状和历史渊源进行比较研究的过程中形成的概念，是对各国法律体系所作的一种分类。其中最具有影响力的分类是大陆法系和英美法系。这两大法系无论是从形成、发展方面，还是从法律结构方面都具有各自的特点，使得其法律体系中的商法也具有各自不同的结构与特点。就目前来讲，各国国内商法仍然是国际商法一个重要的组成部分。因而，在学习国际商法理论的时候，必然要学习和了解世界两大主要法律体系，以便更好地学习和掌握各国的国内商事法。

一、大陆法系

大陆法系（Continental Law System），又称为民法法系（Civil Law System）、成文法系，是指欧洲大陆大部分国家从19世纪初以罗马法为基础建立起来的，以1804年《法国民法典》和1896年《德国民法典》为代表的法律制度以及其他国家或地区仿效这种制度而建立的法律制度。它是渊源最为久远和影响较大的法系之一。

大陆法系形成于西欧，以德国和法国为代表，包括的国家有：德国、法国、瑞士、奥地利、意大利、比利时、荷兰、卢森堡、西班牙、葡萄牙，以及北欧的挪威、丹麦、瑞典、芬兰等国。亚洲的日本也属于大陆法系。除此之外，非洲和拉丁美洲的一些国家和地区也属于大陆法系。另外，加拿大的魁北克省和美国的路易斯安那州，由于殖民历史的影响，其法律也属于大陆法系。

【知识链接】

大陆法系形成的阶段

第一阶段，在罗马全盛时期，罗马统治者以武力扩大其版图，强行适用罗马法，被征服地区的居民也因罗马法的发达和完备而自愿采用罗马法，使罗马法成为"商品生产者社会的第一个世界性法律"。

第二阶段，日耳曼人入侵罗马后，日耳曼法采取属人主义原则，使罗马法得以保存。日耳曼人建立的国家编纂的法典深受罗马法影响。公元9世纪，随着封建制度的发展，法律的属人主义不再适用，罗马法与日耳曼法融合。

第三阶段，12世纪后，罗马法复兴运动兴起，罗马法研究同社会实际需要相结合，成为西欧大陆国家具有权威的补充法律。经过改造和发展的罗马法成了欧洲的普通法，具有共同的特征和法律传统，从而奠定了大陆法系的基础。

第四阶段，资产阶级革命取得胜利，西欧许多国家的资本主义制度确立并巩固以后，适应资本主义经济、政治、文化的发展以及国家之间的交往,这些国家的法律制度相互间的联系和共同特征获得进一步发展。首先在法国,以资产阶级革命为动力,在古典自然法学和理性主义思潮的指导下,在罗马法的直接影响下,开创了制定有完整体系的成文法的模式。法国法典成为欧洲大陆各国建立自己的法律制度的楷模,标志着近代意义上大陆法系的模式的确立。随后在德国,在继承罗马法、研究和吸收法国立法经验的基础上,制定了一系列法典。德国法典成为资本主义从自由经济到垄断经济发展的时代的典型代表。

第五阶段,由于以法国和德国为代表的大陆法系适应了整个资本主义社会的需要,并且由于它采用了严格的成文法形式易于传播,所以19世纪后,大陆法系越过欧洲,传遍世界。

(资料来源:钱晓英等著:《国际商法》,69页,北京,清华大学出版社,2011。)

(一) 大陆法系的结构与渊源

1. 大陆法系的结构

大陆法系全面继承了罗马法的传统,吸收了许多罗马私法的原则、制度,还接受了罗马法学家的整套技术方法以及思维方式和推理方式。大陆法系国家把法律分为公法和私法。它们习惯于用法典的形式对某一法律部门所涉及的规范做统一的系统规定,法典构成了法律体系结构的主干,注重成文法的作用是大陆法系的一个重要特点。在法律结构上,大陆法系还非常注重条理化、系统化、法典化和逻辑性。各类法典的编纂在大陆法系国家是很普遍的现象。

2. 大陆法系的渊源

大陆法系是成文法系,制定法是其主要的法律渊源。制定法是指由特定的国家机关(其中主要是指立法机关)制定和颁布的法律。制定法按照其制定和颁布的国家机关的不同等级和法律效力的不同,分为宪法、法律、由议会委托行政机关颁布的委任立法、由行政机关颁布的行政法规和地方国家机关制定的地方法规。

按照大陆法系的传统,判例不是法的渊源。但是,在大陆法系国家的司法实践中,判例的作用实际上是越来越受到重视的,法院审理案件时开始注重遵从判例,特别是上级法院针对法律未有规定的问题所作的判例,对于下级法院审理同类案件具有重要的指导作用。另外,大陆法系各国也都有判例汇编,法学家们研究判例,律师们在诉讼活动中也常常引用判例。因而,判例在大陆法系国家的作用也是不能忽视的。

(二) 大陆法系的商法体系

大陆法系国家在民法和商法的关系上有不同的主张,既有主张民法典、商法典各自独立的(民商分立),也有主张商法并入民法,成为民法典一个组成部分的(民商合一)。

从大陆国家民商法的现状来看,多数国家采取了民商分立的立法体系,在民法典之外另行制定独立的商法典,此类国家和地区主要包括德国、法国、西班牙,日本,荷兰、丹麦、比利时、葡萄牙、奥地利等。只有少数国家和地区采取了民商合一的立法体例,将商法基本制度并入民法中,采取这种立法例的国家和地区主要有瑞士和我国的台湾地区。

大陆法系国家的商法中,影响最大、最具有代表性的是法国商法、德国商法及日本商法。

1. 法国商法

《法国商法典》是近代第一部资产阶级商法典,对欧洲大陆法系有着重要的影响,是许多大陆法系国家纷纷效仿的版本,至今仍是大陆法系商法体系的典型代表。

《法国商法典》是1801年在拿破仑的推动下开始起草的,于1807年正式颁布,1808年1月1日起施行。《法国商法典》共4编648条。第一编为通则,全编分九章,包括商人、商业账簿、公司、商业交易所、票据经纪人、行纪、买卖、汇票、本票及时效等内容。第二编为海商,全编共十四章,包括船舶、船舶抵押、船舶所有人、船长、海员、佣船契约、载货证券、租船契约、以船舶为抵押而设定的借贷、海上保险、海损、货物投弃、时效、拒诉等内容。第三编为破产,全编共三章,包括财产转移、破产程序、复权等内容。第四编为商事裁判,包括商事法院、商事诉讼和仲裁程序等内容。

《法国商法典》开创了民商分立的立法先例,打破了中世纪以来商法只适用于商人的传统而采用商行为主义,即只要行为主体实施了商行为,不论其是否为商人,均适用商法。但是,该法典并没有明确给出商行为的定义,更偏重于通过简单列举方式明确基本商行为的范围。按照后世学者的认识,《法国商法典》的内容较为贫乏,其陆商内容较之海商内容更少,法典中规定的商行为内容主要限于对商人买卖、租赁、承揽、仓储、运送、票据、破产、海商等类型的列举,因此《法国商法典》的影响远不及其民法典的影响大。

《法国商法典》自制定至今仍然有效,但其内容已多次修订和补充,以适应社会发展的需要,其中不少是以单行法的方式来修正法典中已过时的内容。比如1919年的《企业登记法》、1925年的《有限责任公司法》、1942年的《证券交易法》、1930年的《保险契约法》及1955年的《破产法修正法》,等等。

2. 德国商法

19世纪以后,德国的商事立法受到了《法国商法典》的巨大影响,其此后的一系列商事立法草案在大量吸收法国商行为法观念的基础上,逐步形成了新商人法主义的立法体系。1900年的《德国商法典》是1871年德国统一后开始编纂的,是在1839年的《怀特门伯格商法草案》、1849年的《法兰克福商法草案》(被称为旧商法)的基础上制订的,于1897年5月10日颁布,并于1900年1月1日起与民法典同时施行。《德国商法典》所开创的现代商法意义上的新商人法立法体系被奥地利、瑞典、丹麦等近三十个国家所采用。

《德国商法典》共有4编905条。第一编商事,共八章,包括商人、商业登记、商号、商业账簿、经理权、代理权、商业使用人、代理商和商业居间人等。第二编商事公司及隐名合伙,共五章,包括无限公司、两合公司、股份公司、股份两合公司和隐名合伙等。第三编商行为,共七章,包括总则、商业买卖、行纪营业、承揽运输、仓储营业、运送营业及铁路运送等。第四编海商,共十一章,包括总则、船舶所有人、船舶共有人、船长、货物运送、旅客运送、风险借贷、共同海损、海难救助、船舶债权人、海上保险及时效等。

《德国商法典》的新商人主义立法体系强调商主体的资格确定,并将其作为商法适用的一般前提。该立法体系强调对商行为内涵的一般概括,并以之作为确定商主体商法上身份的基本标准。同时,该体系强调商事法中对一切商事关系具有普遍适用意义的基本规则之抽象,由此形成了商事基本法或商法总则的内容。

《德国商法典》在施行中也几经修改,还通过单行法的方式进行补充,如 1908 年的《保险契约法》、1933 年的《票据法》,等等。

3. 日本商法

日本是从明治维新之后才开始近代的法典编纂工作的,其中就包括商法典。1890 年公布并于 1891 年实施的商法典,被称为"旧商法典"。由于该商法典主要模仿德国商法,内容与日本的现实国情和商业习惯相脱节,再加上当时"民法论争"的影响,旧商法中的大部分内容被无限期推后施行。随后,日本又成立了新商法起草委员会,于 1899 年公布并实施了新商法典。

日本新商法典分为 5 编 689 条。第一编总则,分为七章,包括法例、商人、商业登记、商号、商业账簿、商业使用人、代理商。第二编公司,共分七章,内容包括总则、无限公司、两合公司、股份有限公司、股份两合公司、外国公司、罚则。第三编商行为,共十章,包括总则、买卖、交互计算、隐名合伙、居间营业、行纪营业、承揽运送业、运送营业、寄托、保险。第四编票据,分为四章,包括总则、汇票、本票、支票。第五编海商,分为六章,包括船舶及船舶所有人、船员、运输、海损、海难救助、保险及船舶债权人等内容。日本商法经过多次修改,2005 年修订之后的日本商法分为三编:第一编总则,第二编商行为,第三编海商。

日本商法典采用商人与商行为两种标准作为立法基础,被称为折中主义商法体系。新商法施行至今,也经过数十次的修订。除此之外,日本还制定了许多的单行的商事法规,比如 1932 年的《票据法》、1933 年的《支票法》、1938 年的《有限公司法》、1963 年的《商业登记法》,等等。

二、英美法系

英美法系(Anglo-American Law System),是以英国中世纪至资本主义时期的法,特别是普通法为基础和传统而发展起来的各国和地区法的总称,故也称为普通法系(Common Law System)、英国法系,由于它以判例法为法的主要表现形式,也称为判例法系。英美法系首先产生于英国,后扩大到曾经是英国殖民地、附属国的许多国家和地区,包括美国、加拿大、印度、巴基斯坦、缅甸、孟加拉、马来西亚、新加坡、澳大利亚、新西兰,以及非洲的个别国家和地区。英美法系是当今世界主要法系之一。

(一) 英美法系的结构与渊源

1. 英美法系的结构

英美法系与民法法系固守罗马法传统和强调成文法典编纂不同,在形成过程中注重办案遵循先例的形式,广泛吸取了日耳曼法和习惯法以及罗马法和教会法的原则和思想。英美法系在结构上是以单行法和判例法为主干而发展起来的。它很少制定成文法典,更多是采用单行法的形式对某一类问题做专门的规定。

2. 英美法系的渊源

英美法系的主要渊源是判例法。英美法系不同于大陆法系把法律分为公法和私法的作法,而是以普通法(Common Law)和衡平法(Equity Law)对法律进行区分。普通法,是指从11世纪诺曼底人入侵英国后所逐步形成的适用于英格兰全境的一种判例法。它的形成是中央集权和司法统一的直接后果。普通法产生于法官的判决,是法官创造的法。

衡平法,是英国法律传统中与普通法相对应的一种法,意指公平的法。它出现于英国的14世纪,是为了弥补普通法刻板、救济方式有限,不能满足当事人维护自己权利的需求而产生的。衡平法是通过衡平法院的审判活动,以法官的"正义良心"和"公正"为基础发展起来的另一种形式的判例法,它程序简便、灵活,不固守僵化的形式,法官在审理案件的过程中有很大的自由裁量权。

🚩【知识链接】

普通法与衡平法的区别

普通法与衡平法都属于判例法,但两者各有其特点,其区别主要体现在以下几方面:

1. 救济方法不同

普通法只有两种救济方法,即金钱赔偿和返还财产,并以金钱赔偿为主。衡平法则发展了一些新的救济方法,主要有实际履行和禁令。实际履行又称依约履行,是指当一方的违约使另一方所遭受的损害无法以金钱赔偿得到弥补或损害的金额无法确定时,法院可根据衡平法判令负有义务的当事人按照合同的规定履行其应负的义务。禁令则是指法院可根据衡平法,判令当事人不为某种行为,以预先防止不法行为或违约行为的发生。

2. 诉讼程序不同

根据普通法,法院在审理案件时须设陪审团,且采取口头询问和口头答辩的方式,而根据衡平法,法院在审理案件时不设陪审团,而是采用书面诉讼程序。

此外,普通法和衡平法在法律术语上也有许多不同之处。

(资料来源:陈慧芳、陈笑影:《国际商法》,7页,上海,格致出版社、上海人民出版社,2011。)

尽管如此,成文法也是英美法系中不可忽视的重要渊源之一。19世纪末20世纪初以来,在英国,制定法特别是国会立法大量增加,成文法的作用不断加强。这一现象在整个普通法法系中的其他国家也很普遍。因而,不能简单地认为普通法法系只有判例法而一概不重视、不存在成文法。

(二) 英美法系的商法体系

英美法系属于判例法系、不成文法系,为了满足社会经济发展的需要,近代以来也开始制定成文的商事法。英美法系中以英国和美国为典型代表,尽管美国法律制度源于英国,但是,美国在其法律形成和发展过程中创造了不同于英国法律的特质,当然在商法体系上也是如此。因此,我们需要分别学习英国和美国的商法体系。

1. 英国商法

英国作为判例法系国家,没有大陆法系国家形式意义上的商法,只存在实质意义上的商法。英国的商法起源于中世纪的商人习惯法,是由商事习惯和判例所形成的法律,从19世纪中叶以来,因商业发展的需要,开始制定商事单行法。主要包括:1882年的《票据法》、1885年的《载货证券法》、1889年的《行纪法》、1890年的《合伙法》、1893年的《商品买卖法》、1894年的《商船法及破产法》、1906年的《海上保险法》、1907年的《有限责任合伙法》、1924年的《海上货物运送法》、1862年的《公司法》(1967年修正)、1957年的《支票法》、1970年的《金融法》、1971年的《银行和金融交易法》等。

英国的制订法仅仅是判例法的补充,判例法仍然居于制订法无可比拟的地位。但在公司制度和票据制度上则存在例外,以成文法为主,而判例仅在解释成文法时才发生作用。[1] 可以说,虽然英国没有形式意义上的商法,但是现代商法中的各项制度在其各种单行法中或在其基本规定和定义中都有相应的概括和体现。

2. 美国商法

作为英美法系的代表国家之一,美国法律也多由习惯法和判例法构成,其商法也以英国的普通法为基础,但是美国商法有着不同于英国商法的特点,它对于制订法采取更加务实与灵活的态度,在商事领域出现了大量的成文法。

美国实行联邦制,依照美国宪法规定,各州内通商的法律规范的立法权属于各个州,联邦只就州际间或国际间商事活动有立法权。因而,美国50多个州各自都有自己的商法。这种做法给各州间的商事活动带来诸多不便。于是,在美国法学会和美国统一州法全国委员会的合作之下,以已经制定的七个统一成文法为基础(包括:1896年的《统一流通证券法》、1906年的《统一买卖法》及《统一仓库收据法》、1909年的《统一载货证券法》及《统一股份让与法》、1922年的《统一信托收据法》和1928年的《统一商事公司法》),于1952年公布了《统一商法典》。

---

[1] 屈广清:《国际商法》,15页,大连,东北财经大学出版社,2009。

美国《统一商法典》共十编,第一编总则,第二编买卖,第三编商业票据,第四编银行存款与收款,第五编信用证,第六编大宗转让,第七编货栈收据、提单及所有权凭证,第八编投资证券,第九编担保交易、账户,动产票据的出售,第十编附则。该法典自公布后已为大多数州所采用,推动了美国商事立法的统一。

除此之外,商事领域的联邦法还有:1887年的《州际通商法》、1898年的《破产法》、1890年的《谢尔曼反托拉斯法》、1936年的《海上货物运送法》等。

【知识链接】

两大法系的主要差异

第一,法律渊源不同。大陆法系是成文法系,其法律以成文法即制定法的方式存在,它的法律渊源包括立法机关制定的各种规范性法律文件、行政机关颁布的各种行政法规以及该国参加的国际条约,但不包括司法判例。英美法系的法律渊源既包括各种制定法,也包括判例,而且,判例所构成的判例法在整个法律体系中占有非常重要的地位。

第二,法律结构不同。大陆法系承袭古代罗马法的传统,习惯于用法典的形式对某一法律部门所涉及的规范做统一的系统规定,法典构成了法律体系结构的主干。英美法系很少制定法典,习惯用单行法的形式对某一类问题做专门的规定,因而,其法律体系在结构上是以单行法和判例法为主干而发展起来的。

第三,法官的权限不同。大陆法系强调法官只能援用成文法中的规定来审判案件,法官对成文法的解释也需受成文法本身的严格限制,故法官只能适用法律而不能创造法律。英美法系的法官既可以援用成文法也可以援用已有的判例来审判案件,而且,也可以在一定的条件下运用法律解释和法律推理的技术创造新的判例。也即法官不仅适用法律,也在一定的范围内创造法律。

第四,诉讼程序不同。大陆法系的诉讼程序以法官为重心,突出法官职能,具有纠问程序的特点,而且,多由法官和陪审员共同组成法庭来审判案件。英美法系的诉讼程序以原告、被告及其辩护人和代理人为重心,法官只是双方争论的"仲裁人"而不能参与争论,与这种对抗式(也称抗辩式)程序同时存在的是陪审团制度,陪审团主要负责作出事实上的结论和法律上的基本结论(如有罪或无罪),法官负责作出法律上的具体结论,即判决。

第五,法律分类不同。大陆法系一般把法律区分为公法与私法,而英美法系就不会这样的区分,英美法系主要把法律分为实体法与程序法。分类方法的不同对法律的制定有指导思想上的根本差异。

第六,法律术语的不同。两大法系的法律术语中有很多不能相互对应的概念,即使有相同名词的法律术语,但是在意思上也会有很大的区别。

此外,两大法系在法学教育、司法人员录用和司法体制等方面,也有许多不同之处。

(资料来源:http://baike.baidu.com/view/35638.htm)

第四节　中国的法律制度

一、我国法的基本渊源

我国法的基本渊源是指有权创制法律规范的国家机关及其授权的单位和组织制定或认可的、具有普遍约束力的、有不同效力等级的法律规范形式。规范性文件具有普遍约束力；非规范性法律文件，主要指国家机关在适用法的过程中发布的个别性文件，如判决、裁定、行政措施等。在我国，由于这类文件的效力仅限于特定案件或相关的主体、客体及行为，没有普遍的约束力，因而不是法的渊源。

根据我国《宪法》和《立法法》的规定，我国法的渊源主要分为以下几类：

（一）宪法

宪法由全国人民代表大会制定，是国家的根本法，在我国法律渊源体系中位于首位，具有最高法律效力。它规定了我国的政治、经济和社会的基本制度、公民的基本权利和基本义务、国家机关的组织与活动原则等国家和社会生活中最基本、最重要的问题。

宪法是我国全部立法的基础和根据，一切法律、法规和其他规范性文件，都不得与宪法的规定相抵触。

宪法的制定和修改必须经过严格的程序。在我国，宪法是由最高国家权力机关全国人民代表大会制定、通过和修改，宪法的修改，要由全国人民代表大会常务委员会或者五分之一以上的全国人民代表大会代表提议，由专门成立的宪法起草委员会起草宪法修改草案，并由全国人民代表大会全体代表的三分之二以上多数通过。这比制定和修改其他法律的程序要严格得多。

（二）法律

法律是全国人民代表大会及其常委会制定颁布的规范性法律文件的统称，其法律效力仅次于宪法。根据宪法的规定，法律又可以分为基本法律和基本法律以外的法律。

基本法律比较全面地规定国家的基本问题，如民法、刑法、诉讼法以及有关国家机构的组织法等法律。按照宪法规定，基本法律由全国人民代表大会制定和补充。在全国人民代表大会闭会期间，全国人大常委会有权对全国人民代表大会制定的基本法律作部分的修改和补充，但不得同该法律的基本原则相抵触。

基本法律以外的法律，其规定通常涉及具体问题，如《海商法》《消防法》等。基本法律以外的法律由全国人民代表大会常务委员会制定和修改。

（三）行政法规

行政法规是国家最高行政机关制定的、有关国家行政管理的规范性文件的总称，其效力次于宪法和法律。

（四）地方性法规

根据我国《宪法》和《立法法》的规定，省、自治区、直辖市的人民代表大会及其常委会根据本行政区域的具体情况和实际需要，在不与宪法、法律、行政法规相抵触的前提下，可以制定地方性法规；此外，较大的市（指省、自治区的人民政府所在地的市、经济特区所在的市和经国务院批准的较大的市）的人民代表大会及其常委会，在不与宪法、法律、行政法规和本省、自治区的地方性法规相抵触的前提下，可以制定地方性法规。

（五）规章

按照我国《宪法》和《立法法》的规定，国务院所属各部、委员会、中国人民银行、审计署和具有行政管理职能的直属机构，可以根据法律和国务院的行政法规、决定、命令，在本部门的权限范围内，制定规章。根据《规章制定程序条例》第6条，规章的名称一般称"规定""办法"，但不得称"条例"。规章的法律效力低于宪法、法律和行政法规。

（六）民族自治地方的自治条例和单行条例

根据《宪法》《立法法》和区域自治法的规定，在符合宪法和法律，同时不与国务院制定的关于民族区域自治的行政法规相抵触的情况下，民族自治地方的人民代表大会有权依照当地民族的政治、经济和文化的特点，制定自治条例和单行条例。自治区的自治条例和单行条例，报全国人民代表大会常务委员会批准后生效。自治州、县的自治条例和单行条例，报省或自治区的人大常委会批准后生效。

（七）特别行政区法

特别行政区法是指特别行政区的国家机关依据宪法和基本法赋予的职权制定或认可，由国家强制力保障实施的，在特别行政区内具有普遍约束力的行为规则的总和（其中包括与基本法不相抵触的原有法律，如香港的普通法、衡平法、条例、附属立法和习惯法，澳门原有的法律、法令、行政法规和其他规范性文件）。

（八）国际条约

我国政府签订和加入的国际条约对于我国国家机关、公职人员和公民也具有约束力，也是我国重要的法律渊源。

二、我国商法体系

从20世纪90年代开始，我国加快了商事立法。目前我国没有统一的商法典，但已初步构成商法体系，大体分为商事主体法、商事行为法、商事监管法及争议解决法。

（一）商事主体法

1. 商事主体的组织法

商事主体的组织法包括：商事企业法、商事登记法、商事账簿法、商事破产法等与商事主体的成立、存续以及终止有关的法律。

2. 商事主体的财产法

商事主体的财产法包括：商事主体出资（如股权）法、商事企业资产法、商标法、商誉权法、专利法等具有商事财产属性的法律。

（二）商事行为法

1. 商事行为的一般法

商事行为的一般法包括：合同法、商事代理、商事担保、特许经营、连锁经营等具有商事活动一般特征的法律。

2. 商事活动的特别法

商事活动的特别法包括：信托法、保险法、商业银行等金融法、证券法、期货法、投资基金法、商事运输法、票据法、信托法、电子商务法、电子支付法、海商法等具有行业性、专业性的商事行为特别法。

（三）商事监管法及商事争议解决法

1. 商事监管的一般法

商事监管的一般法包括：反不正当竞争法、反垄断法等具有商事监管性质的法律。

2. 商事争议的解决法

商事争议的解决法包括：商事仲裁法、商事法院法等具有商事争议解决机制的法律。

我国立法体系中与国际商法有关的重要立法有：《民法典》《公司法》《对外贸易法》《产品质量法》《票据法》《商标法》《专利法》《著作权法》《保险法》《海商法》《仲裁法》和《民事诉讼法》等。

三、我国商法与《民法典》的关系

2021年1月1日起，我国开始实施《民法典》。《民法典》采用提取公因式的方式规定了同时涵盖民法与商法的规则，形成了以《民法典》为一般法，若干单行法为特别法的民商事法律体系。《民法典》中对商法内容的规定主要有以下几方面：

一是商事主体。《民法典》以营利性为标准对法人进行分类，将法人分为营利法人、非营利法人与特别法人。关于营利法人的规定直接自公司法抽象而来，体现了商法与民法制度的高度融合。《民法典》规定"非法人组织"包括个人独资企业、合伙企业与不具有法人资格的专业服务机构，是指那些虽然以营利性活动为主要经营目的，但不具有法人资格的组织。

二是商事行为。《民法典》在民事法律行为规范方面融入商法因素。在"一般规定"部分,第134条第2款规定:"法人、非法人组织依照法律或者章程规定的议事方式和表决程序作出决议的,该决议行为成立",将决议行为纳入民事法律行为中。

《民法典》在合同法方面,增加了情势变更条款、保证合同、合伙合同与保理合同,体现了商事实践对法律制度的影响。

复习思考题

1. 简述国际商法的概念及其渊源。
2. 简述国际商法的发展历史。
3. 简述国际商事惯例的效力。
4. 简述大陆法系的法律结构与渊源。
5. 简述英美法系的法律结构与渊源。
6. 简述我国的商法体系。

案例分析

2003年8月,中国杭泽经贸公司与日本某公司签署了一份货物买卖合同,双方约定了货物的价格及运输的条件。后双方发生纠纷,在适用何种法律来解决纠纷方面也产生了分歧:日本公司认为双方价格条件的约定基本是依据《国际贸易术语解释通则》的FOB贸易术语,而最新的《国际贸易术语解释通则》在2000年进行了修订,因此,应适用2000年通则;而中方杭泽公司则主张不能适用《国际贸易术语解释通则》,而应适用合同的签订地及履行地法律,即中国的《合同法》。

你认为双方应如何解决这一纠纷?

【评析】

由于当时日本不是《联合国国际货物销售合同公约》的缔约国,所以,中日双方当事人不直接适用该公约。国际商事惯例不同于国际条约,不具有当然的法律约束力,也就是说它不具有直接的普遍法律约束力。通常各个国家都允许其商事合同的当事人有选择适用国际商事惯例的自由,一旦当事人在合同中明确约定适用某些惯例时,当事人即受该惯例的约束,该惯例也就对该当事人具有了法律拘束力。当事人在选择适用国际商事惯例的同时,也可以针对现有的规则进行变更、修改或补充。

(资料来源:屈广清:《国际商法》,大连,东北财经大学出版社,2010。)

第二章　国际商事组织法

【学习目标】
1. 了解国际商事组织的概念。
2. 了解个人独资企业的概念、特征与设立条件、管理方式。
3. 了解合伙企业类型、合伙企业设立、合伙人内外部关系、合伙企业的解散与清算。
4. 了解企业法人的基本法律特征,外商投资法对三资企业法的调整。

第一节　商事组织法概述

商事组织,也称商事企业,是指能够以自己名义从事营利性活动,并具有一定规模的经济组织。商事组织的主要特征:(1)商事组织是独立的经济组织;(2)商事组织是以营利为目的的组织;(3)商事组织是商人的组织表现。

在商事组织的长期发展过程中,形成了各种各样的组织形式,不同类型的商事组织在法律地位、设立程序、投资者的利润与责任、资金的筹措、管理权的分配与税收等方面均有很大的不同。在法律因素方面,企业选择组织形式主要集中在两个问题上:一是投资者对商业活动中产生的债务承担的风险,即有限责任还是无限责任;二是税收负担。

一般而言,商事组织主要有以下三种基本形式:个人企业、合伙企业、公司,其中公司是最重要的商事组织形式。

一、个人企业(individual proprietorship)

个人企业也称为一人公司或独资经营企业,是由一名出资者单独出资并从事经营管理的企业。从法律性质来说,个人企业不是法人,不具有独立的法人资格,它的财产与出资人的个人财产是相通的,出资人就是企业的所有人,他以个人的全部财产对企业的债务负责。出资人对企业的经营管理拥有控制权与指挥权。尽管个人企业有时聘用经理或其他职员,但经营的最高决策权仍属于出资人。

出资人有权决定企业的扩大、停业或关闭等事项。个人企业是西方国家中数量最多的企业形式,这种企业的规模较小,其产值在国民生产总值中占的比重较小,并且经常受到诸如经营范围等方面的限制。例如,在日本,个人企业不得从事银行、保险等金融事业。

二、合伙企业(partnership proprietorship)

合伙企业是指两个或两个以上的合伙人通过订立协议,约定共同出资、合伙经营、共享收益、共担风险,并对合伙企业债务承担无限连带责任的营利性组织。合伙企业是人类最古老的企业组织形式之一,包括有限合伙和普通合伙两种类型。

普通合伙企业的合伙人对合伙企业债务负无限连带责任。除普通合伙外,大陆法系国家还有隐名合伙,英美法系国家还有有限合伙、有限责任合伙以及有限责任有限合伙,均允许有的合伙人按约定仅以其投入合伙企业的资产为限对企业的债务承担责任,但要求至少必须有一名合伙人对企业的债务承担无限连带责任。另外,普通合伙企业的规模不可能很大,经营管理的事务也不会太复杂,否则势必难以长期维持。

大多数国家的法律规定,合伙企业原则上不具有独立的法律人格。但是,法国与荷兰等大陆法系国家以及苏格兰的法律规定,合伙企业也是法人。合伙企业在许多国家也是一种数量较多的企业形式。但是,由于规模、组织以及资源等方面的限制,合伙企业基本上属于中小企业,特别是家族企业。

三、公司(corporation)

公司是依照法定程序设立的,以营利为目的的社团法人。在大陆法系国家有无限公司、两合公司、有限责任公司、股份有限公司和股份两合公司的分类。在英美法系国家有封闭式公司和开放式公司的分类,相当于大陆法系国家中的有限责任公司和股份有限公司。公司具有独立的法人资格,有权以自己的名义拥有财产,享有权利和承担义务。

公司是一种"资本的组合"。股东与公司之间是相互分离的。股东的死亡与退出一般不影响公司的存续,股东一般仅以其出资额为限对公司的债务承担有限责任,从而减少了股东投资的风险。公司具有较强的筹资能力,股份有限公司还可以获准在证券交易所上市,能迅速扩大企业规模。同时,公司的经营权与所有权分离,管理更有效。

当然,公司也有一些不足之处,如设立程序比较复杂;法律监管比较多,上市的股份有限公司还应定期向社会公开其营业情况和财务情况,保密性不强;公司税负较重,法律既对公司征收企业所得税,又对股东就公司分配的收益征收个人所得税。

此外,各国还规定了一些其他类型的企业,如我国法律规定的中外合资经营企业、中外合作经营企业、外商独资企业、外商投资股份公司、外商投资合伙企业,本章也予以介绍。

小贴士
选择企业商事组织形式时应考虑的因素

在选择企业的商事组织形式时,应该考虑以下几个因素:

1. 该种组织形式涉及的税收因素。如同为企业,公司要缴纳企业所得税,但独资企业和合伙企业无此义务。

2. 投资人的责任。如是有限责任还是无限责任。

3. 商业活动的性质是否适合此类企业组织形式。

4. 企业内部运作的有效性及从事相关业务活动的费用。

5. 企业成立前筹措资金及其他经济资源的可能程度。

6. 是否有利于企业发展过程中的融资。

第二节　个人独资企业法

一、个人独资企业的概念、法律特征

（一）个人独资企业的概念

个人独资企业，是指由一个自然人单独出资并对其经营管理承担民事法律责任的商事组织。对独资企业的法律规范，各国差异较大。有的依据民法，有的依据商法，有的依据商事惯例，但在总体上都比较宽松，即使制定成文法的国家，具体规则也多依据商业习惯，并且充斥着大量任意性规定。

独资企业是最早、最原始的商事组织形式，也是商事组织创立和运营最为简单的形式。无论是在发展中国家还是在发达国家，个人独资企业都是一种普遍的经营方式。

（二）个人独资企业的法律特征

个人独资企业的最大特点在于它是一个人出资的企业，出资者和企业在法律人格上并不区分，投资者承担无限责任。其主要法律特征如下：

1. 独资企业投资人为一人，而且仅限于自然人

《布莱克法律词典》对"独资企业"的解释是："一种与合伙和公司相对立的，个人拥有企业资产的组织形式"，投资人为一人是对独资企业性质的规定。各国立法中均规定独资企业的投资者限于自然人。例如，德国商法中的个人商人，法国商法中的自然人商人等。

2. 独资企业投资者对企业债务承担无限责任

投资人对企业债务承担无限责任，即当企业资产不足以清偿到期债务时，投资人应以自己的全部个人财产用于清偿，这实际上是将企业的责任与投资人的责任连为一体。

3. 独资企业的内部机构设置简单，经营管理方式灵活

独资企业的投资者既是企业的所有者，也可以是企业的经营者，因此，法律对其内部机构和经营管理方式不像公司和其他企业那样加以严格的规定。

4. 个人独资企业是非法人企业

个人独资企业不具有法人资格，也无独立承担民事责任的能力。个人独资企业虽然

不具有法人资格,但却是独立的民事主体,可以以自己的名义从事民事活动。

二、个人独资企业的设立

个人独资企业的设立条件较为宽松,法律中没有关于企业出资额的规定。尤其是在美国、加拿大,"一元企业"均属常见。由于独资企业投资者以个人财产对企业债务承担无限清偿责任,因而,对独资企业规范管理的重点应放在投资者的财产登记管理上,以防止投资者抽逃企业财产、逃避债务。

美国对独资企业的设立程序规定得更为宽松。在美国注册成为独资企业,首先要求注册申请人交纳注册申请费,并填报投资人、企业名称、经营地点等注册登记事项,经投资者签名并交纳注册费后,注册即告完成。独资企业的注册程序简单快捷,与独资企业的特点及债务承担方式不无关系。

三、个人独资企业的事务管理

(一) 个人独资企业事务管理的方式

独资企业的事务管理大多采用代理制,由企业主委托一定的人,如经理来代替他对企业事务进行管理。我国《个人独资企业法》第19条规定:"个人独资企业投资人可以自行管理企业事务,也可以委托或者聘用其他具有民事行为能力的人负责企业的事务管理。"这也是我国借鉴多数国家立法的结果。因此,在我国,个人独资企业事务管理主要有三种模式:(1)自行管理;(2)委托管理;(3)聘任管理。

(二) 受托人或者被聘用的管理人的义务

投资人委托或者聘用他人管理个人独资企业事务,应当与受托人或者被聘用的人员签订书面合同,明确委托的具体内容和授予的权利范围。受托人或者被聘用的人员应当履行诚信、勤勉义务,按照与投资人签订的合同负责个人独资企业的事务管理。投资人对受托人或者被聘用的人员职权的限制,不得对抗善意第三人。

投资人委托或者聘用的人员违反上述规定,侵犯个人独资企业财产权益的,可以责令其退还侵占的财产;给企业造成损失的,依法承担赔偿责任;有违法所得的,没收违法所得;构成犯罪的,依法追究刑事责任。

四、个人独资企业的解散、清算

个人独资企业解散的情形包括:投资人决定解散;投资人死亡或者被宣告死亡,无继承人或者继承人决定放弃继承;被依法吊销营业执照;法律、行政法规规定的其他情形。

个人独资企业解散,由投资人自行清算或者由债权人申请人民法院指定清算人进行清算。投资人自行清算的,应当在清算前15日内书面通知债权人,无法通知的,应当予以公告。债权人应当在接到通知之日起 30 日内,未接到通知的应当在通知公告之日起 60 日内,向投资人申报其债权。个人独资企业解散后,原投资人对个人独资企业存续期间的债务仍应承担偿还责任,但债权人在 5 年内未向债务人提出偿债请求的,投资人的清偿责任消灭。

第三节　合伙企业法

一、合伙企业概述

(一) 合伙企业的概念和特征

合伙企业,是指两个或两个以上的合伙人通过订立协议,约定共同出资、合伙经营、共享收益、共担风险,并对合伙企业债务承担无限连带责任的营利性组织。

美国的《统一合伙法》定义的合伙企业是指两个或者两个以上的人以营利为目的,以共同所有人的身份经营一项商业的社团。我国 2006 年 8 月 27 日重新修订并于 2007 年 6 月 1 日起施行的《合伙企业法》第 2 条规定:"本法所称合伙企业,是指自然人、法人和其他组织依照本法在中国境内设立的普通合伙企业和有限合伙企业。普通合伙企业由普通合伙人组成,合伙人对合伙企业债务承担无限连带责任。

本法对普通合伙人承担责任的形式有特别规定的,从其规定。有限合伙企业由普通合伙人和有限合伙人组成,普通合伙人对合伙企业债务承担无限连带责任,有限合伙人以其认缴的出资额为限对合伙企业债务承担责任。"

一般而言,合伙企业具有以下主要特征:

1. 合伙企业是不具备法人资格的营利性经济组织

合伙企业是非法人组织,不具有法人资格,这种法律属性构成了合伙企业与企业法人的根本区别;合伙企业的营利性又使得它与其他具有合伙形式但不以营利为目的的合伙组织相区别。但法国、荷兰、比利时等国的法律则规定合伙企业具有法人资格。英美国家虽不承认合伙企业的法人资格,但在某些特定场合也把合伙视为一个实体。

如美国法律规定,合伙企业是独立于合伙人的一个组织体(a partnership is an entity distinct from its partners),它可以以合伙的名义起诉、应诉。

2. 全体合伙人订立书面合伙协议

合伙企业是由全体合伙人根据共同意志而自愿组成的经济组织。合伙人可以根据他们之间的合意,在合伙协议中规定各自的权利与义务。在实践中,如合伙人未订立书面合伙协议而发生纠纷时,应当如何处理呢?我国《合伙企业法》未作规定。从英美法国家的情况看,如符合合伙的实质条件的,一般认定为"事实上的合伙",判定事实上的合伙是否存在时,法院主要考虑以下因素:

(1)合伙人是否分享利润和分担损失；

(2)合伙的财产是否由合伙人共同所有；

(3)合伙人在经营管理中是否享有相同的权利。

【案例2-1】

纽本诉玛斯本登案

原告纽本曾与一个叫克瑞金的人签订一份书面合同,约定购买"约克车行"建造的布法莱号汽车,原告付清全部价款后,克瑞金未交货即不见踪影。原告认为克瑞金和玛斯本登(被告)是合伙人,理由是被告曾向"约克车行"无息投入8.5万美元,并以为布法莱号汽车购买元件和其他设备的方式参与了经营,原告到"约克车行"如逢克瑞金不在,便总是与被告打交道,被告还从汽车销售中取得利润。被告辩称：投入的8.5万美元属于"贷款",取得汽车销售款是"贷款"的偿还和购买部件等劳务的报酬。

法院判决被告败诉,理由有二：第一,既为"贷款",则还款量或还款时间都应该是固定的,而不应等到汽车销售时；第二,既为劳务,也应定时定量支付。被告的资金投入或取得不具备"贷款"和"劳务报酬"的特征,故被告应被视为克瑞金的合伙人。

3. 合伙人共同出资、合伙经营、共享收益、共担风险

合伙人有权平等地享有合伙企业的收益并享有参与管理合伙事务的平等权利,但合伙协议另有规定的除外。每个合伙人均有权对外代表合伙企业从事正常的业务活动。

4. 合伙人对合伙企业债务承担具有特殊性

在合伙企业中,合伙企业分为普通合伙企业和有限合伙企业,所以二者在债务的承担上也有一定的区别。普通合伙人对合伙企业债务承担无限连带责任,有限合伙人则以其认缴的出资额为限对合伙企业债务承担责任。

(二) 合伙企业的类型

1. 根据合伙企业的责任承担不同,可以分为普通合伙企业和有限合伙企业

(1)普通合伙企业。这是指自然人、法人和其他组织通过订立合伙协议,依法在中国境内设立的全体合伙人均为普通合伙人,各合伙人对合伙企业债务承担无限连带责任的营利性经济组织。这是合伙企业的常态,其他形式的合伙企业都是以普通合伙企业为基础的。

(2)有限合伙企业。这是指既有对合伙企业的债务承担有限责任的合伙人,又有承担无限责任的合伙人的合伙企业。其中,承担无限责任的合伙人为普通合伙人,承担有限责任的合伙人为有限合伙人。因此,有限合伙企业至少应当有一名普通合伙人和一名有限合伙人。有限合伙人一般不参与合伙企业的经营,其行为对合伙企业无拘束力,但是有限合伙人可以依照有关规定查询合伙企业的经营账目等。

1807年《法国商法典》首次对有限合伙作了规定；1890年英国规定了有限合伙,

1907 年制定了单行的《有限合伙法》；1916 年美国统一州法委员会制定了《统一有限合伙法》，现已被大多数州采纳。我国 2006 年 8 月 27 日重新修订并于 2007 年 6 月 1 日起施行的《合伙企业法》第 2 条规定："有限合伙企业由普通合伙人和有限合伙人组成，普通合伙人对合伙企业债务承担无限连带责任，有限合伙人以其认缴的出资额为限对合伙企业债务承担责任。"这是我国立法上第一次确立有限合伙企业制度。

2. 根据合伙企业是否显示合伙人，合伙企业可以分为显名合伙企业和隐名合伙企业

(1) 显名合伙企业，也就是普通的合伙企业，是隐名合伙企业的对称。

(2) 隐名合伙企业，是一方向另一方出资，并不参与合伙事务的决策和执行，但分享合伙经营收益并以其出资为限承担合伙企业经营损失的合伙企业。

《法国商法典》第 335 条至第 342 条对隐名合伙作了规定，《法国民法典》在第三章规定了隐名合伙。《日本商法典》也以"匿名组合"对隐名合伙作了规定。隐名合伙制度已成为现代各国合伙制度中不可缺少的一部分。我国的《合伙企业法》对隐名合伙未作规定。

二、合伙企业的设立

合伙企业一般基于合伙人之间订立的合伙协议而成立。合伙协议是规定合伙人之间权利义务的法律文件，是确定合伙人在出资、利润的分配、风险及责任的分担、合伙的经营等方面权利义务的基本依据，对所有合伙人均具有拘束力。合伙协议一般应采用书面形式。但也可以根据合伙人间的口头约定以及他们的行为来判定他们之间是否存在合伙关系。

(一) 合伙协议的主要条款

1. 合伙的名称及各合伙人的姓名。在西方国家，很多合伙企业的名称多以合伙人的姓氏命名，在合伙人的姓氏之后可加上"商行"或"企业"的字样。

2. 合伙企业经营业务的性质和经营范围。

3. 合伙的期限。一些国家对合伙的期限加以限制，如法国法律规定，合伙的期限最多不得超过 99 年，但合伙人可以在此期限到期后请求延长。

4. 每一合伙人出资的种类及金额。

5. 合伙人之间利润的分配和损失的分担办法。

6. 合伙企业的经营管理方式。

7. 合伙人死亡或退出时，对企业财产及合伙人利益的处理方法以及合伙企业继续存续的途径。

8. 合伙人认为必须约定的内容。

(二) 登记注册事项

合伙企业设立的手续一般比较简便，但是各国的法律有不同的要求。例如根据美国

《统一合伙法》的规定，合伙应当根据合伙人的协议组成，无须政府的批准，但是必须有合法的目的。某些行业，例如律师业与医师业等要求有执照才能开业者，必须向有关主管部门申领开业执照。英国的合伙法对合伙的商号名称要求相当严格，合伙的商号一般应以合伙人的姓氏命名，在合伙人的姓氏之后可以加上商号或公司的字样，但是不得加上"有限"的字样，否则，每天罚款5英镑。同时，根据1916年《商号名称注册法》的规定，凡在联合王国设有营业所的商号，如果在商号名称中没有包含合伙人的真实姓氏或者没有包含合伙人的真实教名的开头字母者，则必须向主管部门注册登记。

登记事项应包括以下六个方面：(1)商号名称；(2)所经营事业的一般性质；(3)主要经营地点；(4)每个合伙人的现用教名、姓氏与曾用名；(5)合伙人的国籍；(6)合伙人所拥有的其他企业等。上述事项必须在企业开始营业后的14日内完成，如果日后企业的名称有所变更，则必须在变更后的14日内再行登记。

根据德国法律的规定，合伙企业必须在商业登记册上办理登记。全体合伙人必须事先提出合伙申请，在申请书中必须载明每个合伙人的姓名、职业与长期住所，企业的名称与开设地点，以及开始营业的日期等。

三、合伙企业的财产

（一）合伙企业财产的构成及性质

合伙企业存续期间，合伙人的出资、以合伙企业名义取得的收益和依法取得的其他财产均为合伙企业的财产。关于合伙企业财产的性质，理论上颇多争议，一般认为，合伙企业财产应为合伙人共有，对于属于哪一种类型的共有，学界则有不同的认识，有人认为是共同共有，也有人认为是按份共有。

各国关于合伙的立法例表明，合伙财产具有共有的特征。英国合伙法规定，合伙财产（包括投入财产、为合伙经营目的而购入的财产以及以其他形式取得的财产）归合伙人共同共有。《德国民法典》规定，合伙财产是属于全体合伙人的共同财产，包括合伙人的出资以及在合伙存续期间因合伙事务而得到的财产。

（二）合伙企业财产责任的承担

一般而言，合伙企业没有独立的法人资格，因而在对外关系中所产生的债务最终是要由投资者来承担的。合伙人投入合伙企业的财产与个人财产并未完全分离，因此作为普通合伙人的投资者须以个人财产对合伙企业的对外债务承担无限连带责任。

四、合伙企业的内部关系

合伙企业的内部关系是指合伙成员之间的权利义务关系。合伙人之间的权利和义务通常都在合伙协议中予以规定，因而他们之间首先是一种合同关系。与此同时，合伙人之间也是一种相互信任的诚信关系,合伙人不得损害合伙企业或其他合伙人的利益。

(一) 合伙人的权利

1. 分享利润的权利

所有合伙人均有根据合伙协议规定的比例取得利润的权利。如果协议中没有规定,则应根据各国合伙法的规定分配利润。英、美、德等国合伙法规定,合伙人应平均地分配利润,而不考合伙人出资的多少。法国法则规定应按合伙人的出资比例分享利润。

2. 参与经营管理的权利

除非合伙协议有相反的规定,所有合伙人均有平等地参与合伙管理、对外以合伙的名义进行业务活动的权利。在实际生活中,合伙协议常常规定由某一位或几位合伙人负责合伙的日常管理。如果所有合伙人都参与管理,企业的经营决策必须经所有合伙人的同意。

3. 监督和检查账目的权利

所有合伙人都有权了解、查询有关合伙经营的各种情况,负责日常业务的合伙人不得拒绝合伙人随时查阅合伙企业的账目并提出质询的要求。但是也有一些国家对合伙人的这项权利加以限制,以保证合伙企业的经营管理能够顺利进行。如法国法律规定,不参与日常管理的合伙人一年内查阅合伙账目一般不得超过两次。

4. 获得补偿的权利

合伙人为处理企业的正常业务或维持企业的正常经营,维护企业的财产利益而垫付的个人费用或因此遭受的个人财产损失,合伙企业和其他合伙人应予以补偿。但在原则上,合伙人不得向合伙企业请求支付报酬,也不得领取工资。

(二) 合伙人的义务

1. 缴纳出资的义务

合伙人在签订合伙合同之后,有义务按照合同规定的时间、数额、方式缴纳出资(contributions)。如合伙人到期拒不缴纳出资而使合伙无法成立或给其他合伙人造成损失的,其他合伙人有权要求其赔偿。合伙人一般可以以金钱、实物、技术或已完成了的劳务出资。

2. 忠实的义务

合伙人对合伙企业及其他合伙人负有忠实的义务(duty of loyalty)。合伙人必须为合伙企业的最大利益服务;不得擅自利用合伙企业的财产为自己牟取私利;不得经营与合伙企业相竞争的事业;应及时向其他合伙人报告有关企业的各种情况和信息。合伙人违反忠实义务所获得的利益,必须全部转交给合伙企业。

3. 谨慎和注意的义务

参与经营管理的合伙人在执行合伙业务时,必须履行谨慎和小心义务(duty of care)。如因其失职而给合伙企业造成损失,其他合伙人有权请求赔偿。

4. 不得随意转让出资的义务

由于合伙人之间存在着"相互信任"（mutual confidence）的关系，合伙人未经其他合伙人同意不得将其在合伙中的出资及各项权利转让给第三人，也不得介绍第三人入伙。但大多数国家均允许合伙人在一定条件下将请求分配利润的权利转让或馈赠给他人。除合伙协议另有规定外，合伙人的死亡或退出即引起合伙的解散。但一般合伙协议都订有企业存续条款（continuation agreement），即如果某合伙人死亡或退出，合伙企业继续经营的条件。

五、合伙企业的外部关系

合伙企业的外部关系是指合伙企业与第三人的关系。各国一般规定，在合伙企业中，每个合伙人在企业所从事的业务范围内，都有权作为合伙企业和其他合伙人的代理人。这就是所谓合伙人相互代理的原则。根据这一原则，合伙企业同第三人的关系具有以下几个特点。

1. 每个合伙人在执行合伙企业的通常业务（ordinary business）中所作出的行为，对合伙企业和其他合伙人都具有拘束力。除非该合伙人无权处理该项事务，而且与之进行交易的第三人也知道该合伙人没有得到授权，否则，合伙企业和全体合伙人都要就该合伙人的行为对第三人负责。

根据英国合伙法的规定，每个合伙人，特别是从事货物买卖交易的合伙贸易企业的合伙人，在处理下列事务时，都认为具有默示的授权：（1）出售合伙企业的货物；（2）以企业的名义购买企业业务所需要的货物；（3）收受企业的债款，并出具收据；（4）为企业雇用职工；（5）以企业名义承兑和开立流通票据；（6）以企业的信用借款或以企业的货物作抵押借款；（7）委托律师为企业进行诉讼。

任何合伙人就上述事项同第三人订立的合同，对合伙企业和其他合伙人都具有拘束力。所有合伙人均须对合伙企业同第三人所订立的合同或所承担的债务负连带的无限责任。

【案例2-2】

约翰先生是英国某合伙事务所的合伙人之一，与其他三个合伙人一起被授权参与经营管理。2019年5月，他在没有通知其他合伙人的情况下，擅自与一家企业签订了一项合同，结果使得该事务所遭受损失，承担了一笔债务。同年10月，他退出该事务所。12月，债权人要求该事务所支付这笔债务，遭到拒付，其理由是其他三个合伙人对此不知情；债权人要求约翰先生支付，也遭到拒付，理由是他已经退出该事务所。

【评析】

约翰先生和该合伙事务所的拒绝是不合理的。

根据英国合伙法的有关规定，每个合伙人在执行合伙企业的通常业务时所作出的行为，对合伙企业及其合伙人都具有约束力，所以在本案中，该合伙事务所不能用不知情来对抗第三人从而拒绝支付债务,约翰先生的行为对合伙事务所和其他合伙人均有约束力,该合伙事务所必须支付这笔债务。

此外,根据英国合伙法的规定,当一个合伙人退出合伙后,他对于其作为合伙人期间企业所负的债务必须负责。所以,在本例中,约翰先生不得以其退出合伙事务所来对抗债权人,他必须与其他合伙人一起,共同偿还债务。当然,对于约翰先生的疏忽,合伙事务所有权要求约翰先生赔偿因此而遭受的损失。

2. 合伙人之间如对任何一个合伙人的权利有所限制,该限制不得用以对抗不知情的第三人。但如果第三人在同该合伙人进行交易时,已经得知该合伙人的权利受到限制而无权处理该项业务,则该合伙人所作出的行为就不能约束合伙企业和其他合伙人。

3. 合伙人在从事通常的合伙业务的过程中所作的侵权行为,应由合伙企业承担责任。但合伙企业也有权要求由于故意或疏忽而作出侵权行为的有关合伙人赔偿企业由此而遭受的损失。

4. 一般而言,当一个新的合伙人被吸收参加一个现存的合伙企业时,他对于参加合伙之前该合伙企业所负的债务不承担责任。而当一个合伙人退出合伙之后,他对于其作为合伙人期间企业所负的债务仍须负责。当然,也有例外规定,如我国的《合伙企业法》第44条规定,新合伙人对入伙前合伙企业的债务承担无限连带责任。至于已经退出合伙企业的合伙人,对企业日后所发生的债务是否仍须负责的问题,则须视不同情况而定。

如果同企业进行交易的第三人,在他退出合伙企业之前曾经同企业进行过交易,则他必须通知该第三人,说明他已经不再是合伙人,否则他仍须对该第三人负责;如果该第三人在他退出合伙企业之前并未同该企业进行过交易,也不知道他是合伙人,则他对于他退出合伙企业之后所进行的交易即可不负担责任。我国的《合伙企业法》第53条规定:"退伙人对基于其退伙前的原因发生的合伙企业债务,承担无限连带责任。"

六、合伙企业的解散

合伙企业的解散有三种情况,一种是自愿解散(voluntary),一种是依法解散(by operation of law),一种是强制解散(involuntary dissolution)。

1. 自愿解散(voluntary),是指合伙企业依合伙人之间的协议而解散。因合伙本身是基于协议而成立的,故法律允许合伙再依协议解散。

2. 依法解散(by operation of law),是指合伙企业依法律的有关规定而宣告解散。这种类型的解散大体有以下几种情况:(1)合伙人中的一人死亡、退出或破产。(2)因发生某种情况,致使合伙企业所从事的业务成为非法,如发生了战争、合伙人之一成了敌国公民等。(3)某合伙人因故长期不能履行其职务,或因行为失当使企业遭受重大损失,或因企业经营失败难以继续维持。

3. 强制解散(involuntary dissolution),是指合伙企业因违反法律、行政法规的规定,被行政机关或法院撤销或裁定解散。

各国关于合伙企业的解散规定在不同的法律文件中。例如：根据《德国商法典》第131条至133条的规定，合伙可以基于以下理由而解散：(1)由于缔结公司时约定的期间届满；(2)由于合伙人的决议；(3)由于对公司财产的破产程序开始；(4)由于法院的裁判；(5)由于合伙人的退伙而解散；(6)由于合伙人的通知而解散，但不定期限缔结合伙的，合伙人只能自一个营业年度结束时起通知终止。

根据《英国合伙法》的规定，合伙企业可以基于以下理由而解散：(1)由于期限届满或通知而解散；(2)由于合伙人死亡、破产或清偿而解散；(3)由于明确的规定而解散；(4)由于非法行为而解散；(5)通过法院的命令而解散和由仲裁员解散；(6)精神错乱和由此导致的长期不能胜任；(7)实施损害营业的行为；(8)长期违反合伙协议；(9)亏损经营；(10)公平正义的理由。

根据《美国统一合伙法》的规定，合伙企业可以基于以下理由而解散：(1)任意性合伙的合伙人明示通知退伙；(2)定期合伙的反应性解散；(3)合伙协议规定合伙解散的事件出现，合伙解散；(4)继续经营合伙业务非法；(5)经法院判决解散。

在澳大利亚，合伙企业解散的事由可分为三类：(1)由合伙人自行决定的解散事由；(2)法定的解散事由；(3)法院裁定的解散事由。[1]

无论采取哪种方式解散合伙企业，合伙人都应对合伙财产进行清算。如果合伙组织的财产不足以清偿合伙组织的债务，则普通合伙人须承担无限连带责任。但若清偿了所有债务之后人仍有剩余，则所有合伙人都有权参与企业剩余财产的分配。

第四节　公　司　法

一、公司法概述

(一) 公司的概念及其基本特征

1. 公司的概念

各国的公司立法，都会对公司下定义，但无论在理论上还是在实践中，各国公司法对公司的定义都集中在三个内容上：法定性、营利性和法人资格，即公司是指依公司法的规定成立的，以营利为目的的企业法人。

2. 公司的基本特征

公司作为企业法人，具有以下几个基本的法律特征：

(1)公司股东对公司承担有限责任(limited liability)。

---

[1] 杨士富编著：《国际商法理论与实务》(第2版)，37页，北京，北京大学出版社，2017。

公司的股东以其出资额为限,对公司承担有限责任,这是各国公司法的共同规定,也是公司区别于其他企业形式的关键。如《美国标准公司法》第6.22条规定,公司股东就其购买的股份,除了支付发行股份的对价外,或支付其认缴协议中规定的对价外,对公司及其债权人不承担额外的责任。

(2) 公司具有独立的财产所有权(ownership of property)。

公司的初始财产来源于股东的投资,但一旦股东将投资的财产移交给公司,这些财产从法律上便属于公司所有,而股东则丧失了直接支配、使用这些财产的权利,他们所换来的是按照出资比例享受一系列的权利,如参与股东大会并投票的权利、分取红利的权利,等等。但公司对因股东入资而形成的公司财产以及在以后经营中增加的财产具有独立的所有权,具有直接的使用权和处置权,并以公司的全部资产对公司的债务承担责任。

(3) 公司独立地享有民事权利和承担民事责任,包括起诉和应诉权(sue and to be sued),当公司与他人发生商业纠纷时,公司有权以自己的名义在法院提出起诉,或进行应诉以行使其诉讼权利。

(4) 公司实行统一(法定)的集中管理制(centralized management)。

公司的管理体制必须与公司法的原则规定相一致,即应采取股东大会、董事会(监事会)及经理"三位一体"的统一的集中管理体制。

(5) 公司的永久存在性(perpetual existence 或 continuity of life)。

相对合伙企业,公司强调的是资本的联合,因此股东股份的转让、股东的死亡或破产都不影响公司企业的存续。

(二) 公司的主要分类

各国公司法,根据公司股东对公司享有的权利和承担的义务的不同,资金来源及其管理形式的不同,将公司主要划分成有限责任公司和股份有限公司。

1. 有限责任公司

有限责任公司,是指股东人数较少,不发行股票,股份不得随意转让,股东对公司承担有限责任的公司。有限公司于1892年首创于德国,其目的在于融合合伙企业与股份有限公司的优点,以适应中小型企业,特别是家族企业的客观需要。其后法国、意大利、卢森堡、比利时等国相继采用。英国的"Private Company"和美国的"Close Corporation"近似于此类公司。在英国、美国和加拿大等国家都没有独立的有限责任公司法,有限责任公司的相关规定是作为公司法的一章存在的;在法国、德国和意大利等大陆法系国家,这些规定则是以独立的单行法规出现的。有限责任公司的法律特征主要有以下几点:

(1) 公司法禁止有限责任公司向公众招募股本。各个股东所认购的股份比例通常由股东们相互协商而定。之后,由公司向其出具股份证书,以证明其在公司内部享有的权益和承担的风险比例。

(2) 股份证书一般允许转让,但有较为严格的限制。公司法通过公司章程及内部细则规定,任何股东转让其一部分或全部股份,都有一定的限制。在同等条件下,其他股东对被转让的股份具有先买权,因而股东之间的关系比较稳定。在转让股份问题上,还有一些其他规定。如德国公司法规定,转让股份务必要经过公证形式,或者符合公司细则规定的其他形式要求。在英国,公司内部细则往往规定转让股份还得经公司董事会同意。我国最高人民法院《关于适用〈中华人民共和国公司法〉若干问题的规定(四)》第17条也有类似规定。

(3) 股东人数有法定限制。公司法一般对有限责任公司的人数有限制。如英国公司法规定有限责任公司股东人数不得超过50人;美国特拉华州公司法规定不得多于30人;法国公司法规定不得高于50人;我国《公司法》第24条也规定有限责任公司股东人数为50人之下。

(4) 公司行政管理机构比较简单。股东人数较少的公司一般不设立股东会和监事会,董事会是最高权力机构,主要股东一般都是董事会成员,并直接参加公司管理。有限责任公司设立和解散程序也相对比较简单。

(5) 具有较明显的人合性质。有限责任公司的人合性质主要表现在公司处理重大事务时,除了强调股权的主要作用外,还强调股东作为出资人应具有的作用。此外,公司的财务报告不予公开,只须按照公司章程规定的期限送交给各股东审阅即可。

目前,我国存在四种不同形式的有限责任公司,它们分别是:普通有限责任公司;国有独资公司;一人有限责任公司;采取有限责任公司形式的外商投资企业。

2. 股份有限公司

股份有限公司(publicly held corporation),是指全部资本划分成等额的股份,其股份以股票形式依法公开发行和自由转让的一种公司企业形式。股份有限公司最本质的特点就是其股票是公开发行和自由转让的。其基本特征为:

(1) 全部资本分为等额股份。股份有限公司的注册资本都是以股票为计量单位的,即每一股股票在注册资本中所代表的金额是一致的、相等的,整个注册资本在某种意义上说,也可以用股份数来表示。

(2) 股份以股票形式公开发行并可以流通。在股份有限公司中获准上市的公司,又称上市公司(listing corporation),它可以通过发行股票来筹集资本,其股票可依法在证券交易所进行流通。

(3) 实行所有权和经营权相分离。股份有限公司是典型的资合公司,股东作为公司的所有权人,与公司的董事会及管理层是分离的,即负责股份有限公司的决策和管理活动的是董事会和管理层。

(4) 公司的账目必须公开。各国公司法一般规定,股份有限公司必须公告其财务会计报表。财务会计报表主要包括资产负债表、损益表、股东权益变动表、现金流量表、财务情况说明书及利润分配表等。

(5) 股份有限公司的规模较大。股份有限公司,尤其是上市公司类公司一般属于股本大、资金雄厚、股东人数众多、内部管理机构权责分明、效益高、竞争力强的公司。

3. 母公司、子公司和分公司

在区分不同公司形式时,还必须十分明确母公司(parent company)、子公司(subsidiary)和分公司(branch)各自的法律特征及其主要区别。这对于深入理解公司以及开展对外经济贸易活动有着重要的现实意义。要指出的是,我国《公司法》第14条对分公司及子公司已有原则的规定。

(1)母公司。按照传统的西方国家公司法规定,所谓母公司,系指通过掌握其他公司的股票(份)从而能实际上控制其他公司营业活动的公司。母公司本身往往也从事大量的经营活动。这类公司有时亦称总公司或本公司。在西方国家,人们把母公司又称为控股公司(holding company),但从严格的意义上说,母公司与控股公司是有一定区别的。尽管从理论上讲,控股公司与母公司都是通过掌握一个以上其他公司一定数量的股票(份),从而达到控制上述公司之目的。但严格来说,这类公司应区分为纯粹的控股公司(pure holding company)和混合控股公司(mixed holding company)两类。

控股公司或母公司的共同特点是都对其子公司实行严格控制。掌握子公司一定比例的股票数额就是实行此种有效控制的关键,当然也有其他的控制方式。但在西方国家的公司法中,对母公司和子公司的不同规定,集中体现在母公司对子公司实施控制的方式上。

(2)子公司。在西方国家,子公司是一个独立的公司,它的设立、经营及解散全部由公司法规定,不再另作特殊的规定或说明。我国《公司法》第14条第2款规定,子公司具有企业法人资格,依法独立承担民事责任。也就是说,所谓子公司就是指受母公司控制,但在法律上是独立的法人组织,它本身是一个完整的公司企业。

(3)分公司。分公司是总公司或者母公司的一种分支机构或者仅仅是母公司的一个附属机构,它本身在法律上和经济上没有独立性。我国《公司法》第14条第1款对分公司的规定是,"分公司不具有企业法人资格,其民事责任由公司承担"。

【案例2-3】

某钢铁公司设立一个钢铁子公司,该子公司因经营不善,欠某钢铁原料厂1000万元债务,无力偿还。于是某钢铁原料厂起诉请求某钢铁公司承担还款责任。

根据法律规定,某钢铁公司是否应该承担还款责任?

【评析】

本题考核点是公司分类。根据规定,子公司具有法人资格,依法独立承担民事责任。故某钢铁公司不承担还款责任。

4. 其他公司形式

股份有限公司和有限责任公司是公司企业中最主要的形式。也是我国公司法规范的两种形式。但在一些国家的公司法中,还规定有其他形式的公司企业,主要有无限责任公司及股份两合公司。

(三) 公司法的概念

公司法是指规定公司企业的设立、组织、经营、解散、清算以及调整公司对内对外关系的法律规范。这个定义强调了：

1. 公司法调整的对象是具有法人资格的公司制企业，而不是所有企业。
2. 公司法是公司制企业的最基本的规范准则。
3. 公司法规定了公司内部的以及对外的法律关系。

(四) 公司法的法律形式

目前世界各国的公司法，主要采用两种法律形式：一种是单行法规；另一种是包含在民法或商法之中，作为民商法的一个组成部分。

二、公司的设立

(一) 公司设立的方式

公司设立的方式可以分为两种，即发起设立和募集设立。

1. 发起设立是指发起人认购公司应发行的全部股份，不向发起人之外的任何人募集而设立的方式。这种设立方式，因其设立程序较为简单，也称为单纯设立。又因其无须对外募股，由发起人全部认购，被称为共同设立。由于无限责任公司是人合公司，两合公司和有限公司也近似于人合公司，资本都具有封闭性，故只能采取此种设立方式。股份有限公司的设立也可采取此种方式。

2. 募集设立是指发起人认购公司应发行股份的一部分，其余部分向社会公开募集而设立的方式。与发起设立相比，募集设立的主要特点在于，向发起人之外的社会公众募股，故仅适用于股份有限公司，特别是当设立规模较大的股份公司时，仅凭发起人的资力往往不足，则需要采取这种设立方式。由于这种设立方式既需对外募集股份，又需召开创立大会，其设立程序比发起设立复杂，故又称为复杂设立。又由于股东的确定是分次而为之（发起人认股在先，认股人认股在后），故又称为渐次设立。

(二) 公司设立的条件

设立公司必须具备一定的条件，各国的法律虽然有不同规定，但是一般必须具备以下共同条件：

1. 公司的创办人

成立公司必须要有公司创办人。这是各国公司法的一项最基本的规定。各国公司法一般规定自然人和法人均可成为公司创办人。公司创办人也可称为公司发起人，英文叫 incorporator, founder 或 sponsor，它是指在公司初始章程上的签名者，也是负责筹建公司的人员。由于发起人都有出资或认购公司股份的义务，因此在公司成立后即成为公司的首批股东。各国公司法普遍规定,创办人必须具有行为能力,无行为能力或限制行为能力者不能充当创办人。

在公司成立前,创办人之间的关系是一种互相委托共担风险的关系,对设立公司的全部费用和债务负连带责任。一旦公司成立,他们之间共担风险、负连带责任的关系即行结束,而被股东间的合作关系所代替。创办人承担接受公司委托办事的责任。这种责任包括:(1)对公司忠诚;(2)办事公正;(3)本人在公司中的全部利益必须公开。

创办人除对公司负有责任外,还直接对公司股东和债权人负责。如果股东和债权人受到公司创办人欺骗,而这种欺骗是由于公司发起人的失职或其没有公开全部事实材料而造成的,则股东和债权人可以在法院直接向创办人提起诉讼,而不必通过公司。

2. 资本

公司资本是指由全体发起人或股东认缴的股本总额。公司资本是公司赖以生存的"血液",是公司赖以运行的物质基础,也是公司债务的总担保。因此,公司资本是公司设立必不可少的条件之一。

公司资本一般由货币财产(现金)和非货币财产(实物、知识产权、土地使用权等)构成。为保证公司资本的真实、可靠和充足,各国公司法对股东出资的义务、程序、方式等,都有十分详尽的规定,对公司法定资本金的最低限额也都有明确的规定。如德国要求股份公司的资本最少为5万欧元,设立有限公司至少5000欧元。法国规定至少为50万法郎。日本在2005年废除了最低资本金制度。

我国《公司法》第26条规定:"有限责任公司的注册资本为在公司登记机关登记的全体股东认缴的出资额。法律、行政法规以及国务院决定对有限责任公司注册资本实缴、注册资本最低限额另有规定的,从其规定。"

第80条规定:"股份有限公司采取发起设立方式设立的,注册资本为在公司登记机关登记的全体发起人认购的股本总额。在发起人认购的股份缴足前,不得向他人募集股份。股份有限公司采取募集方式设立的,注册资本为在公司登记机关登记的实收股本总额。法律、行政法规以及国务院决定对股份有限公司注册资本实缴、注册资本最低限额另有规定的,从其规定。"

(三) 公司的设立程序

公司的设立是公司法中的一个重要组成部分。各国公司法对公司设立程序的规定虽有繁有简,但对以下的规定却是基本相同的。

1. 发起人发起

发起人要先对设立公司进行可行性分析,确定设立公司的意向。

2. 订立公司章程

公司章程,是指规范公司的宗旨、业务范围、资本状况、经营管理以及公司与外部关系的公司准则。公司章程是组建公司的必备的和核心的文件,必须提交政府的登记部门核准并备案。根据英国和德法等国的公司法，公司章程里还应包括内部细则，在向注册登记部门递交公司法律文件时，必须同时提交公司章程和内部细则。应该说，公司章程是公司据以内部运作和对外经营的基本原则，它是公司存在的基石，也是政府依法管理公司的基本依据，更是外界了解公司的主要途径。

大陆法系国家，如德国、法国及意大利等国的公司法都明确地以条款形式列举公司章程必须包括的内容。当然，大陆法系国家并没有排斥在章程中根据需要另外应加入的内容。作为英美法系的主要国家，美国和英国的公司法对公司章程的规定，都是采取强制性和灵活性相结合的方式，主要有三种方式：一种是强制性的方式，即必须要规定的(must set forth)内容；二是在此基础上，规定章程可以选择与公司法不相冲突的(may set forth)内容；三是在公司法上明确规定了章程不需要规定的(need not set forth)内容。

依据各国公司法的规定，公司章程包括以下主要内容：

有限责任公司章程的主要内容有：公司名称和住所、经营范围、公司注册资本、股东的姓名或者名称、股东的权利和义务、股东的出资方式和出资额、公司机构及其产生办法、职权、议事规则、公司法定代表人、公司的解散事由与清算办法。

股份有限公司除了上述内容外还需载明：公司设立方式、公司股份总数、每股金额和注册资本、发起人的姓名或者名称、认购的股份数、公司利润分配办法、通知和公告方式等。

设立任何公司都需制定章程，这是公司设立的重要的法定步骤。无限责任公司、有限责任公司及两合公司的章程都由公司最初的全体股东制定，股份有限公司由全体发起人制定，并经创立大会通过，此后需将其提交主管部门登记，以示公司保证按照章程所定的准则组织和经营活动。一旦政府主管部门核准了章程，就等于接受了该公司所作的保证，它就成为公司的"根本大法"，需对外公开，公司若违反章程，就应承担相应的责任。

3. 确定股东

无限公司、两合公司及有限公司的股东，一般在订立公司章程时予以确定，即在公司章程中明确记载股东的姓名或名称。股份公司的股东，一部分可在公司章程中确定，这些人是公司的发起人。另一部分股东需要通过募集程序来确定。

4. 缴纳出资

公司的资本由全体股东出资构成，在公司章程中应有明确记载。因此，除实行授权资本制的国家外，公司章程所记载的资本总额，在公司成立时都必须落实到每一股东的名下，或认缴或实缴，凡是股东均有出资的义务。

5. 确立机关

公司机关是公司的法定机构，在公司的设立阶段应予确定。无限公司的全体股东及两合公司中的全体无限责任股东，都有代表公司执行公司业务的权利。但公司章程可以规定其中一人或数人作为业务执行股东。有限责任公司除一人公司外均需设立股东会。有限责任公司可以设董事会，也可以不设董事会，而只设执行董事，董事会由股东会选举产生。股份有限公司由创立大会选举公司的董事,组成董事会。在公司设立阶段,还要确立公司的监事及监事会,以及公司的经理、副经理等。

6. 申请登记

各国公司法皆规定,在向政府主管机关登记时,除缴纳法定的手续费和捐税外,还须提交法定的文件,如登记申请书、公司章程、验资证明等,其中,最重要的是符合法律规定的章程。经主管机关审查完备合格后即予以注册,发给营业执照。至此,公司便告成立,同时取得法人资格。

(四) 公司设立的效力

无论公司成立还是不成立,发起人对其设立行为都要承担相应的法律责任,这就是设立行为效力的表现。公司设立行为的法律后果主要有两个方面:

1. 公司成立情况下发起人的责任

(1) 资本充实责任。公司成立后,发起人未按照公司章程的规定缴足出资的,应当补缴;其他发起人承担连带责任。

【案例 2-4】

甲、乙、丙分别出资 7 万元、8 万元和 35 万元,成立一家有限责任公司。其中,甲、乙的出资为现金,丙的出资为房产。公司成立后又吸收丁现金出资 10 万元入股。半年后,该公司因经营不善,拖欠巨额债务。法院在执行中查明,丙作为出资的房产仅值 15 万元。又查明,丙现有可执行的 10 万元财产。依照公司法的规定,应该如何处理?

【评析】

丙以现有财产补交差额,不足部分由甲、乙补足。公司法规定,有限责任公司成立后,发现作为设立公司出资的非货币财产的实际价额显著低于公司章程所定价额的,应当由交付该出资的股东即发起人补足其差额;公司设立时的其他股东承担连带责任。

(2) 损害赔偿责任。在公司设立过程中,由于发起人的过失致使公司利益受到损害的,应当对公司承担赔偿责任。

2. 公司不能成立情况下发起人的责任

(1) 对设立行为所产生债务的责任。对于设立中的公司的地位,各国一般都认为与合伙相当,准用合伙的法律规定。当公司不能成立时,发起人对设立行为所产生的债务和费用负连带责任。

(2) 对已收股款的返还责任。采取募集方式设立股份公司的,公司不能成立时,发起人对认股人已缴纳的股款,负返还股款并加算银行同期存款利息的连带责任。

三、公司的基本权力和义务

(一) 公司的基本权力

公司的基本权力(power)是公司从事其经营活动的基础。它是法律授予的。世界各国公司法对公司的基本权力的规定一般采取两种方法:一种方法是在公司法中列举公司的各种权力,如美国、英国等英美法系国家的公司法就是这么做的;另一种方法就是公司法中不作具体规定,但规定"公司享有法人可享有的一切权利"。这主要是在大陆法系某些国家的公司法中可以见到。我国公司法基本上采取英美法的做法。

我国《公司法》中规定了公司的基本权利(right),它们是分散地作出规定的,而且用的是"权利"一词。但在美国法上,公司的基本"权利"集中地规定在一条之中,而且用的是"权力"(power)一词。《美国标准公司法》第302条首先原则性地规定了公司的广泛权力,它指出:除了在公司章程另有规定之外,每个公司有权永久性存在并以公司名义继承,并且具有如个人从事业务活动所必需的同样权力去从事其商业活动和其他事务。

根据各国公司法的规定,公司的基本权力(利)主要有以下几个方面:能以公司的名义起诉、应诉;以任何合法的方式处理不论处于何处的动产或不动产、有形或无形财产、债权债务;资助雇员;选举或任命公司的行政人员和代理人,明确其职权,确定其报酬;订约权;为经营和管理公司事务,制定或修改与法律不相抵触的章程和公司细则;有权贷款,使用其资金进行投资,为投资而作动产或不动产抵押;在本国内外开展业务活动,建立办事处及从事法律许可的其他活动;为公共福利、慈善、科学和教育目的而捐款;制定和实施对公司董事、雇员或任何个人的奖励或抚恤计划;拥有并行使其他有利于实现其宗旨的合法权利。

(二) 公司的基本义务

根据各国公司法的规定,公司应当承担下列几项基本义务:不得侵犯国家和社会公共利益;不得侵犯第三人和股东的正当利益;依法经营;依法纳税;其他公司应承担的义务。公司如果违反上述义务或公司被某些人用来逃避法定义务或进行欺诈时,公司或有关责任人员则需承担相应的法律责任。

四、公司的资本

(一) 公司资本的概念及构成

1. 公司资本的概念

广义的公司资本,是指公司用以从事经营、开展业务的所有资金和财产,包括公司自有资本(亦称"衡平资本"equity)和借贷资本(loan)两部分。狭义的公司资本则仅指公司自有资本。本书所用公司资本一般是指狭义资本。

股份有限公司的资本主要是通过向社会公开发行股票而募集的,因此一般称为"股份资本"(stock capital),简称"股本"。

公司的资本,从经济上来说,是公司开展业务的物质基础;从法律上来说,是公司对第三人的最低财产担保。股份有限公司是法人,可以拥有自己的财产,并以自己的全部财产对债权人承担责任。公司的财产独立于股东的财产而存在,股东对公司的责任仅以出资额为限。因此,股份有限公司的资本对股东和债权人以及公司自身的发展均有十分重要的意义。

为了保护公司股东及债权人的利益,各国公司法对公司资本都做了具体的规定,主要是:第一,公司设立必须拥有一定数量的资本,任何股份有限公司的资本都不得低于法定最低资本额;第二,公司的资本额必须在公司章程中予以载明,未经股东大会同意修改章程,公司资本不得随意增减;第三,公司必须经常维持与公司资本额相当的实际财产,不得以公司的资本进行分红。

对于股份有限公司的资本,英国、美国、荷兰等国采取"授权资本制"。根据这种资本制度,公司资本被区分成"授权资本"(authorized capital,亦称核准资本)和"发行资本"(issued capital)。公司必须在公司章程中载明授权资本的数额,但在公司设立时,不必按授权资本的数额全部发行股份,而可以先发行一部分,其余则留待日后根据公司业务发展的需要决定是否发行。所以,授权资本并不代表公司实际拥有的资产,而只是公司有权通过发行股份而募集资本的最高限额,是一种"名义资本"(nominal capital),而发行资本才是公司股东已经认购了的,即股东已经承担了责任必须缴付(但不一定都已缴付了)的公司资本。

只有实收资本(paid up capital)才是公司真实的资本,是可以立即运用的公司资产的一部分。所谓实收资本是指股东已经实际上支付,公司已经收到的资本额。授权资本制使公司在财务方面具有一定的灵活性,减少了公司在授权资本额内增加资本的程序,而且便于公司在日后发行新股时把认股权给予本公司的高级职员。

德国、法国等多数大陆法国家采取"法定资本制"。根据这一制度,公司章程中所载明的公司资本额在公司设立时必须全部由认股人认购完毕,否则公司不得成立。公司如增加资本必须修改章程。法定资本制有利于保证公司拥有充实的资本,防止利用公司进行欺诈和投机行为的发生。但是,法定资本制对于资本充足的要求过于严厉,已不适应现代股份公司发展的客观需要。因此,近年来一些大陆法国家开始放弃或部分放弃法定资本制而仿效授权资本制。

例如,日本公司法规定,公司在设立时只需发行股份总数的四分之一以上即可,其余股份可在公司成立后由董事会决定发行。德国股份公司法规定,当董事会根据股东大会授权发行新股增加资本时,可以分一次或多次完成,但期限不得超过5年。法国公司法也有类似的规定。

2. 公司资本的构成

各国公司立法普遍规定,股东的出资不限于货币,也可以实物、工业产权、土地使用权、商誉等折价出资,无限公司和两合公司的无限责任的股东还可以劳务和信用出资。

(1)货币。这是股东最基本、最常用的一种出资方式。股东对自己认购的现金出资,必须如期缴纳。对于公司成立时股东以现金出资的股款是否必须全部缴清,大多数国家立法允许分期缴纳,但同时对首次缴纳股款的最低限以及缴清全部认购出资额的期限作了规定。如法国《商事公司法》第 75 条规定,货币股份,在认购时应至少缴纳面值的四分之一的股款;剩余股款,根据董事会的决定,于公司成立后 5 年内,根据情况一次或若干次缴纳。

(2)实物。所谓实物出资,即股东以有形财产,如建筑物、厂房、机器设备等作价出资。股东用以出资的实物,必须是为公司的生产经营所必需的;另外,股东对其用以出资的实物必须拥有所有权或处置权,并应出具拥有所有权或处置权的证明文件。租赁的财产或其上设置担保物权的财产,不得用以出资。

为了使实物出资的折价与其价值相符,各国普遍规定除货币以外的出资必须由法定的评估机构进行评估,并将评估结果提交股东或创立大会审核。如法国《商事公司法》第 80 条规定,实物出资时必须由独立的评估机构对实物出资的价值进行评估,由创立大会对评估结果作出决定。对于实物出资,各国普遍规定不允许分期给付,如法国、德国和日本。我国《公司法》也规定,股东或发起人以实物出资的,应当依法办理其财产权的转移手续。

🚩【知识链接】

公司的资本三原则

1. 资本确定原则,又称为资本法定原则(statutory capitao system),是指公司在设立时,必须在章程中对公司的资本总额作出明确规定,并须由股东全部认购,否则公司不能成立。

2. 资本维持原则,又称资本充实原则,是指公司在其存续过程中,应经常保持与其资本额相当的财产。

3. 资本不变原则,是指公司资本总额一经确定,非依法定程序,不得任意变动。

(3)无形财产。无形财产包括专利权、商标权、专有技术、土地使用权、商誉等。

对以无形财产出资的,各国主要从两个方面予以规范:一是对无形财产的作价。各国均要求必须聘请专门的评估机构进行评估,并将评估结果由全体股东或创立大会审核。二是对无形财产投资占公司资本总额的比例作出限制。我国《公司法》取消了这一限制,但是第 27 条、第 83 条均规定,全体股东的货币出资金额不得低于有限责任公司注册资本的 30%。因此,非货币财产(含无形财产)占公司资本总额的比例不得高于 70%。

(4)劳务与信用出资。大陆法系国家大都只允许无限公司的股东以其个人的劳务及个人的信用作为出资,而不允许有限责任公司和股份有限公司的股东以劳务和信用出资。如德国《股份法》第 27 条第 2 款规定:实物出资或实物接收只能是可以确定经济价值的财物;劳务不能作为实物出资或实物接收。与大陆法系国家不同,英美法系国家对于股东出资方式规定得更为灵活,甚至允许股东以"已完成了的劳务"出资。如美国《标准公司法》第 6.21 条第 6 款规定,支付股票的价金可以是一切或无形财产,或是能使公司享受的利益,包括现金、付款证书、已提供的劳务、提供劳务的合同或其他证券。

(二) 出资的转让

无论何种类型的公司,股东的出资均可以转让。但因公司的性质不同,法律对股东出资的限制也宽严有别。

各国公司法皆规定,无限公司的股东向股东以外的人无论转让全部或部分出资,都必须经其他股东全部同意。这是因为无限公司是人合企业。

有限责任公司既有人合性,又有资合性,故股东出资的转让也受到一定条件的限制。各国的法律对其的限制的总体情况是:对于股东之间相互转让出资的限制较轻,但对股东向公司股东以外的第三人转让出资的限制较严。

(三) 增资与减资

各国均允许各类公司在必要时可依法定条件和程序增加资本,只是其中股份有限公司发行新股的条件和程序较为严格、复杂。而资本的减少有可能危及社会交易的安全,影响到公司债权人的利益,因此,各国对减少股本作了明确的限制性规定。这些限制大体一致:须经股东大会决议,不影响公司的偿债能力,交主管部门备案。

五、公司债

(一) 公司债的概念

公司债是指公司企业通过发行债券或签订贷款合同的方式与特定人或非特定人之间所成立的一种金钱债务关系。公司债的形式主要分为银行贷款和公司债券(debenture or bond)两种。公司债是公司必不可少的资金来源之一。

(二) 公司债券

1. 公司债券的概念和特征

公司债券是指由公司发行的,保证支付债券持有人定期利息并在债券到期日归还本金的一种债权证书。凡债券持有人都是公司的债权人。根据有关法律规定,公司债券有以下几个基本特征:

(1) 有固定利率,公司定期(一般为一年,也有每半年或每季度)发放利息一次。利息,也称债息(coupon)。债息率(coupon rate)是指债息与债券本金的比率。这种比率是固定的,因此债息也是固定的。

(2)公司必须到期向债券持有人归还本金(principal)。所谓本金,在这里只是指债券的票面金额。公司债券持有人有权要求公司在一定期限内归还本金。应归还本金的日子叫作债券的到期日(maturity date)。

(3)债券可以以其票面值出售,也可以溢价(premium)出售,即以高出其票面值的价格出售,但更多的是以减价(discount)方式出售。

(4)在债券到期之前,公司视情况可以提前回收其债券,从这个意义上说,债券相当于一个长期的应付票据。

2. 公司债券的分类

债券的分类有很多标准,从法律意义上讲,主要是以债券本金的担保程度和方式作为标准来进行分类。对债券本金的担保是多种多样的,主要的有抵押、典质或由发行者所愿意采用的其他担保方式进行。根据上述标准,债券可以划分为:

(1)抵押债券(mortgage bond),是通过抵押或留置债券发行者(公司企业)的财产(包括动产或不动产)来作为担保而发行的债券。如果公司企业不能如约向债券持有人还本付息,债券持有人有权要求拍卖公司的抵押品或留置品来取得本息。

(2)附属担保信托债券(collateral trust bond),这类债券是指由公司(发行者)把其拥有的动产,通常是该公司拥有的其他公司企业的有价证券(尤其是其子公司的有价证券)作为担保而发行的一种债券。

(3)保证债券(guaranteed obligations),是指由一个公司(主要债务人)发行的而由另一个公司(债务保证人)来支付本息的债券。比较常见的就是由子公司发行而由母公司作担保的有价证券。

(4)设备债券(equipment obligations),是指以购买机器设备为目的,并以该设备为担保,等公司偿还全部债券本息后,设备所有权才开始归属公司的一种债务凭证。

(5)清算人债券(veceiver certificates),一般是指在公司陷于财务困难境地时,根据具有管辖权的法院的指令,由该公司发行的旨在提高其必要的营业资本的一种证书。这个有价证书通常由公司资产给予高度的担保。

(6)普通债券(debentures),普通债券一般根据发行者和受托人之间的协议(debenture indentures),即以发行债券协议向公众发行的。债券的传统特征之一就是具有固定的到期日,公司债券发行者没有提前支付本金的义务。但是,一些有支付能力的大公司为了增强信誉经常会公司在满期日之前,以有利于债券持有人的回购价格,全部地或部分地回购其已发行的债券。

六、公司的组织机构

公司的组织机构,是实现公司经营、监督与控制的公司内部组织系统。主要包括股东(大)会、董事会(执行董事)、监事会和经理。

(一) 股东(大)会

公司的股东(大)会由全体股东组成,是公司的最高权力机构。

1. 股东的概念

股东是拥有公司股份(票)的人,股票则是公司股东的入股凭证。对于股东的定义,特别要注意:第一,拥有股票从而成为股东者,可以是个人,也可以是法人、其他企业或社会团体。在西方国家,股东除包括公司、各类基金、银行等营利机构外,还包括学校或其他社会团体等非营利机构,股东的范围十分广泛。第二,股东获得股票的方式是各不相同的。除了在公司发行股票时,股东在一级市场以发行价取得股票外,大量的是在股票交易的二级市场上购得;此外,还有以继承方式获得股票而成为股东的。第三,法律对股东的资格几乎没有什么限制。

2. 股东的基本权利

股东的基本权利来源于其所持有的股份,即股东具有其股票所示的下述权利:

(1) 利润分享权(right to profits),包括股息分配权、股份(票)转让权及公司剩余资产分配权。

(2) 表决权(right to vote),股东就选举董事,填补董事空额(filling vacancies),修改公司章程或章程细则,公司的合并、清算以及出售公司的重大资产等重大问题具有表决权。

(3) 表述权(right to expression),股东有权在股东大会上表述其意见和主张,当然股东在哪类问题上有权表述其意见在公司章程,尤其是章程细则上都有所约定。

(4) 知情权(right to information),各个国家的公司法和证券法一般都规定,股东就下述问题具有知情权:①事先知道股东大会将要讨论的议题。②上市公司披露财务报表和其他重要信息。③查阅公司账簿、股东会议记录以及公司股东名册。对于查阅公司账簿以及股东会议记录一般没有什么限制,但是如果股东要查阅公司股东名册,这对于公司管理层而言就是很敏感的问题。

3. 股东(大)会的权限

关于股东(大)会的权限,各国公司法的规定不完全相同。从理论上说,大多数国家仍然认为,股东会是有限责任公司的最高权力机构,股东大会是股份有限公司的最高权力机构,但实际上,现代各国的公司法对股东大会的权限都在不同程度上加以限制,股东大会的地位和作用有日益下降的趋势。

许多国家的公司法都以不同的方式把公司的经营管理权交给董事会或执行会处理,而对股东大会干预公司经营管理的权力加以限制。如《德国股份有限公司法》规定,董事会在业务管理方面享有"专属权限"。这种权限原则上是不受限制的,股东大会对有关业务执行问题所作出的决议,不能限制董事会的权限。

按照英美国家公司法的规定,股东大会有权进行投票的主要事项有:(1)选任和解任董事;(2)决定红利的分派;(3)变更公司的章程及公司章程细则;(4)增加或减少公司的资本;(5)决定公司的合并或解散。

应当指出的是,根据某些国家公司法的规定,选任董事与解任董事的权力已不属于股东大会,而是属于监察大会。如《德国股份有限公司法》规定,股份有限公司设有监察会与董事会两重机构,监察会的成员由股东大会选任与解任,而董事会的成员则由监察会选任与解任,股东大会不能直接干预。又如,按照法国 1966 年公司法的规定,股份有限公司可以采取董事会制,也可以采取监察会与执行会制,究竟采取哪一种管理制度,可在公司注册时作出决定,也可在日后由股东大会决定。

如采取董事会制,则由股东大会选任与解任董事会的成员;如采取监察会与执行会制,则股东大会只能任命和解任监察会的成员,而不能参与执行会成员的任命,执行会的成员由监察会任命,但执行会成员的解任权属于股东大会,股东大会有权根据监察会的建议解任执行会的成员。

4. 股东大会的表决方式

如上所述,股东对公司实施一定程度的控制,传统的做法是在股东大会上进行表决。因此,股东们以什么方式来进行表决,就构成了股东对公司行使间接控制权的关键。

股东表决的基础,就是所谓按资分配。其前提是所有普通股的股票一律平等,即一股一票,一视同仁。这里要特别指出,不是每个股东一票,人人平等;而是每股一票,一律平等。每个在册的普通股的股东都享有此种不可剥夺的权利。但是随着公司规模的迅速扩大,公司业务的不断发展以及公司行政管理机构的日益复杂化,原有的单纯的一股一票的做法已不能适应公司的发展需求了。因此,一些公司管理者和律师在此基础上又设计出能更加灵活地保护股东控制权尤其是保护中小股东的权利的表决方式。

比如,美国公司法规定,股东大会的表决方式主要有直接投票(straight voting)、累积投票(accumulative voting)、分类投票(class voting)、偶尔投票(contigent voting)、不按比例的投票(disproportional voting)五种。究竟各个公司在何种情况下应用何种表决方式,除了公司法有所限制外,一般都由公司章程予以规定。

(二) 董事会

各国公司法一般都规定股份有限公司必须设立董事会,对有限责任公司一般没有强制性规定。目前,西方国家公司法一般明文规定,董事会是公司的最重要的决策和领导机构,是公司对外进行业务活动的全权代表。也就是说,公司的所有内外事务和业务都在董事会的领导下进行。关于董事会的法律规定主要包括以下几个方面:

1. 董事会的组成

董事是由股东在股东(大)会上选举产生的,代表股东对公司的业务活动进行决策和领导的专门人才。董事会由符合条件的当选董事组成。英美法系国家一般规定,董事可以是自然人,也可以是法人。但法人为董事时,须指定一名有行为能力的自然人作为代理人。大陆法系中只有法国等少数国家的规定与英美法系的规定相同,而德国的大多数国家则明确规定法人不得担任董事。

(1)董事的人数。各国公司法对董事的人数有不同的规定,即使是同一国家的不同类型的公司,也不尽一致。立法者对这个问题作出规定的出发点,是基于如何使董事会更有效地领导公司业务。董事会人数太少,容易导致独裁,不民主,危害股东利益;董事会人数太多,致使机构臃肿,形成决议比较困难,办事效率较低。因此,各国公司法的立法者都对这个问题作出了弹性较大的规定。一般只规定最高和最低人数,具体人数由各公司章程或内部细则自行决定。

美国大多数州的公司法规定,董事会人数至少为3人,但也有些州规定,董事会可以只由1人或2人组成。西欧各国的情况是,凡股份有限公司,董事最低人数一般都在3人以上。如德国、法国和比利时等国的公司法都明确规定,董事会人数在3人以上。法国、德国规定了董事会人数的最高限额。如法国,凡资本额在25万法郎以下的有限责任公司,其董事会只需1人即可,但不得超过5人;资本额超出25万法郎的公司,董事会必须3人以上,但不得超过13人。德国也有类似的规定,股本金额在20万马克以下者,不得超过9人;股本金额在800万马克以下者,不得超过15人;股本金额超过800万马克的公司,最多也不得超过21人。

西方国家公司法在规定董事会人数限额上,尤其在公司章程和内部细则规定具体人数时,还有一个普遍的惯例,即往往规定董事的数目为奇数,其目的是减少董事会内出现僵局的机会。

(2)董事的资格。对于当选董事的资格,西方各国公司法都有规定。但各国的规定有多有少,各不相同。在这方面,英国公司法的规定具有一定的典型性和代表性。我国《公司法》第146条也规定了不得担任公司董事、监事或者高级管理人员的五种情况。

【知识链接】

关于不得担任公司董事、监事、高管的规定

我国《公司法》第146条规定:"有下列情形之一的,不得担任公司的董事、监事、高级管理人员:

(1)无民事行为能力或者限制民事行为能力;

(2)因贪污、贿赂、侵占财产、挪用财产或者破坏社会主义市场经济秩序,被判处刑罚,执行期满未逾五年,或者因犯罪被剥夺政治权利,执行期满未逾五年;

(3)担任破产清算的公司、企业的董事或者厂长、经理,对该公司、企业的破产负有个人责任的,自该公司、企业破产清算完结之日起未逾三年;

(4)担任因违法被吊销营业执照、责令关闭的公司、企业的法定代表人,并负有个人责任的,自该公司、企业被吊销营业执照之日起未逾三年;

(5)个人所负数额较大的债务到期未清偿。

公司违反前款规定选举、委派董事、监事或者聘任高级管理人员的,该选举、委派或者聘任无效。董事、监事、高级管理人员在任职期间出现本条第一款所列情形的,公司应当解除其职务。"

2. 董事会的权限

公司股东大会和董事会有权行使公司的最高领导权力。这二者之间的权力如何分配呢?美国和欧洲许多国家的公司法明确地把决策权从股东大会权力中分离出来,将其授予董事会。《美国标准公司法》集中地反映了这一点。它授予董事会以十分广泛的权力。根据该法第35条的规定:"除本法或公司章程另有规定外,公司的一切权力都应由董事会行使或由董事会授权行使。公司的一切业务活动都应在董事会的指示下进行。"

董事会在行使其职权时必须以一个集体来行使,而且通常是以在董事会会议上进行表决(即复数票同意才能通过决议)来具体实行的。至于单个的董事,如果其不兼任公司高级职员,则不能单独进行活动。

欧洲许多国家也有类似的规定,如《德国股份有限公司法》明确规定,董事会是股份有限公司的领导机关,董事会应以自己的责任领导公司。也就是说,领导公司的责任是专属于董事会的。

《英国公司法》对董事会权限的规定,与美国和西欧其他国家的规定有很大不同。在《英国公司法》中,对董事会的权限没有明确的规定。因为它没有把公司的管理权从其他权力中分离出来而授予董事会。在美国,公司股东大会和董事会之间的权力分配,一般是由公司内部细则决定的。因此,这种权力的区别在各个时期以及各个公司是不完全相同的。董事会的权力可大可小,但大多数公司的内部细则总的趋势是朝着加强董事会权限的方向发展。

但是,无论是美国还是英国的公司法,董事会的权限都要受三个方面的限制:第一,董事会作为公司的代理人,不得从事整个公司业务活动范围以外的活动,否则无效;第二,董事会在权限之内行使职权时,不得超出公司授予他们的具体权限范围。如果公司要授予他们具体权限,必须获得股东大会的批准或认可,否则,此类活动所造成的损失概由董事会集体负责;第三,如果股东大会的决议和董事会的决议有冲突,一般以前者为准,股东大会可以否决董事会的决议直至解散董事会。

3. 董事会会议

如上所述,董事会拥有对公司业务的领导权和决策权。但这些权力的行使,是由董事会这个集体来实现的。董事只能够在董事会会议上以通过决议的方式来具体地实现自己的权力。因此,董事会会议就成为董事会实施对公司领导权和决策权的关键所在。

(1)董事会会议的分类。董事会议和股东大会一样,也分成普通会议或称例会、特殊会议。所谓例会,就是定期召开的会议,可一年召开一次、半年召开一次或一个季度召开一次。召开会议的时间在公司的内部细则中予以规定。所谓特殊会议,就是在董事认为必要时召开的会议,这是不定期的。在美国各州的公司法中,往往规定有召开特殊会议的程序。

(2)董事会议的通知。公司法一般规定,召开董事会议前,必须给全体董事发出会议通知。至于何时发出通知为好,各国公司法的规定不同。有的要求会前半个月,也有的要求会前一个星期。英国公司法的规定最为灵活,它要求"应在足够的时间内送达董事手中,以便他们能准时出席会议"。"足够的时间"究竟有多长,要依具体情况而定,因此比较灵活。

(3)董事会议的法定人数。法定人数,顾名思义,就是由法律规定的参加董事会议的董事人数。其法律上的意义就在于:①参加董事会议的董事人数只有符合法定人数,会议才属合法;②由出席会议的董事法定人数中的多数通过的决议,应视为整个董事会的决议,采取的行动应作为整个董事会的集体行动,因而对公司具有拘束力。不满法定人数的董事会议通过的决议无效,对公司无拘束力。

法定人数,通常指占董事总人数的多数,因此,法定人数又称法定多数。但不少西方国家的公司法规定,法定人数可以低于简单多数,但不得少于公司董事总数的1/3。《美国特拉华州公司法》第41条2款的规定,就反映了这一点。它规定:"除公司章程和内部细则另有更高人数要求外,董事总人数的多数应构成从事交易活动的董事会的法定多数,除公司章程另有规定外,公司内部细则可以规定低于董事简单多数的人数为法定人数,但无论如何法定人数不得低于董事总人数的1/3。"在同一款中还指出:"凡仅有一人为董事的董事会,该董事应成为当然的法定人数。"

董事在董事会上表决时,与股东在股东大会时的表决是不同的。在股东大会上,每股一票,而且股东可以委托别人投票。但在董事会议上,董事是一人一票,一般不得委托别人投票,但可以弃权,也可以不出席会议。

董事会在通过决议时,只需出席会议的董事法定人数的简单多数同意就有效。在投票时,万一出现僵局(dead lock),董事长往往有权行使裁决权,即进行决定性的投票(costing vote)。在这里还要提到的一点是,公司内部细则一般规定,禁止与决议有利害关系(不管是直接的还是间接的利害关系)的董事参加对该决议的表决。但该董事有权获得会议通知,有权参加该会议并就将要作出决议的问题发言,只是无表决权。

(4)董事会会议的记录。必须对董事会会议的进程和实质性内容进行记录。会议记录一旦被会议主席签署,就意味着记录在案的决议已被通过。会议记录应公开,随时接受董事的审查和检阅。

(5)董事的责任。董事与公司有关的行为直接关系到公司、股东及第三人的利益,因此各国都规定了董事对公司的责任。大陆法系国家认为,董事对公司负有善良管理人的义务,若不履行义务,致使公司利益受到损失的,应负赔偿责任。英美法系国家认为,董事具有公司代理人和财产受托人的双重身份,应对公司承担一种信托责任。尽管两大法系对董事责任的规定有所差异,但都要求董事为公司的最高利益负忠诚、勤勉和谨慎的责任。

【知识链接】

雷戈尔(黑斯廷斯)有限公司诉古利夫案(1942)[1]

雷戈尔公司拥有1家电影院,欲再购2家以便将3家电影院一并出售。为此,雷戈尔公司设立一家子公司,由其出面购买。因雷戈尔公司资金不足,该公司董事便认购了子公司的股份,凑足了购买电影院的必要资金,买卖得以成交。后来,雷戈尔公司及其子公司的股权易主,包括上述董事在内的原股东有所获利。雷戈尔公司的新股东起诉上述董事,要求其返还所获利润。英国上议院认为,董事是因其担任公司特定职务,才能了解到购股机会并因此获利,故须向公司返还利润。

(三) 监事会

监事会是对公司的业务活动进行监督的常设机构。

对公司是否设置监事会,各国立法规定不同。在有限责任公司中,监事会一般是公司的任意机构。公司可以设监事一至数人,也可不设。在股份有限公司中,有的国家规定,在股东大会之下设立董事会和监事会两个机构,由监事会对董事会执行业务的活动进行监督,如德国等;有的国家规定,只设董事会而不设监事会,如英美等国;有的国家规定,公司可设监事会,也可不设监事会,由公司章程作出选择,如法国等。

监事会成员一般由股东(大)会在有行为能力的股东中选任。也有的国家规定,达到一定规模的公司,其监事会除了有股东代表外,还要有一定比例的雇员和工会代表。为了使监事会能顺利行使职能,各国皆规定,负责公司业务的董事、经理和财务负责人及他们的配偶不得担任监事。

【案例2-5】

某股份公司于2011年2月拟增加1名董事,公司召开股东大会讨论有关董事会中董事选举的问题,该名董事候选人相关情况以及拟在股份有限公司任职情况如下:

王某,拟任董事,本科学历,现担任该股份有限公司监事职务。

请问:王某是否符合拟在股份有限公司担任董事的任职资格条件?并说明理由。

【评析】

王某不符合担任股份有限公司董事资格。根据规定,董事、高级管理人员不得兼任监事,王某是该股份公司的监事,因此不能再担任本公司的董事。

---

[1] [英]丹尼斯·吉南:《公司法》,朱羿锟等译,298页,北京,法律出版社,2005。

(四) 公司经理

经理是董事会的助理机关。经理对董事会负责，经理一般由公司章程任意设定，设置后即为公司常设的辅助业务执行机构。根据各个国家公司法规定，经理的职权大体包括：执行董事会确定的经营方针，任免公司的职员，对外代表公司签订合同，负责管理公司的日常事务等。其义务主要有：对公司诚信、勤勉、不得从事与本公司有竞争或损害公司利益的活动，严格遵守公司股东（大）会、董事会的决议和公司章程的规定。

七、公司的合并、分立、解散和清算

(一) 公司的合并

公司的合并，又称为并购，是公司法的一个重要组成部分，严格地说，公司合并可分为新设合并、吸收合并和收购。

1. 新设合并

新设合并（consolidation），是指两个或两个以上的公司合并成一个新公司的商业交易，新设合并又称联合。新设合并具有如下特征：

(1) 在新设合并中，参与合并的公司全部消失，因而称消失公司，新设公司（new corporation）获得消失公司（disappearing corporation）的全部财产并承担它们的全部债务及其他责任。

(2) 在新设合并中，每个消失公司的股票（份）都转化成新设公司的股票（份）、债务或其他证券，或全部或部分地转换成现金或其他财产。

(3) 新设合并的条件是参与合并的公司的董事会必须制定合并计划（该计划需经股东批准），并由新设公司报工商管理部门存档。

(4) 在新设合并中，合并章程将成为新设公司的设立章程。

(5) 如果公司的股东有权对合并提出反对，则新设公司有义务向持异议者的股东提出回购股份的建议。

2. 吸收合并

吸收合并又叫兼并（merger），是指一个或几个公司并入另一个存续公司（surviving corporation）的商业交易。因此，吸收合并也可称为存续合并。存续合并具有如下特点：

(1) 在存续合并中，存续公司获得消失公司的全部业务和资产，同时承担各个消失公司的全部债务和责任。

(2) 在存续合并中，消失公司的股份得转换成存续公司或其他公司的股份、债务或其他有价证券，或者全部或部分地转换成现金或其他财产。

(3) 存续合并的条件是实施合并公司的董事会制订有效的合并计划，经股东的批准并由存续公司将合并章程呈递有关政府工商部门。

(4) 如果规定公司合并必须经过股东大会批准,但少数股东不同意合并,则公司有责任回购上述不同意合并股东的股份。

3. 收购

收购是指由收购公司通过其高级管理人员发出收购要约(tender offer),购买某个目标公司的部分或全部股票(份),以便控制该公司的法律行为。收购目标公司的对价,可以是现金、收购公司或其他公司的有价证券,但通常是现金。在现金收购中,目标公司的收购价格往往要高出其市场价格的 25%~50%。在收购中,如果目标公司无力顶住收购者对其股票出价的诱惑,只能把自己的股票出售给收购公司,从而实现收购公司兼并目标公司的目的。

(二) 公司的分立

分立是指一个公司依照公司法有关规定,通过股东会决议分成两个以上的公司。公司分立可以采取存续分立(又称派生分立)和解散分立(又称新设分立)两种形式。存续分立,是指一个公司分离成两个以上公司,本公司继续存在并设立一个以上新的公司。解散分立,是指一个公司分解为两个以上公司,本公司解散并设立两个以上新的公司。

(三) 公司的解散

公司的解散(dissolution),在公司法上是指公司法人资格的消失。随着公司的解散,公司就丧失了进行业务活动的能力,故公司解散时应终止一切业务经营活动。但公司法人资格的消失不能被理解为公司已经解散,而只有在公司终止了业务活动,结束了对内对外的法律关系,清算了其全部资产以后,才能真正地解散。公司只有经过清算这一法律程序,才能解散。公司在清算的过程中,不能视为解散。

公司的解散涉及多方面的问题,比如清理债权债务,变卖公司资产,支付各类费用,纳清税款,满足债权人的要求以及分配剩余资产,等等。因此,公司的解散也是较为复杂的过程,而且与清算密不可分。

(四) 公司的清算

公司的清算(liquidation),是指公司在解散过程中了结公司债务,并在股东间分配公司剩余资产,最终结束公司的所有法律关系的一种法律行为。

清算的一般程序,首先是确定清算人,由其负责清理公司债权债务;其次根据债权人的先后次序偿还债务;最后,在优先股和普通股之间根据发行时各类别股票所规定的条件,分配剩余资产(如果还有的话)。

第五节 中国商事组织法

本节拟简要介绍我国的个人独资企业、合伙企业及外商投资企业,并归纳其主要规则。

一、个人独资企业

我国的个人独资企业是指依照《个人独资企业法》在中国境内设立,由一个自然人投资,财产为投资人个人所有,投资人以其个人财产对企业债务承担无限责任的经营实体。

个人独资企业从事经营活动必须遵守法律、行政法规,遵守诚实信用原则,不得损害社会公共利益。个人独资企业应当依法履行纳税义务。国家依法保护个人独资企业的财产和其他合法权益。

(一) 设立个人独资企业的条件

设立个人独资企业应当具备下列条件:(1)投资人为一个自然人;(2)有合法的企业名称;(3)有投资人申报的出资;(4)有固定的生产经营场所和必要的生产经营条件;(5)有必要的从业人员。

申请设立个人独资企业,应当由投资人或者其委托的代理人向个人独资企业所在地的登记机关提交设立申请书、投资人身份证明、生产经营场所使用证明等文件。委托代理人申请设立登记时,应当出具投资人的委托书和代理人的合法证明。

个人独资企业不得从事法律、行政法规禁止经营的业务;从事法律、行政法规规定须报经有关部门审批的业务,应当在申请设立登记时提交有关部门的批准文件。

【案例 2-6】

小张在北京市东城区开办了一家个人独资企业,名字叫"小张烧鹅饭餐厅"。该餐厅生意红火,小张计划利用"小张烧鹅饭餐厅"的良好声誉,在北京其他区再开一家一样的餐厅,请问小张是否需要重新注册一家个人独资企业?

【评析】

本案例的考核点是个人独资企业的设立。独资企业设立分支机构,应当由投资人或者其委托的代理人向分支机构所在地的登记机关申请登记,领取营业执照。分支机构经核准登记后,应将登记情况报该分支机构隶属的独资企业的登记机关备案。分支机构的民事责任由设立该分支机构的独资企业承担。

(二) 个人独资企业的投资人及事务管理

法律、行政法规禁止从事营利性活动的人,不得作为投资人申请设立个人独资企业。个人独资企业投资人对本企业的财产依法享有所有权,其有关权利可以依法进行转让或继承。个人独资企业投资人在申请企业设立登记时明确以其家庭共有财产作为个人出资的,应当依法以家庭共有财产对企业债务承担无限责任。个人独资企业投资人可以自行管理企业事务,也可以委托或者聘用其他具有民事行为能力的人负责企业的事务管理。

投资人委托或者聘用他人管理个人独资企业事务,应当与受托人或者被聘用的人签订书面合同,明确委托的具体内容和授予的权利范围。受托人或者被聘用的人员应当履行诚信、勤勉义务,按照与投资人签订的合同负责独资企业的事务管理。投资人对受托人或者被聘用的人员职权的限制,不得对抗善意第三人。

【知识链接】
我国《个人独资企业法》第20条的规定

投资人委托或者聘用的管理个人独资企业事务的人员不得有下列行为:

(1)利用职务上的便利,索取或者收受贿赂;(2)利用职务或者工作上的便利侵占企业财产;(3)挪用企业的资金归个人使用或者借贷给他人;(4)擅自将企业资金以个人名义或者以他人名义开立账户储存;(5)擅自以企业财产提供担保;(6)未经投资人同意,从事与本企业相竞争的业务;(7)未经投资人同意,同本企业订立合同或者进行交易;(8)未经投资人同意,擅自将企业商标或者其他知识产权转让给他人使用;(9)泄露本企业的商业秘密;(10)法律、行政法规禁止的其他行为。

个人独资企业应当依法设置会计账簿,进行会计核算。个人独资企业招用职工应当依法与职工签订劳动合同,保障职工的劳动安全,按时、足额发放职工工资。个人独资企业应当按照国家规定参加社会保险,为职工缴纳社会保险费。个人独资企业可以依法申请贷款、取得土地使用权,并享有法律、行政法规规定的其他权利。

任何单位和个人不得违反法律、行政法规的规定,以任何方式强制个人独资企业提供财力、物力、人力;对于违法强制提供财力、物力、人力的行为,个人独资企业有权拒绝。

(三) 个人独资企业的解散和清算

我国《个人独资企业法》第20条规定:个人独资企业有下列情形之一时,应当解散:(1)投资人决定解散;(2)投资人死亡或者被宣告死亡,无继承人或者继承人决定放弃继承;(3)被依法吊销营业执照;(4)法律、行政法规规定的其他情形。

个人独资企业解散,由投资人自行清算或者由债权人申请人民法院指定清算人进行清算。投资人自行清算的,应当在清算前15日内书面通知债权人,无法通知的,应当予以公告。债权人应当在接到通知之日起30日内,未接到通知的应当在公告之日起60日内,向投资人申报其债权。

个人独资企业解散后,原投资人对个人独资企业存续期间的债务仍应承担偿还责任,但债权人在5年内未向债务人提出偿债请求的,该责任消灭。

个人独资企业解散的,财产应当按照下列顺序清偿:(1)所欠职工工资和社会保险费用;(2)所欠税款;(3)其他债务。

清算期间,个人独资企业不得开展与清算目的无关的经营活动。在按前条规定清偿债务前,投资人不得转移、隐匿财产。个人独资企业财产不足以清偿债务的,投资人应当以其个人的其他财产予以清偿。个人独资企业清算结束后,投资人或者人民法院指定的清算人应当编制清算报告,并于15日内到登记机关办理注销登记。

🚩【知识拓展】

个人独资企业与个体工商户的区别

个人独资企业与个体工商户存在着诸多相似之处,但也有明显的区别:

1. 出资人不同

个人独资企业的出资人只能是一个自然人;个体工商户既可以由一个自然人出资设立,也可以由家庭共同出资设立。

2. 承担责任的财产范围不同

个人独资企业的出资人在一般情况下仅以其个人财产对企业债务承担无限责任,只是在企业设立登记时明确以家庭共有财产作为个人出资的才会依法以家庭共有财产对企业债务承担责任;而个体工商户,根据我国《民法典》第56条规定:"个体工商户的债务,个人经营的,以个人财产承担;家庭经营的,以家庭财产承担;无法区分的,以家庭财产承担。"

3. 适用的法律不同

个人独资企业适用《个人独资企业法》;个体工商户主要适用《民法典》。

4. 法律地位不同

个人独资企业是以企业的形态存在于市场主体之中;而个体工商户是以公民的形式存在,区分两者的关键在于是否进行了独资企业登记,并领取独资企业营业执照。

二、合伙企业

合伙企业,是指自然人、法人和其他组织依照《合伙企业法》在中国境内设立的普通合伙企业和有限合伙企业。

普通合伙企业由普通合伙人组成,合伙人对合伙企业债务承担无限连带责任。《合伙企业法》对普通合伙人承担责任的形式有特别规定的,从其规定。有限合伙企业由普通合伙人和有限合伙人组成,普通合伙人对合伙企业债务承担无限连带责任,有限合伙人以其认缴的出资额为限对合伙企业债务承担责任。国有独资公司、国有企业、上市公司以及公益性的事业单位、社会团体不得成为普通合伙人。

合伙协议依法由全体合伙人协商一致,以书面形式订立。订立合伙协议、设立合伙企业,应当遵循自愿、平等、公平、诚实信用原则。申请设立合伙企业,应当向企业登记机关提交登记申请书、合伙协议书、合伙人身份证明等文件。合伙企业的经营范围中有属于法律、行政法规规定在登记前须经批准的项目的,该项经营业务应当依法经过批准,并在登记时提交批准文件。

合伙企业的生产经营所得和其他所得,按照国家有关税收规定,由合伙人分别缴纳所得税。合伙企业及其合伙人必须遵守法律、行政法规,遵守社会公德、商业道德,承担社会责任。合伙企业及其合伙人的合法财产及其权益受法律保护。

(一) 普通合伙企业

1. 合伙企业设立

《合伙企业法》第14条规定:设立合伙企业,应当具备下列条件:

(1)有两个以上合伙人,合伙人为自然人的,应当具有完全民事行为能力;

(2)有书面合伙协议;

(3)有合伙人认缴或者实际缴付的出资;

(4)有合伙企业的名称和生产经营场所;

(5)法律、行政法规规定的其他条件。

合伙企业名称中应当标明"普通合伙"字样。合伙人可以用货币、实物、知识产权、土地使用权或者其他财产权利出资,也可以用劳务出资。合伙人以实物、知识产权、土地使用权或者其他财产权利出资,需要评估作价的,可以由全体合伙人协商确定,也可以由全体合伙人委托法定评估机构评估。合伙人以劳务出资的,其评估办法由全体合伙人协商确定,并在合伙协议中载明。

合伙人应当按照合伙协议约定的出资方式、数额和缴付期限,履行出资义务。以非货币财产出资的,依照法律、行政法规的规定,需要办理财产权转移手续的,应当依法办理。

【知识链接】

我国《合伙企业法》第18条规定合伙协议应当载明下列事项:

(1)合伙企业的名称和主要经营场所的地点;(2)合伙目的和合伙经营范围;(3)合伙人的姓名或者名称、住所;(4)合伙人的出资方式、数额和缴付期限;(5)利润分配、亏损分担方式;(6)合伙事务的执行;(7)入伙与退伙;(8)争议解决办法;(9)合伙企业的解散与清算;(10)违约责任。

合伙协议经全体合伙人签名、盖章后生效。合伙人按照合伙协议的约定享有权利,履行义务。修改或者补充合伙协议,应当经全体合伙人一致同意;但是,合伙协议另有约定的除外。合伙协议未约定或者约定不明确的事项,由合伙人协商决定;协商不成的,依照本法和其他有关法律、行政法规的规定处理。

2. 合伙企业财产

合伙人的出资,以合伙企业名义取得的收益和依法取得的其他财产,均为合伙企业的财产。合伙人在合伙企业清算前,不得请求分割合伙企业的财产;但是,本法另有规定的除外。合伙人在合伙企业清算前私自转移或者处分合伙企业财产的,合伙企业不得以此对抗善意第三人。

除合伙协议另有约定外,合伙人向合伙人以外的人转让其在合伙企业中的全部或者部分财产份额时,须经其他合伙人一致同意。合伙人之间转让在合伙企业中的全部或者部分财产份额时,应当通知其他合伙人。

合伙人向合伙人以外的人转让其在合伙企业中的财产份额的,在同等条件下,其他合伙人有优先购买权;但是,合伙协议另有约定的除外。合伙人以外的人依法受让合伙人在合伙企业中的财产份额的,经修改合伙协议即成为合伙企业的合伙人,依照本法和修改后的合伙协议享有权利,履行义务。合伙人以其在合伙企业中的财产份额出质的,须经其他合伙人一致同意;未经其他合伙人一致同意,其行为无效,由此给善意第三人造成损失的,由行为人依法承担赔偿责任。

3. 合伙事务执行

(1)合伙人对执行合伙事务享有同等的权利。合伙人对执行合伙事务享有同等的权利,按照合伙协议的约定或者经全体合伙人决定,可以委托一个或者数个合伙人对外代表合伙企业执行合伙事务。作为合伙人的法人、其他组织执行合伙事务的,由其委派的代表执行。依法委托一个或者数个合伙人执行合伙事务的,其他合伙人不再执行合伙事务。不执行合伙事务的合伙人有权监督执行事务合伙人执行合伙事务的情况。由一个或者数个合伙人执行合伙事务的,执行事务合伙人应当定期向其他合伙人报告事务执行情况以及合伙企业的经营和财务状况,其执行合伙事务所产生的收益归合伙企业,所产生的费用和亏损由合伙企业承担。合伙人为了解合伙企业的经营状况和财务状况,有权查阅合伙企业会计账簿等财务资料。

(2)执行事务合伙人对其他合伙人执行的事务有异议权。合伙人分别执行合伙事务的,执行事务合伙人可以对其他合伙人执行的事务提出异议。提出异议时,应当暂停该项事务的执行。如果发生争议,依照《合伙企业法》第 30 条规定作出决定。受委托执行合伙事务的合伙人不按照合伙协议或者全体合伙人的决定执行事务的,其他合伙人可以决定撤销该委托。

(3)合伙企业应当经全体合伙人一致同意的事项。除合伙协议另有约定外,合伙企业的下列事项应当经全体合伙人一致同意:①改变合伙企业的名称;②改变合伙企业的经营范围、主要经营场所的地点;③处分合伙企业的不动产;④转让或者处分合伙企业的知识产权和其他财产权利;⑤以合伙企业名义为他人提供担保;⑥聘任合伙人以外的人担任合伙企业的经营管理人员。

(4)普通合伙人的禁止性事项。普通合伙人不得自营或者同他人合作经营与本合伙企业相竞争的业务。除合伙协议另有约定或者经全体合伙人一致同意外,合伙人不得同本合伙企业进行交易。

合伙人不得从事损害本合伙企业利益的活动。

(5)利润分配。合伙企业的利润分配、亏损分担,按照合伙协议的约定办理;合伙协议未约定或者约定不明确的,由合伙人协商决定;协商不成的,由合伙人按照实缴出资比例分配、分担;无法确定出资比例的,由合伙人平均分配、分担。合伙协议不得约定将全部利润分配给部分合伙人或者由部分合伙人承担全部亏损。合伙人按照合伙协议的约定或者经全体合伙人决定,可以增加或者减少对合伙企业的出资。

(6)被聘任的经营管理人员的责任。被聘任的合伙企业的经营管理人员应当在合伙企业授权范围内履行职务。被聘任的合伙企业的经营管理人员,超越合伙企业授权范围履行职务,或者在履行职务过程中因故意或者重大过失给合伙企业造成损失的,依法承担赔偿责任。

【案例2-7】

北通商务中心为一家普通合伙企业,合伙人为李某、王某、张某、陈某、周某。就合伙事务的执行,合伙协议约定由李某、王某两人负责。下列哪些表述是正确的?

A. 张某仍有权以合伙企业的名义对外签订合同

B. 对李某、王某的业务执行行为,张某享有监督权

C. 对李某、王某的业务执行行为,周某享有异议权

D. 李某以合伙企业名义对外签订合同时,王某享有异议权

答案:B、D

4. 合伙企业与第三人的关系

(1)合伙人执行合伙事务的对外效力。合伙企业对合伙人执行合伙事务以及对外代表合伙企业权利的限制,不得对抗善意第三人。

(2)合伙企业债务清偿。合伙企业对其债务,应先以其全部财产进行清偿。合伙企业不能清偿到期债务的,合伙人承担无限连带责任。合伙人由于承担无限连带责任,清偿数额超过《合伙企业法》第33第1款规定的其亏损分担比例的,有权向其他合伙人追偿。合伙人发生与合伙企业无关的债务,相关债权人不得以其债权抵销其对合伙企业的债务;也不得代位行使合伙人在合伙企业中的权利。合伙人的自有财产不足清偿其与合伙企业无关的债务的,该合伙人可以以其从合伙企业中分取的收益用于清偿;债权人也可以依法请求人民法院强制执行该合伙人在合伙企业中的财产份额用于清偿。

人民法院强制执行合伙人的财产份额时,应当通知全体合伙人,其他合伙人有优先购买权;其他合伙人未购买,又不同意将该财产份额转让给他人的,依照《合伙企业法》第51条的规定为该合伙人办理退伙结算,或者办理削减该合伙人相应财产份额的结算。

5. 入伙、退伙

(1)入伙。新合伙人入伙,除合伙协议另有约定外,应当经全体合伙人一致同意,并依法订立书面入伙协议。订立入伙协议时,原合伙人应当向新合伙人如实告知原合伙企业的经营状况和财务状况。入伙的新合伙人与原合伙人享有同等权利,承担同等责任。入伙协议另有约定的,从其约定。新合伙人对入伙前合伙企业的债务承担无限连带责任。

(2)退伙。合伙协议约定合伙期限的,在合伙企业存续期间,有下列情形之一的,合伙人可以退伙:①合伙协议约定的退伙事由出现;②经全体合伙人一致同意;③发生合伙人难以继续参加合伙的事由;④其他合伙人严重违反合伙协议约定的义务。合伙协议未约定合伙期限的,合伙人在不给合伙企业事务执行造成不利影响的情况下,可以退伙,但应当提前30日通知其他合伙人。合伙人违反《合伙企业法》第45条、第46条的规定退伙的,应当赔偿由此给合伙企业造成的损失。

合伙人有下列情形之一的,当然退伙:①作为合伙人的自然人死亡或者被依法宣告死亡;②个人丧失偿债能力;③作为合伙人的法人或者其他组织依法被吊销营业执照、责令关闭、撤销,或者被宣告破产;④法律规定或者合伙协议约定合伙人必须具有相关资格而丧失该资格;⑤合伙人在合伙企业中的全部财产份额被人民法院强制执行。合伙人被依法认定为无民事行为能力人或者限制民事行为能力人的,经其他合伙人一致同意,可以依法转为有限合伙人,普通合伙企业依法转为有限合伙企业。其他合伙人未能一致同意的,该无民事行为能力或者限制民事行为能力的合伙人退伙。退伙事由实际发生之日为退伙生效日。

合伙人有下列情形之一的,经其他合伙人一致同意,可以决议将其除名:①未履行出资义务;②因故意或者重大过失给合伙企业造成损失;③执行合伙事务时有不正当行为;④发生合伙协议约定的事由。对合伙人的除名决议应当书面通知被除名人。被除名人接到除名通知之日,除名生效,被除名人退伙。被除名人对除名决议有异议的,可以自接到除名通知之日起30日内,向人民法院起诉。

(3)合伙人资格的继承。合伙人死亡或者被依法宣告死亡的,对该合伙人在合伙企业中的财产份额享有合法继承权的继承人,按照合伙协议的约定或者经全体合伙人一致同意,从继承开始之日起,取得该合伙企业的合伙人资格。有下列情形之一的,合伙企业应当向合伙人的继承人退还被继承合伙人的财产份额:①继承人不愿意成为合伙人;②法律规定或者合伙协议约定合伙人必须具有相关资格,而该继承人未取得该资格;③合伙协议约定不能成为合伙人的其他情形。合伙人的继承人为无民事行为能力人或者限制民事行为能力人的,经全体合伙人一致同意,可以依法成为有限合伙人,普通合伙企业依法转为有限合伙企业。全体合伙人未能一致同意的,合伙企业应当将被继承合伙人的财产份额退还该继承人。

(二) 特殊的普通合伙企业

特殊的普通合伙企业是指合伙人依照《合伙企业法》第57条的规定承担责任的普通合伙企业。一个合伙人或者数个合伙人在执业活动中因故意或者重大过失造成合伙企业债务的,应当承担无限责任或者无限连带责任,其他合伙人以其在合伙企业中的财产份额为限承担责任。合伙人在执业活动中非因故意或者重大过失造成的合伙企业债务以及合伙企业的其他债务,由全体合伙人承担无限连带责任。合伙人执业活动中因故意或者重大过失造成的合伙企业债务,以合伙企业财产对外承担责任后,该合伙人应当按照合伙协议的约定对给合伙企业造成的损失承担赔偿责任。

特殊的普通合伙企业应当建立执业风险基金,办理执业保险。执业风险基金用于偿付合伙人执业活动造成的债务。执业风险基金应当单独立户管理。具体管理办法由国务院规定。特殊普通合伙企业是在普通合伙基础上的改进类型,普通合伙的人合性在特殊普通合伙企业中继续保留,但是同时附加了资合性因素。这种资合性因素的生成是因为法律要求其提供保险或分离的财产。

(三) 有限合伙企业

1. 有限合伙企业的设立条件

有限合伙企业由 2 个以上 50 个以下合伙人设立;但是,法律另有规定的除外。有限合伙企业至少应当有一个普通合伙人。有限合伙企业名称中应当标明"有限合伙"字样。合伙协议除符合《合伙企业法》第 18 条的规定外,还应当载明下列事项:(1)普通合伙人和有限合伙人的姓名或者名称、住所;(2)执行事务合伙人应具备的条件和选择程序;(3)执行事务合伙人权限与违约处理办法;(4)执行事务合伙人的除名条件和更换程序;(5)有限合伙人入伙、退伙的条件、程序以及相关责任;(6)有限合伙人和普通合伙人相互转变程序。

2. 有限合伙企业出资

有限合伙人可以用货币、实物、知识产权、土地使用权或者其他财产权利作价出资。有限合伙人不得以劳务出资。有限合伙人应当按照合伙协议的约定按期足额缴纳出资;未按期足额缴纳的,应当承担补缴义务,并对其他合伙人承担违约责任。有限合伙企业登记事项中应当载明有限合伙人的姓名或者名称及认缴的出资数额。

3. 有限合伙企业由普通合伙人执行合伙事务

执行事务合伙人可以要求在合伙协议中确定执行事务的报酬及报酬提取方式。有限合伙人不执行合伙事务,不得对外代表有限合伙企业。有限合伙人的下列行为,不视为执行合伙事务:(1)参与决定普通合伙人入伙、退伙;(2)对企业的经营管理提出建议;(3)参与选择承办有限合伙企业审计业务的会计师事务所;(4)获取经审计的有限合伙企业财务会计报告;(5)对涉及自身利益的情况,查阅有限合伙企业财务会计账簿等财务资料;(6)在有限合伙企业中的利益受到侵害时,向有责任的合伙人主张权利或者提起诉讼;(7)执行事务合伙人怠于行使权利时,督促其行使权利或者为了本企业的利益以自己的名义提起诉讼;(8)依法为本企业提供担保。

有限合伙企业不得将全部利润分配给部分合伙人;但是,合伙协议另有约定的除外。

4. 有限合伙人的特殊权利

有限合伙人可以同本有限合伙企业进行交易;但是,合伙协议另有约定的除外。有限合伙人可以自营或者同他人合作经营与本有限合伙企业相竞争的业务;但是,合伙协议另有约定的除外。有限合伙人可以将其在有限合伙企业中的财产份额出质;但是,合伙协议另有约定的除外。有限合伙人可以按照合伙协议的约定向合伙人以外的人转让其在有限合伙企业中的财产份额,但应当提前30日通知其他合伙人。有限合伙人的自有财产不足清偿其与合伙企业无关的债务的,该合伙人可以以其从有限合伙企业中分取的收益用于清偿;债权人也可以依法请求人民法院强制执行该合伙人在有限合伙企业中的财产份额用于清偿。人民法院强制执行有限合伙人的财产份额时,应当通知全体合伙人。在同等条件下,其他合伙人有优先购买权。

5. 有限合伙人转化

有限合伙企业仅剩有限合伙人的,应当解散;有限合伙企业仅剩普通合伙人的,转为普通合伙企业。第三人有理由相信有限合伙人为普通合伙人并与其交易的,该有限合伙人对该笔交易承担与普通合伙人同样的责任。有限合伙人未经授权以有限合伙企业名义与他人进行交易,给有限合伙企业或者其他合伙人造成损失的,该有限合伙人应当承担赔偿责任。新入伙的有限合伙人对入伙前有限合伙企业的债务,以其认缴的出资额为限承担责任。

6. 有限合伙企业退伙

有限合伙人有《合伙企业法》第48条第1款第(1)项、第(3)项至第(5)项所列情形之一的,当然退伙。作为有限合伙人的自然人在有限合伙企业存续期间丧失民事行为能力的,其他合伙人不得因此要求其退伙。作为有限合伙人的自然人死亡、被依法宣告死亡或者作为有限合伙人的法人及其他组织终止时,其继承人或者权利承受人可以依法取得该有限合伙人在有限合伙企业中的资格。有限合伙人退伙后,对基于其退伙前的原因发生的有限合伙企业债务,以其退伙时从有限合伙企业中取回的财产承担责任。

(四) 合伙企业解散、清算

1. 解散

合伙企业有下列情形之一的,应当解散:(1)合伙期限届满,合伙人决定不再经营;(2)合伙协议约定的解散事由出现;(3)全体合伙人决定解散;(4)合伙人已不具备法定人数满30天;(5)合伙协议约定的合伙目的已经实现或者无法实现;(6)依法被吊销营业执照、责令关闭或者被撤销;(7)法律、行政法规规定的其他原因。

2. 清算

合伙企业解散,应当由清算人进行清算。清算人由全体合伙人担任;经全体合伙人过半数同意,可以自合伙企业解散事由出现后15日内指定一个或者数个合伙人,或者委托第三人,担任清算人。自合伙企业解散事由出现之日起15日内未确定清算人的,合伙人或者其他利害关系人可以申请人民法院指定清算人。

清算人在清算期间执行下列事务:(1)清理合伙企业财产,分别编制资产负债表和财产清单;(2)处理与清算有关的合伙企业未了结事务;(3)清缴所欠税款;(4)清理债权、债务;(5)处理合伙企业清偿债务后的剩余财产;(6)代表合伙企业参加诉讼或者仲裁活动。

清算人自被确定之日起10日内将合伙企业解散事项通知债权人,并于60日内在报纸上公告。债权人应当自接到通知书之日起 30 日内，未接到通知书的自公告之日起 45 日内，向清算人申报债权。债权人申报债权，应当说明债权的有关事项，并提供证明材料。清算人应当对债权进行登记。清算期间，合伙企业存续，但不得开展与清算无关的经营活动。合伙企业财产在支付清算费用和职工工资、社会保险费用、法定补偿金以及缴纳所欠税款、清偿债务后的剩余财产，依照《合伙企业法》第 33 条第 1 款的规定进行分配。清算结束，清算人应当编制清算报告，经全体合伙人签名、盖章后，在 15 日内向企业登记机关报送清算报告，申请办理合伙企业注销登记。

合伙企业注销后，原普通合伙人对合伙企业存续期间的债务仍应承担无限连带责任。合伙企业不能清偿到期债务的，债权人可以依法向人民法院提出破产清算申请，也可以要求普通合伙人清偿。合伙企业依法被宣告破产的，普通合伙人对合伙企业债务仍应承担无限连带责任。

三、外商投资企业

为了扩大国际经济合作和技术交流，允许外国公司、企业和其他经济组织或个人（以下简称外国合营者），按照平等互利的原则，经中国政府批准，在中华人民共和国境内，同中国的公司、企业或其他经济组织（以下简称中国合营者）共同举办合营企业。我国《外商投资法》已由中华人民共和国第十三届全国人民代表大会第二次会议于 2019 年 3 月 15 日通过，自 2020 年 1 月 1 日起施行。《中外合资经营企业法》《外资企业法》《中外合作经营企业法》同时废止，这也标志着内外资企业将在公司治理等问题上正式并轨。

（一）外商投资法概述

本法所称外商投资，是指外国的自然人、企业或者其他组织（以下称外国投资者）直接或者间接在中国境内进行的投资活动，包括下列情形：

(1) 外国投资者单独或者与其他投资者共同在中国境内设立外商投资企业；
(2) 外国投资者取得中国境内企业的股份、股权、财产份额或者其他类似权益；
(3) 外国投资者单独或者与其他投资者共同在中国境内投资新建项目；
(4) 法律、行政法规或者国务院规定的其他方式的投资。

本法所称外商投资企业，是指全部或者部分由外国投资者投资，依照中国法律在中国境内经登记注册设立的企业。国家坚持对外开放的基本国策，鼓励外国投资者依法在中国境内投资。国家实行高水平投资自由化便利化政策，建立和完善外商投资促进机制，营造稳定、透明、可预期和公平竞争的市场环境。

国家对外商投资实行准入前国民待遇加负面清单管理制度。准入前国民待遇是指在投资准入阶段给予外国投资者及其投资不低于本国投资者及其投资的待遇；负面清单是指国家规定在特定领域对外商投资实施的准入特别管理措施。国家对负面清单之外的外商投资，给予国民待遇。负面清单由国务院发布或者批准发布。中华人民共和国缔结或参加的国际条约、协定对外国投资者准入待遇有更优惠规定的,可以按照相关规定执行。

(二)《外商投资法》对三资企业法的调整

《外商投资法》第 31 条规定:"外商投资企业的组织形式、组织机构及其活动准则,适用《公司法》《合伙企业法》等法律的规定。"据此,《外商投资法》实施后,外商投资企业应当根据《公司法》《合伙企业法》等相关法律规定成立有限责任公司、股份有限公司、合伙企业等形式的企业,并按前述法律规定建立健全治理结构及活动准则。

【知识链接】

以有限责任公司形式的外商投资企业为例,《外商投资法》实施前后根据三资企业法及《公司法》的规定,将主要产生以下变化:

事项	三资企业法规定	《外商投资法》实施后
权力机构	董事会或联合管理委员会(中外合作经营企业)或股东/股东会(外资企业)	股东/股东会
董事任期	4 年(中外合资经营企业)	3 年
董事产生	投资方直接委派	非职工代表董事由股东会选举和更换,职工代表董事由公司通过民主选举产生
法定出席人数	董事会或联合管理委员会(中外合作经营企业)会议的最低出席人数比例为 2/3	无要求,公司章程中自行约定
重大事项表决	中外合资经营企业或中外合资经营企业重大事项决议必须经出席会议的董事(或委员)一致通过	2/3 以上有表决权的股东通过
法定代表人	董事长或联合管理委员会主任(中外合作经营企业)	董事长、执行董事或经理
监事	无规定(中外合资经营企业、中外合作经营企业)	应设监事或监事会
股权转让限制	其他股东一致同意	其他股东过半数同意
利润分配	按出资比例分配(中外合资经营企业)	可以按约定比例和方式分配
外方先行回收投资	中外合作者在合作企业合同中约定合作期满时,合作企业的全部固定资产归中国合作者所有的,可以在合作企业合同中约定外国合作者在合作期限内先行回收投资的办法(《中外合作经营企业法》) 中外合作者在合作企业合同中约定合作期限届满时,合作企业的全部固定资产无偿归中国合作者所有的,外国合作者在合作期限内,可以在按照投资或者提供合作条件进行分配的基础上,在合作企业合同中约定扩大外国合作者的收益分配比例,先行回收其投资(《中外合作经营企业法实施细则》)	公司财产在分别支付清算费用、职工的工资、社会保险费用和法定补偿金,缴纳所欠税款,清偿公司债务后的剩余财产,有限责任公司按照股东的出资比例分配,股份有限公司按照股东持有的股份比例分配
提取基金	提取储备基金、职工奖励和福利基金、企业发展基金	法定公积金、任意公积金
投资总额	要求明确约定	无规定

(三)《外商投资法》实施对外商投资企业的影响

1. 过渡期问题

《外商投资法》第42条规定:"本法自2020年1月1日起施行。《中外合资经营企业法》《外资企业法》《中外合作经营企业法》同时废止。本法施行前依照《中外合资经营企业法》《外资企业法》《中外合作经营企业法》设立的外商投资企业,在本法施行后5年内可以继续保留原企业组织形式等。具体实施办法由国务院规定。"据此,依据三资企业法设立的外商投资企业在三资企业法废止后5年的过渡期内仍可继续保留原企业组织形式等,但由于尚无相关细化规则,实务中仍存在不少问题亟待解决。

(1)法律适用。根据《外商投资法》的相关规定,三资企业法自2020年1月1日起废止,但同时又规定已设立外商投资企业在过渡期内可继续保留原企业组织形式等,那么届时仍选择继续保留原企业组织形式、治理结构、活动规则的外商投资企业应如何适用法律?是适用《外商投资法》还是已经失效的三资企业法?对于过渡期内达不成一致一直不按新法调整组织形式、治理结构和活动规则,或未完成调整的外商投资企业,过渡期满如何处理?类似问题应当尽早予以明确。

(2)调整公司治理结构。《外商投资法》实施后,依据三资企业法成立的中外合资经营企业和公司形式的中外合作经营企业,需对治理结构进行调整与规范,包括修订章程,调整公司权力机构为股东会,增设股东会职权、议事规则和表决程序,增设监事或监事会等,调整董事会职权、董事产生方式、表决方式等相关条款。同时,企业还需要根据实际情况对股权转让规则、利润分配等公司其他重大事项进行约定。然而,由于涉及根本利益的调整,相应的工作也许并不简单,届时中外股东之间很可能会就治理结构和相关规则的调整展开新的博弈,如果各方产生争议甚至形成僵局,应该如何适用法律?如何处理?需尽快出台相关配套规定。

此外,随着三资企业法的废止(配套的实施条例、实施细则预计也将废止),中外合资经营企业和中外合作经营企业的合资经营合同、合作经营合同,即使投资各方不约定解除或不签订,也将丧失其原有的高于章程的纲领性文件的地位,而回归股东协议的角色定位。

(3)先行回收投资和剩余财产分配。根据三资企业法及其实施条例、实施细则,允许中外合作企业合同中约定在合作期满时合作企业的全部固定资产归中国合作者所有的前提下,由外方合作者在合作期限内先行回收投资;并且,允许合营/合作各方按约定分配企业剩余财产。

《外商投资法》实施后,根据《公司法》的规定,各方股东可以不按出资比例而另行约定利润分配比例和方式,从而实现由某些股东"先行回收投资",但由于《公司法》规定公司剩余财产按出资比例进行分配,可能会出现现有合同或章程规定的剩余财产分配方式与《公司法》规定不符,在过渡期满后无法执行的问题。对此,仍应有配套规定对相应处理给予明确的指导。

2. 投资总额以及外债额度

有别于内资企业,外商投资企业具有独特的"投资总额"的概念。对于外商投资企业的外债额度管理,目前普遍适用的是投注差模式,即根据投资总额与注册资本之间的差额作为外商投资企业借入外债的额度上限。此外,根据2017年1月11日央行发布《中国人民银行关于全口径跨境融资宏观审慎管理有关事宜的通知》,按照宏观审慎管理模式确定的企业外债额度为净资产(所有者权益)的2倍,同时,该通知自发布之日起1年内,外商投资企业或外资金融机构可选择原有模式或选择,该通知规定的宏观审慎模式任一执行,过渡结束后,外资金融机构强制适用宏观审慎模式,而外商投资企业将由中国人民银行、国家外汇管理局根据具体执行情况评估后确定。

目前,我们尚未查询到过渡期后的外商投资企业跨境融资管理规定。我们理解,即使《外商投资法》实施后,在有确定外商投资企业跨境融资适用宏观审慎模式的正式规定出台之前,根据投注差确定外债额度的传统管理模式仍有空间,"投资总额"仍有存在的意义,不宜过早被取消。

《外商投资法》作为一部外商投资的基础性法律,仅浓缩为42条规定,多为原则性的指导规范,对于理论界与实务中热议的问题,有待立法机关在《外商投资法》实施前出台对过渡期管理的进一步细化和其他配套管理规定,对包括三资企业法在内现行外资法律规定的清理、调整,以厘清执行之惑,解决实际问题。

复习思考题

1. 合伙企业如何承担对外债务?
2. 有限责任公司和股份有限公司的主要区别是什么?
3. 试比较个人企业、合伙企业与公司三种商事组织之间的优缺点。

案例分析

郑某为甲有限公司的经理,利用职务之便为其妻吴某经营的乙公司获取本来属于甲公司的商业机会,致甲公司损失50万元。甲公司小股东李某欲通过诉讼维护公司利益。应如何做?

【评析】

董事、高级管理人员违反法律、行政法规或者公司章程的规定,损害股东利益的,股东可以向人民法院提起诉讼。本案中,小股东李某必须先书面请求甲公司监事会对郑某提起诉讼。

第三章 国际商事代理法

【学习目标】
1. 掌握表见代理的法律特征。
2. 了解代理人的义务。
3. 掌握《民法典》对代理的法律规定。

第一节 商事代理法概述

代理的产生和发展与"商"有着密切的联系。中世纪后期,欧洲海上贸易不断发展,很多商品交换活动需要借助别人的力量来完成,有关代理制度的习惯法日趋完备。到法国民法典时代,委任制度中已经确认了本人、代理人、第三人之间这种代理结构的法律效果关系。19世纪中后期,社会经济进一步发展,德国商法典开始把代理商人作为一种独立的商事主体进行规范,随后,德国民法典中确立了代理行为制度,此时,代理关系完全从一般契约制度中分离出来。

同一时期的英国,由于欧洲工业革命的兴起,商品经济在资本主义方式下得到了高度发展,人们由于时间、空间、精力和能力的限制,其自身不可能实现极端膨胀的商业欲望,于是代理人阶层大量出现,代理关系开始制度化,1889年英国规定了行纪人及其他种类的商事代理人(代理商)的权利和义务。

小贴士

从上述历史可以看到,代理的发展史就是商事代理的发展史。代理的发展与商人"以营利为目的"的交易活动紧密联系。

一、代理与代理法概述

(一)代理的概念与特征

英美法系国家没有从立法的角度对代理作出定义,但法学家都强调代理权的客观性以及代理行为在本人、代理人和第三人之间所产生的权利义务关系,至于代理行为的来由以及如何行使就显得没那么重要了。

大陆法系从行为的角度对代理作出了定义。《德国民法典》第164条第(1)项规定:

"代理人在代理权限内,以被代理人的名义所为的意思表示,直接对被代理人产生效力。"

不管是大陆法系还是英美法系,代理关系的最终目的都是通过代理人的行为来形成被代理人与第三人的直接合同关系。因此,代理可以定义为:代理人在代理权限内,以被代理人的名义与第三人为法律行为,其法律效果直接归属于被代理人的活动所产生的相互关系的总和。在代理中必须存在三方当事人,即代理人、本人和第三人;如果代理人是在本人的授权范围之内行事,他的行为就对本人产生约束力,即本人既可以取得由此而产生的权利,也须承担由此而产生的义务,而代理人一般不承担个人责任。

国际商事代理是指代理人按照被代理人的授权或法律的规定,代表被代理人与第三人从事有法律意义的国际商事行为,由此,产生的权利义务直接对被代理人产生法律效力的商事行为。

从定义可以看出,国际商事代理具有以下法律特征:

1. 国际商事代理行为是法律行为

代理人的代理行为应当是能产生法律后果的行为,即通过代理行为,能在被代理人和第三人之间产生、变更或消灭法律关系。

2. 国际商事代理的依据是被代理人的授权或法律的规定

国际商事代理的产生绝大部分是基于被代理人的授权。代理人在实施代理行为时,要贯彻被代理人的意志,这个意志就是授权的内容。但代理人在实施代理行为时,也应有一定的独立意思表示的权利。

3. 国际商事代理行为的法律后果由本人承担

代理人基于被代理人在代理权限内的活动,取得相应的民事权利或履行相应的民事义务。因此,代理人在代理权限内所为的行为,其法律后果由被代理人承担。

小贴士

并不是所有的行为都适用代理。具有人身性质的行为不能代理,即意思表示具有严格的人身性,必须由表意人亲自作出决定和进行表达的行为不得代理,如订立遗嘱、收养子女等;具有严格人身性质的债务不得代为履行,如受约演出、创作字画等。

(二)代理法律法规

为了调整代理法律关系,各国通过立法手段,确认代理制度,规定了一系列关于代理制度的规则。如德国1953年的《商业代理法》、我国的《民法典》对代理做了规定。英国于20世纪70年代开始制定了商业代理人、不动产代理人、代理权利等方面的单行法。美国法律协会主编的《代理法重述》经常成为美国法官判案援引的根据。

为了消除由于各国对代理法律制度的不同规定而造成的障碍,20世纪60年代国际统一私法协会制定了《国际私法关系中的代理统一法公约》《国际贸易买卖代理合同的代理统一法公约》。由于两个公约是建立在大陆法系代理制度基础上的,未能协调好大陆法系和英美法系之间的分歧,也就未能得到广泛采纳。

国际商会于1960年制定了《商业代理合同起草指南》,该《指南》仅适用于以本人名义活动的直接代理人。虽然《指南》仅试图实现本人与代理人的代理合同标准化,并不能从实质上统一国际代理法,但对促进国际代理交易惯例的发展无疑具有重要作用。该《指南》已经得到商业界的广泛应用。

国际统一私法协会于1979年成立了政府专家委员会,起草有关国际货物销售代理的统一规则。1983年2月15日在日内瓦召开了由49个国家代表参加的外交会议,正式通过了《国际货物销售代理公约》。该《公约》共5章35条,内容主要包括:总则及适用范围、代理权的设定及范围、代理行为的法律效力、代理权的终止、最后条款。该《公约》由于制度比较完备,在国际上产生了较大的影响,是有关代理方面最成功的国际公约,而且现在仍对各国开放签字。

二、代理的类型

不同的法系,不同的国家对代理从不同的角度划分为以下类型:

(一) 大陆法系的分类

1. 直接代理和间接代理

根据代理人是否以本人的名义与第三人为法律行为,代理分为直接代理和间接代理。

直接代理是指代理人在代理权限内,以本人的名义为意思表示或接受意思表示,直接对本人产生法律效力的代理。直接代理类似于英美法系的完全公开本人的代理和披露本人存在的代理。

间接代理则是指代理人以自己的名义,为本人利益,为意思表示或接受意思表示,其法律效果通过协议转移给本人的代理。在大陆法国家,间接代理属于行纪。如《德国民法典》第383条将行纪定义为:"以自己的名义为他人购买或销售货物、有价证券,并以其作为职业的人。"

2. 积极代理和消极代理

根据代理人主动为意思表示还是被动接受意思表示,代理分为积极代理和消极代理。积极代理是指代理人主动为意思表示的代理;而消极代理是指代理人被动接受意思表示的代理。

3. 法定代理和意定代理

根据代理权产生的原因,代理分为法定代理和意定代理。法定代理是指基于法律的规定而产生的代理。主要包括:(1)根据法律规定而享有代理权,如《民法典》规定,父母对未成年子女享有代理权;(2)根据法院选任而取得代理权,如法院指定的法人的清算人;(3)根据私人的选任而取得代理权,如亲属所选任的监护人。意定代理是指来源于本人的意思表示,从而赋予当事人代理权。

(二)英美法系的分类

1. 协议代理、追认代理、不容否认的代理、为情势所迫的代理

根据代理形成的原因,英美法系的代理分为协议代理、追认代理、不容否认的代理、为情势所迫的代理。

(1)协议代理。协议代理的代理权基于本人和代理人之间的代理协议而产生。这种代理协议是最典型的形式,可以是明示的,也可以是默示的,即以文字、行为或口头表示推断出来的,但沉默不构成授权。

【案例 3-1】

M 公司授权 E 公司自德国购买一批皮货。由于爆发了战争,在无法与 M 公司联系的情况下,E 公司将该批皮货出售,并将出售所得以 M 公司名义存入银行。战争结束后,皮货价格飙升。M 公司指控 E 公司未经授权出售其货物构成侵权。E 公司是否可以以客观必需的代理权进行抗辩呢?

【评析】

皮货并不是不易保存,或者经储存即会大大降低价值的物品,因此不能认为被告 E 公司有客观必需的代理权,它应当赔偿 M 公司因其行为遭受的损失。

(2)追认代理。追认代理是指在代理人未经事前授权而采取行为时,委托人可以于事后承认该代理人的行为,从而使该行为对自己产生约束力。

追认的代理需要具备三个条件:①代理人必须具有真正的法律身份和行为能力;②被代理人必须具有真正的法律身份和行为能力;③被代理人在追认时了解代理人与第三人所订立合同的内容。

英美国家的法学家认为,任何行为都是可以追认的,包括违法的行为,后来的判例逐步限制了对违法和民事侵权行为的追认。

在追认代理中还须注意两个问题:①追认必须在时限范围内进行;②沉默不构成追认,除非这种沉默是持久的、令第三人受损的或产生不公平结果的,才可以构成不容否认的代理。

【案例 3-2】

凯利·麦思泰德公司诉杜兰特一案

委托人授权代理人以某指定价格为他俩购买麦子。(代理人自己要买麦子,顺便替委托人买)代理人以自己的名义与第三人订立合同,价格比委托人指定的高。代理人的意图是为委托人及自己购买,次日,委托人同意接受麦子,但后来委托人又拒绝接受麦子。第三人认为,既然委托人已追认了,就应负责。委托人是否承担责任?

【评析】

本案代理人是以自己的名义从事的买卖行为,不符合追认的有效条件,追认无效,委托人不承担责任。

(3)不容否认的代理。不容否认的代理又叫禁止反言代理,如果一方当事人的言论或行为表明或使得善意第三人理解为,与第三人缔结法律关系的另一方当事人是自己的代理人,那么对于信赖这一代理关系的第三人来说,假定的被代理人不得否认其与假定代理人之间的代理关系,即使客观上不存在代理权的授予事实,也是如此。不容否认代理制度旨在保护善意第三人免受不测损害,确保交易安全。

构成不容否认代理需具备三个要件:

①被代理人的声明;②第三人对声明的信赖;③第三人基于这种信赖而改变了自己的法律地位。

(4)为情势所迫的代理。这种代理是对协议代理、追认代理和不容否认的代理的一种补充,在以上三种代理没有规定的情况下,基于社会利益的要求而由法律加以规定的代理关系。为情势所迫的代理是一方当事人在非常特殊的情况下代表另一方当事人实施了某种法律行为,但当事人之间事先不存在代理关系,或虽然存在代理关系但无法覆盖这种情形,法律为了使他能作为某种行为,而推定行为人具有代理权限的代理。

为情势所迫的代理适用条件包括:①行使代理权是实际或商业上所必须;②代理人在行使这种权利前无法与委托人取得联系;③代理人所采取的措施必须是善意的。

【案例 3-3】

斯佩内格诉维斯铁路公司

维斯铁路公司替原告运一批西红柿到 A 地,由于铁路工人罢工,西红柿被堵在半路上,眼见西红柿将腐烂,维斯铁路公司未与原告联系就卖掉了西红柿,原告起诉到法院。

【评析】

虽然维斯铁路公司是出于善意的、保护原告利益,但当时是可以通知原告的,在可以联系而未联系的情况下私自处理他人货物,不属于具有客观必需的代理权,被告维斯铁路公司败诉。

2. 本人完全公开的代理、公开本人存在的代理、本人完全不公开的代理

根据本人的公开程度分类,代理分为本人完全公开的代理、公开本人存在的代理、本人完全不公开的代理。

(1)本人完全公开的代理。这是指代理人在实施交易行为时,明确告知交易的对方当事人,自己是以某人的代理人的身份进行交易。代理人不但公开该本人的存在,还公开他的姓名。

(2)公开本人存在的代理。这是指代理人在实施交易行为时,告知交易对方,自己是以代理人的身份进行交易,但被代理人的姓名与具体身份不予告知,而由该未完全公开的本人承担交易的法律后果。

【案例 3-4】

凯尔纳诉巴克斯特

原告与被告均为公司的筹建人,1866 年 1 月 9 日,双方与其他筹建人签署了公司章程。27 日,原告向代表公司的被告致函,表示愿意出售若干货物,被告代表公司接受,并承诺某日期前付款,原告交付了货物,后来被告代表的公司虽然成立并使用了这批货物,但是在付款日期到来之前就倒闭了,原告就向被告要求付款。首席法官厄尔判决被告的交易行为没有可受约束的委托人(公司并未成立),因而被告本人被该交易约束,原告胜诉。

(3) 本人完全不公开的代理。这是指代理人没有公开本人的存在并以自己的名义与第三人为法律行为,这种代理是英美法系特有的代理制度。在这种代理关系中,代理人事实上有代理权,但他订约时以自己名义进行活动,第三人认为代理人就是和自己合同对方当事人。此种代理经常适用于第三人根本不愿和被代理人打交道,而仅愿和代理人进行商事活动的情况。

【案例 3-5】

原告知道被告不愿意把一块土地卖给他,于是就雇了一个代理人与被告谈判,并签订了土地买卖合同。但代理人没有向被告说明,自己是在替原告缔约,被告发现事实后,以自己被代理人欺诈为由拒绝履行合同。法院认为,本案中的原告作为未公开身份的被代理人有权申请强制执行合同,因为该合同不具有人身性质,真正买主为何身份并不是合同生效的要件之一,因此,被代理人的介入权不能被剥夺。

(三) 根据委托人对代理人授权分类

1. 独家代理

独家代理是指委托人给予代理商在一定地区和一定期限内享有代销指定货物的专营权。只要在一定地区和规定的期限内做成该项货物的交易,除双方另有约定外,无论是由代理商做成,还是由委托人直接签订买卖合同,代理商都可按成交金额提取佣金。在我国出口业务中,采用独家代理方式时,参照国际贸易习惯做法,一般都给代理商上述权利。

2. 一般代理

一般代理是指委托人在一定地区和一定期限内选定一家或几家代理商作为一般代理商,根据推销货物的实际金额付给佣金。委托人直接成交的金额,不向代理商支付佣金。有人称这种代理是"佣金代理"(Commission Agency)。除代理商不享有独家代理的专营权利外,一般代理的其他内容和独家代理相同。除个别情况外,代理商与委托人的关系是做一笔交易谈一笔交易。

一般代理与独家代理的主要区别有两点：一是独家代理商享有独家专营权，而一般代理商则不享受这种权利。二是独家代理商收取佣金的范围，既包括招揽生意介绍客户成交的金额，也包括委托人直接成交金额。一般代理商收取佣金的范围只限于介绍生意成交金额，委托人直接成交的金额则不另付佣金。

3. 总代理

总代理是指代理商在指定地区不仅享有独家代理的权利，还可以代表委托人进行全面的业务活动，甚至包括非商业性质的活动。总代理人实际是委托人在指定地区的全权代表。但它与"代表"还有不同之处：代理人的行为，就其交易直接归于委托人，而代表的行为则视作委托人的行为。在我国出口业务中，一般不签订总代理协议，而是指定我驻外的贸易机构作为我国进口公司的总代理，如香港地区的华润集团、德信行、五丰行和澳门的南光集团等。

（四）《国际货物销售代理公约》关于代理的分类

按照《国际货物销售代理公约》的规定，本人对代理人代理权的授予，可以是明示的，也可以是默示的。授权无须以书面形式授予或证明，不受任何形式限制。对授权的证明可以采取任何方式，包括证人证明。公约的规定相当宽松，主要考虑到有些国家的法律不强调书面形式的要求。但是，如果本人或代理人设有营业所的缔约国已对上述规定作出保留声明，则根据该国立法的要求，代理权的授予、追认和终止，均须以书面形式作出或证明。

三、代理权的产生

大陆法把代理权产生的原因分为两种：一种是由于本人的意思表示而产生的，称为意思代理；另一种是非由本人的意思表示而产生的，称为法定代理。

英美法系认为，代理权可以由于明示的指定、默示的授权、客观必须的代理权、追认的代理而产生。根据代理权产生的原因，可以把代理分为协议代理、追认代理、客观必须代理等。

四、代理权的消灭

（一）代理权消灭的原因

根据各国法律规定以及《国际货物销售代理公约》的规定，代理权的终止主要有四种情况：

1. 根据本人与代理人之间达成的协议终止代理权

例如双方当事人在代理合同中订明期限，期限届满即代理权终止。

2. 授权代理的某一笔或数笔交易已经履行完毕

即被代理人授权代理人一笔交易或数笔交易的代理权，当一笔或数笔交易完成时，代理权终止。

3. 本人撤销代理权,或者代理人放弃代理权

根据各国法律,原则上都准许本人在代理存续期间撤回代理权。但是,本人在终止代理关系时,须事先向代理人提前发出合理的通知。本人在代理的存续期间不适当地撤销代理关系时,本人须赔偿代理人的损失。

4. 根据代理协议适用的法律规定而终止

各国法律规定,本人死亡、破产或丧失行为能力,代理人的死亡、破产或丧失行为能力,都会产生代理关系终止的后果。

(二) 代理关系终止后的法律效力

代理关系终止后的法律效力表现在三个方面:

1. 对代理人的效力

代理关系终止之后,代理人就失去代理权。有些大陆法系国家为了保护商业代理人的利益,在商业代理中特别规定,在终止代理合同时,代理人对于他在代理期间为本人建立的商业信誉,有权要求本人给予赔偿。因为代理合同终止后,这种商业信誉仍将为本人带来好处,而代理人则将因此失去一定的利益。

2. 对第三人的效力

本人单方面撤销代理权或终止代理合同,对第三人是否有效,主要取决于第三人是否知情。根据英美法系的传统,当终止代理关系时,必须通知第三人,才能对第三人发生法律效力。如果被代理人在终止代理合同时,没有通知第三人,后者由于不知道这种情况而与代理人签订了合同,则该合同对被代理人仍有约束力,被代理人对此仍须负责。代理是根据法律规定而终止的,就不必通知第三人了。

3. 对被代理人的效力

代理关系终止后,被代理人不再承担由前代理人与第三人进行的行为。

五、无权代理

无权代理是指欠缺代理权的人所实施的代理行为。各国立法根据无权代理的原因和后果的不同,将无权代理划分为狭义的无权代理和表见代理,并分别设立法律进行调整。

(一) 狭义的无权代理

1. 概念

狭义的无权代理是指代理人在不享有或已丧失代理权的情况下所实施的代理行为。狭义的无权代理形成的原因有:(1)不具备明示授权或默示授权的代理;(2)授权行为无效或被撤销;(3)超越授权范围的代理;(4)代理权消灭后的代理。

2. 狭义无权代理效力的确定

狭义的无权代理由于代理人不具备代理权,使代理行为处于一种效力待定的状态,需由本人自己来判断是否追认代理行为的效力。如果本人承认了代理人的行为,该无权代理行为就具有代理的效力。如果本人不承认代理人的行为,就导致这个代理行为自始至终不发生法律效力。

(1)本人的追认权。这是指本人对无权代理人的代理行为有追认其效力的权利。追认权可以是明示的,也可以是默示的。法律对追认权的期限作了规定,追认权必须在除斥期间内行使,否则本人就丧失追认权。追认权的行使,使无权代理行为成为合法的代理,产生的直接后果是,本人直接对第三人负责,经过追认,无权的代理行为被认为是自始至终有效的法律行为。

如果本人对无权代理不予追认,无权代理人对善意第三人承担责任。在本人和无权代理人之间会形成两种关系:①因为无权代理行为是为本人利益进行的,因而在本人和代理人之间成立无因管理的关系;②如果无权代理事实上是对本人不利的,并使其受到损害,即构成侵权行为,由无权代理人承担侵权的责任。

(2)第三人的催告权。这是指第三人在本人追认前可以催告本人明确地承认或否认无权代理的代理行为,经催告后被代理人在合理期间内未作出追认的表示的,视为拒绝追认。《德国民法典》第177条、第178条,《日本民法典》第114条、第115条,均规定了无权代理的相对人,可以规定相当时间催告本人确切答复,对是否无权代理予以追认。我国《民法典》中也有类似的规定。

(3)第三人的撤销权。这是指在本人对无代理权行为进行追认之前,第三人有权撤销与无代理权人所为的行为,避免第三人因本人拒绝或延迟追认而受到损失。

(二)表见代理

1. 表见代理的概念

表见代理是大陆法系代理制度中的概念,是指行为人虽无代理权,但善意第三人客观上有充分理由相信行为人具有代理权,而与其为法律行为,该法律行为的后果直接由本人承担的无权代理。在大陆法系国家,表见代理实质上是一种无权代理。但是,随着商品经济的发展,为了保护交易安全和保护善意第三人,立法上又赋予表见代理以代理的效力。如果第三人认为向无权代理人追究法律责任对自己更有利,第三人可以主张该表见代理为狭义的无权代理,并按狭义的无权代理追究代理人的责任。

表见代理具有以下特征:

(1)表见代理实质上是无权代理。即被代理人与代理人之间没有发生授权关系。

(2)构成表见代理的前提条件是第三人必须是善意的。即第三人合理地相信代理人得到了被代理人的授权。

(3)表见代理的效力体现为无权代理将被视为有效代理。被代理人受代理人行为的约束,对第三人负责,由表见授权而产生的代理关系与事先获得被代理人授权而产生的代理关系具有相同的法律效力。

2. 表见代理的构成要件

(1)被代理人的声明。这种声明必须十分明确,一般是以积极行为方式或消极行为方式作出。如以前交往的惯例、委托代理人办理特别事项、安置代理人于某一职位等。无权代理人以被代理人名义活动。以消极行为方式作出的声明有两种:第一种是声明人事前作出正面陈述,而后又对"代理人"违反陈述的行为保持沉默或不作为。第二种是被代理人有义务对代理人的行为作出声明的义务,却保持沉默或不作为。

(2)客观上有使第三人相信无权代理人具有代理权的情形。第三人信赖被代理人的声明,从而导致了错误判断。

(3)第三人基于这种信赖改变了自己的法律地位。第三人因信赖被代理人的声明而与代理人进行了法律行为,改变了其法律地位。

3. 表见代理发生的具体情形

(1)代理人没有代理权,但存在客观上有使第三人相信无权代理人具有代理权的情形。

(2)在连续交易中,代理关系已经终止,但被代理人没有明确通知第三人,或没有向代理人收回授权书或授权委托书。在这种情形下,被代理人与代理人之间的内部协议并不约束第三人,如果代理人仍以被代理人的名义行事,就构成表见代理。

(3)被代理人对代理人原先的代理权限作出了某些限制,但没有及时通知第三人。

【案例3-6】

某超市委托其业务员甲到某地采购电视机1000台。甲在购买电视机后,见该地有一种录像机销路很好,就用盖有超市公章的空白介绍信和空白合同书,与该地批发录像机的丙公司签订了购买录像机500台的合同。合同规定:自合同签订之日起5日内发货,货到后付款。甲回到超市后即向老板汇报了购买录像机一事。老板认为,5日内难以筹足货款,且录像机是否好销不确定,不同意购买,让甲打电话给丙公司,而丙公司说货已发出,不能撤销。

【评析】

本案业务员使用盖有超市公章的空白介绍信和空白合同书,与该地批发录像机的丙公司签订了购买合同,符合表见代理构成要件的被代理人的声明和客观上有使第三人相信无权代理人具有代理权的情形,属于表见代理,超市应当支付购买录像机的货款。

4. 表见代理的后果

(1)本人和第三人之间。表见代理虽然属于无权代理,但一旦表见代理成立,就产生与有权代理相同的法律效力,本人对第三人负授权的责任。

(2)本人和代理人之间。本人不得以无权代理人的行为属无权代理为由或以本人无过失为理由对抗善意第三人。在表见代理中,如果本人因向第三人承担责任之后遭受损失,则他有权向无权代理人请求赔偿。

(3)代理人和第三人之间。表见代理已成立,就构成有效代理关系,代理人和第三人之间不发生法律上的权利义务关系。

【案例3-7】

弗雷曼和洛克尔案

代理人(第二被告)作为被代理人公司(第一被告)的董事,委托原告申请规划许可证以开发某项房地产。原告完成了这一工作,但未得到任何报酬,起诉到法院。被代理人辩称,虽然公司章程规定指定一名执行董事,但公司从未指定第二被告为执行董事,因此,第二被告没有拘束被代理人的代理权限。但是法院调查发现,公司的所有董事都知道第二被告的行为,但从没有人对第二被告作为事实上执行董事的行为提出异议。因此,法院认为第一被告应就第二被告的行为向原告承担责任。

5. 大陆法系的表见代理与英美法系的不容否认代理的异同

大陆法系的表见代理与英美法系的不容否认代理一样,都是为了维护交易安全,保障善意第三人的合法权益。从实质上看都是对意思自治原则的正当限制,因而既合乎公平正义原则又合乎提高商业效率、加速民事流转的理念。此外,大陆法系的表见代理与英美法系的不容否认代理在构成要件与法律效果上基本相似。

表见代理与英美法系的不容否认代理的区别表现在:英美法系的不容否认代理制度比大陆法系的表见代理制度更发达,前者外延更为广泛。英美法系认为不容否认代理是产生代理权的原因之一,而大陆法系一般认为表见代理是无权代理一种情形。

(三)《国际货物销售代理公约》关于表见代理的规定

根据《国际货物销售代理公约》的规定,一旦代理人无权或越权行为时,本人和第三人一般不受代理人行为的约束,但是下述情况例外:

(1)如果由于本人的行为,致使第三人合理地并善意地相信,代理人有权代表本人行使,而且是在本人授权范围内行事的,本人不得以代理人无权代理为由对抗第三人。

(2)本人可以追认代理人的无权或越权代理行为,一经追认,即产生同授权行为相同的效力。这种追认,可以是明示的,也可以是默示的。在本人发出的追认书送达第三人或第三人知悉追认时,追认开始生效。第三人在未收到追认书之前可以拒绝承认追认。

(3)如果代理人的无权或越权代理行为未得到追认,代理人要对第三人承担赔偿责任;如果第三人明知代理人无代理权而与之订立合同,代理人不承担赔偿责任。《国际货物销售代理公约》对无权代理所作的规定旨在保护善意第三人,使不知情的第三人不因无权代理行为而遭受损失。

第二节 商事代理的法律关系

代理包括两种法律关系:本人与代理人的内部关系;本人、代理人和第三人的关系,一般称为外部关系。在这两种法律关系之中,前者是代理关系的基础,因为前者的存在才产生后者。

一、代理的内部关系

对于代理的内部关系,即本人与代理人之间的关系,各国都通过国内法来确定,在通常情况下,本人和代理人之间的权利义务通过代理合同来加以确认。对上述问题,《国际货物销售代理公约》没有作具体的规定,大陆法国家的规定和英美法国家的判例法所形成的法律原则基本相同。

(一) 代理人的义务

1. 执行的义务

代理人的首要任务就是为本人执行代理义务,只有在本人所委托的义务违法的情况下,代理人才可以拒绝执行代理。代理人在履行其代理义务时,应当以适当的谨慎与技巧,勤勉地履行代理职责。凡书面明确代理人任务的,代理人须依书面行事,书面规定不够明确的,代理人应力争做他认为对本人有利的事。否则,因代理人过失造成损失的,要向本人负赔偿责任。

2. 服从的义务

代理人应当服从本人的指示。在没有本人的指示或没有及时接到本人的指示的情况下,代理人才有酌情处理的权利。

3. 诚信忠实的义务

在这个义务中包含四方面:

(1)代理人必须向本人公开他所掌握的有关客户的一切必要情况,以供本人考虑决定是否同意与该客户订立合同。

(2)代理人不得自己代理和双方代理。自己代理是代理人以本人的名义同代理人自己订立合同,除非事先征得本人同意。双方代理是代理人未经过本人特别许可,自己兼为第三人的代理人,两边收取佣金。

【案例3-8】

某甲因出国留学,委托其好友某乙看管家中的物品,并向乙交代,如有人愿意购买电视机,价在8000元以上可卖。后乙见甲的电视机质量不错,就想自己买下,但给甲去信说,有人想买电视,但嫌8000元太贵,降到5000元才想买。并且说,国内电视机价格在下降,如不及时出卖,日后会更便宜。甲听了乙的意见,即给乙回信,让乙见机处理,但不要太吃亏。于是乙自己就将电视机买下,以甲的名义在银行存款5000元,并给甲回信告知电视机已卖给他人。甲回国后发现电视机为乙买下,于是让乙返还电视机,而乙不同意,认为自己受甲委托出卖电视,买卖有效。

【评析】

某乙虽然具有代理权,但其行为违反诚信忠实的义务之代理人不得自己代理的规定,损害了被代理人甲的利益,代理买卖行为无效,乙应当返还电视机。

(3)代理人不得密谋私利。代理人不得谋取超出本人付给的佣金或酬金以外的任何私利;如果代理人受贿,本人有权要求代理人退还,并有权不事先通知代理人而解除代理关系;代理人不得与第三人串通,损害本人的利益。

(4)代理人不得泄露商业秘密。代理人不得泄露在代理活动中所获取的保密情报和资料,代理人在代理协议有效期间或代理协议终止之后,不得把代理过程中所获取的保密情报和资料向第三人泄露。

(5)代理人须向本人申报账目。为了使本人方便地了解情况,迫使代理人诚实行事,代理人有义务对一切代理交易保持正确的账目,并根据代理合同的规定或在本人提出要求时,向本人申报账目。代理人为本人收取的款项应如实交给本人。

(二) 本人的义务

1. 支付佣金

在本人和代理人之间签有代理协议的情况下,按照代理协议中关于佣金条款的规定,本人向代理人支付佣金是本人最基本的义务。在代理人与本人之间没有代理协议时,本人对代理人有补偿的义务,一般来说,这种补偿是完全的补偿。

关于在代理区内,被代理人与第三人直接交易,代理人是否有权要求支付佣金的问题,大陆法系认为无论是否经代理人之手,代理人都有权要求支付佣金,尤其是独家代理的情况下。英美法系认为,只有交易是代理人努力的结果时代理人才有权要求支付佣金。

关于代理人为促成交易付出了很多劳动,但交易未能达成,本人是否应当支付佣金的问题,德国法规定,如果因第三人拒绝履约,本人便没义务为使代理人获得佣金而起诉第三人,但本人如果从第三人处得到赔偿,代理人就有权索取合理报酬;如果本人拒绝履约,则应视为本人违反代理合同的默示条款,他有义务向代理人支付佣金。

2. 支付代理人因履行代理义务而产生的额外费用或赔偿损失

除合同规定之外,代理人履行代理义务所产生的费用,是不能向本人要求偿还的,因为这属于正常的业务开支。但是,如果他因执行本人指示的任务,而支出了额外的费用或遭受损失时,则有权要求本人进行赔偿。

> **小贴士**
> 代理人在进行代理义务时所为的侵权行为,本人也要承担责任。这一原则又被称为替代责任原则。

3. 本人有义务让代理人检查核对其账目

在代理关系中,代理人所获得的报酬一般是根据代理行为所产生的收益确定的,所以本人应允许代理人核对有关账目,以确定被代理人所付给的佣金是否准确,这一规定在大陆法系国家属于强制性规定,当事人不得在委托合同中排除。

二、代理的外部关系

代理的外部法律关系是指代理人、本人和第三人的关系。代理人代替本人与第三人签订合同或为其他法律行为时,原则上合同一经签订,就由本人来承担由此而产生的权利义务。但在实践中,由于各国法律的规定各不相同,有时第三人很难分清楚自己究竟和谁签订的合同,因此使代理的外部关系变得复杂。

(一) 大陆法系的规定

在确定第三人究竟是和代理人还是和本人签订合同时,大陆法国家采取的标准是:代理人是以代表的身份同第三人签订合同的,还是以他自己的身份同第三人签订合同。如果代理人是以代表的身份与第三人签订合同,代理人需明示指出本人的姓名或表示他是受某人委托来签订合同。在这种情况下,合同的权利义务就由本人来承担。如果代理人是以自己的身份与第三人签订合同的,合同所产生的权利义务则由代理人自己承担,本人不再对合同负责。

在大陆法系中,在直接代理中,由于代理人是以被代理人的名义,在代理权限内与第三人实施某种商业活动,如签订合同,其法律后果直接由本人承担。在间接代理中,代理人以自己的名义,为本人的利益而与第三人订立合同,日后再将其权利和义务通过另一合同转移给本人。在间接代理中,存在两个合同关系。首先,代理人以自己的名义和第三人签订合同。其次,由代理人和本人签订以前合同为基础的第二个合同。

(二) 英美法系的规定

在由代理人还是由本人来承担责任的问题上,英美法系与大陆法系的规定不同,它按照代理中对本人的公开程度的分类进行确定。

1. 完全公开本人的代理

代理人在订约时,已向第三人指明本人的姓名,合同的双方当事人为本人和第三人,由本人行使合同的权利和义务。但在下列情况下,英美法系规定,代理人须承担责任:第一,如果代理人以自己的名义在签字蜡封式合同上签名,他就对该合同负责;第二,如果代理人以自己的名义在汇票上签名,他就要对该汇票负责。

2. 公开本人存在的代理

代理人在订约时,仅公开本人的存在但不公开其姓名、身份的,该合同关系的双方当事人仍然是本人和第三人。合同所产生的权利和义务仍由本人承担,而代理人既不能从合同中获取权利,也不必对合同承担义务。

3. 本人完全不公开的代理

代理人在本人的授权范围之内,以自己的名义同第三人订立合同,根本不披露本人的存在,不指明有代理关系存在。此时,第三人不知道自己是在同本人签订合同,而是认为和代理人订立合同。在这种情况下,代理人当然成为合同的另一方当事人,承担合同的权利义务。

【知识链接】

完全不公开的本人能否直接依据代理合同取得另一个合同的权利义务?英美法系认为,完全不公开的本人原则上可以通过两种方式直接进入合同,取得合同权利义务:

(1) 完全不公开的本人有权介入合同,并直接对第三人行使请求权,或在必要时,对第三人起诉。如果本人行使了介入权,他就要对第三人承担义务。

(2) 第三人发现了本人之后,享有选择权。他可以从代理人或本人中任选一人作为履约的对象,也可以选择代理人或本人作为起诉的对象。第三人一旦选定承担义务的对象,就不能再改变。

第三节 国际商事代理法

随着国际贸易的发展,代理制度被更为广泛地使用。由于各国法律规定的差异,国际贸易代理也引起了十分复杂的法律冲突。这些差异大体上可以从以下三方面分析:

第一,大陆法系和英美法系在代理概念的理论上,表面上存在着不可调和的矛盾。例如,大陆法系把代理的委托和授权的概念严格区分开,而英美法系则使用等同说。这两种分裂状况在实践中仍然导致了许多难以解决的问题。

第二,在国际私法领域,尤其是在代理权的设立方面适用调整内部关系的法律,而此项权利的行使及效力则适用调整外部关系的法律,这种内部关系与外部关系划分上的困难具有很大的不确定性。

第三,这些难以解决的问题还在增加,这是因为各国旨在保护直接代理人的现代立法有很大的差别,而且各国立法在各自的社会环境中都有其存在的理由。在这种情况下,就必须致力于寻求一种解决冲突的可行途径,以使这些冲突降到最低限度。目前有关的国际公约有1961年的《代理统一法公约》《代理合同统一法公约》、1967年的《运输代理人公约》、1988年渥太华外交会议上通过的《国际保付代理公约》及1960年国际商会制定的《商务代理合同起草指南》、1983年的《国际货物销售代理公约》、1977年的《代理法律适用公约》等。本节我们重点介绍后两项公约。

一、《国际货物销售代理公约》

《国际货物销售代理公约》(Convention on Agency in the International Sale of Goods),实践中简称《代理公约》,由国际统一私法协会于1981年起草,并于1983年2月17日在日内瓦外交会议上正式通过。《国际货物销售代理公约》共四章和两个附件。主要内容包括:第一章,适用范围及一般规则(第1—8条);第二章,代理人权利之确定及范围(第9—17条);第三章,代理人权利之终止(第18—22条);第四章,最后条款。附件一,外商独家经销协议样本;附件二,外商代理协议样本。

《国际货物销售代理公约》第1条第1款规定:"当事人——代理人,有权或声称有权代表另一人——本人与第三人订立国际货物销售合同时,适用本公约。"

(一)《国际货物销售代理公约》对本人、代理人和第三人的外部关系加以规定

1. 代理人行为约束本人和第三人

代理人在本人的授权范围之内,代表本人行使权利,而且第三人已经知道或理应知道代理人的身份,则本人和第三人的关系,受代理人行为的约束。

2. 代理人的行为只约束代理人和第三人

在这种情况下,代理人的行为对本人没有约束力,需符合以下两个条件:第一,代理人在本人的授权下代表本人行事,第三人不知道代理人是代理的身份;第二,代理人的行为,是由代理人承担只约束其自己后果时的行为所产生。

但是,在上述情况下,本人可以直接介入合同,行使代理人从第三人处得到的权利,而第三人也可以对本人行使从代理人那里取得的权利。此时,应注意以下问题。

第一,当代理人因第三人不履行义务或因其他原因而未履行、无法履行他对本人的义务时,本人可以行使代理人从第三人处得到的权利。此时,代理人应先将第三人的名称通知本人。值得注意的是,本人行使这项权利时,第三人对代理人提出的任何抗辩,都可以向本人主张。

第二,当代理人未履行或无法履行他对本人的义务时,第三人可对本人行使他从代理人那里取得的权利。不过第三人应承担代理人可能对第三人提出的任何抗辩以及本人可能对代理人提出的抗辩。

第三,本人或第三人要行使上述权利,必须事先通知代理人。

第四,当代理人因本人未履行义务以致不能或无法履行对第三人的义务时,代理人应将本人的名称通知第三人。

第五,当第三人不履行其对代理人的义务时,代理人应把第三人的名称通知本人。

第六,如果第三人知道本人的身份就不会订立合同时,本人不得对第三人行使代理人从第三人处取得的权利。

> **小贴士**
>
> 以大陆法系、英美法系和《国际货物销售代理公约》有关规定的介绍,可以看出它们之间各有异同。相同之处是,它们都对代理人表明自己代理身份作了相似规定。但英美法系中完全不公开本人的代理,本人可以直接行使介入权。而按照大陆法系的间接代理,本人需通过另一个合同才可对第三人行使权利。
>
> 《国际货物销售代理公约》在适用范围上明确规定,不适用于第三人在订约时不可能知道代理人是以代理的身份行事的情形。《国际货物销售代理公约》仅规定代理人无法履约时,本人可以直接介入合同,对第三人行使权利,这与英美法和大陆法的规定是完全不同的。

(二)《国际货物销售代理公约》的意义

《国际货物销售代理公约》是在大陆法系和英美法系兼容并蓄的基础上进行的整合,系统而详尽地概括了各种代理模式,具有一定可行性的规则,逾越了代理法在两大法系的鸿沟,达成了代理法律关系有限度的统一,它是迄今为止在统一代理法方面最成功、最完备的国际公约。但也不可否认,由于其只限于国际货物销售代理,且只调整以被代理人和代理人为一方、第三人为一方的代理关系,回避了大陆法系所考虑的内部关系,在适用范围上有一定的局限。

二、《代理法律适用公约》

《代理法律适用公约》(Convention on the Law Applicable to Agency),于1978年3月14日经第13届海牙国际私法会议通过,1992年5月1日生效,是迄今为止国际上仅有的一个就代理法律适用问题做了比较全面规定的国际公约。

(一)《代理法律适用公约》所规定的代理关系的范围

《代理法律适用公约》只涉及支配代理关系的法律,而不包括代理事项中有关法院管辖权、判决的承认以及执行方面的规则。《代理法律适用公约》所调整的代理关系的适用范围有:

(1)《代理法律适用公约》适用于一方代理人有权代表他人或意在代表他人行为而与第三人进行交易所产生的具有国际性质的关系的准据法的确立。这里包括代理人在代理权内所为的代理行为,也包括无权代理和越权代理的情况。

(2)《代理法律适用公约》应扩大到适用于代理人的作用是代表他人接收和传达提议或进行谈判的场合,即将范围扩大到代理人自己未经授权而在当事人之间达成交易的情况。

(3)无论代理人以自己的名义还是以被代理人的名义进行活动,无论其行为是经常的还是临时的,《代理法律适用公约》均应适用,即指《代理法律适用公约》对直接代理和间接代理、公开被代理人的代理和未公开被代理人的代理、民事代理和商业代理均适用。

(二)《代理法律适用公约》排除适用的情况

《代理法律适用公约》中明确地规定了一些与代理有关,但不属于其适用范围的事项:
(1)当事人的能力。
(2)形式方面的要求。
(3)家庭法、夫妻财产制或继承法上的法定代理。
(4)根据司法机关或准司法机关决定的代理,或在这类当局直接监督下的代理。
(5)与司法性质的程序有关的代理。
(6)船长执行其职务上的代理。

(三)非缔约国法律的适用

《代理法律适用公约》规定,凡其所规定的法律,无论其是否为缔约国的法律,均可适用。这表明《代理法律适用公约》的冲突规则将取代缔约国的冲突规则。对缔约国而言,《代理法律适用公约》具有普遍效力。

(四)《代理法律适用公约》的意义

《代理法律适用公约》是将统一冲突法的范围从家庭法扩展至商事法,它调和了大陆法系和普通法系对代理法律适用的不同规定和分歧,在相当广泛的范围内为国际代理提供了一套便捷明确的、具有实际操作性的法律选择规则,公约不仅根据当事人意思自治原则和最密切联系原则来确定代理关系的准据法,而且采取了复数连接点的方法来决定法律适用,这对于促进各国代理法律适用的统一,简化代理程序,排除代理分歧,寻求代理的共同点有着一定的现实意义。

第四节 中国代理法与外贸代理制

一、中国的代理法律制度

我国《民法典》第7章比较具体地规定了代理制度的基本规范和原则,构成了我国民事代理的基本框架。

(一)《民法典》关于代理的概述

《民法典》第161条规定:"民事主体可以通过代理人实施民事法律行为。依照法律规定、当事人约定或者民事法律行为的性质,应当由本人亲自实施的民事法律行为,不得代理。"

第162条规定:"代理人在代理权限内,以被代理人名义实施的民事法律行为,对被代理人发生效力。"这就是说,如果被代理人委托代理人代其签订合同,则只要代理人是在代理权限内,以被代理人的名义同第三人签订了该合同,那么该合同的权利与义务就均应归属于被代理人,应由被代理人对该合同承担责任,代理人对该合同可不承担责任。从法理上讲,这种代理属于直接代理,其特点是代理人必须以被代理人的名义行事,从而才能使代理行为所产生的效力直接归属于被代理人。

(二)《民法典》中关于代理权的相关内容

《民法典》对代理权的产生、无权代理、代理人与第三人的责任及代理的终止等,都进行了规定。

例如《民法典》第165条规定:"委托代理授权采用书面形式的,授权委托书应当载明代理人的姓名或者名称、代理事项、权限和期限,并由被代理人签名或者盖章。"第167条规定:"代理人知道或者应当知道代理事项违法仍然实施代理行为,或者被代理人知道或者应当知道代理人的代理行为违法未作反对表示的,被代理人和代理人应当承担连带责任。"第171条规定:"行为人没有代理权、超越代理权或者代理权终止后,仍然实施代理行为,未经被代理人追认的,对被代理人不发生效力。"第172条规定:"行为人没有代理权、超越代理权或者代理权终止后,仍然实施代理行为,相对人有理由相信行为人有代理权的,代理行为有效。"

对于代理关系的终止,《民法典》第173条规定,"有下列情形之一的,委托代理终止:(1)代理期限届满或者代理事务完成;(2)被代理人取消委托或者代理人辞去委托;(3)代理人丧失民事行为能力;(4)代理人或者被代理人死亡;(5)作为代理人或者被代理人的法人、非法人组织终止"。第175条规定,"有下列情形之一的,法定代理终止:(1)被代理人取得或者恢复完全民事行为能力;(2)代理人丧失民事行为能力;(3)代理人或者被代理人死亡;(4)法律规定的其他情形"。

二、外贸代理制度

中国的外贸代理制开始于1979年,其宗旨是改变过去传统的收购制为代理制。近年来,随着越来越多的生产企业、内贸公司经营进出口业务,外贸专业公司的代理业务逐步减少。特别是加入WTO之后,我国进出口经营权由审批制改为"备案登记制",包括个人在内的各类企业都可取得外贸经营权,但是一些企业的商品,特别是大宗敏感商品的进出口,仍然会通过外贸公司来进行。2016年11月7日第十二届全国人民代表大会常务委员会第二十四次会议修订的《中华人民共和国对外贸易法》(以下简称《对外贸易法》)第12条规定:"对外贸易经营者可以接受他人的委托,在经营范围内代为办理对外贸易业务。"

(一) 外贸代理的概念和特征

外贸代理是指由外贸公司充当国内用户或供货部门的代理人,代理签订进出口合同,然后由委托人履行合同,外贸公司收取一定的佣金或手续费。

外贸代理具有以下特征:

(1)外贸企业以自己的名义与外商签订合同或从其他业务活动。

(2)外贸企业的授权虽然来自于委托人,但它是签订进出口合同的主体。合同的签订是以外贸公司名义进行的,因此,国内企业或外商违约致使外贸企业不能履行合同,需承担对外商或国内企业承担违约责任。

(3)委托人与第三人之间没有直接的合同关系,但根据外贸企业与国内企业之间签订的委托合同,外贸企业与外商签订的合同权利义务最终由国内企业承担。

(二)外贸代理制中的法律问题

1. 我国外贸代理制度同传统民事代理的区别

(1)外贸代理关系的主体。关于被代理人或第三人,在民事代理中是一般的自然人或法人。而在外贸代理关系中,《对外贸易法》第 8 条规定:"本法所称对外贸易经营者,是指依法办理工商登记或者其他执业手续,依照本法和其他有关法律、行政法规的规定从事对外贸易经营活动的法人、其他组织或者个人。"

(2)外贸代理的内容。一般民事代理的内容既有财产关系,又有人身关系;既有有偿代理,也有无偿代理。而在外贸代理中,代理行为均是与财产有关的经营行为,均为有偿代理,具有营利性。

(3)外贸代理的名义与责任承担。民事代理一般是以代理人的名义从事代理活动,代理人通常不向第三人承担责任,只在有过错的情况下,才向第三人或被代理人承担责任。而外贸代理不仅可以被代理人的名义,更多的是以代理人自己的名义从事代理活动。当代理人以自己的名义从事外贸代理时,它作为一个独立的专门从事营利性活动的商人,即使没有过错也要直接对第三人承担合同中全部的义务和责任。在代理人与第三人签订的进出口合同中,代理人的权利、义务以及责任最终要及于被代理人。

2. 我国现行外贸代理制的法律依据

1991 年国家外经贸部发布《关于对外贸易代理制的暂行规定》,1994 年 5 月 12 日第八届全国人民代表大会常务委员会第七次会议通过《对外贸易法》,后者经历了 2004 年 4 月 6 日第十届全国人民代表大会常务委员会第八次会议修订及 2016 年 11 月 7 日第十二届全国人民代表大会常务委员会第二十四次会议的修订,我国的外贸代理开始走上法制道路。

3. 我国现行外贸代理制度存在的缺陷

(1)立法不统一,操作不规范。在我国的现行法律体系中,《民法典》对直接代理、间接代理都作了规定。但是,我国的《对外贸易法》对外贸代理制只作了原则性的规定;同是对于委托合同的规定不规范,通常以订货代替委托合同,订货单在内容上仅有交易商品的有关条款,并无确定代理人和被代理人双方的权利、义务、各自承担的费用、违约处理等问题的责任的规定,一旦出现纠纷,找不到法律依据,也无法进行充分的举证。

(2) 信息渠道不畅通。在一般的条件下,外贸代理人拥有国际市场信息以及相应的业务能力、交易磋商的信息,而被代理人则不能完全拥有这些信息。现行的外贸体制和代理制形式扩大了这种信息的不对称倾向。

(3) 风险和利益失衡。在外贸代理活动中,外贸公司以自己的名义签订进出口合同,在合同履行发生纠纷时,要对外索赔、理赔和诉讼。如果一方不履行合同,代理公司必须先向对方承担违约责任,这显然不公平。对于委托方也不合理,作为进出品合同的最终履约人却不能介入合同中对外商主张权利、索赔,参与诉讼和仲裁,不利于保障自己的利益。

复习思考题

1. 简述代理的类型。
2. 什么是狭义的无权代理?
3. 表见代理的成因及要件。
4. 代理人的义务有哪些?

案例分析

原告雇用被告从事钢铁的买卖交易,当生意兴隆时,被告与原告的公司另一名职员准备也创立一个类似的钢铁公司,并在业余时间积极准备,后两人辞职并于1年后正式成立了一家钢铁公司,原告认为被告在任职期间不忠实,所以应赔偿损失,并要求法院禁止被告的公司开业。法院经过审理后认为,被告在任取期内并未开办类似的公司与被代理竞争,其在业余时间的准备是合理的;辞职1年后才开业,也未违反商业信誉原则,故不涉及不忠实问题。后法院判原告败诉。

第四章　国际商事合同法

【学习目标】
1. 掌握合同的概念、特点及合同成立的有效要件。
2. 了解要约、承诺、显失公平、合同履行的原则、规则及抗辩权的概念。
3. 掌握合同的消灭、违约责任。

第一节　国际商事合同法概述

一、合同的概念与特点

当今社会，经济交往中离不开合同。合同制度也是各个国家非常重视的一项法律制度。由于不同的历史背景和法律渊源，世界各国对合同的定义也有所不同。

英美法中强调合同的实质是当事人所作出的允诺，只有法律上认为有约束力的，可以在法律上强制执行的允诺才是合同。美国《合同法重述》认为："合同是一个许诺或一系列的许诺对于违反这种许诺，法律给予救济，或者法律以某种方式承认履行这种许诺乃是一项义务。"

大陆法中则认为合同是一种合意或协议。德国法把合同作为一种法律行为，《德国民法典》规定："依法律行为、债务关系或变更法律关系的内容者，除法律另有规定外，应依照当事人之间的合同。"法国强调合同是当事人间的合意，《法国民法典》规定："合同是一人或数人对另一人或数人承担给付某物，做或不做某事的义务的一种合意。"

我国《民法典》第 464 条规定："合同是当事人之间设立、变更、终止民事法律关系的协议。"由此可见，在合同的定义上，我国法律承继了大陆法系的概念。

尽管各国关于合同定义有不同的表述，但是在合同的实质是什么的认定上并无本质的差异，两大法系的合同法都把当事人的意思表示一致作为合同成立的要件。理解合同需要把握合同的以下特点。

（一）合同是当事人双方的民事法律行为

能够引起民事法律关系发生、变更或消灭的客观事实是法律事实，它分为行为和事件两类。合同是当事人有目的而实施的法律行为。法律行为依其意思表示的多少又分为单方法律行为和双方法律行为。合同是两个或两个以上的当事人意思表示一致的协议,因此,合同是一种双方民事法律行为。

(二) 合同是当事人意思表示一致的协议

合同是当事人之间合意的结果,它要求当事人在平等、自愿的基础上,通过协商,各自表达自己的意愿,最终经协商达成一致意见。如果双方当事人意思表示不一致,就无法达成协议,合同也无法成立。

(三) 合同是以设立、变更或终止当事人权利义务关系为目的的协议

任何合同都是用以明确规定当事人的权利与义务的,合同关系的实质就是当事人之间的权利与义务关系。当事人之间的合同行为不仅可引起权利义务的产生,也可引起民事权利义务关系的变更和终止。

二、合同法的基本原则

合同法是调整当事人之间订立和履行合同及实现其权利和义务的有关法律规范的总称,其基本原则主要包括以下几方面。

(一) 合同自由原则

合同自由原则也称契约自由原则,它体现的是当事人在地位平等的基础上,自愿协商签订合同。合同自由原则表现在以下几个方面:当事人根据自己的意志决定是否订立合同或变更、终止合同;自愿选择订立合同的对方当事人;根据自己意愿确定合同的内容及形式等。任何人不得违当事人的意愿,强迫其签订、变更或终止合同。

(二) 诚实信用原则

诚实信用原则是民事领域最为重要的原则。该原则在合同法上尤为重要。甚至可以说,从合同的订立,到合同的履行,乃至合同的变更和终止各个环节,都要求合同的当事人遵守诚实信用原则,认真履行合同的各项义务,不得损害对方当事人的利益。

(三) 合法原则

合法原则是指当事人订立、履行、变更和终止合同必须遵守法律和法规的规定。合法原则是对合同自由原则的限制,合同自由是相对的自由。各国法律在规定合同自由原则的同时,往往都规定合同要符合法律、行政法规的规定,而且还要遵守公序良俗的要求。

第二节 合同的成立及效力

合同的成立,是指合同的双方当事人经过协商,就合同的主要内容达成一致意见的过程。各国关于合同成立的要件在合同法中都有所规定,一般包括:当事人必须具有订

立合同的能力;当事人之间通过要约和承诺达成协议;合同必须有对价(consideration)或合法约因(cause);合同内容必须合法;合同必须符合法律规定的形式要求;当事人的意思表示真实。下面针对这些要件分别加以介绍。

一、当事人的缔约能力

当事人的缔约能力是指合同当事人订立合同时应当具有相应的民事权利能力和民事行为能力。民事权利能力是指当事人从事民事活动、享受民事权利和承担民事义务的资格。民事行为能力则是指当事人通过自己的行为取得民事权利和承担民事义务的资格。当事人要订立合同,首先要具有缔约能力,而且当事人的缔约能力是由法律来认可的。大陆法系和英美法系都对合同当事人的缔约能力作出了明确规定。

(一) 关于自然人缔约能力的规定

自然人的民事权利能力是广泛的,一般是不加限制的。自然人的缔约能力往往取决于其是否具有相应的民事行为能力。各国法律对于这一问题,主要是规定了未成年人和精神病人订立合同的能力受到限制。

1. 大陆法系

大陆法系的代表国家为德国和法国。德国《民法典》中对自然人的无行为能力和限制行为能力的情形进行了明确规定。德国《民法典》第104条规定,凡有下列情况之一者,即属于无行为能力的人:(1)未满7周岁的儿童;(2)处于精神错乱状态,不能自由决定意志,而且按其性质此种状态并非暂时者;(3)因患精神病被宣告为禁治产者。无行为能力人缔结的合同均没有法律效力。[1]

【知识链接】

禁治产制度是大陆法国家民法典所规定的一项法律制度。禁治产指的是因患精神病或因有酒癖不能处理自己的事务,或因浪费成性有败家之虞者,经其亲属向法院申请,由法院宣告禁止其治理财产。

依照德国《民法典》的规定,年满7周岁的未成年人属于限制行为能力人。该限制行为能力人所订立的合同,必须经其法定代理人追认后,才能生效。未成年人取得完全的行为能力后,对于先前未经法定代理人同意所签订的合同,能以自己所做的追认替代法定代理人的追认。

法国法中没有对无行为能力与限制行为能力加以区别,只是规定当事人的行为能力是合同有效成立的必要条件。法国《民法典》第1124条规定,未解除亲权的未成年人和受保护的成年人没有订立合同的能力。未成年人和受保护的成年人所订立的合同须经

---

[1] 冯大同:《国际商法》(新编本),北京,对外经济贸易大学出版社,2000。

其监护人或管理人同意,否则无效。

> **小贴士**
>
> 亲权,是由法国《民法典》规定的,指父母对子女的人身和财产进行管束和管理的权力。按照该法典的规定,一般情况下,亲权至子女满18周岁成年时解除。

2. 英美法系

在英美法系中,直接规定未成年人、精神病患者、酗酒者都属于缺乏缔约能力的人,并对他们所订立的合同效力作出了不同的规定:具有约束力、可以撤销及无效。

对于未成年人,英美法中均规定,其原则上不具有缔约能力。但是,未成年人有订立生活必需品合同的资格。且未成年人对其订立的合同,在其成年后,也可以予以追认或撤销。

精神病人在被司法认定为无行为能力之后所签订的合同,一律无效。对于被认定前所签订的合同,可以要求撤销。

酗酒者所签订的合同,一般认定为有效,但如果酗酒者在签订合同时,因醉酒而丧失缔约能力的,则可要求撤销合同。

3. 中国法

我国《民法典》把公民的民事行为能力分为三种:完全民事行为能力、限制民事行为能力、无民事行为能力。具体规定如下。

18周岁以上的自然人为成年人,具有完全民事行为能力,可以独立进行民事活动,是完全民事行为能力人。不满18周岁的自然人为未成年人。16周岁以上的未成年人,以自己的劳动收入为主要生活来源的,视为完全民事行为能力人。完全民事行为能力人,可以独立开展民事活动,可以独立签订合同。

8周岁以上的未成年人为限制民事行为能力人,其实施的民事法律行为经其法定代理人同意、追认后方可生效;但是,其可以独立实施纯获利益的民事法律行为或者与其年龄、智力相适应的民事法律行为。

不满8周岁的未成年人和不能辨认自己行为的成年人是无民事行为能力人。他们无法实施有效的法律行为,只能由其法定代理人代为订立合同。

(二) 关于法人缔约能力的规定

法人,是指拥有自己的财产,能够以自己的名义独立享有民事权利、承担民事义务的法律实体,它是由法律创设的拟制主体。法人最常见的形式是公司,公司法人必须通过经它授权的代理人才能订立合同。

法人的民事行为能力与民事权利能力是完全一致的,这一点与自然人主体是不同的。法人的权利能力与行为能力由法律规定或由公司章程来确定。一般各国是通过其本国的《公司法》规定公司法人的缔约能力的。根据各国法律规定,一般情况下法人超越公司章程规定的范围所订立的合同无效。但是,越权经营的法人仍应对第三人承担法律责任,除非第三人明知并具有同样的过错。

【知识链接】

在英国,长期以来,在决定依制定法成立的公司的缔约能力时,适用的规则是"越权"(ultravires)无效的原则。在英国加入欧共体之后,英国接纳了《1972年欧共体法》。其中第9条使善意的与公司交易的人受到保护,只要这一交易是由公司董事在其被授权的范围内决定作出的。之后,英国又通过了《1985年公司法》和修改该法的《1989年公司法》。这些法律规定:"由一个公司实施的行为的有效性不能因公司章程中的任何内容所导致的能力的缺乏而受到质疑。"至此,传统的越权无效的规则被废弃。

在美国,早期的判例也接受了越权无效的规则。然而从19世纪末开始,美国法院在审判实践中已经表现出对公司章程中的营业目的条款作扩大解释的倾向。在20世纪,越权无效的规则在各州的制定法中已逐步被放弃。目前,美国各州的制定法几乎都废弃了这一规定。

法国在1969年通过颁布第69—1176号法令在《商事公司法》第49条中增加了如下规定:对于有限责任公司,"在与第三人的关系中,经理拥有在任何情况下以公司的名义进行活动的最广泛的权力……公司甚至应对经理的不属于公司宗旨范围的行为负责,但公司举证证明第三人已知道或根据当时情况不可能不知道该行为超越了公司宗旨范围的除外。仅公布公司章程不足以构成此种证据。限制经理根据本条所产生的权力的章程条款不得对抗第三人"。根据同一法令而在第113条中增加的内容规定:上述规定也适用于股份有限公司的董事会和董事长。

《德国民法典》第26(2)条规定:对社团法人,"董事具有法定代理人的身份";"董事会代表权的范围得以章程加以限制,限制得对抗第三人"。可是,依德国《股份有限公司法》第82条和《有限责任公司法》第37条的规定,公司章程中对公司营业目的的限制不得对抗第三人。根据特别法优于一般法的原则,至少对股份有限公司和有限责任公司而言,公司的行为越权并不会导致行为无效。

在20世纪90年代之前,中国法院基本上奉行了公司的越权行为为无效行为的宗旨。20世纪90年代以来,为了适应社会主义市场经济发展和使中国的法制环境与国际接轨的需要,上述立场已不再被坚持。1993年,最高人民法院在《全国经济审判座谈会纪要》中指出:"合同约定仅一般违反行政管理性规定的,例如一般地超范围经营、违反经营方式等,而不是违反专营、专卖及法律禁止性规定,合同标的物也不属于限制流通的物品的,可按照有关的行政管理规定进行处理,而不因此确认合同无效。"

二、要约和承诺

合同是当事人意思表示一致的结果,这种意思表示一致的过程在合同法上被称为要约与承诺。《国际商事合同通则》规定:"合同可通过对要约的承诺或通过当事人的能力充分表明其合意的行为而成立。"我国《民法典》第471条规定:"当事人订立合同,可以采取要约、承诺方式或者其他方式。"

(一) 要约

1. 要约的概念

要约,也称为发价、发盘、出价等,是一方当事人向另一方当事人提出的签订合同的建议。其中,发出要约的当事人称为要约人,收到要约的当事人则称为受约人。

《联合国国际货物销售合同公约》第14条规定:"向一个或一个以上特定的人提出的订立合同的建议,如果十分确定并且表明发价人在得到接受时,承受约束的意旨,即构成发价。"《国际商事合同通则》在第2条第2款将要约定义为:"一项订立合同的建议,如果十分确定,并且表明要约人在得到承诺时受其约束的意旨,即构成要约。"我国《民法典》第472条规定:"要约是希望与他人订立合同的意思表示,该意思表示应当符合下列条件:(1)内容具体确定;(2)表明经受要约人承诺,要约人即受该意思表示约束。"

2. 要约的构成要件

一个意思表示能够构成一项有效要约,须具备以下要件。

(1)要约必须是由要约人向希望与之签订合同的受要约人发出的意思表示。受要约人既可以是特定的,也可以是不特定的。关于受要约人是否是特定的,不同国家的法律规定有所差异。从上述《联合国国际货物销售合同公约》关于要约的规定可以看出,它强调受要约人的特定性。北欧国家的法律也明确规定不是向特定人发出的不是要约。而英美法的判例则认为,向不特定的人发出的广告,如果内容明确、肯定,并且广告人表示其愿意受广告内容的约束,就可以构成有效的要约。对于悬赏广告,各国法律普遍都认为是要约。

所谓悬赏广告,是指广告人声明对于完成某种特定行为的人给予奖励的意思表示。一旦有人完成了广告中的特定行为,即构成承诺,双方之间即成立合同关系。

(2)要约的内容必须具体确定。要约的内容必须具体确定,是指作为要约的意思表示中应包括合同的主要条款,只要受要约人接受该意思表示,双方之间的合同关系即告成立。《国际货物买卖合同公约》规定:"一个建议如果写明货物并且明示地规定数量和价格或规定如何确定数量和价格,即为十分确定。"[1]

在现代的立法和司法实践中,为了鼓励交易,保护交易的安全,挽救确定性有瑕疵的要约,各国对于要约内容具体确定的规定是比较宽容的。如《法国民法典》第1583条规定,"当事人双方就标的物及其价金相互同意时……买卖即告成立"。其中的标的物,应理解为包括了标的物的数量。因此,如果要约中包含了标的物的数量和价格,要约即已

---

[1] 赵承壁:《国际经济法全书》,262页,长春,吉林人民出版社,1996。

具有足够的确定性。

可见,关于成立货物买卖合同的要约,法国法并不要求其中包含所有的交易条件。类似的规则也在《美国统一商法典》的规定中有所体现:即使在买卖合同中对某一项或某几项条款没有作出规定,但是只要当事人间确有订约意思,并有合理的确定依据给予相应的补救,则合同仍然可以成立。

(3)要约必须包含一旦被接受合同即告成立的意思。要约人发出意思表示,是给受要约人决定合同是否成立的权利,即承诺权,同时也意味着要约人要受该要约的约束,一旦受要约人表示接受,双方之间的合同即告成立。

3. 要约的法律效力

(1)要约的生效。关于要约生效的时间,从《联合国货物销售合同公约》到《国际商事合同通则》及多数国家的国内法,都规定采用到达主义,即"要约于送达受要约人时生效。"采用数据电文形式订立合同的,收件人指定特定系统接收数据电文的,该数据电文进入该特定系统的时间,视为到达时间,未指定特定系统的,该数据电文进入收件人的任何系统的首次时间,视为到达时间。

要约一旦生效,要约人即要受到该要约的约束,不能随意变更或撤销要约。而对于受要约人,只是取得了承诺的权利,要约对其没有约束力。

(2)要约撤回与撤销。

①要约的撤回,是指要约人在要约生效前收回自己要约的行为。依照各国法律规定,要约须送达受要约人时生效,故要约人在发出要约后至要约送达受要约人前,有权撤回要约,但其撤回要约的通知必须在要约到达受要约人之前或与要约同时到达受要约人,才能有效地撤回要约。《联合国国际货物销售合同公约》第15条规定:"一项要约,即使是不可撤销的,得予撤回,如果撤回通知于发盘送达被发价人之前或同时,送达被发盘人。"各国对于要约撤回的规定没有大的分歧。

②要约的撤销,是指要约人在要约到达受要约人并生效之后向受要约人发出要约失效的通知,取消该要约的行为。各国在要约能否撤回的问题上意见基本一致,但对于要约生效后能否撤销,大陆法系与英美法系存在着分歧。

英美法系规定,要约作为一种诺言在被承诺之前没有对价,因而原则上对要约人没有约束力,要约人在受要约人承诺之前,可以在任何时间撤销或变更要约的内容。这些规定对于受要约人的保护是不力的,英美法系至今已有所改变,对于传统规则做了某些变通。例如,美国法中规定,如果要约是限期承诺的,受要约人只要在该期限内向要约人提供了对价,该要约就成为不可撤销的。

再如《美国统一商法典》第2-205条,关于成立货物买卖的要约,如果由一个商人发出,并且是书面的和经要约人签字的,在要约规定的承诺期内,不得以无对价为理由撤销。不过,该不可撤销的期限在任何情况下不得超过3个月。

大陆法系认为,要约原则上对要约人有约束力,要约一经生效便不能再撤销。同时,为了兼顾要约人的利益,一些国家又对上述原则作了限制。《德国民法典》中明确规定,除非要约人在要约中标明不受要约约束的词句,要约人必须受要约的约束;如果要约规定了有效期,要约人在该期限内不得撤销或更改要约;如果在要约中没有规定有效期,则依提出情形在可望得到答复以前,不得撤销或更改要约。法国民法典中没有明确规定要约人能否在受要约人承诺以前撤销要约,但法院在审判实践中确认,如果要约中规定了承诺的期限,要约人可以在此期限届满前撤销要约,但须承担损害赔偿的责任。

《国际商事合同通则》兼采了两大法系的制度,关于要约的撤销的规定如下:"在合同订立之前,要约得予撤销,只要撤销的通知在受要约人发出承诺之前送达受要约人。但是,在下列情况下,要约不得撤销:①要约写明了承诺的期限,或以其他方式表明要约是不可撤销的;或②受要约人有理由信赖该要约是不可撤销的,而且已基于对该要约的信赖行事。"这一规定是采纳了《联合国国际货物销售合同公约》第16条的结果。我国《民法典》第476条规定:"要约可以撤销,但是有下列情形之一的除外:①受要约人有理由认为要约是不可撤销的,并已经为履行合同做了合理准备工作;②要约人以确定承诺期限或者其他形式明示要约不可撤销。"

【案例4—1】

A是一个古董商,A要求B在3个月内完成修复十幅画的工作,价格不超过一个具体的金额。B告知A,为了决定是否承诺该要约,B认为有必要先开始对一幅画进行修复,然后才能在5天内给出一个明确的答复,A同意了,基于对A的要约的信赖,B马上开始了工作。那么A在这5天内是否能撤销要约?

【评析】

这种情况显然属于不可撤销的要约,因为"受要约人有理由信赖该要约是不可撤销的,而且已基于对该要约的信赖行事"。

(资料来源:张丽英著:《国际经济法教学案例》,北京,法律出版社,2004。)

(3)要约的有效期限。总括各国的法律,关于要约的有效期限主要是根据要约发出方式的不同而有不同规定:如是以口头、电话等方式发出的,受要约人没有立即作出承诺,或没有采用快捷的方式作出承诺,要约即丧失效力。如果要约是以书面方式发出的,要约中明确规定了有效期限的,则以该期限为准;如没有规定期限的,则应根据案件的具体情况,包括合同的性质和交易的习惯,确定一个合理的有效期限。

我国《民法典》第481条规定:"承诺应当在要约确定的期限内到达要约人。要约没有确定承诺期限的,承诺应当依照下列规定到达:①要约以对话方式作出的,应当即时作出承诺;②要约以非对话方式作出的,承诺应当在合理期限内到达。"

(4)要约的失效。要约的失效,指要约丧失法律效力,要约人不再受要约的约束。

《联合国国际货物销售合同公约》第19条规定,以及各国普遍承认,要约因以下情形而失效:①要约中规定的承诺期限届满,受要约人未作出承诺;②要约被受要约人拒绝;

③要约因要约人撤销而失效;④受要约人对要约的内容作出实质性的修改。

> **小贴士**
> 对于受要约人对要约内容作出实质性的修改,我国《民法典》第488条给予了准确的解释:"有关合同标的、数量、质量、价款或者报酬、履行期限、履行地点和方式、违约责任和解决争议方法等的变更,是对要约内容的实质性变更。"
> 《国际商事合同通则》把这种情况视作对原要约的拒绝,即默示的拒绝,等于是受要约人向要约人发出了一项反要约(counter-offer),原要约消灭。

(二) 承诺

1. 承诺的概念

承诺是指受要约人作出的接受要约的意思表示。要约一经承诺,当事人之间的合同关系即告成立。

2. 承诺的构成要件

意思表示构成有效的承诺须符合以下条件:

(1)承诺必须由受要约人对要约人发出。非受要约人向要约人发出的接受要约的意思表示,或受要约人向非要约人发出的接受要约的意思表示都不是承诺。受要约人的代理人可以在其授权的范围内代替受要约人作出承诺。

(2)承诺必须在要约的有效期内作出。要约的有效期届满,要约失效,故承诺必须在要约的有效期内作出。

(3)承诺的内容必须与要约的内容一致。承诺是受要约人同意按照要约中的条件订约的意思表示,承诺的内容必须与要约的内容一致。承诺对要约的内容进行实质性变更的,引起原要约的失效。

(4)承诺的方式必须符合要约的要求。要约人有权对承诺的方式进行限定。在某些情形之下,受要约人不按要约限定的方式承诺不但不会损害要约人的利益,反而会对要约人有利。如甲向乙发出要约,要求乙用平信承诺,乙用电报或传真作了承诺。该承诺通常是有效的,要约人不得因此而拒绝。

3. 承诺生效的时间

承诺生效意味着合同的成立,承诺生效的时间决定了合同成立的时间,故确定这一时间具有重要意义。在承诺生效的时间上,存在着"投邮主义"与"到达主义"的分歧。英美法系国家一般采取"投邮主义",主张承诺应于承诺的文件寄出时生效。大陆法系国家普遍采用"到达主义",指承诺于承诺的文件到达要约人时生效。

《国际货物销售合同公约》和《国际商事合同通则》都采用了"到达主义"。我国《民法典》第484条规定:"以通知方式作出的承诺,生效的时间适用本法第137条的规定。承诺不需要通知的,根据交易习惯或者要约的要求作出承诺的行为时生效。"第486条规定:"受要约人超过承诺期限发出承诺,或者在承诺期限内发出承诺,按照通常情形不能及时到达要约人的,为新要约;但是,要约人及时通知受要约人该承诺有效的除外。"可见,我国对承诺生效的时间的规定与上述公约是一致的。

4. 承诺的撤回

承诺的撤回是指承诺人阻止承诺发生法律效力的意思表示。承诺的撤回只能在其生效前进行,一旦承诺生效,合同成立,承诺就不得再撤回。英美法系中对承诺生效的时间采取"投邮主义",承诺发出即生效,所以承诺是不能撤回的。而大陆法系采用"到达主义",因而承诺可以撤回,前提条件是撤回承诺的通知要在承诺到达要约人之前或与承诺同时到达要约人。《国际货物销售合同公约》采用了大陆法系的做法,规定"承诺得予撤回,如果撤回通知于原承诺生效之前或同时送达要约人。"

三、对价和约因

(一) 对价

1. 对价的概念

在英美法系国家,对价是合同成立的必备条件之一。英美普通法合同分为两类:一类是签字蜡封的合同,另一类是简式合同。前者不要求任何对价,其有效性完全取决于它所采取的形式。后者则必须要有对价,否则没有拘束力。

所谓对价,指合同一方得到的某种权利、利益、利润或好处,是他方当事人不行使某项权利或遭受某项损失或承担某项义务。这是英国高等法院的解释,也常被英美合同法的著作所引用。美国《布莱克法律辞典》是这样解释对价的:"合同的诱因,是诱使一方当事人缔结合同的原因、动机、代价或推动力,是合同的理由或实质性原因。"

2. 对价的条件

在英美法中,一项有效的对价必须具备以下条件。

(1)对价必须合法。以法律禁止的内容为对价,是无效的。如贩卖毒品的合同,因毒品是为法律所禁止的,这种合同当然无效。

(2)对价必须是待履行的对价或已履行的对价,不能是过去的对价。英美普通法上把对价分为三种:待履行的对价、已履行的对价和过去的对价。

所谓待履行的对价,是指合同当事人允诺将来履行的对价。例如,当事人双方签订一份劳务合同,一方在未来的一个月内为另一方提供服务,另一方支付相应的劳务报酬。这里的服务和报酬都属于待履行的对价,是有效的对价。

所谓已履行的对价,是指合同中作为一方当事人要约或承诺的行为,已履行完毕,只等待另一方当事人履行其义务。已履行的对价既可以是要约人已履行的对价,也可以是承诺人已履行的对价。

所谓过去的对价,则是指一方当事人在对方作出允诺之前已经履行完了的对价。这种对价是无效的对价,因为过去的行为是不能作为现在的允诺的对价的。

【案例4-2】

甲是乙公司的高级职员。某年5月份,甲获得3周的带薪休假。甲在欧洲旅游期间,结识了一位新客户,经他促成了该客户与乙公司之间的一笔交易。甲结束休假回公司后,该项交易已完成,并使公司获利10万美元。甲回公司上班的第一天,乙公司董事长丙对甲大为赞赏,许诺要给甲一笔1万美元的奖赏,但过后甲去领取这1万美元奖金时遭到拒绝。甲起诉公司,要求公司履行支付1万美元奖金的许诺。

【评析】

法院没有支持甲要求判令公司支付1万美元的诉求。理由是当丙许诺奖励时,为公司促成获利交易的行为在丙许诺给予奖励之前已经完成,属于过去的对价。过去的对价不是对价,不能构成以后获得报酬的依据。

(资料来源:陈慧芳、陈笑影著:《国际商法》,上海,格致出版社、上海人民出版社,2011。)

(3)对价必须来自受允诺人。这是指只有受允诺人付出了对价,才具有要求强制执行该允诺的资格。比如甲向乙允诺,如果乙把一批货运到某地即向丙支付2000元钱。假设乙如约将货运送到某地,而甲拒绝付钱给丙,丙却不能请求法院强制执行甲对其的允诺,原因就是甲对于丙的允诺的对价来自于乙,丙没有付出任何对价。

(4)对价必须具有某种价值,但不要求必须等值。英美法中规定合同必须有对价,对价必须真实,并且具有某种价值。但是,对价无需等价,不必一定要与允诺人的允诺相等。当然,如果合同中的对价非常不充分,足以构成欺诈或错误,当事人可以请求给予衡平法上的救济,要求撤销合同。

(5)职责上义务或法律义务不能作为对价。这是指基于工作职责的行为或是履行法律上的义务,不能作为有效的对价。

(二)约因

约因(cause),是罗马法中的概念,在《法国民法典》中加以沿用。所谓约因,是指订约当事人产生该项债务所追求的直接目的。

小贴士

约因与动机不同,动机是当事人订立合同的具体的目的,因当事人不同而有所差异,而约因则是法律上的目的,动机可以多种多样,而约因往往是相同的。如同样是购物,有人的动机是为了自己消费,有人则是为了送人。但是他们却具有相同的约因,即获得该货物的所有权。

《法国民法典》第1131条规定:"凡属无约因的债,基于错误约因或不法约因的债,都不发生任何效力。"可见,在法国法中,约因是债(包括合同之债)有效成立的要件之一。

债的产生必须有约因,否则不发生效力。如果约因为法律所禁止,或约因违反善良风俗或公共秩序,则该约因属于不法的约因,也不发生任何效力。

四、合同内容合法

"契约自由"是各国法律普遍承认的一项合同法原则,但是近代该原则受到了一定的限制,基本上所有国家都要求当事人订立合同的内容必须合法,如果违反法律、违反善良风俗与公共秩序,则合同一律无效。

(一) 英美法系

按照英美法的理论,合同违法的实质是违反法律背后的公共政策。所谓公共政策,指的是反映社会公共利益的政策,它们是法律制定和实施的依据。内容违法的合同,要么是与制定法背后的公共政策相抵触,要么是与普通法所贯彻的公共政策相抵触。

在长期的司法实践中,英美法院通过判决发展了一系列与合同合法性有关的公共政策,通常包括:禁止从事限制贸易的合同;禁止从事限制竞争的合同;禁止从事限制价格的合同;禁止从事犯罪行为、民事侵权行为或欺诈行为的合同;禁止从事有损良好的社会道德的合同;禁止从事危害公共安全活动的合同;禁止从事妨害司法公正行为的合同;禁止从事造成公共生活腐败的合同,等等。

(二) 大陆法系

大陆法系国家通常在民法典中对合同的合法性进行明确规定。

《法国民法典》第 1131 条规定:"基于错误原因或不法原因的债,不发生任何效力。"第 1133 条解释:"如原因为法律所禁止,或原因违反善良风俗或公共秩序时,此种原因为不法原因。"

《德国民法典》第 134 条规定:"法律行为违反制定法的禁止性规定时无效,除非可以从制定法推定出不同动机。"第 138 条规定:"(1)违反善良风俗的法律行为无效。(2)特别是,某人以法律行为利用他人急迫情况、无经验,缺乏判断能力或意志薄弱,使其向自己或第三人对一项给付作约定或给予财产利益,而此种财产利益与给付明显不成比例的,该法律行为无效。"根据前述规定,一个没有违反制定法的禁止性规定的合同,如果违反了善良风俗,也是无效的。其中善良风俗、公共秩序在各国法律中都属比较笼统的规定,在具体案件中由法官依自由裁量权来判定。

五、合同的形式

合同的形式,是指当事人订立合同的方式和手续。根据法律是否要求合同必须以法定的形式和手续签订,可以将合同分为要式合同与不要式合同。不要式合同简单方便,为社会各国所普遍接受,但在少数合同上仍然要求以法定的方式来订立。关于要式合同的作用通常认为有两种：一是要素原则，即合同成立的要件原则。没有以法定的方式来订立合同，合同就不能成立。二是证据原则，即没有采用法定方式就不能证明合同的存在，但不必然引起合同的无效。

(一) 英美法系

英美法系国家通常把合同分为两类：签字蜡封式合同(contract under seal)与简式合同(simple contract)。

1. 签字蜡封式合同

签字蜡封式合同属于要式合同，该类合同唯一有效的依据就是符合法定的形式要求，即以书面形式签订，有当事人的签名，加盖本人印章，并由对方当事人保存。对此合同提出争议的理由只能是形式上的缺陷、伪造或暴力胁迫。

根据英国的有关判例，应以签字蜡封形式订立的合同包括：无对价的合同；转让土地或其他不动产的合同；转让船舶或转让轮船公司股份的合同；非实行经济活动的公司所订立的合同；如果章程有规定，某些公司转让股份的合同。

美国大多数的州已经废止了签字蜡封式的合同。各州法律普遍认为缺少了对价，即便是采用了签字蜡封形式，合同也是无效的。

2. 简式合同

简式合同通常称为不要式合同，由当事人自由选择订立合同的形式。但简式合同又不能完全等同于不要式合同，有的简式合同法律规定必须以书面方式订立。因合同性质不同，书面形式可能是合同有效成立的要件，也可能只是合同存在的证据。简式合同必须要有对价支持。

在英国法中，下列几种合同必须以书面形式签订，否则不具有法律效力或强制执行力：汇票与本票；海上保险合同；债务承认；卖方继续保持占有的动产权益转让合同。

英国1677年颁布的《欺诈法》规定：当事人之间达成的协议或证明协议存在的备忘录或记录，必须以书面方式写成并经在诉讼中被追究责任的当事人签字，否则，当事人不能提起诉讼。鉴于《欺诈法》并没有很好地起到防范欺诈的作用，英国通过了《1954年关于合同强制执行的法律改革法》，规定除了担保合同和"对土地进行买卖和其他处置的合同"之外，《欺诈法》规定的对其他合同的书面要求均被废除。

美国几乎所有的州都以制定法的形式采纳了英国的《欺诈法》。美国的《欺诈法》一般要求下列合同必须以书面形式作为证据：不动产买卖合同；从订约起不能在一年内履行的合同；为他人担保债务的合同；价金超过500美元的货物买卖合同。不过发展到现在，该法的影响已大大削弱。法院在司法实践中倾向于对该法的规定作限制性的解释。

美国《统一商法典》除了对某些合同订立的书面形式要件作出规定外，还规定了某些例外情况，也就是说，即便合同不具备书面形式的要求，也依然可以强制执行。

【知识链接】

《美国商法典》第2—201条第3款规定,下列情况下合同虽缺乏书面材料证明,仍具有强制实施效力:货物系为买方专门制造,卖方在正常业务中不宜将这些货物销售给他人,在收到毁约通知前有合理情况表明这些货物确系为买方准备,并且已经开始实质性地生产或已承担了履约义务;或者被申请强制实施一方在其诉讼文书、证词或在法庭上以其他形式承认销售合同确已订立。在这种情况下,可以强制实施的有关货物数量不得超出承认的范围;或者有关货物的价款已支付并收讫,或者货物已交付并接受。

(二)大陆法系

1. 法国

在法国,公证在社会生活和经济生活中起着重要作用。几乎所有涉及人身权利和家庭关系的行为都须具备公证形式。按照《法国民法典》的规定,须经公证的合同主要有:赠与合同、夫妻财产合同、代位清偿债务的合同、设定抵押权的合同和某些种类的不动产合同。公证是这类合同有效成立的形式要件。

其他合同,法院必须以法律规定的形式(书面或公证等)作为合同存在及内容的证明,不接受其他形式的证据。诉讼时,没有依法定形式订立的合同,将不能被强制执行,但是若债务人承认,合同仍然有效。

商事合同是一种例外情况,按法国法律规定,商事合同为不要式合同,书面或口头形式均有效,任何证据方式也都可以适用。

2. 德国

《德国民法典》第125条规定:不符合法定形式的法律行为无效;缺乏由法律行为约定的形式者,在发生疑问时,亦属无效。这一规定奉行了合同形式自由的原则,即除非法律要求或当事人约定合同的订立须按特定的方式,否则,合同的订立可采用任何方式。

(三)《国际货物销售合同公约》和《国际商事合同通则》

《国际货物销售合同公约》第11条规定:"销售合同无须以书面订立或书面证明,在形式方面也不受任何其他条件的限制。"《国际商事合同通则》在第1.2条规定:"通则不要求合同必须以书面形式订立或由书面文件证明。合同可通过包括证人在内的任何形式证明。"这一规定与《国际货物销售合同公约》第11条的规定保持了一致。这些规定反映了这样一种倾向:在国际性的商事交易中,应放宽对书面形式的要求。

(四)中国法

我国《民法典》第469条规定:"当事人订立合同,可以采用书面形式、口头形式或者其他形式。书面形式是合同书、信件、电报、电传、传真等可以有形地表现所载内容的形式。以电子数据交换、电子邮件等方式能够有形地表现所载内容,并可以随时调取查用的数据电文,视为书面形式。"依此规定,除非法律另有规定或当事人另有约定,否则,合同的订立以非要式为原则,即可以依包括口头形式和其他形式在内的任何方式订立。中国合同法顺应时代发展,对数据电文形式的合同也明确了性质。

六、意思表示真实

有效成立的合同应当是当事人意思表示一致的产物,而且这种意思表示还必须是当事人真实的意思表示,即行为人表现于外部的意志与其内心的真实意志一致。如果意思表示不真实,也就意味着该意思表示有瑕疵,合同的当事人可以依法主张无效或要求撤销合同。合同法上规定的影响当事人意思表示真实的情形有以下几种:

(一) 错误

错误是指合同当事人对于与合同有关事实的认识与真实情况不一致。各国法律一般都认为,在一定的情形之下,作出错误意思表示的一方可以主张合同无效或要求撤销合同。

1. 英美法系

英美法系,错误(mistake)指合同当事人对有关事实情况的误解,如果没有这样的误解,该当事人本来不会依现有的合同条件签约。在普通法上,基于错误而订立的合同在一定的条件下是无效的。在衡平法上,这种合同不是无效的,而是可撤销的,当错误的存在对一方不利时,该方有权撤销合同,但也可以放弃这种权利。在美国,依《第二次合同法重述》第152条,基于错误而订立的合同,在满足了该条款规定的条件时,可以由受到不利影响的一方撤销。

2. 大陆法系

《法国民法典》第1110条第1款规定:"错误,仅在涉及契约标的物的本质时,始构成无效的原因。"这一规定为法国法发展这一领域的制度奠定了基本原则。《法国民法典》第1117条规定:因错误、胁迫或欺诈而缔结的契约并非依法当然无效,而是发生请求宣告无效或撤销契约的诉权。

依此规定,因错误而订立的合同属相对无效的合同,即可撤销的合同。《德国民法典》第119条规定:"(1)在进行意思表示时,对意思表示的内容发生错误或根本不要进行该内容的表示的人,在可以认为其知悉情事并理智评价情况即不进行此表示时,可以撤销表示。(2)关于人或物的性质的错误,以性质在交易上具有实质性为限,也视为表示内容的错误。"

3.《国际商事合同通则》

《国际商事合同通则》第3.4条就"错误"的概念下了以下定义:"错误是合同订立时所作的关于既存的事实或法律的不正确的假定。"

关于错误的后果,《通则》第3.5条规定:

(1) 一方可以因错误而撤销合同,如果在合同订立时错误如此地重大,以至一个处于

与错误方同等地位的合理人本想基于有重大不同的条件订立该合同,或者,如果知道情况的真相本不会订立该合同,同时:

(a)另一方有同样的错误,或导致了该错误,或者知道或应当知道该错误,并且,让错误方陷于错误的状态有违公平交易的商业准则;或者

(b)另一方在合同被撤销时尚未基于对合同的依赖而行事。

(2)然而,在以下情况下,一方不能撤销合同:

(a)该方的错误因重大过失所致;或者,

(b)该错误涉及这样的事项:有关该事项,发生错误的风险已由错误方承担,或者,考虑到相关情况,应当让错误方承担。

上述规定是对英、美、法、德等国有关错误的制度兼容并包的结果。一方面,它包括了英、美、法等国的基本制度及其细节,同时,它也吸收德国制度中的某些成分,即依据第(1)款(b)项,错误即使是单方的,错误方也可以撤销合同,但须以另一方没有基于对合同的信赖而行事为前提。

(二) 诈欺

诈欺,又称为欺诈,是指一方当事人故意实施欺骗行为,使对方当事人发生错误认识,作出错误意思表示的行为。为保护受欺诈的当事人的合法利益,使其不受因欺诈而为的意思表示的约束,各国法律允许受欺诈的一方当事人撤销该合同或主张合同无效。

1. 英美法系

英国法系将诈欺称为"不正确表述",并将其分为两类:欺骗性的不正确表述和非故意的不正确表述。只有欺骗性的不正确表述构成诈欺,受欺诈方可以撤销合同并可请求损失赔偿。而对于非故意的不正确表述,根据不正确表述方是否有疏忽,处理方法也有区别。表述方有疏忽的,受欺诈方可以撤销合同,并请求损失赔偿。而如表述方没有疏忽的,受欺诈方有权撤销合同,而不能主动要求损害赔偿。但在司法实践中,法官或仲裁员可以作出以损害赔偿代替撤销合同的裁定。

2. 大陆法系

在大陆法系,因受欺诈而为的民事行为应同时具备以下条件:

(1)须行为人实施了欺诈行为。

(2)须行为人有欺诈的故意。

(3)欺诈行为与表意人不真实的意思表示之间存在着因果关系。

(4)欺诈行为达到了有悖诚实信用的程度。

针对因诈欺而订立的合同,大陆法系国家在规定上有所不同。有规定合同无效的,如《法国民法典》第1116条规定:"如当事人一方不实行欺诈手段,他方当事人决不缔结契约者,此种诈欺构成契约无效的原因。诈欺不得推定,而应加以证明。"也有的国家规定合同得以撤销,如《德国民法典》第123条规定:"因被诈欺或不法胁迫而为意思表示

者,表意人得撤销其意思表示。"

3.《国际商事合同通则》

《国际商事合同通则》中认为欺诈行为性质严重,足以构成合同无效的条件,"一方当事人可宣告合同无效,如果其合同的订立是基于对方当事人欺诈性的陈述,包括欺诈性的语言、做法,或依据公平交易的合理商业标准,该对方当事人对应予披露的情况欺诈性地未予披露"。

4. 中国法

我国《民法典》规定因欺诈而订立的合同是可撤销的。《民法典》第148条规定:"一方以欺诈手段,使对方在违背真实意思的情况下实施的民事法律行为,受欺诈方有权请求人民法院或者仲裁机构予以撤销。"

(三) 胁迫

胁迫,指一方当事人以暴力或暴力威胁等手段使他人产生恐惧的行为。以胁迫手段而使当事人签订的合同,有违其内心的真实意思。因此,各国法律一般都认为,此种情形之下所订立的合同,受胁迫的一方当事人可以主张合同无效或可撤销。

英美法中的胁迫是以影响合同当事人的心理为目的而实施的暴力威胁的行为。受胁迫的对象既可以是当事人本人,也可以是其家属抑或是近亲属。大陆法系国家也有类似规定,如《法国民法典》第1113条规定:"不仅对于缔约当事人一方进行胁迫,而且对于缔约人的配偶、直系亲属进行胁迫时,胁迫均为契约无效的原因。"

我国《民法典》第150条规定:"一方或者第三人以胁迫手段,使对方在违背真实意思的情况下实施的民事法律行为,受胁迫方有权请求人民法院或者仲裁机构予以撤销。"

(四) 显失公平

显失公平,是指合同一方当事人单方面获取暴利的重大不公平的行为。显失公平行为违反合同权利义务相一致的原则,违背当事人的真实意愿,属于意思表示不真实的行为。各国法律普遍都认为,此类合同中利益受损的一方当事人可以要求撤销或变更合同。

英美法中非常注重对"显失公平"合同中利益受损方的保护,无论是美国《统一商法典》还是英国的衡平法都规定,对于显失公平的合同条款,法院或法官可以拒绝强制执行。大陆法系国家对此类合同也有规定,尤以德国法规定得更为明确,其《民法典》的第138条规定,显失公平的行为就是趁他人穷困、无经验、缺乏判断力或意志薄弱而实施的法律行为,基于这种情形订立的合同,不利方得主张撤销合同。

我国《民法典》第151条规定:"一方利用对方处于危困状态、缺乏判断能力等情形,致使民事法律行为成立时显失公平的,受损害方有权请求人民法院或者仲裁机构予以撤销。"根据最高人民法院的司法解释,所谓显失公平,是指一方当事人利用优势或者利用对方没有经验,使对方当事人作出的明显对自己有重大不利的订约行为。

第三节 合同的履行

合同的履行,是指合同生效后,债务人按照合同约定或者法律规定,全面适当地完成其合同义务,使债权人的合同债权得以实现的行为。通过合同的履行,当事人订立合同的目的才能最终实现。合同的履行也是合同之债消灭的主要原因。因此,合同的履行是合同法律制度的核心内容。

一、合同履行的原则

(一)实际履行原则

实际履行原则要求当事人应当严格按照合同的规定履行义务,不能只以金钱赔偿方式来替代实际义务的履行。

(二)全面履行原则

全面履行原则又称适当履行原则,是指当事人应当按照合同中所规定的标的、质量、数量、履行期限、履行方式、履行地点等内容完成自己应尽的义务。

(三)诚实信用原则

诚实信用原则,是合同当事人在订立及履行合同中都要遵循的原则,它要求当事人不仅要诚信地履行义务,还要在履行中彼此协作,互相配合,严格履行保密等附随义务。

二、合同履行的规则

(一)中国合同法的规定

1. 合同条款约定不明确时的履行规则

我国《民法典》第510条规定:"合同生效后,当事人就质量、价款或者报酬、履行地点等内容没有约定或者约定不明确的,可以协议补充;不能达成补充协议的,按照合同相关条款或者交易习惯确定。"第511条规定:当事人就有关合同内容约定不明确,依据前条规定仍不能确定的,适用下列规定:

(1)质量要求不明确的,按照强制性国家标准履行;没有强制性国家标准的,按照推荐性国家标准履行;没有推荐性国家标准的,按照行业标准履行;没有国家标准、行业标准的,按照通常标准或者符合合同目的的特定标准履行。

(2)价款或者报酬不明确的,按照订立合同时履行地的市场价格履行;依法应当执行政府定价或者政府指导价的,依照规定履行。

(3)履行地点不明确,给付货币的,在接受货币一方所在地履行;交付不动产的,在不动产所在地履行;其他标的,在履行义务一方所在地履行。

(4)履行期限不明确的,债务人可以随时履行,债权人也可以随时请求履行,但是应当给对方必要的准备时间。

(5)履行方式不明确的,按照有利于实现合同目的的方式履行。

(6)履行费用的负担不明确的,由履行义务一方负担;因债权人原因增加的履行费用,由债权人负担。

2. 价格变化时合同的履行规则

执行政府定价或者政府指导价的,在合同约定的交付期限内政府价格调整的,按照交付时的价格计价。逾期交付标的物的,遇价格上涨时,按照原价格执行;价格下降时,按照新价格执行。逾期提取标的物或者逾期付款的,遇价格上涨时,按照新价格执行;价格下降时,按照原价格执行。

3. 提前履行和部分履行债务规则

债务人要提前履行或部分履行债务时,债权人可以拒绝,但提前履行或部分履行不损害债权人利益的除外。债务人提前履行或部分履行给债权人增加的费用,由债务人负担。

4. 涉及第三人的合同履行规则

涉及第三人的合同履行分为向第三人履行债务和第三人代为履行债务,在这两种情形之下,第三人均未取得合同当事人的法律地位,因此,如果发生合同义务没有履行的情况,违约责任只能发生在合同当事人之间。

(二) 外国法的规定

合同中对于履行的相关事项约定不明确的,应该依照何种规则来履行,大陆法系和英美法系国家的法律通常对此都有明确的规定。

对于合同中没有明确履行时间的,大陆法系国家的法律通常规定,债权人有权要求即时履行。英美法系国家一般规定,债务人应在合理时间内履行,"合理时间"应根据交易的具体情况确定。对于合同履行地点约定不明的,大陆法系各国法律规定,应根据合同标的物是特定物还是非特定物来确定履行地点。

标的物是特定物的,《瑞士债务法典》《法国民法典》及《日本民法典》都规定,应在该特定物的所在地交货。标的物是非特定物的,德国和法国的《民法典》规定应于卖方的营业地交货。英国《货物买卖法》和美国《统一商法典》中规定,买卖合同没有明确规定交货地点的,一般应在卖方的营业地交货。如果买卖合同的标的物是特定物,而且买卖双方在订约时已经知道该特定物在其他地方者,则应在该特定物的所在地交货。

(三)《国际商事合同通则》的规定

对于当事人履行合同的相关事项约定不明时的规则,《国际商事合同通则》中都有非常具体、明确的规定。

关于履行质量的确定，《国际商事合同通则》第5.1.6条规定，如果合同未规定或根据合同不能确定履行质量，则一方当事人有义务使履行质量合理并不得低于此情况下的平均水平。所谓平均水平由履行时有关市场情况和相关因素确定。

关于履行的时间的确定，依《国际商事合同通则》第5.1.7条的规定，当事人对于合同义务的履行没有明确时间约定时，应在订立合同后的合理时间内履约。未定期限的合同可以根据一方当事人发出的合理期限的通知而终止。

关于履行地的确定，《国际商事合同通则》第5.1.13条规定：(1)如果合同中未规定或根据合同无法确定履行地，一方当事人应：(a)在债权人的营业地履行金钱债务；(b)在自己的营业地履行任何其他义务。(2)一方当事人必须承担合同订立后，因其营业地改变给履行增加的费用。

关于合同价格的确定，《国际商事合同通则》第5.1.14条规定：(1)如果合同未定价或没有确定价格的条款，在无任何相反表示的情况下，应视为当事人参考了订立合同时有关交易的可比较情况中为此类履行所普遍采用的价格，如无此种价格，视为参考了合理价格。(2)凡价格由一方当事人确定而此定价明显不合理，则不管任何相反规定，应代之以合理价格。(3)凡价格由第三人确定，而他不能或不愿定价，则应采用合理价格。(4)凡决定价格需要参照的因素不存在或已不再存在或已不可获得，则取最近似的因素来代替。

三、双务合同履行中的抗辩权

抗辩权，是对抗请求权的权利，是指合同一方当事人在对方当事人不履行义务或履行义务不符合约定时，可以对抗对方要求或者否认对方要求的权利。抗辩权的作用在于阻却违约行为的发生，防范合同诈骗。合同履行中的抗辩权存在于双务合同中，主要包括三种抗辩权。

（一）同时履行抗辩权

同时履行抗辩权，是指在双务合同中，在没有规定义务履行顺序的情况下，双方应同时履行，当事人一方在对方当事人不履行或履行合同不符合约定时，有权拒绝其履行要求。行使同时履行抗辩权时应满足以下要件：

(1)当事人双方基于同一合同而互负义务。
(2)双方的合同义务已届履行期并且没有先后顺序。
(3)对方当事人不履行义务或不按约定履行义务。
(4)对方当事人义务的履行具有可能性。

我国《民法典》第525条对同时履行抗辩权作出了规定。《德国民法典》第320条、《意大利民法典》第1460条及《日本民法典》第533条对此也作出了相似的规定。

(二) 后履行抗辩权

后履行抗辩权,是指在双务合同中,义务有先后履行顺序,先履行的一方未履行或履行不符合约定,后履行的一方有权拒绝其履行要求或拒绝其相应的履行要求。

行使后履行抗辩权时应满足以下要件:

(1)当事人双方基于双务合同而互负义务。

(2)当事人一方负有先履行合同的义务。

(3)先履行义务的当事人不履行义务或不按约定履行义务。

我国《民法典》第526条对此作出了规定。《国际商事合同通则》第7条第1款第(3)项的规定也属于此类抗辩权的情形:当事人各方应相继履行合同义务的,后履行的一方当事人可在先履行的一方当事人完成履行之前拒绝履行。

【案例4-3】

甲乙双方签订了一份进口精密仪器的合同,约定甲应在合同生效后5日内,向乙支付20%的预付款,乙收到预付款后5日内发货至甲处,甲收到货物验收后即结清余款。乙收到甲20%的预付款后第2天即发货至甲处。甲验货后发现货物不符合合同约定,于是及时通知乙,并拒付余款。

【评析】

如果先履行债务的当事人仅部分履行了债务,则后履行的一方有权对没有按约定履行的部分予以拒绝,已经按约定履行的部分,则不应拒绝;如果先履行债务的当事人的部分履行不符合合同要求,后履行债务的一方有权在整体上拒绝对方的履行请求。

(三) 不安抗辩权

不安抗辩权,是指在双务合同中,有先后履行顺序,先履行的一方有确切证据证明对方已经丧失或者有可能丧失履约能力,在对方没有履行或者没有提供担保之前,有中止履行合同义务的权利。不安抗辩权又称"中止履行权"。

不安抗辩制度是大陆法系国家的一项法律制度,大陆法系各国一般都有不安抗辩权的法律规定。如《德国民法典》第321条规定,因双务契约负担债务并应向他方先为给付者中,如他方的财产于订约后明显减少,为难为对待给付时,在他方未为对待给付或提出担保之前,得拒绝自己的给付。以下内容为我国《民法典》中关于不安抗辩权的规定。

1. 不安抗辩权行使的情形

我国《民法典》第527条规定,应当先履行债务的当事人,有确切证据证明对方存在下列情形之一的,可以中止履行:

(1)经营状况严重恶化;

(2)转移财产、抽逃资金,以逃避债务;

(3)丧失商业信誉;

(4)有丧失或者可能丧失履行债务能力的其他情形。

行使不安抗辩权的当事人中止履行自己承担的合同义务,应当及时通知对方以便对方提供适当的担保。

2. 不安抗辩权行使的后果

(1)继续履行合同。先履行合同的当事人暂时停止履行合同,如果对方当事人恢复了履行能力或提供了适当担保的,先履行合同的当事人应当恢复合同的履行。

(2)解除合同。中止履行合同后,对方在合理期限内未恢复履行能力并且未提供适当担保的,中止履行的一方可以解除合同。

(3)承担违约责任。如果中止履行方没有确切证据而单方停止合同的履行,或者中止履行后,对方提供适当担保时而拒不恢复履行的,属违约行为,不安抗辩权行使方应依法承担违约责任。

小贴士

当事人在行使同时履行抗辩权与后履行抗辩权时,一般以对方当事人已发生的违约事实为条件。而行使不安抗辩权时,对方当事人义务的履行期尚未到达,往往是以对方将来的、可能的违约为抗辩权行使的条件。因此,行使不安抗辩权时须谨慎对待,否则会构成违约,反而可能承担法律责任。

【知识链接】

英美法系中没有不安抗辩权制度,但存在着"预期违约"或"预期毁约"制度。所谓预期违约指的是合同一方在合同规定的履行义务的时间到来之前毁弃合同。关于预期违约,美国《统一商法典》第2—610有具体的规定:

合同任何一方在履约义务尚未到期时毁弃合同,如果造成的损失严重损害了合同对另一方的价值,受损方可以:

(1)商业上的合理时间内,等待毁约方履行合同义务,或

(2)寻求任何形式的违约补救,即使已经通知毁约方他将等待履约和已经催促毁约方撤回毁约;以及

(3)上述任何一种情况下,均可中止履行自己的合同义务。

《统一商法典》规定的对预期违约而导致的中止履约权利的行使与大陆法系国家有不同之处:受损方除采取中止履约措施之外,可以立即提起损害赔偿之诉,并且,采取中止履约的一方可不必通知对方。

(资料来源:陈慧芳、陈笑影著:《国际商法》,162页,上海,格致出版社、上海,人民出版社,2011。)

第四节　合同的消灭

合同的消灭,是指由于某种原因而引起合同关系在客观上已不存在,合同债权和合同债务归于消灭。合同的消灭是英美法系的概念,大陆法系将其纳入债的消灭的范畴,作为债的消灭的内容之一。与两大法系不同,我国《民法典》对合同的消灭使用的是"合同的权利义务终止"这一概念。

一、大陆法系

如前所述,大陆法系各国未对合同的消灭作出规定,仅在民法典或债务法典中对债的消灭的各种原因做了具体规定。大陆法系认为,导致债的消灭的原因主要有:清偿、免除、提存、抵销、混同等。

(一) 清偿

清偿,是指债务已经按照约定履行,债权人的债权得到实现。

清偿与给付、履行是同一概念。当债权人接受债务人的清偿时,债的关系即告消灭。清偿具有以下特点:

(1)清偿通常由债务人本人履行,但各国法律一般也允许由债务人以外的第三人向债权人清偿债务。例如,《德国民法典》第 267 条规定,债务人不能亲自给付时,也可由第三人代为清偿,但债的性质决定必须由债务人亲自履行的,则不能由第三人代为履行。

(2)清偿的标的物一般应是合同规定的标的物,代物清偿必须征得债权人的同意。例如,《德国民法典》第 364 条规定,债权人受领约定给付以外的他种给付以代替原定的给付者,债务关系消灭。

(3)清偿的时间应遵守合同的约定,合同未做约定的,债权人有权随时要求债务人清偿,债务人也可以随时向债权人清偿。

(4)清偿应在合同约定的地点进行,合同未约定清偿地点的,以特定物为标的的债务,以订立合同时该物的所在地为清偿地;其他债务,德国法、法国法规定以债务成立时债务人的住所地为清偿地,日本法规定以债权人的现时住所地为清偿地。

(二) 免除

免除,是指债权人放弃债权从而使债归于消灭的行为。法国法和德国法规定,免除是双方的法律行为,债权人不能单方面采取行动,必须经债务人的同意才能生效。日本法则认为,免除是单方行为,只要债权人有免除债务的意思表示,无须债务人的同意即可使债的关系归于消灭。

(三) 提存

提存,是指债务人在债权人无理拒绝受领、迟延受领或下落不明时,将应交付的标的物寄存在法定的提存机关以代替清偿的行为。

提存具有以下特点:(1)交付提存的标的物应是合同规定的标的物。对不宜提存的物品,如易腐、易变质的物品或牲畜等,经法院许可,债务人可以将提存物变卖,提存其价金。《德国民法典》第383第1款对此做了规定。(2)提存的场所有的是法律规定的,有的是法院指定的。大多数国家以法院、行政机关或金库为提存的场所。(3)提存具有清偿的效力。标的物寄存至提存场所后,债权人不能再向债务人请求清偿。提存后,标的物的风险即由债权人承担,如发生毁损、灭失,债务人概不负责。《法国民法典》第1257条对此做了规定。(4)提存的费用由债权人负担。

(四) 抵销

抵销,是指当事人互负到期债务,依照法律规定或者当事人约定,各自用其债权来充当债务进行清偿,从而使双方的债务在对等的额度内相互消灭。大陆法各国均将抵销视为债的消灭的原因之一。根据抵销产生原因的不同,可以分为以下几种。

1. 法定抵销

法定抵销,是指法律规定了抵销条件,当条件具备时,依照当事人一方的意思表示即可发生抵销的效力。法国法称为当然抵销。《法国民法典》第290条规定,双方互为债务时,债务人双方虽均无所知,依法律的效力仍然可以发生抵销,德国、日本的《民法典》及中国法中均规定,双方互负债务,任何一方当事人均得以意思表示通知对方进行抵销。

法定抵销的条件:(1)当事人互负债务;(2)债务的履行期限届满;(3)债务的标的物种类、品质相同;(4)该债务按照法律规定和合同性质可以抵销。

不是所有的债务都可以抵销,比如法律规定不得抵销的债务或根据债的性质不能抵销的债务以及当事人约定不得抵销的债务均不得抵销。

2. 约定抵销

约定抵销,是指当事人双方协商一致,使自己的债务与对方的债务在等额内消灭。

只要当事人互负债务,不论标的物种类、品质是否相同,都可以在协商一致后抵销,但不得违反法律规定。

《德国民法典》《日本民法典》和《瑞士债务法典》均认,双方互负债务时,任何一方均得以意思表示通知对方进行抵销。

【案例4-4】

周某于2006年欠下本县个体户陆某建材款人民币3400元。到期后周某以建材存在质量问题为由一直未付。2008年6月12日,周某因临时有事外出,将自己的一辆价值6000元的摩托车存放在陆某处。几天后,当周某外出回来欲骑走自己的摩托车时,发现摩托车不见了。陆某承认摩托车已被他另存他处,并称以此车抵销周某此前欠下的建材款 3400 元及其相应利息。

陆某主张以摩托车抵销建材款有法律依据吗?

【评析】

陆某的主张没有法律依据。我国《民法典》规定的债务抵销分为法定抵销和约定抵销。《民法典》规定法定抵销需要满足以下条件:当事人互负到期债务,该债务的标的物种类、品质相同的,任何一方可以将自己的债务与对方的债务抵销。约定抵销则需当事人互负债务,标的物种类、品质不相同的,经双方协商一致,可以抵销。由此可见,陆某的主张既不符合法定抵销的条件也不符合约定抵销的条件,缺少法律依据。

(五) 混同

混同,是指由于某种客观事实的发生,使得一项合同中,原本由一方当事人享有的债权和另一方当事人承担的债务,同归于一人,从而导致合同权利义务的终止。混同发生的原因主要有:作为债权人的公司与作为债务人的公司合并;债权人或债务人死亡,由其债务人或者债权人继承其债权或债务;发生债权转让或债务承担而使债权、债务集中于一人等。

(六) 其他

大陆法系中导致债的消灭的原因还有:标的物的灭失;解除条件的成就;诉讼时效已过。

二、英美法系

英美法系认为,合同的消灭有以下四种方式。

(一) 合同因协议而消灭

合同是双方当事人通过协商订立的,当然也可以按照双方的协议而解除。合同因协议而消灭的情况有以下几种:(1)当事人约定以新合同替代原合同,包括对原合同的某些条款加以修改或删除,则原合同规定的权利义务即告消灭。(2)由于新的当事人加入,使新合同替代了原合同,合同一经更新,原合同即告消灭。(3)当事人在合同中约定的解除条件成就,合同即告消灭。(4)一方当事人自愿放弃其合同权利,从而解除了他方的履约责任,合同也因此消灭。

(二) 合同因履行而消灭

如前所述,合同一经履行,当事人之间的债权债务关系即告消灭。

(三) 合同因违约而消灭

英美法系认为,一方违约有时会使对方取得解除合同的权利,因而将违约作为合同消灭的原因之一。至于对方何时会取得解除合同的权利,前面已经有介绍,不再赘述。

(四) 依法使合同归于消灭

依法使合同归于消灭的情况主要有合并、破产和擅自修改书面合同。这些情况的发生都会使合同归于消灭。

三、中国法

我国《民法典》用"合同的权利义务终止"取代了"合同的消灭"的概念。

我国《民法典》第557条规定:"有下列情形之一的,债权债务终止:(1)债务已经履行;(2)债务相互抵销;(3)债务人依法将标的物提存;(4)债权人免除债务;(5)债权债务同归于一人;(6)法律规定或者当事人约定终止的其他情形。合同解除的,该合同的权利义务关系终止。"

第五节 违约责任

一、违约责任概述

违约责任,是指合同当事人因违反合同规定而应承担的法律后果。合同的本质不仅在于当事人的合意,更在于以违约责任的强制性作为保障。当事人的意志能够产生法律拘束力是以违约责任制度的存在为前提的。它既能促使当事人自觉履行各自的合同义务,保障合同目的如约实现,又能在实际违约发生时,通过违约责任的追究,使守约方的损失得以弥补,保护合同当事人的合法权利,维护市场经济秩序。因此,违约责任制度在合同法中居于十分重要的地位。

(一) 承担违约责任的原则

承担违约责任的原则,也称为违约责任的归责原则。归责原则就是基于一定的归责事由而确定违约责任成立的法律原则,主要有过错责任原则和严格责任原则。

大陆法系国家以过错责任原则为一般归责原则。《法国民法典》第1147条规定:若不履行合同是由于不能归责于债务人的外来原因所造成的,债务人即可免除损害赔偿。《德国民法典》第276条也规定:债务人除另有规定外,对故意或过失应负责任。

而英美法系国家采用严格责任原则,英美法中规定只要允诺人没有履行其合同义务,即便没有任何过失,也应承担违约责任。

我国《民法典》第577条规定:"当事人一方不履行合同义务或者履行合同义务不符合约定的,应当承担继续履行、采取补救措施或者赔偿损失等违约责任。"由此可见,我国《民法典》采用的是严格责任原则,也就是说,只要合同一方当事人不履行合同或履行合同义务不符合约定的,不管其对违约行为的发生是否存在主观上的过错,均应当承担违约责任。

 小贴士

违约责任追究中的催告制度

催告是大陆法系中的一项制度。是指在合同没有明确规定履行期限的情况下,债权人必须向债务人发出催告通知,然后才能使债务人承担延迟履约的违约责任。英美法中无催告制度。在英美法中,合同如规定有履行期限,则债务人必须按规定的期限履约;如合同中没有规定履行期限,则应于合理的期间内履行,否则即构成违约,债权人无须催告,即可提出损害赔偿请求。

(二)违约形式

违约责任是以违约行为的发生为前提。不同的违约形式要承担不同的违约责任。对于违约形式的规定,两大法系有较大的差异,下面分别加以介绍。

1. 英美法系

在英国合同法中,违约的形式分为违反条件条款和违反担保条款两类。条件条款是合同中的重要条款。一方当事人违反条件条款,对方当事人有权终止合同关系,同时可以要求损害赔偿。担保条款是合同中的次要条款。违反担保条款时,受损害的一方当事人只能要求违约方进行损失赔偿,而不能终止双方的合同关系。

美国法中把违约形式分为重大违约和轻微违约两类。重大违约是指一方当事人没有履行合同或履行合同有缺陷而使得另一方当事人没能得到合同项下的主要利益,在此种情况下,受损害的当事人可以解除合同并要求损害赔偿。轻微违约是指一方当事人履行义务存在缺点,但对方当事人已得到该合同项下的主要利益,此种情形下,受损害方只能请求损失赔偿。

2. 大陆法系

《德国民法典》把违约形式分为:给付不能(supervening impossibility of performance)和给付延迟(delay in performance)两类。

给付不能,是指合同当事人因种种原因不可能履行其合同义务,而不是有可能履行但不愿履行。《德国民法典》把给付不能区分为自始不能和嗣后不能两种情况。自始不能指的是在合同成立时就不可能得以履行。如双方当事人都明知此种情形,那么合同无效。如果一方明知此种情形的,应向另一方当事人承担赔偿责任。嗣后不能是指合同成立时是可以履行的,但之后发生了使合同不能履行的事由而未能履行。嗣后不能的情形下,债务人承担违约责任以过失为要件。

给付延迟,是指合同当事人有履行债务的可能,但履行期限届满时并没有履行合同义务。《德国民法典》中规定,凡履行期届满前,经债权人催告仍不为给付者,债务人自催告时起承担延迟责任。但时,非因债务人的过失而延迟给付者,债务人不负给付责任。《法国民法典》中关于违约形式的规定类似于德国法,也分为不履行和延迟履行两种。

3. 中国法

我国《民法典》将违约形式分为不履行和不适当履行两种。

不履行合同义务,是指当事人不能履行或者拒绝履行合同义务的行为。不能履行,是指债务人事实上不具有履行债务的能力。拒绝履行又称毁约,是指债务人有履行债务的能力,而明确表示不履行合同义务或者以行为表明不履行合同义务。

不适当履行,也称为不完全履行或履行合同义务不符合约定,是指当事人一方虽然履行了合同义务,但是没有完全按照合同约定的内容,如数量、质量、期限、地点、方式等履行合同义务。

二、违约责任的承担方式

(一) 实际履行

实际履行,也称为依约履行,我国《民法典》上称为继续履行,是指当事人一方违约时,另一方当事人可以要求其在合同履行期届满后,继续按照原合同的约定履行义务。是承担违约责任的一种基本形式。关于此种责任方式,各国法律规定有所不同。

1. 英美法系

在英美法系,实际履行只是一种例外的违约救济方式,只在损害赔偿不能使受损失的一方得到补偿时由法院以自由裁量权来判定加以适用。通常来讲,当合同的标的物是特定物或特殊价值的财产时,法院才会作出实际履行的判决。

2. 大陆法系

《德国民法典》第241条规定:债权人根据债务关系,有向债务人请求履行债务的权利。也就是说,债权人可以请求法院判令债务人实际履行合同义务。但是,法院在案件审判中,通常只在债务人有履行合同的可能时,才会作出实际履行的判决。

根据《法国民法典》第1184条的规定,合同中的债权人在对方当事人不履行其债务时,可以选择两种救济方式中的一种:请求对方当事人实际履行合同;解除合同并要求损害赔偿。但是,请求对方事人实际履行合同,仅在合同仍有履行的可能时方可采用。

3. 中国法

我国《民法典》第580条规定:"当事人一方不履行非金钱债务或履行非金钱债务不符合约定的,对方可以要求履行,但有下列情形之一的除外:(1)法律上或者事实上不能履行;(2)债务的标的不适于强制履行或者履行费用过高;(3)债权人在合理期限内未要求履行。"

在可以履行的条件下,违反合同的当事人无论是否已经承担赔偿金或者违约金责任,对方当事人都有权要求违约方继续按照合同约定履行其尚未履行的义务。

（二）损害赔偿

损害赔偿，是指合同当事人因违约行为而给对方当事人造成财产损失时，由违约方对对方的损害进行金钱补偿的责任形式。各国法律中普遍将损害赔偿作为一种违约救济方法。但各国在损害赔偿的原则及赔偿的范围等具体规定上有所不同。

1. 英美法系

按照英美法系的规定，只要一方当事人不履行合同义务，另一方当事人就可以在无需证明对方主观过错以及发生了实际损害的情况下，直接提起损害赔偿的诉讼。

英美法系中确定损害赔偿的一个原则是：使受损害的一方在经济上处于合同得到履行时他本应处的地位，但以该方在合同订立时能够合理预见到的损害为限。合同当事人可以要求的损害包括：违约直接造成的损害、因违约而导致的附属损害和因违约所造成的人身伤害、财产损失等间接损害。依英美法，当一方违约时，受损害的一方当事人有义务付出合理的努力减轻因违约造成的损失。

2. 大陆法系

大陆法系认为，损害赔偿责任的构成要具备三个条件：有损害事实；违约方有主观过错；损害与债务人的违约行为之间有因果关系。

依大陆法系的规定，损害赔偿的范围应包括违约所造成的实际损失和可获利益的损失。可获利益，在德国法上称为"所失利益"，是指合同当事人在合同正常履行情况下可以获得的，但因违约行为而丧失的利益。

3. 中国法

根据我国《民法典》第584条的规定，损害赔偿的目的主要是补偿对方当事人的财产损失，因此，以实际发生的损害为赔偿标准。损失赔偿额应当相当于因违约所造成的损失，包括实际损失和合同履行后可以获得的利益损失。损失赔偿额不得超过违反合同一方订立合同时能够预见到或者应当预见到的因违反合同可能造成的损失。

当事人一方违约后，对方应当采取适当措施防止损失的扩大；没有采取适当措施致使损失扩大的，不得就扩大的损失要求赔偿。当事人因防止损失扩大而支出的合理费用，由违约方承担。

（三）支付违约金

违约金，是指当事人在合同中预先约定的违约金是在一方违约时应当向对方支付的一定数额的货币资金。

1. 英美法系

英美法系认为，合同中一方当事人违约，受损害方只能要求损害赔偿，而不能予以惩罚。美国《合同法重述》第335条就规定："合同救济制度的核心目的是补偿而不是惩罚。对违约者实施处罚无论从经济上或其他角度都难以证明是正确的，规定惩罚性合同条款是违反公共政策的，因而也是无效的。"所以，在英美法中，当事人在合同中约定的违约金是否有效取决于是事先约定的违约金是损害赔偿金额还是惩罚性的金额。如果属于惩罚性的金额,则是无效的,受损害方只能通常的办法请求损害赔偿。

2. 大陆法系

大陆法系内关于违约金的规定是有分歧的。德国法上规定违约金具有惩罚性质,其《民法典》第339条规定:"债务人与债权人约定,在其不能履行或不能依适当方式履行时,应支付一定金额作为违约者,在其迟延时,罚其支付违约金。以不作为给付者,于为违反行为时,罚付之。"第340条第2款的规定更明确了违约金的惩罚性:债权人因不履行给付而有损害赔偿权时,得请求以已取得的违约金代替最低数额的损害赔偿。由此,违约金是具有惩罚性质的责任方式。

法国法上则一般认为违约金不具有惩罚性,而是当事人预先约定的损害赔偿。法国《民法典》第1229条规定,违约金是对债权人因债务不履行所受损害的赔偿。

3. 中国法

我国《民法典》中规定,当事人既可以约定违约金的数额,也可以约定违约损失赔偿额的计算方法。当约定的违约金低于造成的损失时,当事人可以请求人民法院或者仲裁机构予以增加;约定的违约金过分高于造成的损失时,当事人可以请求人民法院或者仲裁机构予以适当减少。

(四) 解除合同

解除合同也是对违约的一种救济方式,但各国法律对该方式的规定又有所不同。

1. 英美法系

英国合同法中,违约形式分为违反条件和违反担保两类,而美国法中的违约形式则分为重大违约和轻微违约两种。其中,只有一方当事人违反条件和重大违约时,对方当事人才可以要求解除合同。在一方当事人违反担保和轻微违约时,对方当事人则不能要求解除合同,只能请求损害赔偿。当事人解除合同可以以宣告方式进行,不须要经过法院的判决。

对于解除合同的后果,英国法与美国法的规定有差异。英国法认为,因违约而解除合同并不引起合同自始无效,只是导致合同尚未履行部分不再履行。但美国法却认为,解除合同意味着双方之间的合同关系不存在,引起恢复合同签订之前状态的后果,不仅尚未履行部分不再履行,即便已履行完毕的部分也应该各自返还对方。

2. 大陆法

《德国民法典》第325条、第326条规定,在一方当事人履行不可能或延迟履行时,对方有权解除合同。解除合同的当事人只要把解除合同的意思通知对方当事人就可以,不必经过法院的判决。债权人只能在合同的解除权和损害赔偿请求权两者中选择一种,不能同时享有两种权利。

《法国民法典》第1184条规定,双务合同当事人一方不履行其债务时,债权人可以解除合同并请求损害赔偿,并且债权人解除合同,必须向法院提起。

3. 中国法

我国《民法典》第563条规定:"有下列情形之一的,当事人可以解除合同:(1)因不可抗力致使不能实现合同目的;(2)在履行期限届满前,当事人一方明确表示或者以自己的行为表明不履行主要债务;(3)当事人一方迟延履行主要债务,经催告后在合理期限内仍未履行;(4)当事人一方迟延履行债务或者有其他违约行为致使不能实现合同目的;(5)法律规定的其他情形。以持续履行的债务为内容的不定期合同,当事人可以随时解除合同,但是应当在合理期限之前通知对方。"

依《民法典》第565条的规定,当事人一方依法主张解除合同的,应当通知对方。合同自通知到达对方时解除;通知载明债务人在一定期限内不履行债务则合同自动解除,债务人在该期限内未履行债务的,合同自通知载明的期限届满时解除。对方对解除合同有异议的,任何一方当事人均可以请求人民法院或者仲裁机构确认解除行为的效力。当事人一方未通知对方,直接以提起诉讼或者申请仲裁的方式依法主张解除合同,人民法院或者仲裁机构确认该主张的,合同自起诉状副本或者仲裁申请书副本送达对方时解除。

《民法典》第566条则规定了合同解除的效力:合同解除后,尚未履行的,终止履行;已经履行的,根据履行情况和合同性质,当事人可以请求恢复原状或者采取其他补救措施,并有权请求赔偿损失。合同因违约解除的,解除权人可以请求违约方承担违约责任,但是当事人另有约定的除外。主合同解除后,担保人对债务人应当承担的民事责任仍应当承担担保责任,但是担保合同另有约定的除外。解除后,尚未履行的,终止履行;已经履行的,根据履行情况和合同性质,当事人可以要求恢复原状,采取其他补救措施,并有权要求赔偿损失。

三、违约责任的免除

所谓违约责任的免除,是指在合同履行过程中,因出现法定的或约定的不可归责于当事人的免责事由而导致合同不能履行,违约方免予承担违约责任。违约责任免除是违约责任制度的一项主要内容,是违约责任的一项具体适用制度。各国法在违约免责的事由的规定上存在着差异,形成了情势变迁、合同落空和不可抗力等不同的制度。

(一)情势变迁

情势变迁是大陆法系中的制度,它是基于诚实信用原则和公平原则,认为合同之债成立后,出现了当事人不可预见的情势变化,使得当初合同成立的基础丧失,当事人可以变更或者解除合同并免于承担法律责任。情势变迁原则得到大陆法系各国的认可,但在法律条文中缺少明确的规定,在司法实践中法院多是比较谨慎地加以运用。

🚩【知识链接】

因情势变迁当事人不履行合同得以免除责任的条件有：第一，免责情由的外在性。如《德国民法典》第 275 条规定：债务关系发生后，因不可归责于债务人的事由，以致给付不能者，债务人免除给付义务。《法国民法典》第 1147 条规定：凡债务人不能证明其不履行债务系由于不应归于其个人负责的外来原因……应支付损害赔偿。第二，不可预见性。确定预见的不可能，不是根据该债务人的主观条件加以判断，而是根据客观条件作为标准，即当事人未为预料而且不可能预料。第三，免责情由的无法防止性，即是当事人所无法避免的。由此可见，法院对以情势变迁为由要求免除履行的抗辩要求很严格，一般不容易接受并适用。

我国《民法典》第 533 条对情势变迁作了这样的规定："合同成立后，合同的基础条件发生了当事人在订立合同时无法预见的、不属于商业风险的重大变化，继续履行合同对于当事人一方明显不公平的，受不利影响的当事人可以与对方重新协商；在合理期限内协商不成的，当事人可以请求人民法院或者仲裁机构变更或者解除合同。人民法院或者仲裁机构应当结合案件的实际情况，根据公平原则变更或者解除合同。"

（二）合同落空

合同落空是英美法系的一项制度，也被称为商业落空，它是指合同成立后，非因当事人自身的过错，而是由于意外事件致使当事人当初签约时所希望达到的商业目的成为不可能的事情，当事人可以解除履行合同的义务并免于承担责任。

根据英美法的司法实践和有关学者论著，通常可以导致合同落空的情况有：标的物的灭失；战争；法律改变或政府禁令使得合同不可能履行；合同履行时的情况发生根本性的变化等。

🔖 小贴士

美国司法判例中，法院须区别落空与履行不能的不同。合同落空仅指履行合同在商业观念上看来难以做到，并不一定是事实上不可能履行。

（三）不可抗力

不可抗力是指合同当事人订立合同时不能预见、不能避免并不能抗拒的意外事件。各国法律普遍规定，不可抗力事件的发生使合同无法履行的，当事人可依据法律或合同的约定免除责任。

不可抗力事件包括两种：一种是自然原因引起的，如地震、台风、水灾等；另一种是社会原因引起的，如战争、罢工、政府封锁禁运等。

不可抗力事件导致的法律后果根据其对合同履行的影响分为：解除合同或迟延履行合同两种情况。当然，也可以由当事人在合同中通过签订不可抗力条款来具体加以规定。

我国《民法典》第 590 条规定:"当事人一方因不可抗力不能履行合同的,根据不可抗力的影响,部分或者全部免除责任,但是法律另有规定的除外。因不可抗力不能履行合同的,应当及时通知对方,以减轻可能给对方造成的损失,并应当在合理期限内提供证明。当事人迟延履行后发生不可抗力的,不免除其违约责任。"

第六节 电子商务示范法

一、《电子商务示范法》概述

20 世纪 90 年代后期以来,利用电子商务进行各种商事交易的方式迅速传播并日益普及,冲击着传统国际商法,产生了一系列问题,特别是在合同法和证据法领域。例如,电子合同的订立及其有效性、合同成立时间与地点的确认问题;合同的书面形式;数据电文的合同可接受性与证据力等。现有的国际商务法律和国际惯例已远远不能满足商业往来的需要,迫切需要新的国际法律加以规范。

近年来,世界各国都在抓紧制定有关电子商务的交易规则,以促进国际贸易的安全进行。1996 年 12 月 16 日,联合国大会以 51/162 号决议通过了由国际贸易法委员会制定的《电子商务示范法》,这是世界上第一部关于数据电文的示范性法律。《电子商务示范法》虽然没有强制性的约束力,但是由于其制定具有指导性、及时性与前瞻性,有助于各国加强利用现代化核证技术的立法,为目前尚无这种立法的国家提供了参考,并对协调与统一各国对有关重要国际商事的立法,减少各国之间制定法律的冲突,推动国际经济贸易的发展,具有重要的影响与作用。

《电子商务示范法》共 17 条,就数据电文的法律承认,书面,签字,原件,数据电文的证据力,留存,合同的订立和有效性,当事各方对数据电文的承认,数据电文的归属,收讫的确认,收、发数据电文的时间和地点以及货物运输和运输单据等方面所涉及的问题都做了明确的规定。《电子商务示范法》第 1 条规定了"适用范围":"本法适用于在商业活动方面使用的,以一项数据电文为形式的任何种类的信息。"

《电子商务示范法》第 2 条把数据电文的形式扩大,规定除了 EDI 外,还包括电报、电传、传真以及电子邮件等形式。第 2 条(a)款指出:"'数据电文'是指经由电子手段、光学手段或类似手段所生成、储存或传递的信息,这些手段包括但不限于电子数据交换(EDI)、电子邮件、电报、电传或传真。"第 2 条(b)款指出:"电子数据交换(EDI)是指计算机之间采用某种构成信息的约定标准的信息传输。"

二、《电子商务示范法》的主要内容

《电子商务示范法》主要解决了以下几个方面的问题:

（一）合同形式的要求

为解决传统法律中关于合同书面形式的规定与电子商务合同无纸化这一特点的矛盾，《电子商务示范法》第6条"契据"规定数据电文与"书面形式"具有同等的法律效力。如法律要求信息须采用书面形式，则假若一项数据电文所含信息可以调取以备日后查阅，即满足了该项要求。这样，就把数据电文纳入了"书面"所包含的范围。

（二）关于合同签字的确认

在合同上较难以电子交易方式签字，为此，《电子商务示范法》第7条"签字"规定：如法律要求要有一个人签字，则对于一项数据电文而言，则如果(1)使用了一种方法，鉴定了该人的身份，并且表明该人认可了数据电文内含的信息；和(2)从所有各种情况看来，包括根据任何相关协议，所用方法是可靠的，对生成或传递数据电文的目的来说也是适当的，在满足上述两项的情况下，即满足了签字的要求。

（三）合同原件的确定

对于互联网上传输的数据或者文件，难以确定合同正本问题，《电子商务示范法》第8条"原件"规定，只要自信息首次以其最终形式而生成之时起保持了完整性，并且该信息能将其显示给想要展示的人，就符合原件的要求："(1)凡是法律要求信息以原件形式加以展示或保留之处，某一数据电文都符合该要求，如果(a)能够可靠地保证，自信息首次以其最终形式生成，作为一项数据电文或者充当其他用途之时起，保持了完整性；以及(b)凡是要求将该信息加以展示之处，该信息都能将其显示给想要展示的人。(2)不论对此要求是以义务的形式，还是法律只规定不以其原件形式展示或保留的信息后果，第1款均可以适用。(3)为达第1款第1项之目的：(a)评估完整性的标准应当是，信息是否保持完全，未加改动，添加背书和在正常的交流、储存以及显示过程中所发生的任何变动除外。(b)对所要求的可靠性标准的评估，应当根据生成信息的目的以及根据全部相关的情况。"

（四）合同证据的可接受性和证据力

对于电子数据易遗失、更改或盗用，不具有传统证据的形式以及真实性问题，《示范法》第9条规定，不得仅以某一证据为数据电文为由否定其法律上的效力："(1)在任何法律诉讼中，证据规则将完全不适用于否定某项作为证据的数据电文的可接受性：(a)仅以其是一项数据电文为由；或(b)如果它是举证人按合理预期所能获得的最佳证据，以其不是原件形式为由。(2)对数据电文形式的信息，应当给予适当的证据力。在评估某一数据电文的证据价值时，应当考虑生成、储存或者交流该数据电文办法的可靠性，保持信息完整性办法的可靠性，用来鉴别原发件人的办法，以及任何其他相关的因素。"

（五）合同的保留

对于原始合同的留存问题，《电子商务示范法》第10条做了规定，只要日后可以调取并且以原始格式保留就可以满足合同的留存需求。"(1)凡是法律要求保留某些单据、记录或信息,保留数据电文即符合该要求,如果满足下列条件:(a)由此包含的信息可以调取,以便今后备查使用;以及(b)该数据电文是以其生成、发送、接收的格式保留的,或以可用来证明能够准确地展示所生成、发送或接收信息的格式保留的;以及(c)所保留的此种信息,如有的话,要能够确认某一数据电文的来源和目的地,以及其发送和接收时的日期和时间。(2)根据第1款的规定,保留单据、记录或信息的义务,并不适用于只是为了能够收发数据电文的任何信息。(3)任何人通过利用任何其他人的服务就可能满足第1款所述要求,如果符合第1款(a)(b)和(c)项中所规定的条件。"

(六)合同的成立和有效性

《电子商务示范法》第11条规定了数据电文的法律效力,即不得仅以采用数据电文形式表达意旨或陈述为理由而否定其法律效力、有效性或可执行性。

(七)关于合同成立的时间与地点

《电子商务示范法》第15条"合同收发的时间与地点"规定采用"到达原则",即到达时间是指数据电文进入收件人特定信息系统或首次进入收件人信息系统的时间:"除非原发件人与收件人之间另有约定,某个数据电文的发送,在其进入原发件人或代表其发送该数据电文之人无法控制的某个信息系统之时即告成立。"关于发出和收到数据电文的时间和地点,除非发送人与收件人另有协议,一项数据电文的发出时间以它进入发送人或代表发送人发送数据电文的人控制范围之外的某一信息系统的时间为准。除非发送人与收件人另有协议,数据电文应以发送人的营业地点为其发出地点,而以收件人的营业地点为其收到地点。

与其他任何国际商法一样,《电子商务示范法》只起示范作用,不具有强制性,仅供各国参考选择。但是,《电子商务示范法》的制定,为解决与EDI有关的法律问题提供了有益的思路,是对传统国际商法立法的重要补充和发展,必将产生重要的影响。

《电子商务示范法》没有法律拘束力,各国可根据本国的实际情况,考虑是否使用或颁布《电子商务示范法》,而且还可以对示范法中许多条款的适用范围作出限制。也就是说,《电子商务示范法》不具有任何强制性,属于国际商事法律中的"软法"。

第七节 中国的合同法

一、中国合同法发展概况

中国专门性的《合同法》颁布之前,有关合同法规则散见于《民法通则》《经济合同法》《涉外经济合同法》,这些法律对合同的形式、合同的合法性、违约责任、合同的消灭、合同的终止和诉讼时效进行了规定。其中,《经济合同法》和《涉外经济合同法》分别适用于国内和国际经济合同的订立和履行。此外,我国还有特定内容的法律,如《中外合资经营企业法》《技术引进合同管理条例》。

1999年10月1日,我国开始实施《合同法》,该法共428条,体系相对完整,结束了合同法分散的局面。《合同法》增加了契约自由、诚实信用原则,建立了基本合同制度,包括合同的订立条件与形式、合同主体资格、合同的效力、合同履行制度、合同的变更与转让制度、合同当事人的权利与义务以及违约责任等。《合同法》适用于国内和国际合同,且合同的订立、合同的履行以及违约责任的承担等内容与《联合国国际货物销售合同公约》趋于一致,便于我在国际上适用。

2021年1月1日起实施的《民法典》共1260条,其中合同编526条。

二、《民法典》合同篇对《合同法》的主要修改

《民法典》合同编在总结我国合同立法经验的基础上,对《合同法》有实质性修改的条款多达145条,针对买卖合同的重要修改内容如下。

(一)在条款布局上的修改

由于订立及履行合同都是民事法律行为的一部分,因此对《合同法》属于民事法律行为的条款在《民法典》总则部分一并作出规定。《合同法》总则中的平等原则、合同自由原则等,规定在《民法典》总则第一章;《合同法》总则中可撤销合同、无效合同等规定,由《民法典》总则第六章民事法律行为作出相关规定;《合同法》总则中关于签订合同代理权的规定,在《民法典》总则第七章中作出规定。

(二)对合同相对性原则的突破性规定

《合同法》第8条:"依法成立的合同,对当事人具有法律约束力。"而《民法典》465条规定:"依法成立的合同,仅对当事人具有法律约束力,但是法律另有规定的除外。"突破了合同的严格相对性,权利义务关系在法律另有规定的情况下涉及合同以外的第三人。

(三)增加了预约合同及违约责任的规定

《民法典》第495条:"当事人约定在将来一定期限内订立合同的认购书、订购书、预订书等,构成预约合同。当事人一方不履行预约合同约定的订立合同义务的,对方可以请求其承担预约合同的违约责任。"增设的这条规定将预约和本约区分开来,对于预约合同的违反,只要求违约方承担预约合同的违约责任,但不能要求其承担本约合同的违约责任。

(四)优化格式条款的限制

《民法典》第496条规定:"提供格式条款的一方未履行提示或者说明义务,致使对方没有注意或者理解与其有重大利害关系的条款的,对方可以主张该条款不成为合同的内容。"将格式条款提供方应当提示或说明的合同条款范围扩展为与对方当事人有重大利

害关系的条款,而不限于免除或限制责任的条款;若格式条款提供方未尽提示、说明义务,则相应格式条款可视为不构成合同内容,相对方无须受其约束,解除了撤销权应通过诉讼行使以及行使期限的限制。

(五)合同效力的部分变更

《民法典》第153条增加了:"违反法律、行政法规的强制性规定的民事法律行为无效。但是,该强制性规定不导致该民事法律行为无效的除外。违背公序良俗的民事法律行为无效。"

> **小贴士**
>
> 管理性强制性规定,一般是指关于经营范围、交易时间、交易数量等行政管理性质的强制性规定,这样的强制性规定并不禁止该法律行为本身,不影响合同的效力,除非是法律严格禁止的合同,如买卖人体器官、毒品、枪支的合同等。
>
> 所谓公序良俗,公序,指公共秩序,是指国家社会的存在及其发展所必需的一般秩序,包括法律上的规定;良俗,指善良风俗,是指国家社会的存在及其发展所必需的法律之外的一般道德。民事主体的行为应当遵守国家的公共秩序和社会的一般道德。

(六)合同未批准不影响报批义务相关条款约定的效力

《民法典》第502条规定:"未办理批准等手续影响合同生效的,不影响合同中履行报批等义务条款以及相关条款的效力。应当办理申请批准等手续的当事人未履行义务的,对方可以请求其承担违反该义务的责任。"即规定了对报批义务及未履行报批义务的违约责任等作出约定的,即使合同未生效,其中履行报批等义务的相关条款效力也不受影响。应办理申请批准等手续的当事人须履行报批义务,否则应承担责任。

> **小贴士**
>
> 合同不成立是一个事实判断,表明合同并非当事人真实意思的表示。合同无效则是一个法律判断。
>
> 无效合同是当事人意思表示真实,但因为违反了法律法规的效力性强制性规定,而不被法律所认可。
>
> 成立但不生效的合同,是指合同已经成立,但尚未生效,在合同生效前,当事方不能请求对方履行合同的主要义务。例如房屋买卖,按法律规定须办理行政转移登记手续,合同才能生效,房屋所有权才发生转移。

(七)增加了选择之债的规定

《民法典》第515条规定:"债务标的有多项而债务人只需履行其中一项的,债务人享有选择权;但是,法律另有规定、当事人另有约定或者另有交易习惯的除外。享有选择权的当事人在约定期限内或者履行期限届满未作选择,经催告后在合理期限内仍未选择的,选择权转移至对方。"第 516 条规定:"当事人行使选择权应当及时通知对方,通知到达对方时,债务标的确定。确定的债务标的不得变更,但是经对方同意的除外。可选择的债务标的之中发生不能履行情形的,享有选择权的当事人不得选择不能履行的标的,但是该不能履行的情形是由对方造成的除外。"例如,一方违约,违约方可以在几种救济措施中选择可履行的债务。

(八) 修改重大误解、显失公平的合同的规定

《民法典》第 151 条:"一方利用对方处于危困状态、缺乏判断能力等情形,致使民事法律行为成立时显失公平的,受损害方有权请求人民法院或者仲裁机构予以撤销。"

《民法典》将《合同法》第 54 条规定的乘人之危、显失公平的两类情形合并为显失公平,并且将《合同法》中规定的"受损害方有权请求人民法院或者仲裁机构变更或者撤销"修改为法院或仲裁机构只撤销,不变更。

但《民法典》规定在情势变更情况下,法院可以行使合同变更权。第 533 条规定:"合同成立后,合同的基础条件发生了当事人在订立合同时无法预见的、不属于商业风险的重大变化,继续履行合同对于当事人一方明显不公平的,受不利影响的当事人可以与对方重新协商;在合理期限内协商不成的,当事人可以请求人民法院或者仲裁机构变更或者解除合同。"《民法典》在法律上确定了情势变更制度,且未将不可抗力排除在情势变更之外。

《民法典》第 152 条将重大误解订立合同的撤销权的行使期限由原《合同法》规定的一年缩减为 90 天。

(九) 修改债权人代位权、撤销权的规定

1. 对代位权制度进行了扩张

《民法典》第 536 条规定:"债权人的债权到期前,债务人的债权或者与该债权有关的从权利存在诉讼时效期间即将届满或者未及时申报破产债权等情形,影响债权人的债权实现的,债权人可以代位向债务人的相对人请求其向债务人履行、向破产管理人申报或者作出其他必要的行为。"这样,行使权利的时间由《合同法》的"到期债权"扩大到"债权到期前";可行使代位权的客体由《合同法》的"债权"扩大到"债权或者与该债权有关的从权利";《合同法》中"次债务人"修改为"债务人的相对人",扩大了偿债主体的范围,除了原来的次债务人,还包括抵押人、质押人、保证人等。

2. 撤销权行使的范围更为宽泛

《合同法》第 74 条只规定了"债务人放弃其到期债权或者无偿转让财产"两种损害债权人利益的行为,实践中还存在其他情形,不利于债权人利益保护,为此《民法典》第 538 条和第 539 条增加了几种影响债权人的债权实现、债权人可行使撤销权的情形:"放弃债权担保、无偿转让财产等方式无偿处分财产权益,或者恶意延长其到期债权的履行期

限";"以明显不合理的高价受让他人财产或者为他人的债务提供担保"……债权人对这些行为都可以行使撤销权。此外,撤销权行使不再以"对债权人造成损失"为要件之一,《民法典》修改成宽泛的"影响债权人的债权实现"。

(十)明确解除合同的期限及解除方式

1. 解除合同的期限

当事人没有约定合同解除期限时,《合同法》没有明确法定解除期限,只模糊地规定"经对方催告后在合理期限内不行使"丧失解除权,实践中不具有可操作性。《民法典》第564条明确规定了解除权:"自解除权人知道或者应当知道解除事由之日起一年内不行使,或者经对方催告后在合理期限内不行使的,该权利消灭。"

2. 解除方式

《民法典》第565条规定:"当事人一方依法主张解除合同的,应当通知对方。""对方对解除合同有异议的,任何一方当事人均可以请求人民法院或者仲裁机构确认解除行为的效力。""当事人一方未通知对方,直接以提起诉讼或者申请仲裁的方式依法主张解除合同,人民法院或者仲裁机构确认该主张的,合同自起诉状副本或者仲裁申请书副本送达对方时解除。"

(十一)增加了电子商务规则

针对电子合同的无纸化、数据化等电子商务交易发展的需要,《民法典》合同编中增加了电子合同订立和履行的规则。

第一,电子合同的形式。《民法典》第469条规定:"以电子数据交换、电子邮件等方式能够有形地表现所载内容,并可以随时调取查用的数据电文,视为书面形式。"

第二,电子合同的成立。《民法典》第491条对电子合同的成立时间作出了规定:"当事人一方通过互联网等信息网络发布的商品或者服务信息符合要约条件的,对方选择该商品或者服务并提交订单成功时合同成立,但是当事人另有约定的除外。"

第三,电子合同标的物的交付时间。《民法典》第512条规定:"通过互联网等信息网络订立的电子合同的标的为交付商品并采用快递物流方式交付的,收货人的签收时间为交付时间。电子合同的标的为提供服务的,生成的电子凭证或者实物凭证中载明的时间为提供服务时间;前述凭证没有载明时间或者载明时间与实际提供服务时间不一致的,以实际提供服务的时间为准。电子合同的标的物为采用在线传输方式交付的,合同标的物进入对方当事人指定的特定系统且能够检索识别的时间为交付时间。电子合同当事人对交付商品或者提供服务的方式、时间另有约定的,按照其约定。"这些规定都顺应了电子商务的时代需求。

复习思考题

1. 简述合同的概念及法律特征。

2. 什么是要约和承诺？要约和承诺的构成要件是什么？
3. 合同有效成立应具备哪些条件？
4. 意思表示瑕疵有哪些情形？法律后果是什么？
5. 合同履行的基本原则有哪些？
6. 简述两大法系关于违约方式规定的差异。
7. 简述情势变迁的含义、法律后果。
8. 简述违约形式及救济方法。
9. 《民法典》合同篇对《合同法》的主要修改有哪些？

案例分析

2020年6月，甲汽车贸易公司与乙乡镇企业订立一份汽车买卖合同，合同约定：甲方于2020年8月向乙方交付新卡车一辆，价款12万元，并约定由乙方向甲方付20%的定金。合同订立10天内，乙方依约向甲方付定金24000元，余款提货时付清。2020年9月乙方付款提货后，在使用中发现该车系旧车翻新，主要部件经常发生故障，便向甲方提出异议，并于10月提出退货。甲方拒不同意，双方协商不成，乙方向法院起诉。乙方认为有欺诈行为，请求法院认定合同无效，并判定甲方承担违约责任，双倍返还定金。经查：该车确系旧车翻新，但经维修尚可使用。

问题：
1. 该合同应为无效还是可撤销的合同？为什么？
2. 乙方的诉讼请求是否得当？此案依法应如何处理？

【评析】

1. 依照我国《民法典》第143条的规定，该合同既不属无效合同也不属于可撤销的合同，而是有效的合同。

2. 乙方的诉讼请求不得当，但是"判定甲方承担违约责任，双倍返还定金"应得到支持。《民法典》第577条的规定："当事人一方不履行合同义务或者履行合同义务不符合约定的，应当承担继续履行、采取补救措施或者赔偿损失等违约责任。"第582条规定："履行不符合约定的，应当按照当事人的约定承担违约责任。对违约责任没有约定或者约定不明确，依照本法第510条的规定仍不能确定的，受损害方根据标的的性质以及损失的大小，可以合理选择要求对方承担修理、更换、重作、退货、减少价款或者报酬等违约责任。"

第五章 国际货物买卖惯例与国际公约

【学习目标】
1. 掌握国际货物买卖法的概念、渊源。
2. 掌握《2020年国际贸易术语解释通则》。
3. 了解国际货物买卖合同双方的权利义务及违约补救办法。
4. 解货物所有权与风险转移。

第一节 国际货物买卖法概述

一、国际货物买卖合同的概念

国际货物买卖合同又称外贸合同、进出口合同，是买卖双方经过磋商，就一笔货物的进出口交易达成的协议。该协议是确定买卖双方权利义务的法律依据。

国际货物买卖合同是合同的一种，因此适用合同法的一般原则，即合同成立需要满足以下条件：(1) 当事人具备法定行为能力；(2) 买卖双方意思表示一致；(3) 合同内容合法；(4) 具备法定形式。由于各国政治、经济、法律制度差异较大，在诸如当事人的行为能力、合同合法性等问题上很难达成一致协议，因此，《联合国国际货物买卖合同公约》只就双方意思表示一致、合同形式等一些涉及立法技术上的问题作出了统一的规定，余下问题则由合同所适用的国内法加以解决。

二、国际货物买卖合同的特征

与一般国内货物买卖合同（又称内贸合同）相比，国际货物买卖合同具有如下特征：

（一）具有国际性，或称"涉外因素"

这是国内货物买卖与国际货物买卖的基本区别。"国际性"可以有很多标准，如：以当事人营业地为标准、以当事人国籍为标准、以行为发生地为标准或以货物跨越国境为标准，等等。《1893年英国货物买卖法》认为"国际货物买卖契约"是指买卖双方的营业地分处不同国家的领土之上，而且在缔约时，货物正在或将要从一国领土运往另一国领土；或构成要约和承诺的行为是在不同国家的领土内完成；或构成要约和承诺的行为是在一个国家的领土内完成，而货物的交付则须在另一个国家的领土内履行。

《联合国国际货物买卖合同公约》以当事人的营业地为标准,规定国际货物买卖合同是指营业地分处不同国家的当事人之间订立的买卖合同。

(二) 国际货物买卖合同的客体是跨越国境流通的货物

仅营业地分处不同国家或当事人国籍不同,不足以体现国际货物买卖合同的特点。严格意义上的国际货物买卖应是营业地分处不同国家的当事人之间货物跨越国境的买卖。

(三) 适用法律的多样性

国际货物买卖合同通常适用国内法(包括交易双方的国内法或第三国法律)以及国际公约和国际商业惯例。

(四) 涉及的法律关系具有复杂性,风险大

货物跨越国境流动的国际性,使得买卖双方要和各个国家的代理商、运输商、保险公司和银行等发生法律关系,长距离运输的货物会遇到各种自然和人为的风险,加上由于采用不同于国内的结算方式带来的外币的使用、价格的波动、外汇汇率的变动以及外国政府对外贸易的管制措施等,使得国际货物买卖比国内货物买卖复杂,风险也大得多。

(五) 管辖权和争议解决的复杂性

发生争议后,争议的解决可能因双方当事人的选择而定,一般多由外国法院或仲裁庭审理解决。

三、国际货物买卖法的概念

广义的买卖法,一般包括调整动产和不动产的买卖方面的法律关系的法律规范。本章取狭义的买卖法的概念,指营业地分处不同国家的当事人之间订立的动产买卖合同的法律关系,及其权利和义务的有关法律规范的总和。

四、国际货物买卖法的渊源

(一) 有关货物买卖的国内法

西方发达国家国内货物买卖法律,一般也可适用于国际货物买卖,但是这些买卖法所采取的形式并不一样。

在大陆法系国家,有两种不同的做法,一些国家采取民法与商法分立的做法,把民法与商法分别编纂为两部法典,以民法为普通法,以商法为民法之特别法。买卖法以独立的章节形式编进民法典之中,如《德国民法典》第二编第二章,《法国民法典》第三编第六章。它们都是专门就买卖中的法律关系作出具体规定,成为民法典不可分割的组成部

分。这些国家除了民法典之外,还有专门的商法典,对商事行为、海商、保险、票据和公司等方面的法律关系分别作出具体规定。

民法的一般原则可以适用于商事活动,如属商法另有特别规定的事项,则适用商法的有关规定。还有一些大陆法系国家采取民商合一的形式,只有民法典而没有单独的商法典。例如,意大利、瑞士等国家就只有民法典,它们把有关商法的内容编入民法典或债务法典之中。

英美法系国家的买卖法由两部分组成:一是普通法,体现在法院在司法判例中形成的关于买卖方面的法律规则;二是成文法,也就是立法机关关于货物买卖的立法。成文法方面具有代表性的是英国《货物买卖法》和美国《统一商法典》。前者是英国在总结了几个世纪以来有关货物买卖的司法判例的基础上制定的。几经修订,现今生效的是 1994 年修订的《货物供应与销售法》(*Sale and Supply of Goods Act*,1994)。该法为英美法系各国制定各自的买卖法提供了一个样板法。后者是由美国统一州法委员会和美国法学会编制的一部样板法,于 1952 年公布,以后经过多次修订,最新版本是 1998 年版,该版本增补了 2A(租赁)、4A(资金划拨)等内容。

该部法典第二编专门对货物买卖作出了具体的规定,其内容在发达国家的买卖法中是最为详尽的。不过该部法典并不是由立法机关制定的,只有经过美国各州议会采用,它才能成为该州的法律。在美国 50 个州中,迄今除路易斯安那州(部分接受该部法典)之外,其他各州都已通过立法程序采用了《统一商法典》。

(二)有关国际货物买卖的国际条约

由于各国买卖法的差异导致的法律冲突,给国际货物买卖活动带来许多不便,国际上的法律界、商界人士很早就作出努力,试图通过国际条约的形式来统一国际货物买卖的法律。迄今已生效的关于货物买卖的条约有 3 个,即 1964 年《国际货物买卖统一法公约》《国际货物买卖合同成立统一法公约》以及 1980 年《联合国国际货物买卖合同公约》。

1. 1964 年《国际货物买卖统一法公约》和《国际货物买卖合同成立统一法公约》

这两个公约均由国际统一私法协会拟定,并于 1964 年海牙会议上通过,前者于 1972 年 8 月 18 日生效,后者于同年 8 月 23 日生效。这两个公约中有的概念比较晦涩难懂,内容比较烦琐,而且偏向于大陆法传统,迄今批准或参加的国家有比利时、冈比亚、德国、以色列、意大利、荷兰、圣马利诺和英国等 8 国,在国际上影响不大,没能起到统一国际货物买卖规范的作用。

2. 1980 年《联合国国际货物买卖合同公约》(以下简称《买卖合同公约》)

该公约由联合国国际贸易法委员会起草,于 1980 年维也纳外交会议上通过,并于 1988 年 1 月 1 日生效。该公约在国际上具有重要影响。

(三)有关国际货物买卖的国际惯例

国际贸易惯例是商人们在长期的贸易实践中经过反复使用而逐步形成的一些习惯

做法和规则,它们不具有法律强制性,由当事人约定是否采用。一经当事人采用,它们就在当事人之间产生了相当于法律的效力。由于它们来自商人的实践,很容易被商人们所接受,因而在国际贸易中应用广泛。不过这些惯例往往不完整、不明确,缺乏统一性和规范性,因此一些非政府国际组织进行了一些贸易惯例的编纂工作。

在国际货物买卖方面最重要的惯例,是国际商会制定的《国际贸易术语解释通则》。该通则最初于1936年制定,以后经数次修改。现行文本是2020年的修订本,即《2020年国际贸易术语解释通则》,该通则对EXW、CIP、DAT、DAP、DDP、FOB、CIF等11种贸易术语进行了详细的解释,具体规定了买卖双方在交货方面的权利与义务。该通则在国际上已经得到广泛的承认和采用。此外,国际法协会制定的《1932年华沙—牛津规则》(Warsaw—Oxford Rules)就CIF贸易术语进行了详细的解释,在国际上也有较大的影响。美国1941年修订的《国际贸易定义》(Revised American Foreign Trade Definition, 1941),在美洲各国曾有过一些影响。

五、中国有关国际货物买卖的法律

目前中国有关国际货物买卖的法律主要包括:

2020年5月28日通过的《民法典》。《民法典》中第三编"合同"大部分承袭了之前的《合同法》《最高人民法院关于审理买卖合同纠纷案件适用法律问题的解释》。其中,第一分编是总则部分(第463条至第594条),对合同的订立、效力、履行、权利义务和法律责任作了一般性规定,第二分编分则部分中第九章"买卖合同"与货物买卖有关,共计53条(第595条至第647条),对货物买卖双方的权利、义务作了具体规定。

中国于1987年成为《买卖合同公约》的缔约国,因而该公约也适用于中国。应当注意,中国在批准该公约时曾提出了两项保留。

(一)关于书面形式的保留

《买卖合同公约》第11条规定:国际货物销售合同无须以书面订立或书面证明,在形式方面也不受任何其他条件的限制。此规定同中国当时的《涉外经济合同法》关于涉外经济合同(包括国际货物买卖合同)必须采用书面形式订立的规定不一致,故中国政府在核准公约时对该条款提出了保留。但是,中国新的《合同法》已不再要求合同必须采用书面形式订立,已经与《联合国国际货物买卖合同公约》第11条规定相一致,我国政府对公约的这一保留应该撤销。2013年1月中国政府正式通知联合国秘书长,撤回对《联合国国际货物销售合同公约》所作"不受公约第11条及与第11条内容有关的规定的约束"的声明,该撤回已正式生效。

(二)关于《买卖合同公约》适用范围的保留

该公约第1条b项规定,如果合同双方当事人的营业地处于不同的国家,即使他们的营业地所在国不是公约的缔约国,但如果按照国际私法规则导致适用某一缔约国的法律,则公约将适用于这些当事人所订立的国际货物销售合同。中国政府对此提出保留,主张公约的适用范围仅限于双方的营业地分处于不同缔约国的当事人间所订立的货物销售合同。

六、《买卖合同公约》

(一)《买卖合同公约》的宗旨和内容

1.《买卖合同公约》的宗旨

《买卖合同公约》以建立新的国际经济秩序为目标,在平等互利的基础上发展国际贸易,促进各国间的友好关系。《买卖合同公约》是近半个世纪以来国际贸易统一法运动的产物和重要成果,反映了统一法运动的发展趋势,对国际贸易产生了巨大的积极影响。

2.《买卖合同公约》的内容

《买卖合同公约》共分四部分101条。第一部分是适用范围和总则;第二部分是合同的订立;第三部分为货物的买卖,包括总则、卖方的义务、买方的义务、风险转移、卖方和买方义务的一般规定五章;第四部分是最后条款,规定了对《买卖合同公约》的批准、接受、核准和加入、保留、公约的生效等问题。

(二)《买卖合同公约》的适用范围

《买卖合同公约》适用于营业地在不同国家的当事人之间所订立的国际货物买卖合同,具体而言有两种情况。

1.双方营业地所在国都是《买卖合同公约》缔约国,《买卖合同公约》将被适用。

2.虽然双方或一方的营业地所在国不是《买卖合同公约》缔约国,但如果国际私法规则导致适用某一缔约国的法律,那么《买卖合同公约》将适用,双方就是《买卖合同公约》所指的合同当事人。例如营业地在中国的公司与营业地在伦敦的公司订立买卖合同,如果依据国际私法规则,该合同应适用中国法,则尽管英国不是《买卖合同公约》缔约国,但该合同仍可适用《买卖合同公约》,因为中国是《买卖合同公约》缔约国。根据《买卖合同公约》,营业地是否在不同的国家是考虑合同的"国际性"的唯一标准,当事人的国籍等因素是不予考虑的[《买卖合同公约》第1条(3)款]。

(三)《买卖合同公约》不适用的货物买卖

《买卖合同公约》第2条规定,它不适用于以下6种货物销售:

1.供私人、家属或家庭使用而购买的货物的销售,往往受制于各国的消费者保护法,消费者保护法中有许多特别的、强制性的规定,因而《买卖合同公约》的规定不适用于这种情形。

2.经由拍卖的销售。这类销售往往由拍卖法调整。

3. 根据法律执行令状或其他令状的销售。

4. 公债、股票、投资证券、流通票据或货币的销售。这类销售属于证券买卖,在各国都由特殊的法律,如证券交易法等调整。

5. 船舶、气垫船或飞机的销售。这类销售一般适用不动产销售的法律。

6. 电力的销售。

(四)《买卖合同公约》不适用的事项

根据《买卖合同公约》第4条,《买卖合同公约》只适用于销售合同的订立以及买卖双方因此种合同而产生的权利和义务,尤其是《买卖合同公约》不适用于下列事项:

1. 合同的效力或其他任何条款的效力,或任何惯例的效力。

2. 合同对所售货物的所有权可能产生的影响。

此外,《买卖合同公约》第5条还规定,本公约不适用于卖方对于货物对任何人所造成的死亡或伤害的责任。

各国法律针对上述内容的规定有很大差别,《买卖合同公约》并不试图在这些方面达到统一,这些问题由有关的国内法调整。这也就是《买卖合同公约》的局限性所在。

(五)《买卖合同公约》适用的任意性

根据《买卖合同公约》第6条,营业地在《买卖合同公约》缔约国的当事人可以约定不适用《买卖合同公约》,他们也可以减损《买卖合同公约》的任何规定或改变其效力,但必须尊重营业地所在国已经作出的保留。

(六)国际货物买卖合同的形式

《买卖合同公约》第11条和第12条规定,买卖合同,包括其更改或终止,要约或承诺或者其他意思表示,无须以书面订立或书面证明。在形式上也不受其他条件的限制。可以用包括证人在内的任何方法证明。

小贴士

《买卖合同公约》的国际性采用的是营业地分处不同国家的标准,而不管合同各方当事人的国籍、行为发生地等。

【案例5-1】

我国A公司于7月16日收到法国B公司发盘:"马口铁500公吨,单价545美元CFR中国口岸,8月份装运,即期L/C支付,限7月20日付到有效。"A公司于17日复电:"若单价500美元CFR中国口岸可接受,履约中如有争议,在中国仲裁。"法国B公司当日复电:"市场坚挺,价不能减,仲裁条件可接受,速复。"此时马口铁价格确实趋涨。A公司于19日复电:"接受你方16日发盘,L/C已由中国银行开出。"结果法国B公司退回L/C。问:合同是否成立?

【评析】

本案中的合同并未成立。我国 A 公司 19 日复电并不是有效的接受,因为 16 日的法国 B 公司的发盘经我国 A 公司 17 日还盘已经失效,法国 B 公司不再受约束。

我国 A 公司应接受的是法国 B 公司 17 日复电。

第二节 国际贸易术语解释通则

一、《2020 年国际贸易术语解释通则》概述

《2020 年国际贸易术语解释通则》(*International Rules for the Interpretation of Trade Terms 2020*,Incoterms® 2020)是国际商会根据国际货物贸易的发展,对《国际贸易术语解释通则》的修订,其于 2019 年 9 月 10 日公布,2020 年 1 月 1 日实施。相较《2010 年国际贸易术语解释通则》,《2020 年国际贸易术语解释通则》的主要变化有以下几方面。

(一) FCA(货交承运人)提单

FCA 术语下就提单问题引入新的附加选项,即如果买方和卖方同意按 FCA 贸易术语成交,则在卖方按 FCA 要求将货物交到集装箱码头,买方可以指示承运人在卖方交货给承运人后,向卖方签发已装船提单,以便卖方向银行交单。

(二) 增加 CIP(运费和保险费付至)的保险范围

在《2020 年国际贸易术语解释通则》中,CIF(成本、保险费加运费)和 CIP(运费和保险费付至)规定了卖方必须自付费用取得货物保险的责任。该保险至少应当符合英国《协会货物保险条款》(*Institute Cargo Clauses*,LMA/IUA)"条款(C)"(Clauses C)或类似条款的最低险别。

在《2020 年国际贸易术语解释通则》中,如果买卖双方没有约定投保险别,在 CIF 术语下,卖方的投保险别仍然是最低险别,即默认条款(C);而在 CIP 术语下,卖方必须投保条款(A)承保范围的保险。《协会货物保险条款》条款(A)承保的风险比条款(C)要大得多,这有利于买方,也导致卖方额外的保费。

(三) DAT(运输终端交货)更改为 DPU(卸货地交货并卸货)

DAT 更改为 DPU,更强调目的地可以是任何地方而不仅仅是"运输终端",即在运输终端以外的用户希望的场所交付货物。但若目的地不是运输终端,卖方需确保其交货地点可以卸载货物。

(四) FCA、DAP、DPU 及 DDP 允许卖方/买方使用自己的运输工具

《2010 年国际贸易术语解释通则》中的国际货物运输都是假定由第三方承运,未考虑

到由卖方或买方自行负责运输的情况。

《2020 国际贸易术语解释通则》则考虑到卖方或买方自行负责运输的情形。即在 D 组规则[DAP(目的地交货)、DPU(目的地交货并卸货)及 DDP(完税后交货)]中,允许卖方使用自己的运输工具。同样,在 FCA(货交承运人)中,买方也可以使用自己的运输工具收货并运输至买方场所。双方承担的义务不变。

(五) 在运输责任及费用划分条款中增加安保要求

《2010 年国际贸易术语解释通则》各种术语的 A2/B2 及 A10/B10 中简单提及了安保要求。随着运输安全(例如对集装箱进行强制性检查)要求越来越普遍,《2020 年国际贸易术语解释通则》将相关的安保要求明确规定在了各个术语的 A4"运输合同"及 A7"出口清关"中;安保费用在 A9/B9 费用划分条款中作了明确的规定。

(六) 费用划分条款的调整

在《2020 年国际贸易术语解释通则》的条款排序中,费用划分条款列在各术语的 A9/B9(《2010 年国际贸易术语解释通则》列在 A6/B6)。除了序号的改变,在 Incoterms® 2020 中,如在 FOB 2010 中,与获得交货凭证相关的费用仅出现在 A8"交货凭证",而非 A6"费用划分"。因而 Incoterms® 2020 中的 A9/B9 较 Incoterms® 2010 中的 A6/B6 篇幅更长。

《2020 年国际贸易术语解释通则》除了保留《2010 年国际贸易术语解释通则》中散见的各条款的费用项目外,还在 A9/B9 条款中统一列出了不同条款的费用,提供给用户一站式费用列表,使买方或卖方得以很方便地在一个条款中找到其选择的贸易术语所对应的所有费用。

《2020 年国际贸易术语解释通则》的术语分类沿袭了《2010 年国际贸易术语解释通则》的分类方式,分为适合所有运输方式及多式联运的术语及适合海运和内陆水运的术语两大类。《2020 年国际贸易术语解释通则》删除了 DAT,新增 DPU,依然是 11 种术语。

《2020 年国际贸易术语解释通则》共有 11 种贸易术语,按照所适用的运输方式划分为两大类:第一组,适用于任何运输方式的术语 7 种:EXW、FCA、CPT、CIP、DAP、DPU、DDP。第二组,适用于水上运输方式的术语 4 种:FAS、FOB、CFR、CIF。表 5-1 罗列了几种主要的贸易术语及其中文含义。

表 5-1 主要贸易术语及中文含义

术语名称	中文含义
适用于任何运输方式类(Any Mode of Transport)	
EXW(ex works)	工厂交货
FCA(free carrier)	货交承运人
CPT(carriage paid to)	运费付至目的地
CIP(carriage and insurance paid to)	运费/保险费付至目的地

续表

术语名称	中文含义
DAP(delivered at place)	目的地交货
DPU(delivered at place unloaded)	目的地交货并卸货
DDP(delivered duty paid)	完税后交货
仅适用于水运类(Sea and Inland Water way Transport Only)	
FAS(free alongside ship)	装运港船边交货
FOB(free on board)	装运港船上交货
CFR(cost and freight)	成本加运费
CIF(cost insurance and freight)	成本、保险费加运费

二、《2020年国际贸易术语解释通则》的主要贸易术语

(一) EXW 术语

EXW 是 Ex Works 的英文缩略语，意思是工厂交货，是指当卖方在其所在地或其他指定的地点（如工场、工厂或仓库）将货物交给买方处置时，即完成交货，卖方不办理出口清关手续或将货物装上任何运输工具。该术语是卖方承担责任最小的术语。买方必须承当在卖方所在地受领货物的全部费用和风险。

1. 卖方主要义务

(1)卖方必须提供符合销售合同规定的货物和商业发票或有同等作用的电子讯息，以及合同可能要求的其他任何符合证据。

(2)应买方要求并由其承担风险和费用，在需要办理海关手续时，卖方必须给予买方一切协助，以帮助买方取得为货物出口所需的出口许可证或其他官方许可。

(3)卖方必须按照合同约定的日期或期限，或如果未约定日期或期限，按照交付此类货物的惯常时间，在指定的地点将未置于任何运输车辆上的货物交给买方处置。若在指定的地点内未约定具体交货点，或有若干个交货点可使用，则卖方可在交货地点中选择最适合其目的的交货点。

(4)卖方必须承当货物灭失或损坏的一切风险，直至已经按照规定交货为止。

(5)卖方必须负担与货物有关的一切费用，直到已经按照规定交货为止。

(6)卖方必须给予买方有关货物将于何时何地交给买方处置的充分通知。

(7)交货单据，卖方没有该项义务（指发票或汇票以外的交货单据，比如提单、通关相关单据等）。

(8)卖方必须支付为了将货物交给买方处置所需进行的查对费用（如查对货物品质、丈量、过磅、点数的费用）。卖方必须自付费用提供按照卖方在订立合同前已知的有关该货物运输（如运输方式、目的地）所要求的包装（除非按照相关行业惯例，合同所指货物通

常无需包装)。包装应作适当标记。

2. 买方主要义务

(1)买方必须按照销售合同规定支付价款。

(2)买方必须自担风险和费用,取得任何出口和进口许可证或其他官方许可,在需要办理海关手续时,并办理货物出口的一切海关手续。

(3)买方必须在卖方按照规定交货时受领货物。

(4)买方必须按照规定承担交货之时起货物灭失或损坏的一切风险。

(5)买方必须支付自按照规定交货之时起与货物有关的一切费用。买方必须偿付卖方按照规定给予协助时所发生的一切费用。

(6)一旦买方有权确定在约定的期限内受领货物的具体时间和/或地点时,买方必须就此给予卖方充分通知。

(7)买方必须向卖方提供已受领货物的适当凭证。

(8)买方必须支付任何装运前检验的费用,包括出口国有关当局强制进行的检验。

(二) FCA 术语

FCA 是 Free Carrier 的英文缩略语,意思是货交承运人,是指卖方只要将货物在指定的地点交给买方指定的承运人,并办理了出口清关手续,即完成交货。需要说明的是,交货地点的选择对于在该地点装货和卸货的义务会产生影响。若卖方在其所在地交货,则卖方应负责装货;若卖方在任何其他地点交货,卖方不负责卸货。该术语可用于各种运输方式,包括多式联运。

"承运人"指任何人在运输合同中,承诺通过铁路、公路、空运、海运、内河运输或上述运输的联合方式履行运输或由他人履行运输。若买方指定承运人以外的人领取货物,则当卖方将货物交给此人时,即视为已履行了交货义务。

1. 卖方义务

(1)卖方必须提供符合销售合同规定的货物和商业发票或有同等作用的电子讯息,以及合同可能要求的其他任何符合证据。

(2)卖方必须自担风险和费用,取得任何出口许可证或其他官方许可,并在需要办理海关手续时,办理货物出口所需要的一切海关手续。

(3)卖方必须在指定的交货地点,在约定的交货日期或期限内,将货物交付给买方指定的承运人或其他人,或由卖方按照规定选定的承运人或其他人。

(4)卖方必须承当货物灭失或损坏的一切风险,直至已经按照规定交货为止。

(5)卖方必须支与货物有关的一切费用,直至已按照规定交货为止;及在需要办理海关手续时,货物出口应办理的海关手续费用及出口应交纳的一切关税、税款和其他费用。

(6)卖方必须给予买方说明货物已按照规定交付给承运人的充分通知。若在约定时间承运人未按照规定接收货物,则卖方必须相应地通知买方。

(7)卖方必须自担费用,并向买方提供证明按照规定交货的通常单据。

(8)卖方必须支付为了按照交货所需进行的查对费用(如核对货物品质、丈量、过磅、点数的费用)。卖方必须自付费用提供按照卖方在订立销售合同前已知的有关该货物运输(如运输方式、目的地)所要求的包装(除非按照相关行业惯例,合同所述货物通常无需包装发运)。包装应作适当标记。

2. 买方义务

(1)买方必须按照销售合同规定支付价款。

(2)买方必须自担风险和费用,取得任进口许可证或其他官方许可,并在需要办理海关手续时,办理货物进口和从他国过境的一切海关手续。

(3)买方必须自付费用订立自指定的地点运输货物的合同,卖方按照规定订立了运输合同时除外。

(4)买方必须在卖方按照规定交货时,受领货物。

(5)买方必须支付自按照规定交货之时起与货物有关的一切费用和风险;及由于买方未能按照规定指定承运人或其他人,或由于买方指定的人未在约定的时间内接管货物,或由于买方未按照规定给予卖方相应通知而发生的任何额外费用,但以该项货物已正式划归合同项下,即清楚地划出或以其他方式确定为合同项下之货物为限。在需要办理海关手续时,货物进口应交纳的一切关税、税款和其他费用,以及办理海关手续的费用及从他国过境的费用。

(6)买方必须就按照规定指定的人的名称给予卖方充分通知,并根据需要指明运输方式和向该指定的人交货的日期或期限,以及依情况在指定的地点内的具体交货点。

(7)买方必须接受按照规定提供的交货凭证。如果双方同意卖方按照 FCA 要求将货物交付集装箱码头,买方可以指示承运人在卸货时向卖方签发已装船提单。

(8)买方必须支付任何装运前检验的费用,但出口国有关当局强制进行的检验除外。

(三)CPT 术语

CPT 是 Carriage Paid To 的英文缩略语,意思是运费付至目的地(指定目的地),指卖方在买卖双方约定的地点,将货物交付卖方所指定的承运人或其他人,卖方必须订立运输合同并支付将货物运送至目的地所需的运费,货物在交给承运人时完成交货任务,而不是运至目的地时。该贸易术语适用于任何运输方式。

1. 卖方主要义务

(1)提供符合合同规定的货物。

(2)卖方必须自担风险和费用,取得任何出口许可证或其他官方许可,并在需要办理海关手续时,办理货物出口货物所需的一切海关手续。

(3)卖方必须要订立运输契约,将货物自交付地点约定交货地点(如有),运送至指定的目的地或经约定,在该地方的任何地点。此项运输契约必须由卖方自负费用按照通常条件订立,且提供经由通常线路及以习惯的方式运输。如特定地点未经约定,或不能根据惯例确定,则卖方可以选择在目的地最合适的地点作为交货地点。

(4)卖方必须在指定的交货地点,在约定的交货日期或期限内,将货物交付给指定的承运人或其他人。

(5)卖方必须承当货物灭失或损坏的一切风险,直至已经按照规定交货为止。

(6)卖方必须支与货物有关的一切费用,直至已按照规定交货为止;及在需要办理海关手续时,货物出口应办理的海关手续费用及出口应交纳的一切关税、税款和其他费用。

(7)卖方必须给予买方说明货物已按照规定交付给承运人的充分通知,以便买方能够采取通常必要的措施得以提领货物。

(8)卖方必须自担费用,向买方提供证明按照规定所订立运输契约的通常运输和单据。

(9)卖方必须支付为了按照交货所需进行的查对费用(如核对货物品质、丈量、过磅、点数的费用)。卖方必须自付费用提供按照卖方在订立销售合同前已知的有关该货物运输(如运输方式、目的地)所要求的包装(除非按照相关行业惯例,合同所述货物通常无须包装发运)。包装应作适当标记。

2. 买方义务

(1)买方必须按照销售合同规定支付价款。

(2)买方必须自担风险和费用,取得任何进口许可证或其他官方许可,并在需要办理海关手续时,办理货物进口及从他国过境的一切海关手续。

(3)买方必须在卖方已按照规定交货时受领货物,并在指定的目的地从承运人处收受货物。

(4)买方必须承担卖方货交承运人后灭失或损坏的一切风险。

(5)买方必须支付自按照规定交货时起的一切费用。

(6)买方必须支付任何装运前检验的费用,但出口国有关当局强制进行的检验除外。

(四) CIP 术语

CIP 是 Carriage and Insurance Paid To 的英文缩略语,意思是运费保费付至目的地。指卖方在买卖双方约定的地点,将货物交付卖方所指定的承运人或其他人,卖方必须订立运输输和保险合同,并支付将货物运送至目的地所需的运费和保险费,如双方没有约定,卖方必须投保《协会货物保险条款》条款(A)承保范围的保险。同时,如双方没有另外约定,货物以交付第一承运人时风险发生转移。该贸易术语适用于任何运输方式。

1. 卖方主要义务

(1)提供符合合同规定的货物。

(2)卖方必须自担风险和费用,取得任何出口许可证或其他官方许可,并在需要办理海关手续时,办理货物出口货物所需的一切海关手续。

(3)卖方必须在指定的交货地点,在约定的交货日期或期限内,将货物交付给指定的承运人或其他人。

(4)卖方必须要订立运输契约,将货物自交付地点约定交货地点(如有),运送至指定的目的地或经约定,在该地方的任何地点。此项运输契约必须由卖方自负费用按照通常条件订立,且提供经由通常线路及以习惯的方式运输。如特定地点未经约定,或不能根据惯例确定,则卖方可以选择在目的地最合适的交货地点作为交货地点。

(5)卖方必须要自负费用保险,取得至少符合协会货物保险条款 ICC(A)条款。

(6)卖方必须承当货物灭失或损坏的一切风险,直至已经按照规定交货为止。

(7)卖方必须支与货物有关的一切费用,直至已按照规定交货为止;及在需要办理海关手续时,货物出口应办理的海关手续费用及出口应交纳的一切关税、税款和其他费用。

(8)卖方必须给予买方说明货物已按照规定交付给承运人的充分通知,以便买方能够采取通常必要的措施得以提领货物。

(9)卖方必须自担费用,向买方提供证明按照规定所订立运输契约的通常运输和单据。

(10)卖方必须支付为了按照交货所需进行的查对费用(如核对货物品质、丈量、过磅、点数的费用)。卖方必须自付费用提供按照卖方在订立销售合同前已知的有关该货物运输(如运输方式、目的地)所要求的包装(除非按照相关行业惯例,合同所述货物通常无须包装发运)。包装应作适当标记。

2. 买方义务

(1)买方必须按照销售合同规定支付价款。

(2)买方必须自担风险和费用,取得任何进口许可证或其他官方许可,并在需要办理海关手续时,办理货物进口及从他国过境的一切海关手续。

(3)买方必须在卖方已按照规定交货时受领货物,并在指定的目的地从承运人处收受货物。

(4)买方必须承担卖方货交承运人后灭失或损坏的一切风险。

(5)买方必须支付自按照规定交货时起的一切费用。

(6)买方必须支付任何装运前检验的费用,但出口国有关当局强制进行的检验除外。

(五) DAP 术语

DAP 是 Delivered at Place 的英文缩略语,意思是目的地交货。指卖方在指定的目的地交货,只需做好卸货准备无需卸货即完成交货。术语所指的到达车辆包括船舶,目的地包括港口。卖方应承担将货物运至指定的目的地的一切风险和费用(除进口费用外)。该术语适用于任何运输方式。

1. 卖方义务

(1)卖方必须提供符合销售合同规定的货物和商业发票或有同等作用的电子讯息,

以及合同可能要求的其他任何符合证据。

(2)卖方必须自当风险和费用,取得任何出口许可证或其他官方许可,并在需要办理海关手续时,办理货物出口所需要的一切海关手续。

(3)卖方必须自付费用订立运输合同,将货物运至指定目的地。如未约定或按照惯例也无法确定具体交货点,则卖方可在的目的地选择最适合其目的的交货点。

(4)卖方必须在约定的日期或交货期限内,在指定的目的地将在交货运输工具上尚未卸下的货物交给买方或买方指定的其他人处置。

(5)卖方必须承担货物灭失或损坏的一切风险,直至已经按照规定交货为止。

(6)卖方必须支付按照规定发生的费用,以及按照规定交货之前与货物有关的一切费用;及在需要办理海关手续时,货物出口所需要办理的海关手续费用,及货物出口时应交纳的一切关税、税款和其他费用,以及按照交货前货物从他国过境的费用。

(7)卖方必须给予买方有关货物发运的充分通知,以及要求的任何其他通知,以便买方能够为受领货物而采取通常必要的措施。

(8)卖方必须自付费用向买方提供按照规定受领货物可能需要的提货单和/或通常运输单据(如可转让提单、不可转让海运单、内河运输单据、空运单、铁路运单、公路单或多式联运单据),以使买方按照规定受领货物。

(9)卖方必须支付为按照规定交货所需进行的查对费用(如核对货物品质、丈量、过磅、点数的费用)。卖方必须自付费用提供交货所需要的包装(除非按照相关行业惯例,合同所指货物无须包装即可交货)。包装应作适当标记。

2. 买方义务

(1)买方必须按照销售合同规定支付价款。

(2)买方必须自担风险和费用,取得任何进口许可证或其他官方许可,并在需要办理海关手续时,办理货物进口和在必要时从他国过境所需的一切海关手续。

(3)买方必须在卖方按照规定交货时受领货物。

(4)买方必须承担按照规定交货时起货物灭失或损坏的一切风险。

(5)买方必须支付自按照规定交货时起与货物有关的一切费用;及如买方未履行规定的义务,或未按照规定作出通知,由此而发生的一切额外费用,但以该项货物已正式划归合同项下,即清楚地划出或以其他方式确定为合同项下之货物为限。当需要办理通关手续时,货物进口时应付的一切关税、税捐与其他费用。

(6)一旦买方有权决定在约定期限内的时间和/或在指定的目的港受领货物的点,买方必须就此给予卖方充分通知。

(7)买方必须接受按照规定提供的提货单或运输单据。

(8)买方必须支付任何装运前检验的费用,但出口国有关当局强制进行的检验除外。

(六) DPU 术语

DPU 是 Delivered at Place Unloaded 的英文缩略语,意思是目的地交货并卸货。指卖方自行负担费用和风险订立运输合同,按惯常路线和方式,在规定日期或期限内,承担将货物运至指定目的地和在指定目的地卸货的一切风险。该术语的交货地更强调目的地可以是任何地方,即在用户可能需要的任何场所交付货物,例如码头、仓库、集装箱堆场或公路、铁路或航空运输站,卖方应确保能够组织在指定地点卸货。DPU 与 DAP 的区别主要在是否卸货及卸货费的承担。该术语适用于任何运输方式。

1. 卖方义务

(1)卖方必须提供符合销售合同规定的货物和商业发票或有同等作用的电子讯息,以及合同可能要求的其他任何符合证据。

(2)卖方必须自担风险和费用,取得任何出口许可证或其他官方许可,并在需要办理海关手续时,办理货物出口所需要的一切海关手续。

(3)卖方必须自付费用订立运输合同,将货物运至指定目的地。如未约定或按照惯例也无法确定具体交货点,则卖方可在的目的地选择最适合其目的的交货点。

(4)卖方必须在约定的日期或交货期限内,在买方指定的目的地卸下货物交给买方。

(5)卖方必须承担交货前货物灭失或损坏的一切风险,直至已经按照规定交货为止。

(6)卖方必须支付按照规定发生的费用,以及按照规定交货之前与货物有关的一切费用;及在需要办理海关手续时,货物出口所需要办理的海关手续费用,及货物出口时应交纳的一切关税、税款和其他费用,以及按照交货前货物从他国过境的费用。

(7)卖方必须给予买方有关货物发运的充分通知,以及要求的任何其他通知,以便买方能够为受领货物而采取通常必要的措施。

(8)卖方必须自付费用向买方提供按照规定受领货物可能需要的提货单和/或通常运输单据(如可转让提单、不可转让海运单、内河运输单据、空运单、铁路运单、公路单或多式联运单据),以使买方按照规定受领货物。

(9)卖方必须支付为按照规定交货所需进行的查对费用(如核对货物品质、丈量、过磅、点数的费用)。卖方必须自付费用提供交货所需要的包装(除非按照相关行业惯例,合同所指货物无需包装即可交货)。包装应作适当标记。

2. 买方义务

(1)买方必须按照销售合同规定支付价款。

(2)买方必须自担风险和费用,取得任何进口许可证或其他官方许可,并在需要办理海关手续时,办理货物进口和在必要时从他国过境所需的一切海关手续。

(3)买方必须在卖方按照规定交货时受领货物。

(4)买方必须承担按照规定交货时起货物灭失或损坏的一切风险。

(5)买方必须支付自按照规定交货时起与货物有关的一切费用;及如买方未履行规定的义务,或未按照规定作出通知,由此而发生的一切额外费用,但以该项货物已正式划归合同项下,即清楚地划出或以其他方式确定为合同项下之货物为限。当需要办理通关手续时,货物进口时应付的一切关税、税捐与其他费用。

(6)一旦买方有权决定在约定期限内的时间和/或在指定的目的港受领货物的点,买方必须就此给予卖方充分通知。

(7)买方必须接受按照规定提供的提货单或运输单据。

(8)买方必须支付任何装运前检验的费用,但出口国有关当局强制进行的检验除外。

(七) DDP 术语

DDP 是 Delivered Duty Paid 的英文缩略语,意思是完税后交货。是指卖方在指定的目的地,办理完进口清关手续,将在交货运输工具上尚未卸下的货物交与买方,完成交货。卖方必须承担将货物运至指定的目的地的一切风险和费用,包括在需要办理海关手续时在目的地应交纳的任何"税费"(包括办理海关手续的责任和风险,以及交纳手续费、关税、税款和其他费用)。EXW 术语下卖方承担最小责任,而 DDP 术语下卖方承担最大责任。该术语适用于各种运输方式,但当货物在目的港船上或码头交货时,应使用 DES 或 DEQ 术语。

1. 卖方义务

(1)卖方必须提供符合销售合同规定的货物和商业发票或有同等作用的电子信息,以及合同可能要求的、证明货物符合合同规定的其他凭证。

(2)卖方必须自担风险和费用,取得任何出口许可证或其他官方许可,并在需要办理海关手续时,办理货物出口货物所需的一切海关手续。

(3)卖方必须自付费用订立运输合同,将货物运至指定目的地。如未约定或按照惯例也无法确定具体交货点,则卖方可在的目的地选择最适合其目的的交货点。

(4)卖方必须在约定的日期或交货期限内,在指定的目的地将在交货运输工具上尚未卸下的货物交给买方或买方指定的其他人处置。

(5)卖方必须承担货物灭失或损坏的一切风险,直至已经按照规定交货为止。

(6)卖方必须支付按照规定发生的费用,以及按照规定交货之前与货物有关的一切费用;及在需要办理海关手续时,货物出口和进口所需要办理的海关手续费用,及货物出口和进口时应交纳的一切关税、税款和其他费用,以及按照交货前货物从他国过境的费用。

(7)卖方必须给予买方有关货物发运的充分通知,以及要求的任何其他通知,以便买方能够为受领货物而采取通常必要的措施。

(8)卖方必须自付费用向买方提供按照规定受领货物可能需要的提货单和/或通常运输单据(如可转让提单、不可转让海运单、内河运输单据、空运单、铁路运单、公路单或多式联运单据),以使买方按照规定受领货物。

(9)卖方必须支付为按照规定交货所需进行的查对费用(如核对货物品质、丈量、过磅、点数的费用)。卖方必须自付费用提供交货所需要的包装(除非按照相关行业惯例,合同所指货物无须包装即可交货)。包装应作适当标记。

2. 买方义务

(1)买方必须按照销售合同规定支付价款。

(2)应卖方要求,并由其负担风险和费用,买方必须给予卖方一切协助,帮助卖方在需要办理海关手续时取得货物进口所需的进口许可证或其他官方许可。

(3)买方必须在卖方按照规定交货时受领货物。

(4)买方必须承担按照规定交货时起货物灭失或损坏的一切风险。

(5)买方必须支付自按照规定交货时起与货物有关的一切费用;及如买方未履行规定的义务,或未按照规定作出通知,由此而发生的一切额外费用,但以该项货物已正式划归合同项下,即清楚地划出或以其他方式确定为合同项下之货物为限。

(6)一旦买方有权决定在约定期限内的时间和/或在指定的目地港受领货物的点,买方必须就此给予卖方充分通知。

(7)买方必须接受按照规定提供的提货单或运输单据。

(8)买方必须支付任何装运前检验的费用,但出口国有关当局强制进行的检验除外。

小贴士

1.适合任何运输方式的贸易术语对比(见表 5-2)

表 5-2 适合任何运输方式的贸易术语对比

贸易术语	交货地、风险转移界限	运输	保险	出口报关	进口报关
EXW 工厂交货(……指定工厂地点)	卖方工厂	买方		买方	买方
FCA 货交承运人(……指定地点)	约定地承运人	买方		卖方	买方
CPT 运费付至(……指定目的地)	约定地承运人	卖方		卖方	买方
CIP 运费、保费付至(……指定目的地)	约定地承运人	卖方	卖方	卖方	买方
DAP 指定目的地交货(……指定目的地)	目的地	卖方		卖方	买方
DPU 指定目的地交货并卸货(指定目的地)	目的地	卖方		卖方	买方
DDP 完税后交货(……指定目的地)	目的地	卖方		卖方	卖方

2.适用于任何运输方式的常用三种贸易术语价格构成对比

FCA 价 = 进货成本价

CPT 价 = 进货成本价+国外运费

CIP 价 = 进货成本价+国外保险费+运费

(八) FAS 术语

FAS 是 Free Alongside Ship 的英文缩略语,意思是装运港船边交货。是指卖方将货物运至指定装运港的船边或驳船内交货,并在需要办理海关手续时,办理货物出口所需的一切海关手续,买方承担自装运港船边(或驳船)起的一切费用和风险。

1. 卖方主要义务

(1)卖方必须提供符合销售合同规定的货物和商业发票或有同等作用的电子讯息,以及合同可能要求的、证明货物符合合同规定的其他任何凭证。

(2)卖方必须自担风险和费用,取得任何出口许可证或其他官方许可,并在需要办理海关手续时,办理货物出口货物所需的一切海关手续。

(3)卖方必须在约定的日期或期限内,在指定的装运港,按照该港习惯方式,将货物交至买方指定的船边。

(4)卖方必须承担货物灭失或损坏的一切风险,直至货物在指定的装运港船边时为止。

(5)卖方必须支付货物有关的一切费用,直至货物在指定的装运港船边时为止;及需要办理海关手续时,货物出口需要办理的海关手续费用及出口时应交纳的一切关税、税款和其他费用。

(6)卖方必须给予买方说明货物已按照规定交货的充分通知。

(7)卖方必须自付费用向买方提供证明货物已按照规定交货的通常单据。

(8)卖方必须支付为按照规定交货所需进行的查对费用(如核对货物品质、丈量、过磅、点数的费用)。卖方必须自付费用,提供按照卖方订立销售合同前已知的该货物运输(如运输方式、目的港)所要求的包装(除非按照相关行业惯例,合同所述货物无需包装发运)。包装应作适当标记。

2. 买方主要义务

(1)提供符合合同规定的货物。

(2)买方必须按照销售合同规定支付价款。

(3)买方必须自担风险和费用,取得任何进口许可证或其他官方许可,并在需要办理海关手续时,办理货物进口和在必要时从他国过境所需的一切海关手续。

(4)买方必须自付费用订立从指定的装运港运输货物的合同。

(5)买方必须在卖方按照规定交货时受领货物。

(6)买方必须承担货物在指定的装运港船边时起灭失或损坏的一切风险。

(7)买方必须支付货物在指定的装运港船边时起与货物有关的一切费用。

(8)买方必须给予卖方有关船名、装船点和要求交货时间的充分通知。

(9)买方必须接受按照规定提供的交货凭证。

(10)买方必须支付任何装运前检验的费用,但出口国有关当局强制进行的检验除外。

(九) FOB 术语

FOB 是 Free On Board 的英文缩略语,意思是装运港船上交货。是当货物在指定的装运港装上船时,卖方即完成交货。这意味着买方必须从该点起承担货物灭失或损坏的一切风险。FOB术语要求卖方办理货物出口清关手续。该术语仅适用于海运或内河运输。

1. 卖方主要义务

（1）卖方必须提供符合销售合同规定的货物和商业发票或有同等作用的电子讯息，以及合同可能要求的、证明货物符合合同规定的其他任何凭证。

（2）卖方必须自担风险和费用，取得任何出口许可证或其他官方许可，并在需要办理海关手续时，办理货物出口货物所需的一切海关手续。

（3）卖方必须在约定的日期或期限内，在指定的装运港，按照该港习惯方式，将货物交至买方指定的船只上。

（4）卖方必须承担货物灭失或损坏的一切风险，直至货物在指定的装运港装上船时为止。

（5）卖方必须支付货物有关的一切费用，直至货物在指定的装运港装上船时为止；及需要办理海关手续时，货物出口需要办理的海关手续费用及出口时应交纳的一切关税、税款和其他费用。

（6）卖方必须给予买方说明货物已按照规定交货的充分通知。

（7）卖方必须自付费用向买方提供证明货物已按照规定交货的通常单据。

（8）卖方必须支付为按照规定交货所需进行的查对费用（如核对货物品质、丈量、过磅、点数的费用）。卖方必须自付费用，提供按照卖方订立销售合同前已知的该货物运输（如运输方式、目的港）所要求的包装（除非按照相关行业惯例，合同所述货物无需包装发运）。包装应作适当标记。

2. 买方主要义务

（1）提供符合合同规定的货物。

（2）买方必须按照销售合同规定支付价款。

（3）买方必须自担风险和费用，取得任何进口许可证或其他官方许可，并在需要办理海关手续时，办理货物进口和在必要时从他国过境所需的一切海关手续。

（4）买方必须自付费用订立从指定的装运港运输货物的合同。

（5）买方必须在卖方按照规定交货时受领货物。

（6）买方必须承担货物在指定的装运港装上船时起灭失或损坏的一切风险。

（7）买方必须支付货物在指定的装运港装上船时起与货物有关的一切费用。

（8）买方必须给予卖方有关船名、装船点和要求交货时间的充分通知。

（9）买方必须接受按照规定提供的交货凭证。

（10）买方必须支付任何装运前检验的费用，但出口国有关当局强制进行的检验除外。

（十）CFR 术语

CFR 是 Cost and Freight 的英文缩略语，意思是成本加运费。是指卖方在装运港将货物装上船时即完成交货。卖方必须支付将货物运至指定的目的港所需的运费和费用。交货后,货物灭失或损坏的风险及由于各种事件造成的任何额外费用由卖方转移到买方。CFR 术语要求卖方办理货物出口清关手续。该术语仅适用于海运和内河运输。若当事方无意装上船交货则应使用 CPT 术语。

1. 卖方主要义务

(1)提供符合合同规定的货物。

(2)卖方必须自担风险和费用,取得任何出口许可证或其他官方许可,并在需要办理海关手续时,办理货物出口货物所需的一切海关手续。

(3)卖方必须自付费用,按照通常条件订立运输合同,经由惯常航线,将货物用通常可供运输合同所指货物类型的海轮(或依情况适合内河运输的船只)装运至指定的目的港。

(4)卖方必须在装运港,在约定的日期或期限内,将货物交至船上。

(5)卖方必须承担货物灭失或损坏的一切风险,直至货物在装运港装上船时为止。

(6)卖方必须支付与货物有关的一切费用,直至已经按照规定交货为止;及按照规定所发生的运费和其他一切费用。

(7)卖方必须自付费用,毫不迟延地向买方提供表明载往约定目的港的通常运输单据。

(8)卖方必须支付为按照规定交货所需进行的查对费用(如核对货物品质、丈量、过磅、点数的费用)。卖方必须自付费用,提供符合其安排的运输所要求的包装(除非按照相关行业惯例该合同所描述货物无须包装发运)。包装应作适当标记。

2. 买方主要义务

(1)买方必须按照销售合同规定支付价款。

(2)买方必须自担风险和费用,取得任何进口许可证或其他官方许可,并在需要办理海关手续时,办理货物进口及从他国过境的一切海关手续。

(3)买方必须在卖方已按照规定交货时受领货物,并在指定的目的港从承运人处收受货物。

(4)买方必须承担货物在装运港装上船后灭失或损坏的一切风险。

(5)买方必须支付自按照规定交货时起的一切费用。

(6)买方必须支付任何装运前检验的费用,但出口国有关当局强制进行的检验除外。

(十一) CIF 术语

CIF 是 Cost, Insurance and Freight 的英文缩略语,意思是成本、保险费加运费。是指在装运港当货物装上船时卖方即完成交货。卖方必须支付将货物运至指定的目的港所需的运费和费用,但交货后货物灭失或损坏的风险及由于各种事件造成的任何额外费用即由卖方转移到买方。

但是，在CIF条件下，卖方还必须办理买方货物在运输途中灭失或损坏风险的海运保险。因此，由卖方订立保险合同并支付保险费。买方应注意到，CIF术语只要求卖方投保最低限度的保险险别。如买方需要更高的保险险别，则需要与卖方明确地达成协议，或者自行作出额外的保险安排。CIF术语要求卖方办理货物出口清关手续。该术语仅适用于海运和内河运输。若当事方无意越过船舷交货则应使用CIP术语。

1. 卖方主要义务

（1）提供符合合同规定的货物。

（2）卖方必须自担风险和费用，取得任何出口许可证或其他官方许可，并在需要办理海关手续时，办理货物出口货物所需的一切海关手续。

（3）卖方必须自付费用，按照通常条件订立运输合同，经由惯常航线，将货物用通常可供运输合同所指货物类型的海轮（或依情况适合内河运输的船只）装运至指定的目的港。

（4）卖方必须按照合同规定，自付费用取得货物保险，并向买方提供保险单或其他保险证据，以使买方或任何其他对货物具有保险利益的人有权直接向保险人索赔。

（5）卖方必须在装运港，在约定的日期或期限内，将货物交至船上。

（6）卖方必须承担货物灭失或损坏的一切风险，直至货物在装运港装上船时为止。

（7）卖方必须支付与货物有关的一切费用，直至已经按照规定交货为止；及按照规定所发生的运费和其他一切费用。

（8）卖方必须自付费用，毫不迟延地向买方提供表明载往约定目的港的通常运输单据。

（9）卖方必须支付为按照规定交货所需进行的查对费用（如核对货物品质、丈量、过磅、点数的费用）。卖方必须自付费用，提供符合其安排的运输所要求的包装（除非按照相关行业惯例该合同所描述货物无须包装发运）。包装应作适当标记。

2. 买方主要义务

（1）买方必须按照销售合同规定支付价款。

（2）买方必须自担风险和费用，取得任何进口许可证或其他官方许可，并在需要办理海关手续时，办理货物进口及从他国过境的一切海关手续。

（3）买方必须在卖方已按照规定交货时受领货物，并在指定的目的港从承运人处收受货物。

（4）买方必须承担货物在装运港装上船之后灭失或损坏的一切风险。

（5）买方必须支付自按照规定交货时起的一切费用。

（6）买方必须支付任何装运前检验的费用，但出口国有关当局强制进行的检验除外。

小贴士

1. 适合水上运输方式的贸易术语对比(见表5-3)

表5-3 适合水上运输方式的贸易术语对比

贸易术语	交货地、风险转移界限	运输	保险	出口报关	进口报关
FAS 装运港船边交货(……指定装运港)	装运港船边	买方		卖方	买方
FOB 装运港船上交货(……指定装运港)	装运港船上	买方		卖方	买方
CFR 成本加运费(……指定目的港)	装运港船上	卖方		卖方	买方
CIF 成本、保险费加运费(指定目的港)	装运港船上	卖方	卖方	卖方	买方

2. 适用于水上运输方式的常用三种贸易术语价格构成对比

FOB 价 = 进货成本价

CFR 价 = 进货成本价＋国外运费

CIF 价 = 进货成本价＋国外保险费＋国外运费

【案例5-2】

2020年10月,美国某公司(卖方)与中国某公司(买方)在上海订立了买卖300台电脑的合同,每台 CIF 上海1000美元,遵循 Incoterms® 2020,以不可撤销的信用证支付,2020年12月纽约港交货。2020年11月15日,中国银行上海分行(开证行)根据买方指示向卖方开出了金额为30万美元的不可撤销的信用证,委托纽约的一家银行通知并议付此信用证。2020年12月20日,卖方将300台电脑装船并获得信用证要求的提单、保险单、发票等票据后,即到该银行议付行议付。经审查,单证相符,银行即将30万美元支付给卖方。

与此同时,载货船离开纽约港10天后,由于在航行途中遇上特大暴雨和暗礁,货船及货物全部沉入大海。此时开证行已收到了议付行寄来的全套单据,买方也已得知所购货物全部灭失的消息。中国银行上海分行拟拒绝偿付议付行已议付的30万美元的货款,理由是其客户不能得到所期待的货物。

请问:

1. 这批货物的风险自何时起由卖方转移给买方?
2. 开证行能否由于这批货物全部灭失而免除其所承担的付款义务?依据是什么?
3. 买方的损失如何得到补偿?

【评析】

1. 本案采用 CIF 贸易术语,遵循 Incoterms® 2020,则货物的风险在纽约港装上船以后就由卖方转移给买方。

2. 开证行不能免除其承担的付款义务。因为卖方完全按照信用证要求发货,并提供单证,已经完成其应该履行的责任,所以开证行应该按照信用证实施条款进行付款。

3. 卖方的损失可以由保险公司赔付。因为 CIF 条件下卖方已经为买方办理货运保险,由于在航行途中遇上特大暴雨和暗礁,货船及货物全部沉入大海,属于 CIF 术语下最低保险险别承保风险范围,保险公司承担被保险货物全部损失。

第三节 国际货物买卖合同双方的权利义务

一、卖方义务

(一)提交货物和单据的义务

根据《买卖合同公约》的规定,提交货物和单据是卖方的主要义务之一。卖方应在合同指定的时间和地点移交货物和单据。如果合同对交货时间、地点未作规定,应按公约的规定办理。

1. 交货地点

(1)卖方营业地。卖方没有义务在任何其他地点交付货物,而是在自己的营业地向买方提交货物;买方自备运输工具,将货物运走。我国《民法典》第 510 条规定,合同生效后,当事人就履行地点没有约定或者约定不明确的,可以协议补充,不能达成补充协议的,按照合同相关条款或者交易习惯确定。依前述规定仍不能确定的,给付货币的,在接受货币一方所在地履行;交付不动产的,在不动产所在地履行;其他标的,在履行义务一方所在地履行。此外,《民法典》第 603 条还作了补充规定:标的物需要运输的,出卖人应当标的物交付给第一承运人以运交给买受人。标的物不需要运输,出卖人和买受人订立合同时知道标的物在某一地点的,出卖人应当在该地点交付标的物;不知道标的物在某一地点的,应当在出卖人订立合同时的营业地交付标的物。显然,这比《买卖合同公约》的规定更明确一些。如果卖方有一个以上营业地,则以与合同或合同的履行关系最密切的营业地为其营业所在地;如果卖方没有营业地,则以其惯常居所为准。

(2)特定地点。如果在订立合同时,双方都知道货物不在卖方营业地,而是在某一特定地点的特定货物或是从特定存货中提取,或将在某特定地点进行生产制造,则交货地点即是该货物存放或生产制造的特定地点。

(3)涉及运输的交货。当卖方的交货义务涉及运输时,卖方只要把货物交给第一承运人就履行了交货义务。在国际贸易中,"涉及运输"是一个专有概念,特指卖方为履行交货义务需以本人名义与独立的第三者(承运人)订立运输合同并由后者承担运输责任的交货。当卖方有义务安排运输时,卖方应与承运人订立必要的运输合同。此外,由于国际货物买卖已基本实现统一化、标准化、规范化,因此,进出口商通过选择不同的贸易术语即可确定交货地点,例如 FOB 的交货地点是在装运港,FCA 的交货地点是承运人所在地,EXW 的交货地点是货源所在地,等等。

2. 交货时间

卖方应在双方约定的时间(确定的日期或期间)提交货物。如果合同当中没有约定，则依据公约的规定办理，即卖方应在订立合同后的一段合理时间内交货。所谓"合理时间"，按照实践，可以作为事实由法院根据货物的性质和合同的其他规定决定。

我国《民法典》规定，履行期限不明确的，债务人可以随时履行。债权人也可以随时要求履行，但应当给予对方必要的准备时间。标的物在订立合同之前已为买受人占有的，合同生效的时间为交货时间。对于在履行期到来之前，卖方是否可提前交货的问题，公约作了灵活规定，如果卖方在规定日期前交付货物，则买方有收取货物或者拒绝收取货物的选择权。

3. 单据的交付

国际货物买卖中，存在两种交货方式，一是实际交货，货物与代表所有权的单据一起交买方，完成所有权与占有的同时转移；二是象征交货，只交代表所有权的证书，完成所有权的转移。

(二) 卖方的担保义务

卖方除了承担交货义务外，还应保证提交的货物在各方面符合合同规定，包括卖方对所交货物的质量保证和所有权保证。

1. 质量担保与国际产品责任法

(1) 质量担保。

质量担保又称瑕疵担保，是指卖方对其所售货物的质量、特性或适用性承担的责任。《买卖合同公约》规定，卖方提交的货物除了应符合合同的规定外，还应符合以下要求：货物适用于同一规格货物通常使用的目的；货物适用在订立合同时买方明示或默示通知卖方的特定目的；在凭样品或说明书的买卖中，货物要与样品和说明书相符；卖方应按照同类货物通用的方式装箱或包装，如果没有通用的方式，则用足以保全和保护货物的方式装箱或包装。

实际上，在各国买卖法中关于卖方对其所售货物质量承担担保义务都有明确的规定。如《美国统一商法典》将这种义务分为明示担保和默示担保。属于合同性质的担保义务的称为明示担保，由卖方与买方订立合同或提供样品或说明书承担这一义务。默示担保是指不管卖方对产品质量是否作出明示许诺，由法律强加给卖方的，对货物以及适合特定用途的质量保证。《美国统一商法典》在一定条件下允许卖方在合同中排除上述明示或默示的保证。

《法国民法典》把瑕疵分为明显的与隐蔽的两种。由隐蔽的瑕疵致使货物灭失或减少其通常效用，卖方应负担保责任，无论他对瑕疵知晓与否；对明显的可以买方自己发现和辨认的瑕疵，则不承担担保义务。

《1979年英国货物买卖法》(1995年修订本)把合同条款分为条件和担保。条件指有关合同基础的重要条款。担保是从属于合同目的的次要条款。和《美国统一商法典》一样,无论是条件还是担保都有明示和默示之分。明示是由买卖双方在合同中明确表示出来的,默示则是法律强加的。

《德国民法典》也有类似规定,第459条要求卖方向买方担保他所售出的物品在风险转移给买方时灭失或减少其价值,或降低其通常用途或合同预定的使用价值的瑕疵;担保在风险转移时,货物具有它所允许的质量。根据各国法律与实践,卖方违反瑕疵担保不但要承担交货不符、违反合同的责任,如果因货物瑕疵导致人身和财产损害,当事人还要依法承担产品责任。

我国《民法典》在"合同编"第九章"买卖合同"中规定了卖方对货物质量提供担保的义务:出卖人应当按照约定的质量要求交付标的物。出卖人提供有关标的物有质量说明的,交付的标的物应当符合该说明的质量要求。凭样品买卖的当事人应当封存样品,并对样品质量加以说明。卖方交付的标的物应当与样品及其说明的质量相同。

第四章"合同的履行"中规定合同生效后,当事人就质量等没有约定或者约定不明确的,可以协议补充;不能达成补充协议的,按照合同相关条款或者交易习惯确定。当事人就有关合同质量约定不明确,依据前条规定仍不能确定的,按照强制性国家标准履行;没有强制性国家标准的,按照推荐性国家标准履行;没有推荐性国家标准的,按照行业标准履行;没有国家标准、行业标准的,按照通常标准或者符合合同目的的特定标准履行。出卖人应当按照约定的包装方式交付标的物。当事人一方不履行合同义务或者履行合同义务不符合约定的,应当承担继续履行、采取补救措施或者赔偿损失等违约责任。

(2)国际产品责任法。

产品责任问题不在《买卖合同公约》的调整范围之内。该公约第5条规定,公约不适用于卖方对于货物对任何人所造成的死亡或伤害的责任。目前国际上尚不存在统一的关于产品责任的国际公约。由货物瑕疵导致的产品责任问题只能依据各国的国内法解决。

根据各国法律与实践,因卖方提交货物瑕疵导致人身和财产损失,不但可依合同追究卖方的责任,而且可追究到与货物的生产、销售有关的任何人,如代理商、批发商乃至制造商等;可以提起诉讼的人不但包括合同的当事人,也包括非合同当事人的一切受害者,如产品的最终用户或旁观者。

提起产品责任诉讼,一种是基于合同中卖方对产品质量的瑕疵担保,另一种是基于侵权行为的过失责任或无过失的侵权责任。侵权责任归责原则主要有以下几种。

第一,过失侵权责任原则。它是指货物的卖方或制造商有义务行使一个有理性之人的合理注意以防货物伤害他人。如果在生产或销售中存在疏忽导致他人身体或财产蒙受损失,则因有过失而承担赔偿责任。

小贴士

1916年,在麦克弗森诉别克汽车公司案中(Mecpherson v. Buick Motor Co.),制造商别克汽车公司因在检验轮胎时存在疏忽,致使汽车在行驶中发生翻车事故,导致驾车人受伤。法院根据由于疏忽引起的损害为理由,判处别克公司承担侵权责任。在以后的判决中,法院又扩大了疏忽责任的适用范围,不仅将其适用于卖方或制造商关于货物的检验,而且适用于对货物特性或适合特定目的方面有不实陈述,不揭示已知的瑕疵或对已知的危险不予警告以及在设计和制造货物中未尽到正当注意义务等情况。

第二,无过失侵权责任原则。由于受产品瑕疵伤害的人并不是总能依赖卖方或制造商的疏忽或违反担保得到补偿,例如,让受害人证明产品在制造或设计过程中存在不当之处是很困难的,从保护消费者的目的出发,从20世纪60年代起,不少国家确立了无过失侵权责任,也称严格侵权责任原则。

(3)标准合同与免责条款。在国际货物买卖中,合同一经订立,双方都应视其为法律,均应严格按照合同条款履行自己的义务,否则要因不履行合同或违反合同而承担赔偿责任。按照法律的规定,只有在发生不可抗力的情况下,才能免除自己因不可抗力导致不能履行合同或不能按期履行合同所应承担的责任。

然而,在实践中,常见的做法是卖方常常利用标准合同中的免责条款来免除或限制自己由于交货不符而应承担的责任。在国际贸易中的标准合同,比如卖方在合同中规定,"交货后3天内未将货物瑕疵和短缺情况通知发货人,则被视为货物在各方面符合说明的确实证据。"3天后,当买方未对所交货物提出异议时,该条款保护卖方免于承担因交货不符所应承担的赔偿责任,同时剥夺了买方根据合同进行索赔的权利。

值得注意的是,不是所有的免责条款都是有效的。根据各国法律与实践,只有合理的免责条款才能得到法院承认,不能提供合理性证明的免责条款不能产生免责条款的法律效力。此外,①免除当事人由于欺诈行为产生的责任条款无效;②免除当事人根据产品责任法对人身伤亡和财产损失应当承担责任的条款无效;③免责条款如与当事人的明示担保相矛盾则无效。

【知识链接】

所谓"标准合同",又称格式合同或"标准商业条款"。这种合同通常采用书面形式,合同的条款是事先确定的,以供提供商品或服务的当事人使用。在国际贸易中,80%的交易是用标准合同的形式进行的,卖方通过合同中制定的免责条款,一方面可以免除自己依合同应当承担的责任(免除责任)或减轻自己的责任(限制责任),另一方面可以限制对方行使其依据合同所具有的权利。

2. 所有权担保

所有权担保又称追夺担保,是指卖方所提交的货物必须是第三者不能提出任何权利要求的货物。卖方在订立合同时应保证其所售货物的所有权不因存在卖方所不知的瑕疵而被追夺。

根据《买卖合同公约》的规定，其含义有三：

(1)卖方应向买方担保他确实有权出售该货物。假如卖方将偷窃、走私的货物卖给买方，则违反了他对货物的所有权担保义务。

(2)卖方应担保货物上不存在在订立合同时不为买方所知的他人的权利，如抵押权、留置权等。

(3)卖方应向买方担保第三者对其提交的货物不得以侵权或其他类似理由提出合法要求。例如，卖方出售的货物及其使用不得侵犯第三者的专利权、商标权等。

当第三者根据工业产权或知识产权提出要求时，需具备两个条件：其一，第三者的权利是依据合同预期的货物将要销往或使用的目的地国家或地区的法律取得的。在这种情况下，如果卖方知道或不可能不知道第三者的权利存在，则要承担责任。其二，第三者的权利是依据买方营业地所在国家的法律取得的。在这种情况下，不管货物销往哪个国家，也不管卖方是否知晓，卖方均要为侵犯第三者依据买方营业所在地国家的法律取得的专利权承担责任。

实际上，各国法律对卖方的所有权担保义务都有与公约相类似的规定。例如，《美国统一商法典》第2—312条规定：卖方应保证转移的所有权是正当的，且转让行为合法；标的物在交付时，不存在订约时买受人不知悉的任何担保权益、留置权或其他负担；除另有约定外，从事正规经营的卖方应担保第三者不会以侵权或其他类似理由提出任何合法要求。

《德国民法典》第434条规定："出卖人有义务向买受人转移不存在第三者有权对抗买受人的标的物。"

《1979年英国货物买卖法》(1995年修订本)第12条规定，在销售合同中（包括销售协议及销售），对卖方有一默示条件，即（在货物所有权转移时）他有权出售该货物。该货物（在所有权转移前）没有任何在订立合同时未向买方披露或不为买方所知的指控或产权负担；买方将安静地享有对货物的占有（Quiet Possession），除非干扰是由有权享有已向买方披露或已为买方所知的或产权负担的利益所有人或其他有权享有该等利益之人所作出。

《法国民法典》第1626条规定：即使买卖当时并无关于担保的约定，如买受人被追夺买卖标的物的全部或一部，或标的物尚负有买卖当时未声明的负担时，出卖人依法当然对买受人负有担保义务。法典还在第1630条详细规定了当买卖标的被追夺时，买方有下列请求权：返还价金；标的物所生果实的返还；诉讼费；损害赔偿；解除合同。

我国《民法典》在"合同编"第九章"买卖合同"中对卖方的所有权担保义务作了如下规定：(1)出卖的标的物，应当属于出卖人所有或者出卖人有权处分；(2)出卖人就交付的标的物，负有保证第三人不得向买受人主张任何权利的义务。买受人订立合同时知道或者应当知道第三人对买卖的标的物享有权利的,免除出卖人的所有权担保义务。买受人有确切证据证明第三人可能就标的物主张权利的,可以中止支付相应的价款。

根据公约的规定,卖方的所有权担保责任在下列情况下可以免除:(1)买方同意在有第三方权利或要求的条件下接受货物;(2)买方在订立合同时知道或者不可能不知道第三者的知识产权主张和要求;(3)上述权利和要求的发生是由于卖方要遵照买方提供的技术图样、图案、程序或其他规格;(4)当卖方不知晓的情况下,货物被销往目的地以外的国家;(5)当买方收到第三者的权利要求时,要及时通知卖方,如怠于通知,则免除卖方的所有权担保义务。

小贴士

值得关注的是,公约并未指明何谓侵犯工业产权或知识产权的行为,这样,在一国被视为侵犯工业产权的违法行为,在另一国可能被认为是合法的非侵权行为。当双方发生争议时,只能由解决争议的法院依照国际私法规则指引或合同适用的国内法原则来处理。

二、买方义务

(一) 支付价金的义务

依据《联合国国际货物买卖合同公约》第35条的规定,买方应根据合同和公约的规定履行支付价金的义务,包括根据合同或任何法律和规章规定的步骤和手续,在约定的时间和地点支付货款。按照一般的国际货物买卖实践,付款应履行的步骤和手续,包括买方向银行申请信用证或银行付款保函,向政府主管部门申请进口许可证及所需外汇,等等。这些手续是买方付款的前提和保证。

根据公约规定,完成这些步骤和手续都是买方的义务,不履行这些义务,则构成买方违反付款义务。付款时间和地点由双方在合同中约定,如果合同中未作约定,应当依据公约的规定,即在卖方的营业地,或在凭移交货物或凭单据付款时,则是提交货物或单据的时间和地点。公约把买方的付款义务与检验货物的权利联系在一起,规定了买方在未有机会检验货物前,可以拒绝付款,但是这一程序不得与双方议定的交货或支付程序相抵触。

(二) 收取货物

买方收取货物的义务包括两方面:采取一切理应采取的行动以期卖方能提交货物以及接收货物。

什么是"一切理应采取的行动",公约未作明确规定,在实践中这些行动是由买卖双方在其合同中约定的。以FOB合同为例,为了使卖方如期交付货物,买方应自费租船,并将船名、泊地、装船日期通知卖方,这样才能保证卖方及时装货。实际上凡是国际货物买卖合同的顺利履行,都需买卖双方当事人的相互配合与合作。如果买方不予配合或配合失当,则构成违反收取货物的义务。在国际货物买卖中,"接收"与"接受"是两个概念,"接受"指买方认为货物在品质数量等各方面均符合合同要求。

【知识链接】

拒收权是国际货物买卖中买方所享有的一项重要救济权利,国际货物买卖中的拒收(rejection)是指买方依据货物买卖法或买卖合同的规定,拒绝接受卖方交付或提示交付的货物或单据的行为。作为买方针对卖方违约行为所采取的一项措施,拒收适用于卖方交货迟延或交货不符但不适用于卖方不交货的违约情形。拒收是与接受相对的行为,买方在拒收后往往会采取解除合同这一救济手段。

从性质上看,拒收是买方在卖方违约时所享有的一项救济权利,因为拒收完全符合救济的构成条件,也是买方针对卖方的违约行为所采取的措施,根本目的也在于使买方恢复到若违约未发生时其所处的经济地位从而保护买方的合法权益。

在英国 Kwei Tek Chao v. British Traders and Shippers Ltd[1954]这一著名先例中,Devlin 法官指出在 CIF 等单据交易中,买方享有两种相互独立的拒收权,其一是拒收不符合同的货物的权利,其二是拒收不符合同或信用证的单据的权利,买方不因接受货物而丧失拒收单据的权利,也不因接受单据而丧失拒收货物的权利。这一权威论断已成为国际货物买卖法的公认原则。

和其他救济相比,拒收权对于买方有着特殊的商业意义。

第四节 违约救济措施

国际货物买卖合同是营业地处于不同国家的当事人缔结的合同。由于现实世界的纷繁复杂,不履行合同的情况实属常见,除了与当事人无关的事实导致的不履行合同之外,更多的是当事人一方的违约行为造成合同的不被履行。除合同或法律上规定的属于不可抗力等原因造成的损失以外,违约方都要承担相应的责任。

违约救济(Remedies for Breach of Contract)一词来源于英美法律,相当于大陆法国家的债务不履行的规定。按照《布莱克法律辞典》的解释,救济一词是指实现权利,防止或补偿权利侵害的手段以及运用这些手段的权利。《联合国国际货物买卖合同公约》关于一方违约时提供给另一方的救济方法兼采了大陆法系与英美普通法系的合同法原则。

一、卖方违约的救济

卖方违约是指卖方不交付货物、单据或交付延迟;交货不符合合同规定以及第三者对交付货物存在权利或权利主张。

发生以上违约行为时,公约给买方提供了以下救济方法:当卖方不履行合同义务时,买方可要求其实际履行合同义务,包括要求卖方提交符合合同规定的货物或对不符合规定的货物进行修理、更换或提交替代物等;或要求减少价金和解除合同。买方并可通过法院强制手段要求卖方履行以上义务。

(一) 卖方违约时救济原则

1. 无过失原则

这一原则是英美普通法系的合同法原则。《买卖合同公约》规定,卖方只要不履行在合同和公约中的任何义务即属违约行为,买方即有权利得到以上救济,不涉及卖方在主观上是否存在过失。大陆法系国家认为,只有当违约是由于卖方的过失所致时,才承担违约责任。

2. 解除合同与损害赔偿并用原则

这一原则也是英美普通法系的合同法原则。《买卖合同公约》规定,买方可能享有的要求损害赔偿的权利,不因行使其他补救权利而丧失。即当卖方违约时,买方可以同时享有几种救济方法。但是大陆法系的德国有比较特殊的规定,根据《德国民法典》第326条的规定:如果卖方不履行合同义务,买方只能在解除合同与请求损害赔偿两种救济方法中任选一种,而不能同时并用。

(二) 卖方违约时救济办法

1. 实际履行

根据《买卖合同公约》第46条和第62条的规定,无论是买方还是卖方要求对方实际履行时,必须符合一个条件,即要求实际履行的一方当事人没有采用与实际履行相抵触的补救措施。所谓相抵触的补救措施,是指使实际履行成为不可能或不适当的补救措施。

这一原则是大陆法系的合同法原则。即当卖方不履行合同义务时,买方可以要求卖方履行合同义务,包括要求卖方提交符合合同规定的货物或对不符合合同规定的货物进行修理、更换或提交替代物等。买方可通过法院强制卖方履行以上义务。而英美法系在这种情况下通常要求卖方给予损害赔偿,实际履行(Specific Performance)是一种辅助手段。只有当金钱赔偿不足以弥补当事人损失,而实际履行尚属可能时,才作出实际履行的判决。

根据公约规定,实际履行应满足以下条件:(1)买方不得采取与这一要求相抵触的救济方法;(2)买方应给予卖方履行合同的宽限期;(3)当卖方交货不符时,只有这种不符构成根本违反合同(Fundamental Breach)时,买方才能要求提交替代物,而且应在发现交货不符时,将这一要求及时通知对方;(4)法院是否作出实际履行的判决依赖于该国国内法的规定。

2. 减少价金

这是大陆法系的合同法原则。如果货物不符合同,不论价款是否已付,买方都可以减低价格,减价按实际交付的货物在交货时的价值与符合合同的货物在当时的价值两者之间的比例计算。《买卖合同公约》第 50 条规定,如果卖方交货不符合合同规定,不论价款是否已付,买方都可减低价格。减低价格应按实际交付的货物在交货时的价值与符合合同规定的货物在当时的价值两者之间的比例计算。英美法系在这种情况下采用损害赔偿的方法。《美国统一商法典》第 2-13 条(6)规定:"买方可自价金中减去适当的折扣而为标的物的受领。"这在实际效果上与减少价金无异。

在下列情况下,买方丧失要求减少价金的权利:(1)如果卖方对交货已采取补救办法;(2)买方拒绝了卖方对违约采取的补救办法或对卖方提出的补救办法未在合理时间内作出答复。

3. 解除合同

公约关于"解除合同"的英文表达直译为"宣告合同无效"。根据《买卖合同公约》第 49 条的规定,当卖方在完全不交付货物或者不依照合同规定的时间交付货物构成根本违反合同时,买方可以解除合同。依照该规定,买方有权在下列情况下解除合同:第一,卖方根本违反合同。第二,卖方在买方规定的宽限期内没有交货或者申明不交货。

买方解除合同的权利由于下列情况而丧失:第一,对于迟延交货(迟延交货构成根本违约),买方没有在迟延交货后的一段合理时间内解除合同。第二,对于其他情况的违约,在他已经知道或者应当知道后的一段合理时间内没有解除合同;或者,当买方给予额外交付货物期限时,在该额外期限届满后的一段合理时间内没有解除合同;或者,当卖方对自己不履行义务向买方声明将在额外期限内补救,而该期限已经超过或者买方不接受卖方补救的情况下,买方仍旧没有解除合同。

英美普通法把合同条款分为条件和担保,违反条件属于严重违反合同,当事人可以解除合同义务并要求损害赔偿;大陆法系国家把违约分为给付不能和给付延迟。《德国民法典》第 306 条规定:"通常只有给付不能时,才能解除合同义务;而对给付延迟,在经催告仍不履行时,可以解除合同。"如果卖方已交货,买方则丧失宣告合同无效的权利,除非:(1)在延迟交货的情况下,买方在得知交货后的合理时间内宣布合同无效;(2)在交货不符的情况下,买方在检验货物后的合理时间内提出合同无效;(3)在给予卖方作出履行合同或作出补救的宽限期届满后或在拒绝接受卖方履行义务后的合理时间内,宣布合同无效。

根据公约规定,买方宣布合同无效的声明,只有在向卖方发出通知时才发生效力,宣告合同无效的后果是,要求另一方返还已支付的货款。

值得注意的是,当卖方交付的货物中有部分符合合同时,买方应接受符合规定的部分;只有当卖方完全不交货或不按合同规定交货构成根本违反合同时,才能宣布整个合同无效。当卖方交货数量大于合同规定数量时,买方有选择权,即选择全部接受或拒绝接受多交部分。当卖方提前交货时,买方也有接收货物或拒收货物的选择权,但接收货物并不意味着宣告合同无效。

4. 交付替代物

买方只有在货物与合同不符构成根本违约时,才可以要求交付替代物。

5. 修理

买方可以要求卖方通过修理对不符合同之处作出补救,除非他考虑了所有情况之后,认为这样做不合理。

二、买方违约的补救办法

买方违约包括买方不按合同规定支付货款和不按合同规定收取货物。卖方的救济方法可分为两大类:一类是债权方面的救济方法,如实际履行,宣告合同无效,主要是针对当事人行使;另一类是物权方面的救济方法,这是英美法系中特有的,主要是卖方直接针对货物行使。根据《买卖合同公约》的规定,卖方具体可以选择以下救济方法。

(一) 实际履行

依《买卖合同公约》第61条至第63条的规定,如果买方不履行其在合同中和公约中规定的任何义务,卖方可以要求其履行义务,卖方可以要求买方支付货款、验收货物以及其他应履行的义务。卖方可以规定一段合理时间内履行义务。除非卖方收到买方的通知,声称其将不在所规定的时间内履行义务,否则卖方不能在此期间采取与此要求相抵触的某种补救方法。也就是说,当买方不履行合同义务即不付款或不收取货物(包括不办理付款手续和为卖方交货采取合理行动)时,卖方可要求其支付货款或收取货物,并可以为此规定一个宽限期,以便买方履行义务。在这段期限内,卖方不得采取任何补救办法,如转售货物或解除合同。除非买方明确宣布他将不履行合同义务。

在要求实际履行的过程中,如货物仍在卖方手中,则卖方有保全货物的义务;如果货物易腐烂或保全货物要支付不合理费用时,卖方可在通知买方后转售货物。在这种情况下,卖方只能要求损害赔偿,而不能再要求实际履行。根据《买卖合同公约》规定,实际履行的救济不影响卖方对由于买方延迟付款或接收货物蒙受的损失,提出要求损害赔偿的权利。

无论当卖方违约还是买方违约,公约给予实际履行的救济都不是强制性的。法院或仲裁庭能否作出实际履行的判决(裁决)有赖于法院或仲裁庭所在地的国内法。众所周知,实际履行是大陆法系的主要救济方法。《法国民法典》第1184条规定:双务契约当事人的一方不履行其所订立的债务时,债权人有选择之权;在给付可能时,请求他方当事人履行契约或解除契约而请求赔偿损害。《德国民法典》第241条明确规定:债权人根据债务关系,有向债务人请求履行债务的权利。

英美法系没有实际履行这种救济方法。即使在衡平法院,实际履行也只是一种辅助手段,在原告证明损害赔偿不足以弥补损失或出售的是特定物时,法院可以作出实际履行的判决。根据《1979年英国货物买卖法》第49条的规定,买方不支付价金时,卖方可以提起索取价金之诉,如果:(1)货物所有权已转移给买方;(2)合同中明确规定了价金支付日期,则尽管货物所有权尚未发生转移,货物尚未划拨,不管是否交货,卖方都可提起价金之诉。而对买方拒绝受领货物,卖方只能要求损害赔偿。《美国统一商法典》第2—709条规定,卖方在下列情况下可索取价金及附带损害赔偿:(1)符合合同规定的货物经买方受领或风险已转移至买方后的合理时间内丢失或毁损;(2)货物已划拨合同项下,卖方经合理努力无法以合理价格将其转售。如经判决卖方无权索取价金以及买方拒绝受领货物时,卖方只能要求损害赔偿。

所以,当合同当事人依照公约规定提起实际履行之诉时,可能会得到两种结果,法院依据英美普通法拒绝作出实际履行的判决,依据大陆法系同意作出实际履行的判决。为了避免与各国内法发生冲突,《买卖合同公约》第28条规定,如果按照公约的规定,一方当事人有权要求另一方当事人履行某一义务,法院没有义务作出判决,要求具体履行此一义务。除非法院依照其所在地的法律对不属于公约范围的类似销售合同愿意这样做。也就是说,即使买方根据公约有权要求法院强迫卖方提交货物或履行其他合同义务,如果法院根据国内法在类似情况下不作出实际履行的判决,那么,公约的规定要让位于国内法的规定。也就是说,由于大陆法系与英美法系的差别较大,公约实际是让解决争议的各国法院依照本国法来决定实际履行的救济。

(二) 宣告合同无效

依照《买卖合同公约》第64条的规定,卖方在下列情况下可以解除合同:(1)当买方没有履行合同或者公约规定的义务构成根本违约时;(2)买方不在卖方规定的额外时间内履行支付价款的义务或者收取货物,或者声明他将不在所规定的时间内履行。但如买方支付了全部货款,卖方原则上就丧失了解除合同的权利。

依据《买卖合同公约》规定,如果买方已支付了价金,卖方则不能宣布合同无效,除非:(1)在得知卖方延迟履行义务前,宣布合同无效;(2)对于其他违反合同的事件,卖方在得知这种情况后的合理时间内宣布合同无效;或在给予买方的宽限期届满或在得知买方声明不履行合同的一段合理时间内宣布合同无效。

对于未收货款的卖方,在不同的情况下,可行使以下四种权利:停止交货权,留置权,停运权,再出售权。

三、适用于买卖双方的一般规定

上述是适用卖方或者买方的特殊规定,此外公约还规定了适用与买卖双方的一般规定,主要有中止合同、损害赔偿、支付利息、货物保全等。

(一) 损害赔偿

损害赔偿是《买卖合同公约》中规定的违约补救中运用最广泛的一种补救办法,买方或者卖方所进行的其他补救,并不妨碍他们同时提出损害赔偿。如买方或者卖方可以既宣告解除合同,也要求损害赔偿。也就是说,虽已解除了买卖双方当事人在合同中的义务,但其中受损害一方当事人请求损害赔偿的权利,并不因此受影响。

实际履行可以达到买卖双方当初订立合同时预期的目的,但在买方违约并拒绝履行合同时,尽管卖方依公约可以要求实际履行,但法院能否作出实际履行的判决,以及判决的执行等都是费力又费时的事。在瞬息万变的国际市场上,卖方往往不愿意承担将货物长期留在自己手中的风险,特别当货物属于易于腐烂的产品,或货物在市场上较为紧俏,或保存货物要支出较高费用的时候,卖方宁愿选择较为快捷、简便的办法处理,即宣告合同无效、转售货物,同时向买方要求损害赔偿。

依据《买卖合同公约》第 74 条的规定,关于损害赔偿额的计算,一方当事人违反合同应负的损害赔偿额,应与另一方当事人因他违反合同遭受的包括利润在内的损失额相等。此外,卖方为保全货物支出的合理费用都可以从转售额中予以扣除。但《买卖合同公约》第 74 条同时也规定,损害赔偿还应以违约方能够预见的损失为限。如卖方在订立合同时对于买方购买货物的正常市场价格是能预料的,但卖方对于买方由于异常的天气等原因造成的脱销而价格上涨等不正常的价格变化,是不能预料的,超过正常损失的范围,卖方不承担赔偿责任。

根据《美国统一商法典》第 2—706(b) 的规定:转售所得利润,即当转售价高于合同价时的差额,不予返还。假如在宣告合同无效后一段合理时间内,卖方没有转售货物,则可取得合同价格与宣告合同无效时时价之间的差额以及其他合理费用。当买方违约属不付款或有其他拖欠金额时,卖方有权要求赔偿利息损失以及由买方拖欠付款造成的其他损失。

(二) 支付利息

《买卖合同公约》第 78 条是关于支付利息的补救办法的规定。支付利息是指拖欠价款或其他金额的一方当事人向另外一方当事人支付上述款项的利息。支付利息后,仍然可以要求损害赔偿。

(三) 保全货物

在国际货物买卖合同履行过程中,由于某种原因,货物可能处于缺乏照管的境地。为了不使货物遭到可以避免的损失,《买卖合同公约》第 85 条至第 88 条是关于保全货物的规定。保全货物是在一方当事人违约时,另外一方当事人仍持有货物或者货物的处置权时,该当事人就有义务对他所持有的货物或控制的货物保全。

1. 保全货物的义务

该义务有时要由卖方承担,有时要由买方承担。承担保全货物义务的人都有一种权利:他有权保有这些货物,直至对方把他所付的合理费用偿还给他为止。

2. 保全货物的措施

《买卖合同公约》只原则地规定:"必须按情况采取合理措施,以保全货物。"此外规定了两种保全的方式:(1)将货物寄放于仓库。可以寄放于第三方仓库,但是对方承担该费用。(2)将易坏的货物出售。

3. 买卖双方保全货物的条件

卖方保全货物的条件:买方没有支付货款或者接收货物,而卖方仍拥有货物或者控制着货物的处置权。

买方保全货物的条件:买方已经接收了货物,但打算退货。或者如果发运给买方的货物已经到达目的地,并交给买方处置,而买方行使退货权利,则卖方必须代表卖方收取货物。(也就是说,对方违约,如欲行使解除合同的权利,可以拒绝接受货物。但是也必须要先接收货物,不能拒绝。接收与接受是不同的。接收之后依然可以解除合同,追究对方违约责任)

🚩【知识链接】

《美国统一商法典》对履行合同规定了"无保障的合理理由"(Reasonable Grounds for Insecurity)和先期拒绝履行(Anticipatory Repudiation)。法国学者称之为"不履约的抗辩"(Defence of Unperformanced Contract)。它来自中世纪罗马法 Exeptio non adimpleti contractus(法文表达为 exception d'inexecution),是从约因学说出发,认为一方的义务是另一方的约因,因此,一方不履行合同为另一方的不履行提供了法律依据。

"不履行的抗辩"包括先期违约,并泛指一切双务合同中,当事人由于对方不履约而拒绝履行自己义务的情况。相对一般解除权而言,是唯一允许当事人实行自助的原则,即不必诉诸法院即可行使的中止权。先期违约可由违约方明确表示,或由对方从其行动中判断出来。例如,违约方在履行期到来之前即宣布拒绝履行合同或宣告破产,或丧失清偿债务的能力。

四、先期违约的法律效力

先期违约(Anticipatory Breach)是指在合同订立以后,履行期到来之前,一方表示拒绝履行合同的意图。根据《买卖合同公约》的规定,如果订立合同后,另一方当事人由于下列原因显然将不履行其大部分重要义务,一方当事人可以中止履行义务:(1)他方履行义务的能力或他方的信用有严重缺陷;(2)他在准备履行合同或履行合同中的行为。

如果在履行合同日期前,明显看出一方当事人将根本违反合同,另一方当事人可以宣告合同无效;当另一方显然将不履行其大部分重要义务时,一方可以暂时中止合同的履行。即在买方有先期违约的情况下,卖方可停止发货或对在途货物行使停运权;在卖方先期违约的情况下,买方停止付款。

此外,当事人还必须承担以下义务:(1)必须将自己中止或解除合同的决定立即通知对方;(2)当对方提供了履行合同的充分保证时,则应继续履行合同;(3)假如当事人一方没有另一方不能履行合同的确切证据而中止合同的履行,并给另一方造成损失,则应负违反合同的责任。

在发生先期违约的情况下,一方有权要求提供担保,在得到担保之前有权中止或解除合同。这一原则在各国国内法中都得到了不同程度的承认。《法国民法典》第1613条规定:若买卖后,买受人陷于商事上或非商人的破产状况,以至出卖人有丧失价金之虞时,即使出卖人曾同意于一定期间后支付价金,出卖人亦不负交付标的物的义务。但买受人提供到期支付的保证者,不在此限。第1653条规定:"买受人因第三人基于抵押权或所有物返还请求权提起诉讼而遭受妨害,或根据正当理由有受上述诉讼妨害的可能性时,得停止支付价金,直至出卖人排除此种妨害为止;但出卖人愿提供保证,或契约规定不拘有无妨害,买货人均需支付价金者,不在此限。"

《美国统一商法典》规定,买卖合同订立后,在产生给付无保障的合理理由时,他方得以书面请求其提供适当履行的充分担保,在未提出担保前,请求权人得在一般商业许可的范围内中止履行。

此外,《德国民法典》《1979年英国货物买卖法》和《瑞士民法典》也都有类似的规定。假如,另一方并未明确声明他将不履行合同,而是合同当事人根据自己的判断中止合同的履行,如果判断失误则要承担自己违反合同的责任。

至于何谓"不能履行合同的确切证据"以及"对履行合同提供充分的保证",公约未作规定。《美国统一商法典》认为:"在商人之间,无保障的合理理由及充分担保之提出,应以一般商业标准定之。当一方在收到合法的履行请求后30天内未提供依该事件所需的充分担保作为履约保证,视为拒绝履行合同。"

我国《民法典》"合同编"第四章"合同履行"中列举了以下四种情况为当事人有不履行合同义务的可能的证据:(1)经营状况严重恶化;(2)转移财产,抽逃资金,以逃避债务;(3)丧失商业信誉;(4)有丧失或可能丧失履行债务的其他情况。当事人没有确切证据中止履行的,应当承担违约责任。

因此,对先期违约中止或解除合同,可以看作是债权人对债务人履行义务施加压力的手段,这种权利不能被滥用。根据法国判例,当事人中止履行的合同义务必须是基于同一法律关系产生的与债务人的债务有关的义务。

中止履行并不意味着解除合同。对于买方来说,他可以一方面不付款或停止付款,另一方面,他可以要求卖方:(1)提供担保;(2)履行合同;(3)在履行期到来时,解除合同并就卖方违约要求损害赔偿。对于卖方来说,可以一方面行使留置权、停运权,另一方面要求买方:(1)开出信用证,付款;(2)提供担保;(3)在付款日到来时,转售货物,并就差额向买方要求损害赔偿。

五、合同的分割履行与先期违约

在货物买卖合同中,除非双方在合同中有明示规定,否则不能强迫买方接受分批交货或卖方接受分期付款。当合同规定了批量交货和分期付款时,则合同的履行视为可分割的。如《法国民法典》第1244条规定,债务人不得强迫债权人受领债的一部分清偿,虽债为可分时亦同。

根据《买卖合同公约》的规定,当一方违反分批履约义务,另一方宣布解除合同时,应满足以下条件:(1)如果一方当事人不履行对任何一批货物的义务,构成根本违反合同时,另一方当事人可以宣告合同对该批货物无效。(2)如果从该项违反可以推断,类似的违反将发生于将来的几批交货,则受损失方可以取消合同。(3)假如各批货物是互相依存的,不能单独用于双方当事人在订立合同时所设想的目的,则买方在宣告合同对任何一批货物的交付为无效时,可以同时宣告合同对已交付的或今后交付的各批货物均为无效。

第五节 货物所有权与风险转移

一、所有权转移

所有权转移问题非常重要。在国际货物贸易中,因意外事故导致的货物灭失损害,除非当事人另有约定,否则这种损失的风险将随所有权转移,由买方负担。针对货损向第三人(保险人、承运人)起诉的权利也取决于诉方是否拥有所有权。当买卖双方发生破产事故时,认定交易中的货物所有权就显得十分重要了。当卖方破产时,他虽然占有货物,但是货物的所有权已经转移到买方,买方可以对抗卖方清算人。若买方破产,而卖方仍然保留货物的所有权,卖方可以以此对抗买方破产清算人,尽管此时货物已经由买方占有。

由于各国法律对所有权转移适用不同的原则和规定,因此,《买卖合同公约》除了在卖方义务中规定了卖方的所有权担保义务外,对货物所有权何时转移以及合同对所有权的影响均不涉及。归纳起来,国际上对所有权转移有以下几种原则和做法。

(一)合同订立时间为所有权转移时间

《法国民法典》第1583条规定,当事人就标的物及其价金相互同意时,即使标的物尚未交付,价金尚未支付,买卖即告成立,而标的物的所有权亦于此时在法律上由卖方转移于买方。该规定采用了以合同订立时间确定所有权转移时间的原则。

在司法实践中,对于所有权的转移还可适用以下原则:(1)对于种类物的买卖,所有权在货物经划拨后发生转移;(2)对于附条件的买卖,则在满足条件后所有权发生转移;

(3)买卖双方可在合同中自由确定所有权转移时间。

(二)货物特定化后,在交货时所有权发生转移

所谓"特定化",又称"划拨"(identify),是指在货物上加标记,或以装运单据,或向买方发通知或以其他方式清楚地注明货物已归于有关合同项下。

《美国统一商法典》适用这一原则。根据该法典第2—501条规定,货物在特定于合同项下之前,所有权不发生转移。除双方另有约定外,特定化后的货物所有权在交货时发生转移。该法典第2—401条规定:(1)当合同规定在目的地交货时,所有权在目的地由卖方提交货物时发生转移;(2)当合同规定卖方需将货物发送买方而无须送至目的地时,货物所有权在交付发运的时间和地点转移给买方;(3)当不需移动货物即可交付时,如卖方需提交所有权凭证时,所有权在交付所有权凭证的时间和地点发生转移;在货物已特定化且不需提交所有权凭证时,所有权在订立合同时发生转移。

根据《美国统一商法典》的规定,卖方所有权的保留只起到担保权益的作用。例如,在货物提交买方或发运的情况下,卖方保留提单只起到担保买方将来付款的作用,并不妨碍所有权的转移。在这一点上,它和《英国货物买卖法》的规定不同。

小贴士

无论有无正当理由,当买方以任何形式拒绝接受或保留货物,或买方正当地撤销对货物的接受时,所有权重新转移至卖方,不构成一次买卖。

(三)货物特定化后,以双方当事人的意图决定所有权转移

《英国货物买卖法》采用这一原则。《1893年货物买卖法》(现《1979年货物买卖法》1995年修订本)第16条规定,货物未经特定化之前,财产权不发生转移。特定化后的所有权转移时间取决于双方当事人的意图。为确定双方意图,除需考虑合同条款,缔约双方行为以及合同的具体情况外,还必须遵循以下原则。

1. 在无保留条件的买卖处于可交付状态的特定物时,货物所有权是在缔约时转移给买方。"处于可交付状态"是指货物已经备妥,买方根据合同可立即提取货物。

2. 当买方必须对货物有所作为才能使货物处于可交付状态时,所有权是在完成了这些工作并在买方收到有关通知时发生转移。

3. 当货物已处于可交付状态,但卖方还必须对货物进行称重、丈量、检验或其他行为才能确定价金时,财产权是在以上行为都已完成且买方收到有关通知时转移。

4. 当货物属于附有"看货和试用后决定"(On Approval)或"准许退还剩货"(On Sale or Return)或其他类似条件交付认可或接受,或采取其他接受该项交易行为时;或买方虽未对卖方表示认可或接受,但留下了货物且未通知拒收时发生转移。

5. 如特定化后,卖方根据合同条款保留对货物的处置权,则不管货物是否交付买方、交付承运人或其他委托人以便转移至买方,货物所有权都不发生转移,直到所附条件完成。

根据《英国货物买卖法》第 19 条的规定,所谓"处置权的保留",是指当货物已被装船,根据提单所列,收货人是凭卖方或其代理人指定时,则可在表面上被视为卖方保留了对货物的处置权。当卖方开出汇票,并将汇票和提单一并交付买方,要求其偿付或承兑汇票时,如买方拒绝偿付或承兑时,则财产权不发生转移。

国际贸易惯例中,只有《1932 年华沙—牛津规则》规定了货物所有权转移的时间,而《买卖合同公约》对此未做规定。《1932 年华沙—牛津规则》适用的原则与英国货物买卖法类同,即如卖方依据法律对订售货物享有留置权、保留权或中止交货权时,所有权不发生转移。《华沙—牛津规则》第 6 条、第 21 条第 2 款规定了货物所有权的转移时间是卖方将有关单据提交买方掌握的时间。

《华沙—牛津规则》是针对 CIF 合同规定的,一般认为,以上规定也适用于卖方提交单据义务的所有合同,如 FOB、CFR 合同。在卖方无此义务的情况下,如工厂交货或目的地交货合同中,则可以推定所有权是在货物交给买方或置于其控制之下的时间发生转移。

此外,国际商会《国际销售示范合同》规定,如果双方当事人已经有效地同意保留所有权,则直至完全付清价款之前,或依照另外的约定,货物的所有权不发生转移。

(四)订立独立的物权合同,转移货物所有权

和以上国家的做法均不相同,德国法采取这一原则。德国法认为,货物所有权转移属于物权法范围,而货物买卖合同属于债权法范围。因此买卖合同解决不了物的所有权转移问题,需要买卖双方另就货物所有权转移问题订立物权协议。根据这一协议,货物所有权是在卖方将货物交付买方时发生转移。在卖方必须交付物权凭证的场合,卖方则通过提交物权凭证完成所有权转移。

(五)所有权于交货时发生转移

我国法律采用这一原则。《民法典》"物权编"第 224 条规定:"动产物权的设立和转让,自交付时发生效力,但是法律另有规定的除外。"国际货物贸易中的标的物属于动产,这就意味着在标的物交付时起,所有权发生转移。《民法典》第 224 条规定:"动产物权转让时,当事人又约定由出让人继续占有该动产的,物权自该约定生效时发生效力。"

在国际货物买卖中,货物风险主要指货物在高温、火灾、水浸、盗窃,严寒和查封等非正常情况下发生的变质、短少或灭失等损失。划分风险的目的就是确定这些损失应当由谁来承担。尽管在通常情况下,这些损失可以通过投保在经济上得到补偿,但仍有以下问题需要解决:(1)谁有资格向保险公司求偿;(2)在不属保险范围内或当事人漏保的情况下风险分担问题;(3)对受损货物进行保全与救助的责任问题等。因此,在国际货物买卖中,风险分担对买卖双方是一个十分重要的问题。

二、风险转移

(一) 风险移转的含义

风险移转是指风险承担的移转,也就是对风险造成的损失的承担的移转。

(二) 风险划分原则

1. 以交货时间确定风险转移

和英国等国家以所有权转移时间确定风险转移时间的原则不同,《买卖合同公约》采用了所有权与风险相分离的方法,确定了以交货时间作为风险转移时间的原则。《买卖合同公约》第69条规定,从买方接收货物时起,风险转移于买方承担。

2. 过失划分原则

《买卖合同公约》第66条规定,从交货时间起,风险从卖方转移于买方。这一原则的适用有一个前提,即风险的转移是在卖方无违约行为的情况下。假若卖方发生违约行为,则上述原则不予适用。《买卖合同公约》第66条规定:货物在风险转移到买方后遗失或损坏,买方仍需履行付款义务,除非这种遗失或损坏是由卖方的作为或不作为所致。

3. 国际惯例优先

在国际货物买卖中,有些国际惯例对风险转移有自己的规定。《买卖合同公约》第10条规定,双方当事人业已同意的任何惯例和他们之间确立的任何习惯做法,对双方当事人均有约束力。例如根据《2010年国际贸易术语解释通则》,FOB、CIF、CFR合同的风险划分是以装运港船舷为界。卖方承担货物越过船舷前的风险,货物越过船舷后风险由买方承担。如果当事人在合同中选择了这种贸易术语,那么国际贸易术语规定的风险分担原则优先于《买卖合同公约》的规定。即风险划分以船舷为界而不是以交付单据(即交货)的时间为界。

4. 划拨是风险发生转移的前提条件

依据《买卖合同公约》的规定,货物在划拨合同项下前风险不发生转移。所谓"划拨",又称"特定化",是指对货物进行计量、包装、加上标记,或以提交装运单据,或向买方发通知等方式表明货物已归于合同项下。经过划拨的货物,卖方不得再随意进行提取、调换或挪作他用;当交货涉及运输时,《买卖合同公约》第67条规定,风险于货交第一承运人时起转移到买方,但在货物未划拨合同项下前不发生转移;在交货不涉及运输时,《买卖合同公约》第69条规定,风险是在货物交由买方处置时发生转移,但当货物未划拨合同项下以前,不得视为已交给买方处置。

(三) 风险转移的时间

这是风险移转问题的核心,即风险在什么时候从卖方移转给买方。《买卖合同公约》规定了合同涉及货物运输的情况下和在运输途中的以及在卖方营业地交货的情况下风险移转的时间。按照以交货时间作为风险转移时间的原则,公约将交货分为以下几类。

1. 在途货物的交货

对于在运输中出售的货物,《买卖合同公约》规定,原则上从订立合同时起,风险转移到买方承担。假如卖方通过向买方转移运输单据作为交货依据,则从货物交付给签发载有运输合同的承运人时起,风险由买方承担。为了保护买方的利益,公约给出售在途货物的卖方施加了一项义务,即如果卖方在订立合同时已经知道或理应知道货物已经损坏或遗失,而不将这一事实告之买方,则上述风险转移的原则不予适用。

2. 涉及运输的交货

涉及运输的交货可以分为两种情况:(1)卖方没有义务在指定地点交货。此时风险于货交第一承运人时起转移给买方。(2)卖方必须在某一特定地点交货,此时,风险以在该地点货交承运人时起转移给买方。由于《买卖合同公约》采用的是所有权与风险转移分离的原则,因此卖方保留控制货物处置权的单据,不影响风险的转移。

3. 不涉及运输的交货

不涉及运输的交货也有两种情况:(1)在卖方营业地交货,此时,风险从买方接收货物时转移给买方;或在货物交买方处置但遭无理拒收时起转移给买方。(2)在卖方营业地以外地点交货,当交货时间已到,而买方知道货物已在该地点交他处置时,风险开始转移给买方。

所谓"货物交买方处置"是指卖方已将货物划拨合同项下,完成交货的准备工作并向买方发出通知等一系列行为。卖方完成上述行为即为将货物已交买方处置。

小贴士

根据英国1979年《货物买卖法》(1995年修订本)的规定,货物风险表面上随财产权转移。第20条规定:卖方应负责承担货物的风险,直至财产权转移给买方时止。根据这一规定,风险的转移是和所有权转移联系在一起的。所有权不发生转移,风险也不发生转移。假如卖方在货物装船后,不把提单交给买方,那么在提单交给买方前的整个运输途中的风险都应由卖方负责。

复习思考题

1. 试述《2020年国际贸易术语解释通则》相较于《2010年国际贸易术语解释通则》的主要变化。
2. 简述《2020年国际贸易术语解释通则》对 FCA、FOB、CFR、CIF、DAP、DPU 规定的买卖双方的权利和义务。
3. 分别比较 FOB、CFR、CIF 以及 FCA、CPT、CIP 两组术语的异同。
4. 简述国际货物买卖合同的概念和特征。
5. 简述国际货物买卖合同成立的程序。
6. 国际货物买卖合同的主要内容有哪些?

7. 简述国际货物买卖合同卖方的义务。
8. 简述国际货物买卖合同买方的义务。
9. 违约救济方法有哪些,每一方法的特点是什么?
10. 国际上关于货物所有权转移的理论有哪些?
11. 试述国际货物买卖合同的主要条款。

案例分析

中国A公司与美国B公司签订进口1000公吨玉米的合同。事后A公司与中国C公司和D公司分别签订转售500公吨玉米的合同。合同履行期内,B公司因故明确表示无法履行合同。A公司多次交涉未果,遂向B公司提出如下赔偿要求:(1)B公司无法履行合同造成的利润损失;(2)支付中国C公司和D公司违约金;(3)催促B公司履行合同等文电、办公费用;(4)其他因B公司违反合同造成的损失。

问:A公司的要求是否合理?

【评析】

根据《销售合同公约》有关违约责任和选择补救措施的规定。中美两国均为《公约》缔约国,且合同中未排除对《公约》的适用,应适用《公约》。

A公司提出的第(1)(3)(4)项赔偿要求合理。本案中B公司违约事实成立,应承担违约责任,A公司应提出赔偿要求,根据《公约》规定,一方违约应承担的损害赔偿的范围,应与对方因其违约而遭受的包括利润在内的损失额相等,但不得超过违约方在订立合同时预料到或者理应预料到的可能损失。

A公司提出的第(2)项要求不合理。理由如下:本案中,A公司与另外两公司的转售合同是在A、B公司合同签订之后签订的,A公司在后两份合同中的损失超过了B公司损害赔偿的责任范围,所以B公司不应承担A公司对另外两家公司的违约责任。

第六章　国际货物运输法与保险法

【学习目标】
1. 了解国际货物运输法的概念及国际货物运输保险的基本原则。
2. 了解国际海上货物运输的运营方式及海上货物运输合同的国际法律规范。
3. 了解调整国际间航空货物运输的法律关系的国际公约。
4. 了解海上运输货物保险的承保范围、海上保险的特点及险别。
5. 了解有关国际铁路货物运输的国际公约。
6. 了解《海牙规则》规定的承运人的责任及我国《海商法》对承运人责任的规定。

第一节　国际货物运输法概述

国际货物运输是国际间商品流通的一个重要环节,是实现国际货物买卖必不可少的前提条件。国际货物运输具有线长面广、环节多、时间性强、情况复杂、风险大等特点。为了有效调整国际货物运输关系,保证国际货物运输的顺利实现,促进国际贸易的发展,各国都制定了相应的法律,一些国家还通过缔结国际公约的方式,协调各国立法,统一有关规定。这些公约在调整国际货物运输关系中,起着重要的作用。

一、国际货物运输

国际货物运输是在国家与国家、国家与地区之间货物的运输,通常被称为国际贸易运输,从一国来说,就是对外贸易运输,简称外贸运输。国际货物运输包括国际海上货物运输、国际航空货物运输、国际铁路(公路)货物运输和国际多式联运。

二、国际货物运输法

国际货物运输法是指调整国际货物运输关系的法律规范的总和。包括针对国际海上货物运输、国际航空货物运输、国际铁路货物运输、国际货物多式联运等制定的有关国内法和国际公约。

(一) 有关国际海上货物运输的国内法和国际公约

英美法系国家大多制定单行的法规,如:1936年美国制定的《海上货物运输法》,英国《1971年海上货物运输法》。

大陆法系国家通常在商法典中专列海商内容为其中的一编,例如:1807年法国颁布的商法典中第二编为海商法;1979年,日本修正的商法典中第四编为海商法;我国于1992年11月7日制定的《海商法》属于单行法规性质。

由于法系不同,各国的海商法存在着较大的差异,为了促进世界航海贸易的发展,国际上一些国家通过制定一系列国际公约来调解各国海商法之间的矛盾,这些公约主要有以下几项。

1. 1910年制定的《海上救助公约》。
2. 1924年制定的《统一提单的若干法律规定的国际公约》,即《海牙规则》。
3. 1957年制定的《船舶所有人责任限制统一公约》。
4. 1972年制定的《国际海上避(难)碰(撞)规则》。
5. 1968年《修改统一提单的若干法律规定的国际公约的议定书》,即《维斯比规则》。
6. 1978年制定的《联合国海上货物运输公约》,即《汉堡公约》。

上述公约把国际航海贸易货物运输中的法律问题统一起来,对国际贸易的发展起到了极大的推动作用。

(二)有关国际航空货物运输的国际公约

调整国际间航空货物运输的法律关系的国际公约主要是《华沙公约》《海牙议定书》《瓜达拉哈拉公约》《危地马拉城协议书》和《蒙特利尔公约》等。

目前,世界大多数国家都加入了《华沙公约》,因此,关于国际空运方面的法律在很大程度上达到了一致。

(三)有关国际铁路货物运输的国际公约

有关国际铁路货物运输的国际公约主要有:

1. 《关于铁路货物运输国际公约》,简称《国际货约》。
2. 《国际铁路货物联合运输协定》,简称《国际货协》。

(四)有关国际货物多式联运的国际公约

国际多式联运是随着集装箱的使用而发展起来的由两种或两种以上不同运输方式组成的一种连贯运输方式。这种运输方式出现后,产生了一些法律问题,为了解决相关的法律问题,国际商会曾于1973年制订了《联合运输单证统一规则》并在联合国贸发会议主持下起草了《联合国国际货物多式联运公约》。后者于1980年5月24日在日内瓦会议上通过,67个国家在会议最后文件上签字,我国也签了字,目前,该公约尚未生效。

第二节 国际海上货物运输法

一、国际海上货物运输法

海上货物运输法是指调整海上货物运输法律关系的法律规范的总和,其中具有涉外因素的法律规范总和称之为国际海上货物运输法。

二、国际海上货物运输方式

海上运输是随着国际贸易的扩大而发展起来的,国际贸易中的货物种类繁多,贸易合同类型不同,为适应国际贸易发展,合理地运用国际运输船舶的运输能力,国际上普遍采用了两种船舶营运方式,即班轮运输和租船运输。

(一) 班轮运输(LINER SHIPPING)

班轮运输是指按照固定的航行时间表,沿着固定的航线,按照固定的港口顺序,收取相对固定的运费(即"四固定")的海上货物运输。

20世纪60年代后半期,随着集装箱运输的迅速发展,班轮运输进一步分化为传统杂货班轮运输和集装箱班轮运输。由于集装箱运输具有船速快、装卸方便、效率高、能保证货运质量、减少货损货差、便于开展多式联运等优势,其已逐步取代传统的杂货船班轮运输。班轮运输的特点如下。

1. 有"四固定"的基本特点。
2. 有船方负责配载装卸,装卸费包括在运费中,货方不再另付装卸费,船货双方也不计算滞期费和速遣费。
3. 船、货双方的权利、义务与责任豁免,以船方签发的提单条款为依据。
4. 班轮承运货物的品种、数量比较灵活,货运质量较有保证,且一般采取在码头仓库交接货物,为货主提供了较便利的条件。

班轮运费包括基本运费和附加费两部分。前者是指货物从装运港到卸货港所应收取的基本运费,它是构成全程运费的主要部分;后者是指对一些需要特殊处理的货物,或者由于突然事件的发生或客观情况变化等原因而需另外加收的费用。

(二) 租船运输

租船运输又称不定期船运输,在租船运输业务中,没有预定的船期表,船舶经由航线和停靠的港口也不固定,须按船租双方签订的租船合同来安排,有关船舶的航线和停靠的港口、运输货物的种类以及航行时间等,都按承租人的要求,由船舶所有人确认而定,运费或租金也由双方根据租船市场行市在租船合同中加以约定。租船运输方式包括以下几种。

1. 定程租船,又称航次租船,是指由船舶所有人负责提供船舶,在指定港口之间进行一个航次或数个航次,承运指定货物的租船运输。定程租船按其租赁方式的不同分为:单程租船,又称单航次租船;来回航次租船;连续航次租船;包运合同。

2. 定期租船,是指由船舶所有人将船舶出租给承租人,供其使用一定时间的租船运输。承租人也可将此期租船充作班轮或程租船使用。定程租船和定期租船的不同之处在于:租船依据不同;船方责任不同;计租依据不同。

3. 光船租船,是指船舶所有人将船舶出租给承租人使用一个时期,但船舶所有人所提供的船舶是一艘空船,即无船长,也未配备船员,承租人自己要任命船长、船员,负责船只的给养和船舶营运管理所需的一切费用。实际上属于单纯的财产租赁,光船租船合同不是真正意义上的运输合同,它更多地体现出财产租赁的合同的特点,因此,可以将光船租赁合同排除在货物运输合同之外。

4. 租船运输的特点。

(1)船舶出租人和承租人签订租船合同,合同中确立的买卖双方的权利义务是履行合同处理纠纷的依据,因此,要按合同规定组织运输。

(2)船舶租金随国际市场航运供求状况而波动。

(3)通常在租船合同中明确有关费用支出由谁承担。租船运输适用于粮食、钢材、矿砂、化肥和石油等大宗散装商品的运输。

租船合同与班轮运输合同有很大的不同。首先,租船合同只是租船人与船东订立的合同,仅规定租船人与船东之间的权利和义务,而与收货人无关。其次,租船合同的订立一般可以完全适用当事人意思自治的原则,它不像提单那样要受到有关国际公约的约束。但租船人在租船合同下所签发的提单一经转让,仍然要受到有关国际公约的约束。

【知识链接】

班 轮 公 会

在国际海上货物运输中,主要海运国家经营班轮运输航运公司,为保护和协调彼此间的权益而组成的超国家的航运垄断组织叫班轮公会,又称水脚公会。

19世纪末,国际航运竞争日益激烈,为避免因跌价争揽货源而损害各自的利益,1875年7家英国航运公司组成联合王国——加尔各答班轮公会。该公会的协议规定各自的船舶发航艘次和最低运价。此后班轮公会有很大发展,目前全世界已有360多个班轮公会,遍布各主要班轮航线,多由海运发达国家的航运公司控制。

班轮公会分为开放式公会和关闭式公会两种。开放式公会多见于与美国港口有关的航线,并为美国政府有关当局所调节。入会条件是同意公会规定的运价,遵守公会协议。关闭式公会的入会条件是入会者经全体会员通过。大多数班轮公会为关闭式公会。

班轮公会的任务是规定共同遵守的最低运价;通过对船舶发航次数、船舶吨位和挂靠港口的限制,控制会员公司之间的竞争;采用折扣、回扣、延期回扣和合同优惠等办法给货主一定优惠,以控制货源,排挤会外航运公司和垄断航线上的班轮业务。

海运发达国家通过班轮公会垄断航运业务的作法,严重阻碍了发展中国家航运业的发展。在第三世界国家的争取下,1974年联合国贸易和发展会议全权代表会议上通过了《班轮公会行动守则公约》,规定了货载分配原则、入会条件和公会提高运价的期限。公约的制定和实施便利了国际海上货运有秩序发展,促进了班轮运输更有效地为国际贸易服务,有利于发展中国家发展自己的商船队,限制了发达国家对班轮航运的垄断。

三、有关国际海上货物运输合同的国际公约

(一)国际海上货物运输合同的概念及分类

1. 国际海上货物运输合同的概念

国际海上货物运输合同,是指船主与货主之间签订的,由承运人或船舶出租人负责将货物由一国家或地区的港口经海路运至另一国家和地区的港口,交给收货人,由托运方或收货人支付运费的协议。

2. 国际海上货物运输合同的分类

(1)海上货物运输协议或总合同。

这是指承运人和托运人就在一定时间内运输的货物总吨位,使用的船舶、运价、装运条件、起运港和目的港等达成的协议或订立的货运总合同。为了保证总合同的实施,通常在分批装运时另签发提单,如双方当事人同意,也可以另行订立航次租船合同。此类合同适用于大宗货物运输。相应地在合同项下能保证托运人对舱位的需要,并享受优惠运价。

(2)班轮运输合同。

班轮运输合同(也叫件杂货运输合同),它是托运人与承运人就件杂货运输达成的协议。托运人填写托运单和装货单,并送船公司或其代理人之后,经签署即认为船方接受该货物的承运,此时运输合同宣告成立。这种海上书面运输合同通常以书面形式订立,班轮运输合同大多是以提单这种书面文件表现和证明的。

(3)租船合同。

租船合同包括航次租船合同和定期租船合同两种。航次租船合同是由船舶出租人向承租人提供船舶或者船舶的部分舱位,装运约定的货物,从一个港口运至另一港口,由承租人支付约定运费的合同。航次租船合同主要用于不定期船运输,船舶出租人和承租人仅为某一特定航次使用船舶签订协议,承租人只要求出租人把货物运至目的港,并不希望占有和控制船舶。

定期租船合同(又称期租船合同或期租合同)是由船舶出租人将船舶租给租船人使

用一定期限,承租人支付租金,签订按一定期间由出租给承租人使用的合同称为定期租船合同。

(二)国际海上货物运输合同的订立

1. 班轮运输合同的订立

(1)班轮运输合同的订立。

要约与承诺是订立合同的必经程序。海运实践中,班轮运输的承运人签发的海运提单载明了较为详细的运输条款,具体规定了当事人的权利与义务,因此,一般很少另行订立书面运输合同。但提单不是运输合同本身,而是运输合同存在的证明。

(2)海运提单。

①海运提单概念。海运提单简称提单,是指证明海上运输合同和货物由承运人接管或装船,以及承运人据以保证交付货物的凭证。海运提单是货物收据、物权凭证和运输契约的证明。

②海运提单的格式和内容。海运提单一般包括提单正面记载事项和提单背面印就的运输条款。提单正面内容如下:a.托运人,b.收货人,c.被通知人,d.收货地或装运港,e.目的地或卸货港,f.船名及航次,g.唛头及件号,h.货名及件数,i.重量和体积,j.运费预付或运费到付,k.正本提单的份数,l.船公司或其代理人的签章,m.签发提单的地点及日期。

③海运提单的种类。海运提单一般包括以下几种。

a.已装船提单和备运提单。

已装船提单是指承运人在已将货物装上指定的船只后签发的提单。这种提单的特点是提单上面有载货船舶名称和装货日期,同时还应由船长或其代理人签字。

备运提单是指承运人在收到托运的货物后,准备装船期间签发给托运人的提单。这种提单上面没有装船日期,也无载货的具体船名,将来货物能否装运、何时装运都很难预料,因此,买方一般都不愿意接受这种提单。

> **小贴士**
>
> 在国际贸易中,一般都要求卖方提供已装船提单。《跟单信用证统一惯例》规定,在信用证无特殊规定的情况下,要求卖方必须提供已装船提单,银行一般不接受备运提单。

b.直达提单、转船提单和联运提单。

直达提单是指轮船装货后,中途不经过转船而直接驶往目的港,承运人签发的提单。这种提单不能出现"在某地转船"的字样。在国际贸易中,如果信用证规定不准转船,托运人就必须取得直达提单方能结汇。

转船提单是指货物在装运港装船后,不直接驶往目的港,而需在中途其他港口换装另一船只运往目的港,由第一承运人在装运港签发的提单。这种提单一般注明"在某港转船"的字样。

联运提单亦称全程提单,是指海陆、海空、海河等联运货物,由第一承运人或其代理人收取全程运费后并负责代办下一程运输手续,在装运港签发的全程提单。转运提单和联运提单的区别在于前者仅限于转船,后者可在中途转换其他运输工具。

c. 清洁提单和不清洁提单。

清洁提单是指货物装船时,表面状况良好,承运人在签发提单时未加任何货损、包装不良或其他有碍结汇批注的提单。

不清洁提单是指承运人收到货物之后,在提单上加注货物外表状况不良,或货物存在缺陷和包装破损等批注的提单。

d. 记名提单、不记名提单和指示提单。

记名提单又称收货人抬头提单,它是指在提单的收货人栏内,具体写明收货人的名称。这种提单的特点收货人已经确定,不得进行转让。

不记名提单又称空白提单,它是指在提单的收货人栏内,不填明具体的收货人或指示人的名称,而留空白提单。这种提单可以转让,而且不需要任何背书手续,仅凭提单交付即可,提单持有人凭提单提货。由于这种提单不凭人,只凭单,谁持有提单,谁就可以提货,因此,采用这种提单的风险很大。

指示提单是指在收货人栏内,只填写"凭指示"或者"凭某人指示"字样的提单。这种提单通过指示人的背书,可以转让,所以又称为可转让提单。

> 【知识链接】
>
> 指示提单又可分为记名指示提单和不记名指示提单两种。记名指示又称记名背书,是指背书人除在提单背面签名外,还需列明被背书人名称。不记名指示又称空白背书,背书人在提单背面签名,而不注明被背书人名称。记名指示提单是指定该提单的指示人是谁。不记名提单又称空白提单,它是指在提单的收货人栏内,不填明具体的收货人或指示人的名称,而留空白的提单。

e. 预借提单和倒签提单。

信用证规定的最迟装运期已届临,而此时货物因故尚未装船,为了取得与信用证规定相符的提单,托运人要求承运人在货物装船前先行签发已装船提单,这种提单称为预借提单。预借提单是一种违法的提单。

货物实际装船的日期晚于信用证规定的最迟装运日期,但仍在信用证的有效期内,若按实际装船日期签发提单,会造成单、证不符,托运人无法结汇。为了使提单日期与信用证规定相符,承运人根据托运人的请求,按信用证规定的装运期签发提单,这种提单称为倒签提单。倒签提单也是一种违法的提单。

④提单背面的条款内容。

a.适用法律,例如,《海牙规则》《维斯比规则》《汉堡规则》。b.争议管辖条款。c.争议解决条款等。

(三)海运提单的法律性质

海运提单的法律性质如表6-1所示。

表6-1 海运提单的法律性质

序号	性质	内容
1	货物收据	证明承运人已收到或接管提单上所列货物
2	运输合同的证明	海运提单条款规定了承运人、托运人双方的权利和义务、责任豁免,是处理纠纷的法律依据之一
3	物权凭证	提单持有人有权凭以提货,还可以通过背书转让其货物所有权
4	要式证券	各国法律和有关国际公约均规定,提单必须记载能够说明货物的托运人、承运人、收货人各自职责以及货物的外表、性质、数量或重量等具体事项
5	文义证券	提单签发后,承运人与托运人或者其他提单合法持有人之间的权利与义务均按提单上记载的事项确定
6	有价证券	提单是物权凭证,提单本身代表提单上所记载的货物,买卖提单相当于买卖货物
7	流通证券	除记名提单是不可转让的外,大多数提单可经背书或交付连续多次转让。转让人的权利若有瑕疵时,善意受让人不能取得货物的所有权

(四)国际公约对班轮提单的规定

1.《海牙规则》

(1)《海牙规则》产生的背景。

《海牙规则》(Hague Rules),全称为《统一提单的若干法律规定的国际公约》,1924年8月25日在比利时首都布鲁塞尔签订,由欧洲26个航运国际签订,是关于提单法律规定的第一部国际公约,是为统一世界各国关于提单的不同法律规定,并确定承运人与托运人在海上货物运输中的权利和义务而制定的国际协议,于1931年6月2日起生效。目前,世界上有80多个国家和地区采用了《海牙规则》。

在提单产生的早期,海上航运最为发达的英国,承运人滥用契约自由,无限扩大免责范围的作法使当时的国际贸易和运输秩序陷入极度的混乱,其直接结果不但使货方正当权益失去了起码的保障,而且还出现了保险公司不敢承保,银行不肯汇兑,提单在市场上难以转让流通的不良局面。这不仅损害了货主、保险商和银行的利益,而且也严重阻碍了航运业自身的发展。

在以英国为代表的船东国在提单上滥用免责条款的时期,以美国为代表的货主国利益受到了极大的损害。为了保护本国商人的利益,美国于1893年制定了《哈特法》。该法规定,在美国国内港口之间以及美国港口与外国港口之间进行货物运输的承运人,不得在提单上加入由于自己的过失而造成货物灭失或损坏而不负责任的条款,同时还规定承运人应谨慎处理使船舶适航,船长船员对货物应谨慎装载、管理和交付。该法规定,凡违反这些规定的提单条款,将以违反美国"公共秩序"为由被宣告无效。

《哈特法》颁布后,对之后的国际航运立法产生了巨大的影响。1904年,澳大利亚制定了《海上货物运输法》;1908年,新西兰制定了《航运及海员法》;1910年,加拿大制定了《水上货物运输法》。这些法律都采纳了《哈特法》确定的基本原则,根据《哈特法》的有关规定对提单的内容进行了调整。

随后,英国以及其他航运国家主张制定相关的国际公约。1921年5月,国际法协会所属的海洋法委员会在荷兰海牙召开会议,制定提单规则,称之为《海牙规则》。我国未加入该公约。

《海牙规则》规定的承运人的责任是最低限度的,仅包括两项强制性的义务,一是适航义务,二是管货的义务。其采取的责任制为不完全的过错责任制。责任期间是从货物装上船起至卸完船为止的期间。

(2)《海牙规则》的主要内容。

《海牙规则》是规范海上货物运输,特别是班轮运输的十分重要的公约,共有16条,其主要内容包括以下几方面。

①承运人最低限度的义务。

承运人有提供适航船舶和妥善管理货物的义务。适航包括船舶的适航,还包括妥善配备船员,装备船舶和配备供应品,此外还要使货舱能适用并能安全接受、载运和保管货物。适航是指在开航前和开航当时。开航前通常理解为装货开始,即在装货开始时要适货,当时船员可能不会全部到齐,但在开航当时必须做到适航。

②承运人的货物运输责任起讫。

货物运输期间是从货物装上船起至卸完船为止的期间。

③承运人的免责规定。

《海牙规则》规定了承运人的免责事项,有17种原因所引起的货物灭失或损坏,承运人可以免除责任。关于承运人免责的规定包括两大类:一类是过失免责,这类免责规定最受人指责,即虽然货物的损坏与灭失是由承运人造成的,但承运人可以不负责任;另一类是无过失免责。

④对赔偿责任的限制

《海牙规则》规定:承运人对货物的灭失或损坏的赔偿责任限额为每件或每计费单位为100英镑。

⑤索赔和诉讼时效

第一,索赔。《海牙规则》规定,如果货物发生灭失或损坏,有提货权的人在提货之前或提货当时,将货损通知书书面交给承运人或代理人,否则,就应视为货物已按提单所述情况交付给收货人的初步证据。倘若货物的灭失不显著,可在3天之内提出书面异议,否则这种提货便成为承运人已按提单规定交货的证据。如果货物交付时已经联合检验,就无需提出书面通知。

第二,诉讼管辖。《海牙规则》和我国《海商法》对此未作明确规定。在我国的司法实践中,此类纠纷按民事诉讼法有关规定处理。而《汉堡规则》规定,原告可以从被告的主营业所或惯常居所、合同订立地、装货港、卸货港、运输合同中指定的任何地点中选择起诉地点。

第三,诉讼时效。《海牙规则》规定:"除非从货物交付之日或应交付之日起1年内提出诉讼,承运人和船舶在任何情况下都应被免除对于灭失或损害所负的一切责任。"

⑥适用范围。

《海牙规则》第10条规定:"《海牙规则》的各项规定,应适用于在任何缔约国内所签发的一切提单。"第5条规定:"《海牙规则》的各项规定不适用于租船合同,但若提单是根据租船合同签发的,则应该符合《海牙规则》的规定。"按《海牙规则》的规定,提单上虽然注明适用《海牙规则》,但该提单不在缔约国内签发时,该提单则不适用《海牙规则》。

(3)《海牙规则》的特点。

该规则较多地维护了承运人的利益。在风险的划分上很不平衡,因而引起作为主要货主国的第三世界国家的不满,要求修改《海牙规则》,建立国际航运新秩序。

2.《维斯比规则》

(1)《维斯比规则》产生的背景。

《维斯比规则》也叫《海牙—维斯比规则》,全称是《关于修改统一提单的若干法律规定的国际公约的议定书》。随着国际政治、经济形势的发展变化,以及航海、造船技术日新月异的进步,海上运输方式也发生了重大变革,特别是集装箱运输方式的出现和迅猛发展,《海牙规则》的内容已不适应新形势发展的需要。尤其是《海牙规则》关于承运人的大量免责条款明显偏袒船方利益,通货膨胀的现实使100英镑的赔偿限额明显过低等原因,到了50年代末,要求修改《海牙规则》的呼声日渐强烈。

为了解决《海牙规则》中存在的一些问题,国际海事委员会于1959年在南斯拉夫的里吉卡举行第二十四届大会,会上决定成立小组委员会负责修改《海牙规则》。修改后的规则于1968年2月23日在比利时的布鲁塞尔召开的,由53个国家或地区代表参加的第十二届海洋法外交会议上通过,定名为《修改统一提单的若干法律规定的国际公约议定书》,并简称为《1968年布鲁塞尔议定书》。该议定书于1977年6月23日生效,主要针对《海牙规则》中明显不合理或不明确的条款作局部的修改和补充。该议定书不能单独使用,要与《海牙规则》结合起来使用,这就是《海牙—维斯比规则》(通称《维斯比规则》)的来由。目前已经有英国、法国、丹麦、挪威、新加坡、瑞典等20多个国家和地区参加了这一公约。

(2)《维斯比规则》的主要内容。

①《维斯比规则》的适用范围扩大为:公约既适用任何缔约国所签发的提单,也适用于"从一个缔约国港口起运的提单,同时还适用于只要提单中规定受该规则约束的任何提单"。

②提高了每件或每单位的赔偿责任限额及制定双重限额,把每件或每单位的赔偿责任限额提高为10000金法郎,同时还增加一项以受损货物毛重为标准的计算方法,即每公斤为30金法郎,以两者中较高者为准。采用的金法郎仍以金本位为基础,目的在于防止日后法郎纸币的贬值,一个金法郎是含金纯度为900/1000的黄金65.5毫克的单位。一旦法郎贬值,仍以上述的黄金含量为计算基础,在《维斯比规则》通过时,10000金法郎大约等于431英镑。和《海牙规则》规定的100英镑相比,这一赔偿限额大大提高。此外,《维斯比规则》还增加了按照每公斤计算的赔偿额度。

1979年,《维斯比规则》将金法郎改为特别提款权(SDR),以15个金法郎为一个特别提款权,从而使承运人的赔偿责任额变为666.67个特别提款权或每千克2个特别提款权,以高者为准。

③《维斯比规则》规定:对于善意受让提单的人来说,承运人不得提出与提单所记载不同的反证,即提单所载是最终证据,以进一步保护提单的转让、流通和提单受让人或收货人的合法权益。

④承运人的责任限制和抗辩理由适用于运输合同所涉及的有关货物的灭失或损害对承运人所提起的任何诉讼,不论该诉讼是以合同为依据的还是以侵权为依据;同时承运人的雇佣人员或代理人在索赔诉讼中可以享有与承运人相同的抗辩事由和责任限制。

⑤《海牙规则》的诉讼时效为一年,《维斯比规则》中规定诉讼时效经双方当事人协商可以延长;即使一年期满后,承运人仍有不少于一个月的时间向第三人追偿。

⑥《维斯比规则》规定,《海牙规则》的规定不影响任何国际公约或国内法有关对核能损害责任的各项规定。

此外,海牙规则还就托运人的责任和义务做了规定,即托运人应当向承运人保证由其提供的货物的标志、件数、数量或重量准确无误,否则托运人应赔偿因此给承运人造成的损失。而且,托运人应当对装载危险货物而直接或间接引起的损害负责赔偿。

3.《汉堡规则》

《汉堡规则》全称为《联合国海上货物运输公约》。它是在第三世界国家反复斗争下,经过各国代表多次磋商并在某些方面作出妥协后通过的。《汉堡规则》于1992年11月起生效,但因签字国为埃及、尼日利亚等非主要航运货运国,而且这些变革对承运人的利益有较大的影响,实际上大多数海运大国没有加入该规则,因此,目前《汉堡规则》对国际海运业的影响不大。

《汉堡规则》全文共分7章34条条文,在《汉堡规则》的制定中,除保留了《维斯比规则》对《海牙规则》的修改外,也对《海牙规则》进行了根本性的修改,是一个较为完备的国际海上货物运输公约。《汉堡规则》完全改变了《海牙规则》和《维斯比规则》规定的承运人不完全过错责任原则,明显扩大了承运人的责任范围,它主要包括以下内容。

(1)《汉堡规则》删去了最大的航行过失免责条款及其他列明的免责条款。确定了推定过失与举证责任相结合的完全过失责任制。该规则规定除非承运人证明他本人、其雇佣人或代理人为避免事故的发生及其后果已采取一切所能合理要求的措施,否则便确定:损失系由承运人的过失所造成,承运人应承担赔偿责任。

(2)《汉堡规则》第4条第1款规定:"承运人对货物的责任期间包括在装货港、在运输途中以及在卸货港,货物在承运人掌管的全部期间。"即承运人的责任期间从承运人接管货物时起到交付货物时止。

(3)《汉堡规则》第6条第1款规定:"承运人对货物灭失或损坏的赔偿,以每件或其他装运单位的灭失或损坏相当于835特别提款权或毛重每公斤2.5特别提款权的金额为限,两者之中以其较高者为准。"

(4)对于"活动物",只要承运人证明其是按照托运人对该活动物作出的指示从事,则对货物的灭失、损坏或延迟运货所造成的损失视为运输有固定的特殊风险而不承担责任。

规定承运人只有与托运人达成协议或符合特定的贸易习惯或为法规或条例要求时,才能在舱面载运货物,否则要对舱面货发生的损失负赔偿责任。

(5)如果承运人或者代其签发提单的其他人,确知或有合理理由怀疑提单所载有关货物的一般性质、主要唛头,包括件数、重量或数量等项目没有准确地表示实际接管的货物,或者无适当的方法来核对这些项目,则承运人或上述其他人必须在提单上作出保留,注明不符之处、怀疑根据或无适当核对方法。若承运人未在提单上批注货物的外表状况,则视为已在提单上注明货物的外表状况良好。

(6)《汉堡规则》第5条第2款则规定:"如果货物未能在明确议定的时间内,或虽无此项议定,但未能在考虑到实际情况对一个勤勉的承运人所能合理要求时间内,在海上运输合同所规定的卸货港交货,即为迟延交付。"对此,承运人应对因迟延交付货物所造成的损失承担赔偿责任。而且在第3款还进一步规定,如果货物在第二款规定的交货时间满后连续60天内仍未能交付,有权对货物灭失提出索赔的人可以认为货物已经灭失。《汉堡规则》第6条第1款还规定:"承运人对迟延交付的赔偿责任,以相当于迟延交付货物应支付运费的2.5倍的数额为限,但不得超过海上货物运输合同规定的应付运费总额。"

(7)《汉堡规则》中增加了实际承运人的概念。当承运人将全部或部分货物委托给实际承运人办理时,承运人仍需按公约规定对全部运输负责。如果实际承运人及其雇用人或代理人的疏忽或过失造成的货物损害,承运人和实际承运人均需负责的话,则在其应负责的范围内,承担连带责任。这种连带责任托运人既可向实际承运人索赔,也可向承运人索赔,并且不因此妨碍承运人和实际承运人之间的追偿权利。

(8)《汉堡规则》第 12 条规定:"托运人对于承运人或实际承运人所遭受的损失或船舶遭受的损坏不负赔偿责任。除非这种损失或损坏是由于托运人、托运人的雇用人或代理人的过失或疏忽所造成的。"这意味着托运人的责任也是过失责任。但需指出的是托运人的责任与承运人的责任不同之处在于承运人的责任中举证由承运人负责,而托运人的责任中,托运人不负举证责任,这是因为货物在承运人掌管之下,所以也同样需要承运人负举证责任。《汉堡规则》的这一规定,被我国海商法所接受。

(9)《海牙规则》和《维斯比规则》没有关于保函的规定,而《汉堡规则》第 17 条对保函的法律效力作出了明确的规定:托运人为了换取清洁提单,可以向承运人出具承担赔偿责任的保函,该保函在承、托人之间有效,对包括受让人、收货人在内的第三方一概无效。但是,如果承运人有意欺诈,对托运人也属无效,而且承运人也不再享受责任限制的权利。

(10)《汉堡规则》规定,收货人可在收到货物后的第一个工作日将货物索赔通知送交承运人或其代理人,当货物灭失或损害不明显时,收货人可在收到货物后的 15 天内送交通知。同时还规定,对货物迟延交付造成损失,收货人应在收货后的 60 天内提交书面通知。《汉堡规则》的诉讼时效为 2 年。《汉堡规则》把提货人向承运人发出货损通知的期限从 3 天延长到 15 天。需要说明的是,即使收货人没有按期把货损情况通知承运人,他也不会因此丧失索赔的权利,但需承担举证责任。

(11)《海牙规则》《维斯比规则》均无管辖权的规定,只是在提单背面条款上订有由船公司所在地法院管辖的规定,这一规定显然对托运人、收货人极为不利。《汉堡规则》第 21 条规定,原告可在下列法院选择其一提起诉讼:①被告的主要营业所所在地,无主要营业所时,则为其通常住所所在地;②合同订立地,而合同是通过被告在该地的营业所、分支或代理机构订立;③装货港或卸货港;④海上运输合同规定的其他地点。

【知识链接】

特别提款权

特别提款权(special drawing right,SDR)是国际货币基金组织创设的一种储备资产和记账单位,亦称"纸黄金"(Paper Gold)。它是基金组织分配给会员国的一种使用资金的权利。会员国在发生国际收支逆差时,可用它向基金组织指定的其他会员国换取外汇,以偿付国际收支逆差或偿还基金组织的贷款,还可与黄金、自由兑换货币一样充当国际储备。但由于其只是一种记账单位,不是真正的货币,使用时必须先换成其他货币,不能直接用于贸易或非贸易的支付。因为它是国际货币基金组织原有的普通提款权以外的一种补充,所以称为特别提款权(SDR)。

(资料来源:MBA 智库百科,http://wiki.mbalib.com)

第三节　其他运输方式法律制度

一、国际航空货物运输

国际航空货物运输的国际公约由华沙公约体系和蒙特利尔公约体系构成。

（一）华沙公约体系

华沙公约体系包括的国际公约主要是《华沙公约》和一系列修订该公约的协议和议定书。具体有：1929年《统一国际航空运输某些规则的公约》，简称《华沙公约》；1955年《修订1929年10月12日在华沙签订的〈统一国际航空运输某些规则的公约〉的议定书》，简称《海牙议定书》；1961年《统一非立约承运人所作国际航空运输的某些规则以补充华沙公约的公约》，简称《瓜达拉哈拉公约》；1971年《修订经海牙议定书修订的〈统一国际航空运输某些规则的公约〉的议定书》，简称《危地马拉城协议书》；1975年《关于修改〈统一国际航空运输某些规则的公约〉的第一号附加议定书》，简称《蒙特利尔第一号附加议定书》，和《蒙特利尔第二号附加议定书》《蒙特利尔第三号附加议定书》《蒙特利尔第四号附加议定书》以及1999年《蒙特利尔公约》。我国分别于1958年批准加入了《华沙公约》，于1975年批准加入了《海牙议定书》。

《华沙公约》是这一体系的核心，华沙公约体系主要规范私法行为。该公约规定了以航空运输承运人为一方和以旅客和货物托运人与收货人为另一方的权利义务和相互关系，是国际空运的一项最基本的公约。主要内容包括航空运输的业务范围，运输票证、承运人的责任、损害赔偿标准等。

由于各成员国可以选择是否批准各修订议定书，导致华沙公约体系出现了错综复杂的规则体系和交错的成员现象。例如，截至2018年，《华沙公约》有152个成员，但此后修改该公约的议定书的成员往往不足此数。由于华沙公约体系错综复杂，且已经出现了被蒙特利尔公约体系取代的趋势，故在此不作详述。

1. 华沙公约体系适用的范围

华沙公约体系以《华沙公约》为基础，《海牙议定书》和《瓜达拉哈拉公约》是对《华沙公约》的修改和补充，但均未改变《华沙公约》的基本原则。

(1)《华沙公约》的适用范围。

本公约适用于所有航空器运输旅客、行李或货物而收取报酬的国际运输。同样适用于航空运输企业以航空器办理的免费运输。本公约不适用于按照国际邮政公约的规定而办理的运输。

(2)《海牙议定书》的适用范围。

根据当事方所订合同，不论运输中有无间断或转运，其始发地和目的地在两个缔约国领土内,或在一个缔约国领土内,而在另一国家,即或是非缔约国,其领土内有一约定的经停点的任何运输。在一个缔约国领土内两点间的运输,如在另一国家的领土内,没有一个约定的经停点,就不是本公约所指的国际运输。

几个连续的航空承运人所办理的运输,如经合同各方认为是一个单一的业务活动,则不论以一个合同或一系列合同的形式订立,在本公约中应视为一个单一的运输,并不只因一个合同或一系列合同全部在同一国家的领土内履行而丧失其国际性质。

2. 航空货运单

航空货运单是由托运人或者以托运人的名义填制的,是托运人与承运人之间在承运人的航线上运输货物所订立的运输契约凭证。我国国际航空货运单由一式十二联组成,其中三联正本、六联副本和三联额外副本。运单的背面印有承运条款,根据《华沙公约》《海牙议定书》和承运人运输条件的条款规定,承运人的承运条件为托运人准备航空货运单。航空货运单上应该包括以下内容。

(1)货运单的填写地点和日期。

(2)起运地和目的地,定的经停地点,但承运人保留在必要时变更经停地点的权利,承运人行使这种权利时,不应使运输由于这种变更而丧失其国际性质,如果经过约定,应写明运输期限,并概要说明经过的路线。

(3)托运人的名称和地址,第一承运人的名称和地址。

(4)要写明收货人的名称和地址。

(5)物的性质,包装件数、包装方式、特殊标志或号数,物的重量、数量、体积或尺寸,货物和包装的外表情况,物的价值。

(6)如果运费已经议定,应写明运费金额、付费日期和地点以及付费人。

(7)如果是货到付款,应写明货物的价格,必要时还应写明应付的费用。

(8)航空货运单的份数。

(9)同航空货运单交给承运人的凭证。

(10)声明运输受本公约所规定责任制度的约束。

3. 承运人的责任

《华沙公约》第18条规定承运人的责任如下:

(1)对于任何已登记的行李或货物因毁灭、遗失或损坏而产生的损失,如果造成这种损失的事故是发生在航空运输期间,承运人应负责任。

(2)上款所指航空运输的意义,包括行李或货物在承运人保管下的期间,不论是在航空站内、在航空器上或在航空站外降落的任何地点。

(3)航空运输的期间不包括在航空站以外的任何陆运、海运或河运。但是如果这种运输是为了履行空运合同,是为了装货、交货或转运,任何损失应该被认为是在航空运输期间发生事故的结果,除非有相反证据。

(4)《华沙公约》并未明确规定非运输合同一方在参与国际航空运输时的责任问题。

《瓜达拉哈拉公约》明确规定了承运人的概念,将承运人分为缔约承运人和实际承运人。"缔约承运人"指以当事人身份与旅客或托运人,或与旅客或托运人的代理人订立适用《华沙公约》的运输合同的人;"实际承运人"是指缔约承运人以外,根据缔约承运人的授权办理全部或部分运输的人。依该公约的规定,缔约承运人对全部运输负责,实际承运人则只对参与的部分运输负责。

(5)承运人对货物损失的赔偿责任为每公斤250法郎。如托运人在交货时特别声明货物价值,并缴纳了必要的附加费,则承运人的赔偿额以所声明的价值为限。

承运人可引用公约所规定的免责事由要求免责,但不能排除其对货物应承担的责任。《华沙公约》第20条和第21条规定免责事由如下:

a.承运人如果证明自己和他的代理人为了避免损失的发生,已经采取一切必要的措施,或不可能采取这种措施时,就不负责任。

b.在运输货物和行李时,如果承运人证明损失的发生是由于驾驶上、航空器的操作上或领航上的过失,而在其他一切方面承运人和他的代理人已经采取一切必要的措施以避免损失时,就不负责任。但1955年《海牙议定书》已将这一免责规定删除。

c.如果承运人证明损失的发生是由于受害人的过失所引起或助成,法院可以按照它的法律规定,免除或减轻承运人的责任。

《海牙议定书》删去了《华沙公约》第20条第2款的规定,而在其第10条规定,在运输货物和行李时,如果承运人证明损失的发生是由于驾驶上、航空器的操作上或领航上的过失,而在其他一切方面承运人和他的代理人已经采取一切必要的措施以避免损失时,就不负责任的规定不再适用。这是议定书对《华沙公约》的一个较为实质的修改。

4. 托运人的责任

(1)托运人应该提供各种必需的资料,以便在货物交付收货人以前完成海关、税务或公安手续,并且应该将必需的有关证件附在航空货运单后面。除非由于承运人或其代理人的过失,这种资料或证件的缺乏、不足或不合规定所造成的任何损失,应该由托运人对承运人负责。

(2)托运人在履行运输合同所规定的一切义务的条件下,有权在起运地航空站或目的地航空站将货物提回,或在途中经停时中止运输、或在目的地或运输途中交给非航空货运单上所指定的收货人,或要求将货物退回起运地航空站,但不得因为行使这种权利而使承运人或其他托运人遭受损害,并且应该偿付由此产生的一切费用。

(3)对于在航空货运单上所填关于货物的各项说明和声明的正确性,托运人应负责任。对于因为这些说明和声明不合规定、不正确、或不完备而使承运人或任何其他人遭受的一切损失,托运人应负责任。

5. 索赔与诉讼时效

货物损坏(包括短缺)属于明显可见的赔偿要求,应从发现时起立即提出并最迟延至收到货物之日起14天内提出。货物运输赔偿要求,在货物由收货人支配之日起21天内提出。货物毁灭或遗失的赔偿要求,应自填开货运单之日起 120 天内提出。

诉讼应在航空器到达目的地之日起,或应该到达日起,或运输停止之日起的两年内提出,否则丧失要求赔偿的起诉权。

诉讼期限的计算方法根据受理法院的法律决定。

对实际承运人所办运输的赔偿诉讼,依《瓜达拉哈拉公约》的规定,原告可以向实际承运人或缔约承运人提出,或同时或分别向他们提出。如只向这些承运人之一提起诉讼,则该承运人应有权要求另一承运人参加应诉,诉讼程序和效力应以受理法院的法律为依据。

(二) 蒙特利尔公约体系

1999 年《统一国际航空运输某些规则的公约》(即《蒙特利尔公约》)在加拿大蒙特利尔签订。在它产生之前的公约体系被称为华沙公约体系。华沙公约该体系的每个文件均是独立的条约,参加国不完全相同,导致航空承运人责任制度处于混乱状态。在 1975 年的蒙特利尔外交会议上,一些国家建议国际民航组织起草一个合并所有华沙公约体系文件的统一文本,以改变承运人责任制度的混乱状况。1999 年《蒙特利尔公约》应运而生。该公约对国际航空旅客和货物运输规则作了实质性的改动。公约旨在使华沙公约实现一体化,实现公平的利益平衡,促进国际航空运输的有序发展。我国于 2005 年 6 月 1 日交存批准书,2005 年 7 月 31 日该公约对中国生效。

《蒙特利尔公约》共 7 章,主要规定了下列几个方面的内容。

1. 规定了旅客、行李、货物运输的有关凭证和当事人义务

在货物运输方面,规定货物运输应当出具航空货运单或收货凭证。航空货运单或收货凭证的内容应当包括出发地、目的地、经停地、货物的重量等内容。托运人应填写航空货运单正本一式三份。第一份交承运人,由托运人签字;第二份交收货人,由托运人和承运人共同签字;第三份由承运人签字,在承运人接受货物后交托运人。签字可以印刷或盖章。如果应托运人请求,由承运人填写航空运单,除非有相反证据,承运人被视为代替托运人填写。同时运输多件货物的,承运人有权要求托运人就每件货物分别填写航空运单,而托运人也有权要求承运人就每件货物分别提供收货凭证。

托运人应对托运人或以其名义在航空运单上载入的有关货物各项内容的正确性负责。航空货运单或货物收据是订立合同、接受货物和所列运输条件的初步证据。因这些资料或文件不符或不全而引起的损失,托运人应当对承运人承担责任。

《蒙特利尔公约》中的承运人包括实际承运人和分段承运人。承运人对运输全程负责,而实际承运人仅对其承担的那部分运输负责。如果某项运输由几个承运人分段运输完成,该运输可被视为一次运输行为,所有承运人负有连带责任。

2. 规定了承运人的责任和赔偿范围

在货物的赔偿责任方面,公约采用了严格责任。对于因货物毁灭、遗失或损坏而产生的损失,只要造成损失的事件是在航空运输期间发生的,承运人就应当承担责任。以下原因造成货物灭失或损坏,承运人可以免责:①货物的固有缺陷、质量或瑕疵;②货物非由承运人或其受雇人或代理人包装,包装有缺陷;③战争或武装冲突行为;④公共当局对货物入境、出境、过境所实施的行为。

承运人的责任以每公斤 17 特别提款权为限,除非托运人在向承运人交运包件时,特别声明了货物的价值。《蒙特利尔公约》取消了"有意和不良行为"的提法,而是具体规定,如能够证明损失是承运人或其受雇人或代理人有意造成或知道很可能造成损失而不顾后果的行为或不行为引起的,关于客运延误、行李与货物的赔偿责任限额规定将不适用。

3. 规定了与其他华沙公约文件的关系

为了避免华沙公约体系和蒙特利尔公约体系并存所导致的冲突,《蒙特利尔公约》规定在其成员方之间的国际航空运输,应优先适用《蒙特利尔公约》。

二、国际铁路货物运输

(一)国际铁路货物联运

国际铁路货物联运是指使用一份统一的国际铁路联运票据,在跨两个及两个以上国家铁路的货物运送中,由参加国负责办理两个或两个以上国家铁路全程运送货物过程,由托运人支付全程运费的铁路货物运输组织形式。

(二)国际铁路联运公约

关于国际铁路联运的公约主要有《国际货约》和《国际货协》。《国际货约》全称为《关于铁路货物运输的国际公约》,于 1961 年签订,1975 年 1 月 1 日生效。缔约国包括 28 个欧洲国家。

《国际货协》是 1951 年由苏联、波兰、民主德国、阿尔及利亚等八国在华沙成立的铁路合作组织所订立的,全称《国际铁路货物联合运输协定》,该协定的目的在于加强社会主义国家间的经济合作和交流,对抗西方国家的封锁。我国于 1953 年 7 月加入该协定,现行的是 1971 年 4 月经铁路合作组织核准,并从 1974 年 7 月 1 日起生效的文本。

(三)《国际货协》的主要规定

1. 运输合同的形式是国际铁路运单

国际铁路运单是发货人在托运货物时按规定格式填写的货运单据,发货人签字后提交给始发站,自始发站在运单和运单副本上加盖印戳时起,运输合同即告成立。

2. 托运人的权利和义务

托运人的权利主要有以下几项。

(1)发货人或收货人有权在终点站凭运单领取货物。

(2)发货人或收货人有权在协定允许的范围内对运输合同进行必要的更改。但只能改一次,且不准将一批货物分开办理。变更的一方要承担因此引起的费用。

(3)在运单项下的货物毁损或腐坏时,收货人有权拒绝领取货物,并按规定向承运人索赔。

托运人的义务主要有以下几项。

(1)货物交付的义务。托运人在填写运单的同时,要提交全部货物和付清运费及有关费用。提交的货物可以是整车,也可以是零担。

(2)如实申报义务和文件完整义务。

(3)各铁路间运送费用核收规定。

发送国铁路的运送费用在发站向发货人或根据发送国内现行规定核收;到达国铁路的运送费用在到站向收货人或根据到达国铁路的国内现行规定核收;过境路的运送费用按《统一货价》在发站向发货人或在到站向收货人核收。

3. 承运人的权利和义务

承运人的权利主要有以下几项。

(1)核查铁路运单和货物的权利。

(2)收取运费和其他费用的权利。

(3)若托运人未付清运费,承运人可对货物行使留置权。

(4)某些情况下可拒绝变更合同的权利。

(5)按规定有权引用免责条款,拒绝托运人的索赔。例如:《国际货协》第22条规定的免责条款,属于其中情况的铁路可不负赔偿责任。

承运人的义务主要有以下几项。

(1)承运人负责把托运人的货物运至到达站交给收货人。

(2)妥善保管托运人在运单内记载和添附的文件。

(3)承运人对在承运期间或逾期运到期间货物全部或部分灭失或损毁所造成的损失负赔偿责任。

(4)承运人执行托运人按规定提出的变更合同的要求的义务。

(5)承运货物的铁路部门要负责完成货物的全程运输。

承运人对货物损失的赔偿金额不得超过货物全部灭失时的金额。当货物遭受损坏时,铁路赔付额应与货价减损金额相等。

【知识链接】

《国际货协》对货物全部或部分灭失的赔偿额的规定

1.如根据协定的规定,对全部或部分灭失的货物铁路应予赔偿时,这项赔偿额应按外国售货者账单所列的价格,或按这项账单摘录中所列的价格计算。如不能按上述办法确定全部或部分灭失的货物价格时,则货物的价格应由国家鉴定机关确定。

当声明价格的货物全部或部分灭失时,铁路应按声明价格,或相当于货物灭失部分的声明价格的款额给予赔偿。未声明价格的家庭用品全部或部分灭失时,铁路应按每公斤 2.70 卢布给予赔偿。

2. 除本条第 1 款规定的赔偿外,灭失货物或灭失部分货物的运送费用、海关税和因运送发生的其他费用,如未算入货物价格内时,均应予以偿还。同运送合同无关的费用和损失不应赔偿。

(资料来源:百度文库,http://wenku.baidu.com/view/01527cc09ec3d5bbfd0a745b.html)

三、国际多式联运

(一) 国际铁路多式联运

国际多式联运是指按照多式联运合同,以至少两种不同的运输方式,由多式联运经营人将货物从一国境内接管货物的地点运至另一国境内指定交付货物的地点。这是 1980 年 5 月在日内瓦通过的《联合国国际多式联运公约》中的定义。

国际多式联运把传统的两种或两种以上的不同的运输方式连贯成一个整体的运输,这极大地方便了买方和卖方,可以实现门到门运输,促进了国际贸易的发展。与此同时也产生了相关的法律问题。如关于运输单据的性质问题;不同运输方式的法律适用问题;货物风险的划分问题等。

(二) 相关法律制度

1. 联合运输单证统一规则

国际商会于 1973 年制定了《联合运输单证统一规则》,对联运、联运经营人、联运单证等作了解释,对确定经营人的责任和义务、联运当事人的权利和义务、联运经营人对于货物灭失或损害的赔偿责任等也作了规定。

2. 联合国国际货物多式联运公约

《联合国国际货物多式联运公约》是 1980 年 5 月 24 日在日内瓦举行的联合国国际联运会议第二次会议上,经与会的 84 个贸发会议成员国一致通过的。其主要内容包括以下几点:

(1)多式联运合同双方当事人的法律地位。

多式联运合同的双方当事人分别为联运人和发货人。根据该公约第 1 条的规定,联运人是以"本人"的身份同发货人签订多式联运合同的当事人,他不是发货人的代理人或代表,也不是参与多式联运的承运人的代理人或代表。联运人负有履行整个联运合同的责任,并以"本人"的身份对联运的全过程负责。因此,在发货人将货物交由联运人收管后,不论货物在运输过程中的哪个运输阶段发生灭失或损坏,联运人均须以"本人"的身份直接承担赔偿责任。

(2) 多式联运合同和多式联运单据。

按照该公约的有关规定,多式联运合同是指多式联运人凭以收取运费、负责完成或组织完成国际多式联运的合同。多式联运单据是指证明多式联运合同以及证明多式联运人接管货物并负责按照合同条款交付货物的单据。根据该公约第 5 条的规定,联运人在接管货物时,应签发多式联运单据。依照发货人的选择,可以是可转让的,也可以是不可转让的。

(3) 联运人的赔偿责任。

该公约的第三部分是关于联运人赔偿责任的规定。联运人对多式联运单据项下货物的责任期间,是从其接管该货物之时起至交付货物时为止。公约对联运人的赔偿责任采取了"推定过失原则",即除非联运人能证明他和他的受雇或代理人为避免损害事故的发生及其后果已经采取了一切所能合理要求的措施,否则就推定联运人对事故的发生地有过失的,因而应对货物在其掌管期间所发生的灭失、损坏或延迟交货,负赔偿责任。

根据公约规定,多式联运经营人对货物灭失或损害的赔偿责任期间,是从他接管货物时起到交付货物为止,并在整个期间内承担统一的责任。根据公约规定,当确定的交货日届满后连续 90 天内未交货,则视货物已经灭失。

联运人的赔偿责任限额,是按灭失或损坏货物的每件或其他货运单位 920 记账单位计算,或按货物毛重每公斤 2.75 记账单位计算,以较高者为准。如多式联运中不包括海运或内河运输,则按毛重每公斤 8.33 特别提款权计算。对延迟交货的损害赔偿为相当于对延迟交付的货物应付运费的 2.5 倍,但不得超过联运合同规定的应付运费的总额。如果能确切知道货物的灭失或损坏发生于多式联运的某一特定阶段,而这一阶段所适用的国际公约或国内法所规定的赔偿额高于上述赔偿额时,则应按较高的赔偿额偿付。

(4) 发货人的赔偿责任。

该公约的第四部分是关于发货人赔偿责任的规定。如果多式联运人遭受的损失是由于发货人的过失或疏忽,或者他的受雇人或代理人在其受雇范围内行事时的过失或疏忽造成的,发货人对这种损失应负赔偿责任。如果损失是由于发货人的受雇人或代理人本身的过失或疏忽所造成的,该受雇人或代理人对这种损失应负赔偿责任。

(5) 索赔与诉讼。

该公约的第五部分是关于索赔和诉讼的规定。该部分规定的内容由灭失、损坏或延迟交货的通知,诉讼时效,管辖和仲裁等四个方面构成。

该公约规定:当货物发生灭失或损坏时,除非收货人不迟于在货物交给他的次一工作日,将说明该种灭失或损坏的情况以书面通知送交联运人,否则,此种货物的交付即为联运人已按多式联运单据交货的初步证据。如货物的灭失或损坏不明显时,收货人应在交货后 6 天内提交上述书面通知。对于延迟交货的索赔,收货人应于交货后 60 天内向联运人送交书面通知,否则,联运人可不予赔偿。

如果联运人由于发货人或其雇用人或代理人的过失或疏忽而遭遇到损失,联运人有权要求发货人给予赔偿。联运人必须在发生这种损失后90天内,或者在提交货物后90天内(以较迟者为准),把说明此种损失情况的书面通知送交发货人,否则,视为联运人未因发货人及其代理人的过失或疏忽而遭受任何损失。

关于国际多式联运的诉讼或仲裁的诉讼时效,自货物交付之日起算为2年,如果在货物交付之日起6个月内,没有提出书面索赔通知,则诉讼在此期限届满后,失去索赔时效。

(6)海关过境手续。

该公约规定,各缔约国应核准使用国际多式联运的海关过境手续,给予国际多式联运过境自由。若缔约国海关认为海关过境手续的要求已办到,联运货物在进出口时,一般只检验海关印记及其他安全措施,在运输途中海关不再检查和履行过境制度以外的任何海关手续,也无须向过境国家交付进口关税或其他税收。

3. 中国海商法对国际多式联运的规定

我国《海商法》对国际多式联运的规定在以下几方面和《联合国国际货物多式联运公约》有所不同。

(1)对国际多式联运合同的特别规定。

我国《海商法》第102条规定:本法所称多式联运合同,是指多式联运经营人以两种以上的不同运输方式,其中一种是海上运输方式,负责将货物从接收地运至目的地交付收货人,并收取全程运费的合同。

(2)我国《海商法》对多式联运经营人的全程运输承担责任的规定。

我国《海商法》第103条规定:多式联运经营人对多式联运货物的责任期间,自接收货物时起至交付货物时止。

第104条规定:多式联运经营人负责履行或者组织履行多式联运合同,并对全程运输负责。但多式联运经营人与参加多式联运的各区段承运人,可以就多式联运合同的各区段运输,另以合同约定相互之间的责任。但是,此项合同不得影响多式联运经营人对全程运输所承担的责任。

(3)我国《海商法》对损害赔偿额的规定。

我国《海商法》第105规定:货物的灭失或者损坏发生于多式联运的某一运输区段的,多式联运经营人的赔偿责任和责任限额,适用调整该区段运输方式的有关法律规定。第106条规定:货物的灭失或者损坏发生的运输区段不能确定的,多式联运经营人应当依照本章关于承运人赔偿责任和责任限额的规定负赔偿责任。

第四节 我国关于国际海上货物运输的《海商法》

我国有关国际海上货物运输的国内法是《海商法》,于1993年7月1日起施行。它是我国目前调整海商法律关系的最重要的法律规范。《海商法》中有关海商货物运输合同的规定,基本以《海牙规则》和《维斯比规则》为基础,同时适当吸收《汉堡规则》的某些内容。就海商运输合同而言,《海商法》是调整我国关于对外海上货物运输合同的法律规范,是特别法。

《海商法》第 2 条规定,本法第四章"海上货物运输合同"的规定,仅对国际海上货物运输适用,具体规定分为八节:(1)一般规定;(2)承运人的责任;(3)托运人的责任;(4)运输单证;(5)货物交付;(6)合同的解除;(7)航次租船合同的特别规定;(8)多式联运合同的特别规定。

不定期船舶运输中的定期租船规定在第六章船舶租用合同中。此外,《海商法》第十三章"时效"和第十四章"涉外关系的法律适用"中也包括一些与海上货物运输有关的法律规定。至于《海牙规则》《维斯比规则》和《汉堡规则》,我国没加入这三个国际公约。但是在我国的海商法的制订过程中,结合海上货物运输国际性强的特点,参考和借鉴了上述三个国际公约中和国际海运实际结合密切的实际情况及反映发展趋势的有关规定。在承运人制度方面,基本上采纳了《海牙规则》和《维斯比规则》中的不完全过错原则,以及《维斯比规则》中关于单位责任限额的规定。《海商法》还参照《汉堡规则》引入了实际承运人的概念,为货方向船方索赔提供了便利;明确规定关于迟延交付的责任。我国《海商法》中对承运人和托运人的责任规定主要包括以下几方面。

一、承运人的主要义务

(一)承运人对集装箱装运的货物的责任期间

《海商法》第 46 条规定:承运人对集装箱装运的货物的责任期间,是指从装货港接收货物时起至卸货港交付货物时止,货物处于承运人掌管之下的全部期间。承运人对非集装箱装运的货物的责任期间,是指从货物装上船时起至卸下船时止,货物处于承运人掌管之下的全部期间。在承运人的责任期间,货物发生灭失或者损坏,除本节另有规定外,承运人应当负赔偿责任。前款规定,不影响承运人就非集装箱装运的货物,在装船前和卸船后所承担的责任,达成任何协议。

(二)提供船舶并谨慎处理使之适航的义务

《海商法》第 47 条规定:承运人在船舶开航前和开航当时,应当谨慎处理,使船舶处于适航状态,妥善配备船员、装备船舶和配备供应品,并使货舱、冷藏舱、冷气舱和其他载货处所适于并能安全收受、载运和保管货物。

(三)照管货物的义务

《海商法》第 48 条规定:承运人应当妥善地、谨慎地装载、搬移、积载、运输、保管、照料和卸载所运货物。

(四)合理速遣运送货物的义务

《海商法》第 49 条规定:承运人应当按照约定的或者习惯的或者地理上的航线将货

物运往卸货港。船舶在海上为救助或者企图救助人命或者财产而发生的绕航或者其他合理绕航,不属于违反前款规定的行为。

(五) 交付货物的义务

承运人应当在卸货港凭正本提单将货物交付给收货人。

(六) 延迟交货

《海商法》第50条规定:货物未能在明确约定的时间内,在约定的卸货港交付的,为迟延交付。除依照本章规定承运人不负赔偿责任的情形外,由于承运人的过失,致使货物因迟延交付而灭失或者损坏的,承运人应当负赔偿责任。除依照本章规定承运人不负赔偿责任的情形外,由于承运人的过失,致使货物因迟延交付而遭受经济损失的,即使货物没有灭失或者损坏,承运人仍然应当负赔偿责任。

二、承运人的基本权利

(一) 留置货物的权利

《海商法》第87条规定:应当向承运人支付的运费、共同海损分摊、滞期费和承运人为货物垫付的必要费用以及应当向承运人支付的其他费用没有付清,又没有提供适当担保的,承运人可以在合理的限度内留置其货物。

(二) 损害赔偿责任的免除及赔偿责任限制的权利

在货物运输过程中,若发生灭失、损坏或延迟交付或托运人或收货人遭受的其他损害,是由法定事由造成的,承运人可以免除赔偿责任。

(三) 对运费等的请求权

班轮的运费有预付和到付两种支付方式。到付运费是又收货人在卸货港提取货物时支付的运费,在货物安全到达卸货港后,承运人才有权收取。在航次租船合同下,出租人还有权向承租人收取亏舱费和滞期费。

三、托运人的主要义务

(一) 提供约定货物并如实申报货物资料的义务

《海商法》第66条规定:托运人托运货物,应当妥善包装,并向承运人保证,货物装船时所提供的货物的品名、标志、包数或者件数、重量或者体积的正确性;由于包装不良或者上述资料不正确,对承运人造成损失的,托运人应当负赔偿责任。

承运人依照前款规定享有的受偿权利,不影响其根据货物运输合同对托运人以外的人所承担的责任。

（二）及时办理各种运输手续并把相应的各种单证送交承运人

《海商法》第67条规定：托运人应当及时向港口、海关、检疫、检验和其他主管机关办理货物运输所需要的各项手续，并将已办理各项手续的单证送交承运人；因办理各项手续的有关单证送交不及时、不完备或者不正确，使承运人的利益受到损害的，托运人应当负赔偿责任。

（三）托运危险货物时的规定

《海商法》第68条规定：托运人托运危险货物，应当依照有关海上危险货物运输的规定，妥善包装，作出危险品标志和标签，并将其正式名称和性质以及应当采取的预防危害措施书面通知承运人；托运人未通知或者通知有误的，承运人可以在任何时间、任何地点根据情况需要将货物卸下、销毁或者使之不能为害，而不负赔偿责任。托运人对承运人因运输此类货物所受到的损害，应当负赔偿责任。

承运人知道危险货物的性质并已同意装运的，仍然可以在该项货物对于船舶、人员或者其他货物构成实际危险时，将货物卸下、销毁或者使之不能为害，而不负赔偿责任。但是，本款规定不影响共同海损的分摊。

（四）支付运费的义务

《海商法》第69条规定：托运人应当按照约定向承运人支付运费。托运人与承运人可以约定运费由收货人支付；但是，此项约定应当在运输单证中载明。

（五）损害赔偿

《海商法》第70条规定：托运人对承运人、实际承运人所遭受的损失或者船舶所遭受的损坏，不负赔偿责任；但是，此种损失或者损坏是由于托运人或者托运人的受雇人、代理人的过失造成的除外。

（六）及时提取货物的义务

托运人或收货人应当在目的港及时提取货物，否则，船长可以把货物卸载仓库或其他适当场所，由此产生的费用和风险由收货人承担。

四、托运人的权利

托运人有按合同约定取得装船舱位，货物装船后，要求承运人及时签发提单，在目的港提取货物的权利。

若承运人不履行合同或违反上述有关义务时，有权对其遭受的损失向承运人索赔。

> **【知识链接】**
>
> **滞期费和速遣费**
>
> 滞期费,是指在规定的装卸期限内,租船人未完成装卸作业,给船方造成经济损失,租船人对超过的时间应向船方支付的一定罚金。
>
> 航次租船合同中,承租人实际使用的装卸时间比合同约定允许使用的装卸时间短,因而缩短了船舶为装卸作业而停留在港口或泊位的时间,使得船舶产生速遣。船东因船舶产生速遣而需要按双方在合同中约定的速遣费率向承租人支付的费用叫速遣费。航次租船实务中,速遣费率通常规定为滞期费率的一半。速遣费和滞期费都不适用于订有CQD(CUSTOMARY QUICK DESPATCH),即按港口习惯速度装卸条款的航次租船合同。速遣费实际上就是船东用来鼓励承租人尽快完成装卸作业、缩短船舶滞港时间以提高船舶营运效率的一种奖励。
>
> (资料来源:百度百科,http://baike.baidu.com/view/197449.htm)

第五节　国际货物运输保险法概述

一、保险法概述

(一) 保险的概念及分类

1. 保险的概念

我国《保险法》对保险的定义是:保险(insurance)是指投保人根据合同约定,向保险人支付保险费,保险人对于合同约定的可能发生的事故因其发生所造成的财产损失承担赔偿保险金责任,或者当被保险人死亡、伤残、疾病,或者达到合同约定的年龄、期限时承担给予保险金责任的商业保险行为。

2. 保险的种类

(1)按保险标的分类。

保险标的是指保险合同中所要保障的对象。如财产保险中的保险标的是各种财产本身或其有关的利益或责任;人身保险中的保险标的是人的身体、生命等。根据保险标的的不同,保险可分为财产保险、责任保险、保证保险和人身保险。

①财产保险。财产保险是指以各种有形财产及相关利益为保险标的的保险。财产保险通常包括以下三种:海上保险;货物运输保险和工程保险。

②责任保险。责任保险是以被保险人应该对第三方承担的民事赔偿责任为保险标的的保险。常见的责任险有以下几种:产品责任险、公众责任保险和雇主责任保险。

③保证保险。保证保险类似于商业活动中的保函,通过保险的形式使其更加规范化。保证保险是指当被保证人的作为或不作为的行为致使被保险人蒙受损失时,由保险

人向被保险人承担相应的经济赔偿责任。常见的保证保险有履约责任保险、出口信用保险和雇员忠诚保证保险等。

④人身保险。人身保险是以人的生命、身体和健康为保险标的。在保险期间,保险事故发生后,保险人依据保险合同规定给付保险人保险金。包括人寿保险、人身意外伤害险和健康保险。

(2)按保险的性质分类。

按保险的性质的不同,保险可分为社会保险、政策保险和商业保险。

(3)按保险的实施形式分类。

按保险的实施形式,保险可分为强制保险和自愿保险。

(二)保险法

保险法是指调整保险关系的一切法律规范的总称。保险法包括以下类别。

1.保险业法,又叫保险业监督法,是调整国家和保险机构的关系的法律规范。凡规范保险机构设立、经营、管理和解散等有关的法律均属于保险业法。

2.保险合同法,又叫保险契约法,是调整保险合同双方当事人关系的法律规范。保险方及投保方的保险关系是通过保险合同确定的有关保险合同的签订、变更、终止以及当事人权利义务的法律,均属保险合同法。

3.保险特别法,是专门规范特定的保险种类的保险关系的法律规范。对某些有特别要求或对国计民生具有特别意义的保险,国家专门为之制定法律。如英国的《海上保险法》,日本的《人身保险法》。在这种保险特别法中,往往既调整该险种的保险合同关系,也调整国家对该险种的管理监督关系。

4.社会保险法,是国家就社会保障所颁发的法令总称。

(三)保险合同

1. 保险合同的概念

保险合同是根据当事人的约定,投保人承担向保险人支付保险费的义务,而保险人应在约定的保险事故发生或者约定的保险事件出现或者期限届满时,履行赔偿或给付保险金的义务。保险合同是合同的一种,是投保人和保险人约定保险权利和义务的协议。

2. 保险合同的性质

(1)保险合同是双务、有偿合同。

(2)保险合同是最大诚信合同。

(3)保险合同是"附和性合同"。

其中,"附和性"具体表现为保险合同的条款通常由保险公司单方面预先制定,经有关部门审批通过后制成的标准化合同。投保人和保险人订立合同时,投保人不能就每一条款与保险人协商,只能被动服从、接受或拒绝保险方所提出的条件。

(4) 保险合同是"射幸"合同

保险合同是以机会利益为标的的合同，也称机会合同，即合同里当事人义务的履行取决于机会的到来或者不确定事件的发生或者不发生，对于保险合同而言，这是由于保险责任事故发生的偶然性决定的。也就是说，如果在保险合同的期间内，由于承保事故造成损失，被保险人能从保险人那里得到超过保险费的赔偿金额；若保险标的未发生损失，则被保险人就只能付出保险费而没有任何补偿。

3. 保险合同的主体及主要义务

(1) 保险合同的主体。保险合同的主体包括保险合同当事人、保险合同的关系人和保险合同的其他有关方。

①保险合同当事人。保险合同当事人是指订立保险合同并享有和承担保险合同所确定的权利和义务的人，主要包括投保人和保险人。

投保人是指与保险人订立保险合同，并按照保险合同负有支付保险费义务的人。对投保人的资格，法律上一般没有限制，自然人和法人都可以，投保人可以和被保险人为同一人，也可以是被保险人以外的第三人，不论是哪一种，投保人都必须是具备民事权利能力和民事行为能力的个体，而且要对保险标的具有保险利益。

保险人即承保人，是指与投保人订立保险合同、收取保费并承担赔偿或者给付保险金责任的保险公司。根据各国法律规定，保险人的设立需政府主管机关特许，非保险业，不得兼营保险或类似保险业务。目前，除英国等少数国家允许自然人经营保险业务外，多数国家只准许依法登记的法人组织经营保险业务。

②保险合同的关系人。保险合同的关系人是指与保险合同有间接利害关系的人。被保险人和受益人是保险合同的关系人。

被保险人是指在保险事故发生时，遭受损害，享有赔偿请求权的人。被保险人可以是投保人自己，也可以是投保人以外的第三人。人身保险中的被保险人可能是投保人自己，也可能是其他人；财产保险中的被保险人通常就是投保人。

受益人是在保险合同中，由被保险人或投保人约定享有赔偿请求权的人。即在保险合同上指定受领保险金额的人。受益人有时为投保人本人，有时是被保险人，有时是投保人或被保险人以外的第三人。

③保险合同的其他有关方。

保险代理人，按照保险法规定，保险代理人是指依据保险人的委托，向保险人收取代理手续费，并在保险人的授权范围内代为办理保险业务的单位和个人。保险代理人根据保险人的授权代为办理保险业务的各项行为，由保险公司承担责任。保险代理人包括专业代理人、兼业代理人、个人代理人。

保险经纪人，根据保险法规定，保险经纪人是基于投保人的利益，为投保人与保险人订立保险合同提供中介服务，并依法收取佣金的单位。保险经纪人的任务是代投保人与保险人洽订保险合同，但不是代订合同，保险合同仍需由投保人自行订立。

(2)投保人和保险人的主要义务

①投保人的义务。

第一,要据实说明。订立保险合同时,投保人对保险人的询问,应据实说明。若投保人故意隐匿或因过失遗漏,或作不实说明,导致足以变更或减少保险人对于危险的估计时,保险人可以解除合同。

第二,危险通知的义务。在承保期间内,一旦发生保险承保范围内的保险责任事故,投保人或被保险人应把发生危险事故的情况及时通知保险人。在合同存续期间,保险标的物的危险程度增加时,投保人或被保险人要如实告知保险人,否则,对于保险人因此所受的损失,应负赔偿责任。

第三,支付保险费。

第四,防止或缩小保险事故的发生及其后果。

②保险人的主要义务。

第一,承担危险担保责任。

第二,给付赔偿金额。保险事故发生后,保险人应向被保险人或受益人支付赔偿金额。财产保险的赔偿金额根据损失情况确定,一般不超过保险金额。

第三,退还保险费。当合同宣告无效或解除时,保险人要向投保人退还全部保险费。若是投保人违反义务造成合同无效或被解除,保险费可不予退还或只退还其中一部分。

4. 保险合同的内容和形式

(1)保险合同的内容。在保险业务中,保险合同的内容通常就是保险单中的各项条款。根据各国保险法的规定,保险合同的法定条款应该包括:①当事人的名称和住所;②保险标的;③保险责任和责任免除;④保险期间和保险责任开始的时间;⑤保险金额;⑥保险费及支付方法;⑦合同订立的时间。

> **小贴士**
> 合同订立的日期通常是保险当事人在合同上签名的时间,可以确保合同是否有效成立。

(2)保险合同的形式。保险合同一般采用书面形式,通常保险合同由投保单、保险单或暂保单、保险凭证及其他有关文件和附件共同组成。保险单是保险合同的主要体现形式和证明。投保单、暂保单、保险凭证、批单等也在不同程度上构成保险合同的一部分。

5. 保险合同的订立、变更或终止

(1)保险合同的订立。保险合同的订立是投保人和保险人双方的法律行为。保险合同的订立必须经历投保(要约)和(承保)这两个步骤。按照我国《保险法》的规定,投保人提出保险要求,经保险人同意承保,并就合同条款达成协议,保险合同成立。

(2)保险合同的变更。保险合同的变更是指保险合同签订后,改变合同中约定的事项,即在保险合同的存续期间其主体或内容的变更。保险合同的主体常因转让或继承而变更。指示式财产保险合同,可以背书转让;无记名式财产保险合同,仅以交付方法,即产生转让的效力。此时,保险人对于投保人所具有的抗辩,也可以对抗保险合同的受让人。保险合同的内容,经双方当事人同意,可以变更,通常采用书面形式。

(3) 保险合同的终止。

保险合同的终止和失效,主要有以下几种情况:①自动终止;②因保险人完成履约义务而终止;③协议终止;④违约失效;⑤原始失效。

其中,违约失效是指由于保险合同的一方,投保人或被保险人违反了保险合同,未按保险合同的约定履行义务,保险人有权终止保险合同或者不负赔偿责任。如果违约仅和保险人的赔偿有关,如出现保险事故后未按合同约定发出险通知书、出险后不采取施救和抢救措施任意放任损失扩大等,保险人可以不终止保险合同,但是不承担赔偿责任。

若被保险人已欺诈手段隐瞒真实信息,通过欺骗保险人签订了保险合同,这种合同一经保险人发现,通常就视为无效合同,从订立保险合同开始,该合同就无效,保险人不必承担其赔偿责任或保险金给付的义务。

二、保险法的基本原则

(一) 保险利益原则

保险利益,又称可保权益,是指投保人对保险标的具有的法律上承认的利益。对于货物运输保险,反映在运输货物上的利益,是指货物价值、相关费用(运费、保险费、关税和预期利润等)。若保险标的安全到达,被保险人就受益;若保险标的被损坏或灭失,被保险人就受到损害或负有经济责任。

(二) 最大诚信原则

最大诚信原则是指投保人和保险人在签订保险合同以及在合同有效期内,必须保持最大限度的诚意,双方都应恪守信用,互不欺骗隐瞒,保险人应当向投保人说明保险合同的条款内容,并可以就保险标的或者被保险人的有关情况提出询问。投保人应当如实告知。

(三) 近因原则

近因原则是指保险人只对承保风险与标的损失之间有直接因果关系的损失负赔偿责任,而对保险责任范围外的风险造成的保险标的的损失,不承担赔偿责任。该项原则是在保险标的发生损失时,确定保险标的是否能获得保险赔偿的一项重要依据。

【案例 6-1】

保险公司该不该赔偿?

某被保险人与保险人签订了一份责任保险单,承保由于工作人员的疏忽或过失所致的损失,而产品设备本身的缺陷属于除外责任。某天晚上,被保险人负责为一套设备安装管道,被保险人需要把设备开启预热,为第二天测试做准备,但被保险人没有留下相关人员看守设备和管道,结果由于安装上的部分管道不适用,加上晚上没人看守发现问题,夜里这部分管道熔化并造成了火灾。

试分析,保险人是否应予赔偿?

【评析】

本案例中,造成损失的原因有两个,分别是夜晚没有人看守和管道自身问题。这两个原因同时发生,都属于损失的近因,因此,属于由两种风险同时造成损失的情况。两个原因中,夜晚没人看守属于承保责任,而管道自身的安装问题属于除外责任,这两个原因之间并无因果关系,但这两者又是相互依存的,如果只是管道有问题,夜间有人巡查就会发现问题,这样就不会造成火灾,反之,如果管道没有问题,即使夜里无人巡查也不会发生事故造成火灾,这两个原因之间显然是相互依存的,单独任何一个原因都不会造成损失。在这种情况下,很难区分清楚哪部分损失是承保风险造成的,哪部分损失是除外责任造成的,因此,保险人就不负赔偿责任。

(资料来源:魏润泉、陈欣:《海上保险法律实务》,北京,中国金融出版社,2001。)

(四) 补偿原则

补偿原则又称损害赔偿原则,是指当保险标的遭受保险责任范围内的损失时,保险人应当依照保险合同的约定履行赔偿义务。保险人的赔偿金额不得超过保险单上的保险金额或被保险人遭受的实际损失。即保险人的赔偿不应使被保险人因保险赔偿而获得额外利益。

(五) 代位追偿原则

代位追偿,又称代位请求或代位求偿,是指在财产保险中,当保险标的遭受保险事故发生损失,依法应由第三者承担赔偿责任时,根据法律或合同,第三者需要对保险事故引起的保险标的的损失承担损害赔偿责任,保险人在向被保险人支付了保险赔款后,在其已赔偿的金额限度内,有权处于与被保险人相同的地位向第三者索赔,即代位被保险人向第三者进行追偿。保险人享有的这种权利称为代位追偿权。

三、国际货物运输保险法的概念和相关法律规范

(一) 国际货物运输保险法的概念

国际货物运输保险法是指调整国际间货物运输保险法律关系的法律规范的总和,具体是指保险人(保险公司)与投保人(国际贸易中的买方或卖方)签订合同,投保人支付保险费,由保险人在货物遭受国际运输途中约定的保险事故损害时,向保险受益人补偿的行为。

(二) 国际货物运输保险的分类

1. 根据运输方式不同划分为:海上货物运输保险,陆上货物运输保险,航空货物运输保险。

2. 根据保险期限不同划分为:航程保险,定期保险,混合保险。
3. 根据承保方式不同划分为:逐笔保险,预约保险,流动保险,总括保险。

(1)逐笔保险。被保险人对进出口货物向保险人逐笔办理保险,保险人根据每笔拟运输的货物估计风险,确定费率。

(2)预约保险。保险期限内,对保险范围内的货物,保险人负有自动承保之责。每批货物出运之前由被保险人填制启运通知,通知保险人签发保险凭证,将来根据所签凭证结算保险费。其保险金额一般按 CIF 价格加 10% 为准。

(3)流动保险。被保险人在保险期限内对可能运送的物资数量大体上有一定安排,然后向保险人预付一部分保险费,每批货物发运时,通知保险人自动承保。待保险合同到期时再行结算保险费,多退少补。

(4)总括保险。总括保险也叫闭口保险(Blank Insurance)。保险双方当事人议定一个保险范围,明确保险标的、保险总额、运程、保险险别、保险期限及投保人的保险费总额。

在总括保险下,每批出运的货物无需逐一通知保险人,保险人也不再根据每批货物的不同种类按不同费率计算保费,若发生赔款,则在保险总额内扣除,直至保险总额扣完、保险公司终止责任为止。当事人如果无相反约定,总保险金额在保险期满时有剩余的,保险人无义务退还与剩余保险金额相应的保险费。

(三) 调整国际货物运输保险关系的法律规范

1. 国际惯例

关于国际货物运输保险特别方面的国际惯例,如 1877 年制定并最新修订于 1994 年的《约克—安特卫普规则》等。

2. 各国的保险法

各国的保险法深受英国保险法的影响,我国的《保险法》也是如此。

第六节 国际海上货物运输保险法

一、国际海上货物运输保险法的概念

国际海上货物运输保险法是指调整国际海上货物运输保险法律关系的法律规范的总和。

海上运输是国际货物最主要的运输方式。国际货物保险业务是从海洋货物运输保险发展起来的。国际货物保险的法律首先来自海洋货物运输的有关规定。国际海洋货物运输保险的法律是国际货物保险法中最基本的规则,其他运输方式的货物保险法律参照了海洋运输的有关规定,掌握了国际海运货物保险的基本规则,便可触类旁通。

目前,我国国际海上货物运输保险主要是按照中国人民保险公司制定的"中国保险

条款"中的《海洋运输货物保险条款》规定的险别来投保,也可选择伦敦保险协会海运货物保险条款办理保险。

二、我国海上货物运输保险的承保范围

我国海上货物运输保险的不同险别,其承保风险的责任范围是不同的,保险公司不是对任何风险都承保,也不会对发生的任何损失都给予赔偿,因此,要对风险进行分类。当风险发生时,不同的风险造成的损失也是不同的,故也要对损失进行分类。风险和损失的分类成为研究海上货物运输保险承保范围的前提条件。

(一) 风险

海上货物运输保险的风险分为海上风险和外来风险两大类。

1. 海上风险(perils of the sea)

海上风险又称为海难,通常是指船舶或货物在海上运输过程中发生的或随附海上运输所发生的风险,包括自然灾害和意外事故。按照国际保险市场的一般解释,海上风险包括的内容如下:

(1)自然灾害(natural calamity)。自然灾害是指不以人的意志为转移的自然力量所引起的灾害。但在海上保险业务中,它并不是泛指一切由自然力量所造成的灾害。

按照我国现行的《海洋运输货物保险条款》(Ocean Marine Clauses)中的规定,把恶劣气候、雷电、海啸、地震和洪水作为可保的自然灾害;伦敦保险业协会的《协会货物保险条款》中承保的自然灾害包括地震、雷电、火山爆发、浪击落海及海水、湖水或河水进入船舱、驳船、运输工具、集装箱、大型海运箱或储存处所。

(2)意外事故(fortuitous accidents)。意外事故是指偶然的、难以预料的原因造成的事故。我国的《海洋运输货物保险条款》规定的意外事故是指船舶搁浅、触礁、碰撞、爆炸、火灾、沉没或其他类似事故。伦敦保险业协会的《协会货物保险条款》中所承保的意外事故除了包含以上风险,还包括了陆上运输工具的倾覆或出轨以及抛弃等。

根据国际保险市场的一般解释,海上风险并非局限于海上发生的灾害和事故,那些与海上航行有关的发生在陆上或海陆、河海或驳船相连接之处的灾害和事故,也属于海上风险。

2. 外来风险(extraneous risks)

外来风险是指海上风险以外的其他外来原因引起的风险。外来风险必须是外部因素导致的。包括一般外来风险和特殊外来风险。

(1)一般外来风险,是指保险货物在运输过程中由于偷窃、短量、提货不着、淡水雨淋、玷污、渗漏、破碎、串味、受潮受热、钩损、包装破裂和锈损等外来原因引起的风险。

(2)特殊外来风险:是指除一般外来风险以外的其他外来因素所致的货物损失,往往是与政治、军事、社会动荡以及国际行政措施、政策法令等有关的风险。常见的特殊外来风险主要有战争、罢工、进口国有关当局拒绝进口或没收等。

(二) 海上损失

风险发生时,会造成损失。海上损失简称海损,是指被保险货物在海运过程中,由于海上风险所造成的损失或灭失。以货物损失程度为标准,海损分为全部损失和部分损失;以货物损失的性质为标准,海损可分为共同海损和单独海损。

1. 全部损失(total loss)

全部损失是指货物全部灭失,或全部变质,或不可能归还被保险人。它分为实际全损和推定全损。

(1)实际全损(Actual Total Loss)有四种情况:

①被保险货物在保险事故发生后,已完全灭失或损坏;

②被保险货物遭受严重损害,已丧失形体、用途和价值;

③被保险人对其货物所有权已无可挽回地被完全剥夺;

④载货船舶失踪达到一定时期仍无音信。

(2)推定全损(constructive total loss)。

推定全损是指货物发生事故后,认为实际全损已不可避免,或者认为避免实际全损所需的费用与继续将货物运抵目的地的费用之和超过保险价值。推定全损有两种情况:

①保险货物受损后,整理、修理或施救的费用估计要超过复修后货物的价值;

②被保险货物受损后,被保险人失去对货物的所有权,而要夺回这一所有权所花的费用将超过收回后该批货物的价值。

发生推定全损时,要办理委付(abandonment)的手续。委付成立的条件是:发生推定全损;被保险人提出委付申请;对货物处置权交给保险公司。

2. 部分损失(partial loss)

部分损失是指货物的损失没有达到全部损失的程度。根据货物损失的性质可分为:

(1)共同海损(general average):在海运途中,船舶、货物或其他财产遭遇共同危险,为了解除共同危险,有意采取合理的救难措施,所直接造成的特殊牺牲和支付的特殊费用。构成共同海损要具备如下条件:

第一,其危险是共同的,采取的措施是合理的。

第二,其危险必须是真实存在的而不是主观臆测的,或者是不可避免地发生的。

第三,其牺牲必须是自动的和有意采取的行为,其费用必须是额外的。

第四,必须是属于非常情况下的损失。

在船舶发生共同海损后,凡属共同海损范围内的牺牲和费用,均可通过共同海损理算,由有关获救受益方(船方、货方、运费收入方),根据获救价值按比例分摊,这种分摊称为共同海损分摊。

(2)单独海损(particular average):指仅涉及船舶或货物所有人单方面利益的损失。

共同海损和单独海损的费用承担:共同海损费用由获救后各方利益大小按比例分

摊;单独海损的费用由受损方自己(或保险公司)承担。

(3)共同海损与单独海损的区别(见表6-2)。

①造成海损的原因不同。

②承担损失的责任不同。

③损失的构成不同。

【案例6-2】

某货轮2010年从伊朗阿巴丹港出发,驶向中国,船上装有轮胎、钢铁、棉花、木材,当船航行至上海海面时突然着火,经救助后发生了以下各项损失:

(1)抛弃全部轮胎价值10000美元,其中20%已着火;

(2)扔掉未着火的木材及其他易燃物质价值3000美元;

(3)烧掉棉花5000美元;

(4)船甲板被烧100平方厘米,修理费用100美元;

(5)检查费用100美元。

求:共同海损与单独海损各为多少?

共同海损=10000×80%+3000+100=11100(美元)

单独海损=10000×20%+5000+100=7100(美元)

表6-2 共同海损和单独海损的区别

二者区别	共同海损	单独海损
造成原因	为了解除或减轻共同危险而认为造成的损失	承保风险所直接导致的船、货损失
承担责任	由受益各方共同分摊	由受损方单独承担
损失的构成	损失被保险货物外,还包括支出的特殊费用	损失一般为保险货物

(资料来源:杨素娟:《国际贸易实务》,148页,北京,清华大学出版社,2012。)

(三)外来风险的损失

外来风险的损失是指海上风险以外的其他各种外来的原因造成的风险所带来的损失。外来风险主要有两种类型:一般的外来原因所造成的风险和损失;特殊的外来原因造成的风险和损失。

(四)费用

施救费用(sue and labor charges),当被保险货物遇到保险责任范围内的灾害事故时,被保险人,或其代理人,或保险单上受让人等为防止损失的进一步扩大,而采取措施所付出的费用。对于施救费用,无论施救有无效果都予以赔偿。

救助费用(salvage charges),当被保险货物遇到保险责任范围内的灾害事故时,由无契约关系的第三者采取的救助行动,获得成功,而向其支付的报酬;救助行为常与共同海损费用相联系。救助无效果,则无报酬。

三、伦敦保险协会海运货物保险条款

长期以来,在世界保险业务中,英国制定的保险法、保险条款、保险单等对国际保险业务影响很大,伦敦保险业协会制定的《协会货物保险条款》(Institute Cargo Clause, ICC),在国际货物运输保险中得到了广泛的应用。许多国家在制定本国的海运保险条款时,参考或采用该条款的内容。在 CIF 条件下出口货物,我国的出口企业通常按照中国人民保险公司制定的海上运输货物保险条款为依据,但有些情况下,外商对伦敦保险协会《海运货物保险条款》比较熟悉,要求按照该条款办理保险,我国企业也是可以满足对方要求的,可按《协会货物保险条款》投保。

(一)《协会货物保险条款》保险的险别及各险别的内容构成

《协会货物保险条款》于1912年制定,随着国际贸易、航运、法律等方面的不断变化,协会对该条款进行了多次修订和补充。新条款于1982年1月1日修订完成,于1983年4月1日起正式施行。同时,新的保险单格式取代原来的 S.G. 保险单格式,也自同日起使用。新条款共有6种险别。

1. 协会货物条款保险的险别

(1)协会货物(A)险条款[Institute Cargo Clauses (A),ICC(A)]。

(2)协会货物(B)险条款[Institute Cargo Clauses (B),ICC(B)]。

(3)协会货物(C)险条款[Institute Cargo Clauses(C),ICC(C)]。

(4)协会战争险条款(货)[Institute War Clauses—(cargo)]。

(5)协会罢工险条款(货物)[Institute Strikes Clauses—(cargo)]。

(6)恶意损害险条款[Malicious Damage Clauses]。

其中,前5种险别结构统一,体系独立完整,都可以单独向保险公司投保。

2. 前5种险别的内容构成

上述6种险别,除恶意损害险外,其余五种险别均按条文的性质统一分为以下8个部分:(1)承保范围;(2)除外责任;(3)保险期限;(4)索赔;(5)保险利益;(6)减少损失;(7)防止延迟;(8)法律与惯例。

在 ICC(A)、ICC(B)、ICC(C)、ICC 战争险、ICC 罢工险条款中,上面的 8 项内容中除了承保范围、除外责任和保险期限外,其他内容是完全相同的。

(二)《海运货物保险条款》承保的风险与除外责任

1. ICC(A)险的承保范围与除外责任

ICC(A)险与我国《海运货物保险条款》的"一切险"承保的范围大致相同。是上述 6 种险别中承保责任范围最大的险别。它采用"一切风险减除外责任"的方式,即除了在除外责任项下所列风险所导致的损失不予负责外,对其他风险所造成的损失均予负责。具体的除外责任包括以下四个方面。

(1)一般除外责任。该除外责任主要包括:被保险人故意的不法行为造成的损失或费用;货物的自然渗漏、自然损耗、自然磨损、包装不足或不当所造成的损失或费用;货物内在缺陷或特征所造成的损失或费用;直接由于运输延迟所引起的损失或费用;因船舶所有人、经理人、承租人或经营人的破产或不履行债务所造成的损失或费用;由于使用原子或热核武器所造成的损失或费用。

(2)不适航、不适货除外责任,该责任主要是指被保险人在保险标的装船时已知船舶不适航,以及船舶、运输工具、集装箱等不适货,由此造成的损失保险公司不负责赔偿。

(3)战争除外责任,该责任是指由于战争、内战、敌对行为等造成的损失和费用;由于捕获、拘留、扣留等(海盗除外)所造成的损失;由于漂流水雷、鱼雷等所造成的损失或费用。

(4)罢工除外责任,该责任是指由于罢工、被迫停工所造成的损失或费用;由于罢工者、被迫停工工人等造成的损失或费用;任何恐怖主义者或出于政治动机而行动的人所致损失或费用。这些损失和费用,保险公司不予赔偿。

2. ICC(B)险的承保范围与除外责任

ICC(B)险承保风险范围规定的做法和 ICC(A)的不同,ICC(B)险承保风险范围采用"列明风险"的方法,即把保险公司所承担的风险一一列出,凡属保险公司承保责任范围内的损失,包括全损和部分损失,保险公司按损失程度均给予赔偿。ICC(B)险承保的风险范围大致相当于中国人民保险公司海上运输货物条款中的水渍险,它比 ICC(A)险的责任范围小。

(1)ICC(B)险的承保风险的范围要求,灭失或损害要合理归因于以下几种原因:①火灾、爆炸;②船舶或驳船触礁、搁浅、沉没或者倾覆;③陆上运输工具倾覆或出轨;④船舶、驳船或运输工具同水以外的任何外界物体碰撞;⑤在避难港卸货;⑥地震、火山爆发、雷电;⑦共同海损牺牲;⑧抛货;⑨浪击落海;⑩海水、湖水或河水进入船舶、驳船、运输工具、集装箱、大型海运箱或贮存处所;货物在装卸时落海或跌落造成整件的全损。

(2)ICC(B)险的除外责任。ICC(A)险规定,保险人对归因于被保险人的蓄意不法行为所造成的损失或费用不负赔偿责任;ICC(B)险则规定保险人对由于任何个人或数人的不法行为所导致的损失或费用不负责赔偿。由此可见,ICC(A)险中恶意损害风险是被列为承保风险的;而在 ICC(B)中,保险人对该风险是不负赔偿责任的。被保险人若想获得此种风险的保障,就需要加保"恶意损害险"。

简而言之,ICC(B)险除对"海盗行为"和"恶意损害"险不负责任外,其他均与 ICC(A)险的除外责任相同。

(3)ICC(C)险的承保范围与除外责任。和 ICC(B)险一样,ICC(C)险的责任范围规定也是采用"列明风险"的方式,ICC(C)险仅承保"重大意外事故"所造成损失,对非重大意外事故和自然灾害所致的损失均不负责赔偿。

ICC(C)险的承保范围,要求灭失或损害要合理归因于:①火灾、爆炸;②船舶或驳船触礁、搁浅、沉没,或倾覆;③陆上运输工具倾覆或出轨;④船舶、驳船或运输工具同水以外的任何外界物体碰撞;⑤在避难港卸货;⑥共同海损牺牲;⑦抛货。

> **小贴士**
>
> "中国保险条款"按照运输方式分为海洋、陆上、航空和邮包运输等保险条款,对某些特殊商品还制定有海运冷藏货物、陆运冷藏货物、海运散装桐油以及活牲畜、家禽和海陆空运输保险,以及上述各种运输方式下货物保险的附加条款。按照"中国保险条款"的规定,投保人可根据货物的特点、航线及港口实际情况自行选择适当的险别。
>
> (资料来源:刘慧、吕春燕:《国际贸易实务》,71页,北京,北京大学出版社,2011。)

第七节 我国海上货物运输保险的险别

一、货物运输保险条款的基本险别

为了促进我国对外贸易的发展,中国人民保险公司根据我国保险业务的实际需要,并参照国际保险市场的习惯做法,自1956年起陆续制定了各种不同运输方式的货物运输保险条款以及适用于不同运输方式的各种附加条款,总称为中国保险条款,简称CIC,其中包括《海洋货物运输保险条款》等内容。中国人民保险公司1981年1月1日修订了海洋货物运输保险条款、海洋货物运输战争险条款等内容。1985年1月1日,中国人民保险公司再次修订《海洋货物运输保险条款》。海运货物保险起源最早、历史悠久,也是最为复杂的,其他运输方式的保险主要借鉴海运货物保险的作法,为此,对该内容做重点介绍。

我国《海洋货物运输保险条款》中,把保险的险别分为基本险和附加险两大类,其中基本险能单独投保,附加险别不能单独向保险公司投保,需要在投保某一基本险别的前提下才能加保附加险别。

(一) 基本险

按照《海洋货物运输保险条款》的规定,海洋货物运输保险的基本险别分为平安险、水渍险和一切险三种。

1. 平安险(Free from Particular Average, FPA)的责任范围

平安险原文的含义是单独海损不赔。平安险是三种基本险别中的保险人承保责任范围最小的险别。投保人向保险公司缴纳的保险费也是最低的。保险公司对平安险的承保责任范围是:

(1) 被保险货物在运输途中由于恶劣气候、雷电、海啸、地震、洪水等自然灾害造成整批货物的全部损失或推定全损。被保险货物用驳船或运离海轮的,每一驳船所装货物可视为一整批。

(2) 由于运输工具遭遇搁浅、触礁、沉没、互撞、与流水或其他物体碰撞以及失火、爆炸等意外事故造成的被保险货物的全部或部分损失。

(3) 运输工具已经发生搁浅、触礁、沉没、焚毁等意外事故的情况下,货物在此前后又在海上遭受恶劣气候、雷电、海啸等自然灾害所造成的部分损失。

(4) 在装卸或转运时由于一件或数件整件货物落海造成的全部或部分损失。

(5) 被保险人对遭受承保责任内危险的货物采取抢救、防止或减少货损的措施而支付的合理费用,但以不超过该批货物的保险金额为限。

(6) 运输工具遭遇海难后,在避难港由于卸货所引起的损失,以及在中途港、避难港由于卸货、存仓以及运送货物所产生的特别费用。

(7) 共同海损的牺牲、分摊和救助费用。

(8) 运输合同订有船舶互撞责任条款,根据该条款规定,应由货方偿还船方的损失。

2. 水渍险(With Particular Average, W.A 或 W.P.A)

水渍险是我国保险业沿用已久的名称,其原文的含义是负单独海损责任,它的承保责任范围是:

(1) 平安险所承保的全部责任。

(2) 被保险货物在运输途中,由于恶劣气候、雷电、海啸、地震、洪水等自然灾害所造成的部分损失。水渍险通常适用于不易损坏或易生锈但不影响使用的货物。水渍险的承保责任范围包括:平安险 + 自然灾害造成的部分损失。

3. 一切险(All Risks, A.R)

一切险的责任范围是除包括上列平安险和水渍险的各项责任外,还负责被保险货物在运输途中由于一般外来风险所造成的全部或部分损失。

一切险承保责任范围包括:水渍险 + 一般外来原因造成的损失。投保人可根据货物自身的特点、运输路线等情况选择投保上述三种基本险别的任意一种。

(二) 附加险别

附加险是对基本险的补充和扩大,《中国保险条款》中的附加险有一般附加险和特殊附加险两种。

1. 一般附加险(General Additional Risks)

一般附加险承保的是由于一般外来风险所造成的全部或部分损失,由于被保险的货物品种繁多,货物的性能和特点各异,而一般外来的风险又多种多样,所以一般附加险的种类很多,共包括 11 种险别。一般附加险中的 11 种险别不能作为一个单独的项目投保,只能在投保平安险或水渍险的基础上加保其一或数种险别。因一切险的承保范围包括一般附加险,故在投保一切险时,不存在加保一般附加险的问题。

一般附加险主要包括:偷窃提货不着险、淡水雨淋险、渗漏险、短量险、钩损险、污染险、破碎险、碰损险、生锈险、串味险和受潮受热险(11种)。

2. 特殊附加险(Special Additional Risks)

特殊附加险是承保由于特殊外来风险所造成的货物的全部或部分损失。分为战争险、罢工险和其他特殊附加险。

二、专门保险险别

专门险又称特种货物保险,是为了方便一些特殊商品投保而设的险别。我国海上保险市场上目前常用的特种货物海运保险条款主要有以下三种,可以单独投保,类似基本险别。

(一)海洋运输冷藏货物保险

一些鲜活易腐的商品,如鲜花、水果、蔬菜及海鲜、肉等货物,为了保护商品的使用价值,使其能够适销,一般需要经过处理后冷藏。《海洋运输冷藏货物保险条款》中规定海洋运输冷藏货物保险(Ocean Marine Insurance-frozen Products)的险别包括冷藏险和冷藏一切险。

(二)海洋运输散装桐油保险

海洋运输散装桐油保险,只有一个险别,是根据散装桐油的特点而专门设立的,可单独投保,其承保范围是任何因素造成的被保险桐油的短少、渗漏、玷污或变质的损失,共同海损、分摊以及救助费用、施救费用。

三、除外责任

(一)基本险的除外责任

三种基本险别中,保险公司的除外责任是:

(1)被保险人的故意行为或过失所造成的损失。

(2)发货人责任造成的损失。

(3)被保险货物的自然损耗、本质缺陷、特征以及市价跌落、运输延迟所引起的损失或费用。

(4)在保险公司的保险责任开始前,被保险货物的品质已经存在不良或数量短差所造成的损失。

(5)由于战争、工人罢工或运输延迟所造成的损失等。

(二)战争险、罢工险的除外责任

1. 战争险的除外责任

在投保战争险的情况下,保险公司对下列原因造成的损失不负责赔偿:

(1)由于敌对行为使用原子弹或热核武器造成被保险货物的损失和费用。

(2)由于执政者、当权者或其他武装集团的扣押、拘留引起的承保运程的丧失或挫折所致的损失。

2. 罢工险的除外责任

在投保罢工险的情况下,罢工引起的间接损失是除外责任,即在罢工期间由于劳动力短缺或不能运输所致被保险货物的损失,或因罢工引起动力或燃料缺乏使冷藏机停止工作所致冷藏货物的损失,以及因无劳动力搬运货物致使货物堆积码头雨淋受损,这些损失保险公司是不给予赔偿的。

复习思考题

1. 国际海上货物运输的国际公约有哪些?
2. 试比较有关提单的三个国际公约。
3. 试述国际航空货物运输承运人的责任制度。
4. 保险法的基本原则包括哪些?
5. 我国海洋货物运输保险条款中平安险、水渍险、一切险在责任范围上有哪些不同?
6. 简述实际全损、推定全损、共同海损和单独海损。
7. 试述委付和代位的含义。
8. 伦敦保险协会《海运货物保险条款》的险别有哪些?

第七章 票 据 法

【学习目标】

1. 了解票据的概念和特征。
2. 了解票据法律体系、票据的英美法体系、票据的日内瓦公约体系。
3. 了解三种主要票据的相关法律规定。
4. 掌握汇票的出票、背书、提示、承兑、保证、付款、拒付和追索权及本票的出票、支票的出票和付款等。
5. 掌握我国涉外票据法的法律适用以及我国票据法的主要规定。

第一节 票据法概述

一、票据的概念

货币和票据是国际商事交易支付和结算的重要手段。在国际贸易中,一般较少使用现金结算的方式,而普遍使用票据进行结算。广义的票据,泛指各种有价证券,如债券、股票、提单,等等。狭义的票据,仅指以支付金钱为目的的有价证券,即出票人根据法律规定签发的,由自己或命令他人无条件支付确定金额给收款人或持票人的有价证券。

二、票据的特征

票据作为有价证券的一种,具有有价证券的一般特征,但它又是有别于其他有价证券的一类独立的有价证券。与其他有价证券相比,票据主要有以下特征:

(一) 票据是完全有价证券

票据权利的产生、行使及处分都以票据的存在为条件,即票据权利不能离开票据而存在,如果票据丧失,持票人一般难以行使票据权利。

(二) 票据是设权证券

设权证券,是指票据权利的发生必须首先作成证券。票据作成前,票据权利不存在,没有票据,就没有票据上的权利。票据并非是证明已存在的权利,而是创设票据权利。

(三) 票据是金钱证券

票据是以一定金额的金钱给付为目的而创设的证券,以非金钱的其他财物为给付标的的证券,不属于票据。

(四) 票据是债权证券

票据关系实质是一种债权债务关系,票据持票人可以就票据上所记载金额向特定票据债务人行使请求权,因而,票据不同于物权证券和社员权证券。

(五) 票据是文义证券

票据上的权利义务必须依票据上所记载的文义而定,不得以文义之外的任何事项来主张票据权利。

(六) 票据是要式证券

制作票据必须严格依照《票据法》所规定的形式要件,如不符合法律规定的款式,例如没有签章,票据就不产生票据法上的效力。

(七) 票据是无因证券

票据权利人主张其权利,以提示票据为必要,而不必证明其取得票据的原因,票据关系一般不受原因关系的影响。

(八) 票据是流通证券

票据上的权利可依背书或交付的方式自由流通转让,不须经债务人同意。

(九) 票据是提示证券

票据权利人向票据债务人行使权利时,必须提示票据,否则,债务人有权拒绝履行其义务。

(十) 票据是返还证券

票据权利人的债权满足后,必须将票据交还给债务人,当事人之间的票据关系才告消灭。

三、票据的功能

(一) 汇兑功能

汇兑是票据最初的功能,作为异地输送现金和兑换货币的工具,票据可以解决现金支付在空间上的障碍。当时,随着商品经济的发展和市场范围的扩大,在异地贸易中携带现金不方便、不安全,还存在不同种类货币之间的兑换困难,因此产生了如下的汇兑业务:商品交易当事人通过货币经营者(现为银行)的汇款业务和货币兑换业务,在本地将现金交付货币经营者,并取得票据作为汇款和货币兑付凭证,并凭该票据在异地向货币经营者兑换现金,从而克服了现金支付的空间困难。

(二) 支付功能

票据最简单、最基本的功能就是作为支付手段,代替现金的使用。用票据代替现金作为支付工具,具有便携、快捷、安全等优点。由于票据有汇兑功能,可异地兑换现金,是一种金钱给付的债权凭证,因而它逐渐发展出支付功能,即可以通过法定流通转让程序,代替现金在交易中进行支付。

(三) 结算功能

票据作为货币支付的手段,可以用于同城或异地的经济往来中,抵销不同当事人之间相互的收款、欠款或用于相互的支付。通过票据交换,使各方收付相抵,相互冲减债务。票据结算比现金结算更便捷、安全、经济。票据结算已经成为现代经济中银行结算的主要方式。

(四) 信用功能

票据可作为信用工具,在商业和金融中发挥融资等作用。在商品交易中,票据可作为预付货款或延期付款的工具,以发挥商业信用功能;在金融活动中,企业可以将尚未到期的票据向银行进行贴现,取得货币资金,以解决企业一时的资金周转困难。票据能发挥银行信用的作用。

四、票据种类

各国的票据法对票据的种类规定不同。《日本商法典》规定,票据包括汇票、本票和支票三种。法国和德国的法律规定,票据只包括汇票和本票两种,不包括支票,因为汇票和本票既是支付和结算的工具,同时也是有价证券;支票作为支付和结算的工具,不作为有价证券,对支票另外专门制定法律加以规范。《日内瓦统一票据法公约》也采用这种做法。美国《统一商法典》规定可流通票据包括汇票、本票、支票、银行存单等。我国《票据法》规定的票据则包括汇票、本票和支票三种,这三种票据都具有票据的支付和结算功能,同时也是有价证券,由《票据法》加以规范和调整。

(1)汇票是指出票人开立签发的,要求付款人在见票时或者在指定日期无条件支付确定金额给收款人或者持票人的票据。

(2)本票是指由出票人开立签发的,承诺自己在见票时无条件支付确定金额给收款人或者持票人的票据。

(3)支票是指出票人开立签发的,委托办理支票存款业务的银行在见票时无条件支付确定金额给收款人或持票人的票据。

五、票据上的法律关系

票据上的法律关系,是指因票据的签发而发生的当事人之间的法律关系,以及与票据有关的行为产生的票据当事人之间的法律关系。票据上的法律关系可分为:票据关系和票据法上的非票据关系。

小贴士

在国际贸易中,经常使用的支付方式主要有汇付、托收和信用证,其中,人们常选用信用证方式或跟单托收方式支付以减少国际支付风险,使用的票据多为汇票;使用本票通常会承担较高的商业风险;支票的使用需要出票人在银行有存款,与银行订有使用支票的协议,因此在国际贸易中不常用。

(一)票据关系

票据关系是票据法律关系的简称,是指票据当事人在票据的签发和流通转让等过程中,根据相应的票据法律规范所形成的权利义务关系。其中,票据的持有人(持票人)享有票据权利,对于在票据上签名的票据债务人可以主张行使票据法规定的相关权利。票据上签名的票据债务人负担票据责任(即票据义务),依自己在票据上的签名按照票据上记载的文义承担相应的义务。

【知识链接】

票据关系当事人较复杂,一般包括出票人、收款人、付款人、持票人、承兑人、背书人、保证人、参加人等。

出票人,也称发票人,是指依法定方式作成票据,在票据上签名盖章,并将票据交付给收款人的人。

收款人,是指票据到期并经提示后收取票款的人(收款人有时也是持票人)。

付款人,是指根据出票人的命令支付票款的人。

持票人,即持有票据的人。

承兑人,是指接受汇票出票人的付款委托,同意承担支付票款义务的人。

背书人,是指在转让票据时,在票据背面签字或盖章,并将该票据交付给受让人的票据收款人或持有人。

被背书人,是指被记名受让票据或接受票据转让的人。

保证人,是指为票据债务提供担保的人。

票据关系在不同的当事人间基于不同的票据行为而有不同,如因出票行为产生的出票人与收款人间的关系、收款人与付款人间的关系;因汇票的承兑行为产生的持票人与承兑人间的关系;因背书行为产生的背书人与被背书人间的关系;因保证行为产生的保证人与持票人间的关系以及保证人与被保证人及其前手的关系等。在各种票据关系中，出票人、持票人、付款人三者之间的关系是票据的基本关系。

(二) 票据法上的非票据关系

票据法上的非票据关系，是指由票据法直接规定的，不基于票据行为而发生的票据当事人之间与票据有关的法律关系。如票据上正当权利人对法律规定不得享有票据权利的人行使票据返还请求权而发生的关系；因时效届满或手续欠缺而丧失票据上权利的持票人对出票人或承兑人行使利益偿还请求权而发生的关系；票据付款人付款后请求持票人交还票据而发生的关系等。

六、票据基础关系

票据基础关系，是指作为产生票据关系的事实和前提存在于票据关系之外，而由民法规定的非基于票据行为产生的法律关系。票据的基础关系是票据的实质关系，但与票据关系相分离。票据基础关系主要有三种：票据原因关系、票据资金关系和票据预约关系。

(一) 票据原因关系

票据原因关系，是指票据当事人之间因授受票据的原因而产生的关系，如出票人与收款人之间签发和接受票据的理由等。原因关系只存在于授受票据的直接当事人之间，票据一经转让，其原因关系对票据效力的影响力即被切断。

(二) 票据资金关系

票据资金关系，是指存在于汇票的发票人和付款人之间、支票的发票人和付款银行之间的约定付款人为出票人付款的票据基础关系。票据资金关系不以金钱为限，债权、信用等也可以构成资金关系。

(三) 票据预约关系

票据预约关系，是指票据当事人在授受票据之前，就票据的种类、金额、到期日、付款地等事项达成协议而产生的法律关系，即当事人之间授受票据的合同所产生的法律关系。它实际上是沟通票据原因和票据行为的桥梁。但该合同仅为民事合同，当事人不履行票据预约合同所产生的权利义务仅构成民法上的债务不履行，不属于票据法规范的对象。

> **小贴士**
>
> 票据法上的非票据关系。票据法上的非票据关系是指由票据法直接规定的，不基于票据行为而发生的票据当事人之间与票据有关的法律关系。票据付款人付款后请求持

票人交还票据而发生的关系即属于票据法上的非票据关系。

七、票据行为

（一）票据行为的概念

票据行为，是以票据权利义务的设立及变更为目的的法律行为。广义的票据行为，是指票据权利义务的创设、转让和解除等行为，包括票据的签发、背书、承兑、保证、参加承兑付款、参加付款、追索等行为在内。狭义的票据行为，专指以设立票据债务为目的的行为，只包括票据签发、背书、承兑、保证、参加承兑等，不包括解除票据债务的付款、参加付款、追索等。《票据法》上规定的狭义票据行为：汇票包括出票、背书、承兑、保证；本票包括出票、背书、保证；支票包括出票和背书。

（1）出票，是指出票人签发票据并将其交付给收款人的票据行为，它是最基本的票据行为，其他票据行为必须在出票行为的基础上才能进行。

（2）背书，是指持票人将票据权利转让给他人或者将一定的票据权利授予他人行使的票据行为。持票人依背书连续证明自己的合法持票人身份。

（3）承兑，是指汇票付款人承诺在汇票到期日支付汇票金额的票据行为。汇票上的付款人一经承兑，就必须承担无条件的绝对的付款责任。

（4）保证，是指行为人对特定票据债务人的票据债务承担连带责任的票据行为。

> **小贴士**
>
> 我国《票据法》规定的广义票据行为，包括更改、涂消、禁止背书、付款、划线（仅限于支票）、见票（仅限于本票）等。

（二）票据行为的特征

1. 要式性

当事人为票据行为必须采取书面形式记载规定的内容，签章并符合一定的格式，不允许当事人自由变更和取舍，否则，票据不能生效或者不产生票据法上的效力。

2. 文义性

票据行为的内容完全以票据上记载的文义为准，即使文字记载与实际情况不一致，也仍以文字所记载的为准，不允许当事人以票据上文字记载以外的证据对文字记载作变更。

3. 抽象性

票据行为只要具备抽象的形式即可生效，而不问其实质如何。票据行为一旦成立，票据的原因有效与否，存在与否都不会影响票据行为的效力。

4. 独立性

同一票面上如有数个票据行为,每一票据行为各自独立发生效力,不因其他票据行为的无效而受影响。

5. 连带性

尽管票据行为具有独立性,但是由于各行为的标的均为票据债务,且均记载在同一票据文本上,因而所有在票据上进行了票据行为的人,都是持票人的债务人,他们对持票人承担法定的连带责任。《日内瓦票据法统一公约》以及德国、日本、中国等国的票据法均对此作了规定。

第二节 票据法律体系

一、票据法概念

为了保障票据交易的安全,各国都制定了票据法。票据法是指调整票据的出票和转让等票据行为,以及票据当事人之间权利和义务的有关法律规范的总称。一般意义上的票据法是指狭义的票据法,即专门的票据法规范,它是规定票据的种类、形式和内容,明确票据当事人之间的权利义务,调整因票据而发生的各种社会关系的法律规范。

二、票据法的国际法律体系

各国票据法在本质上虽然相同,但是在具体某些方面存在较大的差别。形式上,美国、法国、日本等大多数国家将票据法作为其商法典的一个组成部分;瑞士将票据法纳入债务法典内,作为债务法的一部分;英国、德国、瑞典等国则制定有专门的票据单行法规。随着票据统一法活动的展开,各国票据法的差异正在逐步消失。

在日内瓦体系成立前,曾经存在三大票据体系:法国法系、德国法系和英美法系。

(一) 法国票据法系

法国票据法系的主要特点是用票据代替现金,将票据关系与票据基础关系联系在一起。规定票据必须载明对价文句,表明已收到对价,否则就不能产生票据法上的效力。同时要求汇票和支票的出票必须占有资金,付款人才承担对该项汇票或支票的付款义务。至于票据作为流通与信用工具的效能,尚未充分显示出来。法国票据法的发展不能适应近代经济发展形势,该票据法系的国家,如意大利、西班牙等国后来转而采用德国票据规则。

(二) 德国票据法系

德国票据法系的特点是把票据作为不要因的证券,票据上的权利不受其基础关系的影响,但对票据的形式要求严格。属于德国法系的国家主要有瑞士、瑞典、奥地利、荷兰、丹麦、挪威以及日本等。

(三) 英美票据法系

英美票据法系的主要特点是把票据关系与其基础关系分离开来,在形式上也采取较灵活的态度,不像德国法系国家那样严格,有利于于票据在国际上的流通。该票据法系包括英国、美国以及某些受英国普通法传统影响的国家。

西方各国的票据法虽然在本质上是相同的,但是在具体法律制度方面也存在诸多差异。这种差异的存在不利于票据的国际流通。从19世纪后期起,一些国际组织主张并着手制定有关票据统一法公约。第一次世界大战后,在国际联盟的主持下,1930年和1931年在瑞士日内瓦举行了两次关于统一票据法的国际会议,通过了4项关于统一票据法的日内瓦公约:(1)1930年《统一汇票和本票法公约》;(2)1930年《解决汇票和本票若干法律冲突的公约》;(3)1931年《统一支票法公约》;(4)1931年《解决支票若干法律冲突的公约》。

日内瓦公约主要是按照大陆法,特别是德国法制定的,参加的国家主要有德、法、意、日等20国,英美法系国家没有参加。之后,德国、法国、日本、瑞士等多数大陆法系国家都纷纷据此修正或重新制定了各自的票据法,德国法系和法国法系之间的分歧逐渐消失,形成同一的票据日内瓦公约体系。而英美等国拒绝参加,原因是日内瓦公约的某些规定与英美法系的传统和实践存在矛盾。至此,目前国际上并存着票据法的两大法系:日内瓦公约体系和英美法系。

国际经济的迅猛发展需要统一的国际票据法,为调和日内瓦公约体系和英美法系的分歧,促进国际经济的发展,联合国国际贸易法委员会从1971年起着手起草国际汇票的统一法公约,草案历经修改,于1987年8月通过《国际汇票和国际本票公约》,但尚未生效。该公约为当事方选择适用国际汇票和本票的法律规则提供了统一的准据法。

《国际汇票本票公约》共9章,90条。其主要内容包括:第1章,适用范围和票据格式;第2章,解释;第3章,转让;第4章,权利和责任;第5章,提示、不获承兑或不获付款而遭退票和追索;第6章,解除责任;第7章,丧失票据;第8章,期限(时效);第9章,最后条款。《国际汇票本票公约》主要在票据的形式要求、对持票人的法律保护及票据的抗辩和伪造背书的后果三个问题上做了协调。

三、我国的票据法体系

我国的《票据法》于1996年1月1日起施行,2004年8月28日第十届全国人大常委会第十一次会议修订。该法包括总则、汇票、本票、支票、涉外票据的法律适用、法律责任和附则,共7章,111条。我国《票据法》借鉴了日内瓦公约体系,同时也根据自身的需要作出相应调整。

此外,经国务院批准,中国人民银行于1997年8月21日发布了《票据管理实施办法》;1997年9月19日中国人民银行发布了《支付结算办法》;2000年2月24日最高人民法院通过了《关于审理票据纠纷案件若干问题的规定》等。

> **小贴士**
> 我国《票据法》规定的票据,是狭义的票据,只包括汇票、本票和支票,不包括信用证。信用证与票据一样,只是支付结算的一种重要工具。

第三节 汇票、本票和支票

一、汇票概述

(一) 汇票的概念

尽管各国票据法对汇票的定义不一致,但多数国家认为,汇票本质上属于一种不附条件的书面支付命令。

汇票具有以下特征:

(1)汇票属于委付证券,而不是自付证券。汇票是由出票人委托他人进行支付的票据,汇票的出票人只是签发票据的人,不是票据的付款人,出票人必须另行委托付款人支付票据金额。

(2)汇票的到期日具有多样性。汇票的到期日是指汇票的付款日期,包括见票即付、定日付款、出票后定期付款、见票后定期付款等四种方式。

(3)汇票是付款人无条件支付票据金额给持票人的票据。持票人包括收款人、被背书人或受让人。

(二) 汇票当事人

汇票关系中有三个基本当事人,即出票人、付款人和收款人。出票人,是指依照法定方式签发汇票委托他人付款的人,在国际贸易中为出口人。付款人,是指按照出票人的付款委托无条件支付汇票金额的人,在国际贸易中为进口人或其指定的银行。收款人,是指汇票上记载的收取票款的人,在国际贸易中为出口人本人或其指定的银行。出票人和付款人为票据义务人,收款人为票据权利人。

(三) 汇票的种类

汇票可以根据不同的标准进行分类。

(1)根据出票人的不同,可将汇票分为银行汇票和商业汇票。银行汇票是指由银行签发的汇票,商业汇票是指由银行以外的其他主体签发的汇票。

【知识链接】

我国《票据法》将汇票分为银行汇票和商业汇票。

银行汇票是出票银行签发的,由其在见票时按照实际结算金额无条件支付给收款人或者持票人的票据。银行汇票的出票银行为银行汇票的付款人。银行汇票一般由汇款人将款项交存当地银行,由银行签发给汇款人持往异地办理转账结算或支取现金。单位、个体经济户和个人需要使用各种款项,均可使用银行汇票。银行汇票可以用于转账,填明"现金"字样的银行汇票也可以用于支取现金。银行汇票的提示付款期限自出票日起1个月。

商业汇票是出票人签发的,委托付款人在指定日期无条件支付确定的金额给收款人或者持票人的票据。商业汇票按承兑人的不同,分为商业承兑汇票和银行承兑汇票,商业承兑汇票由银行以外的付款人承兑,银行承兑汇票由银行承兑,商业汇票的付款人为承兑人。商业汇票的付款期限,最长不得超过6个月;商业汇票的提示付款期限,自汇票到期日起10日。

(2)根据付款期限的长短不同,汇票可分为即期汇票和远期汇票。即期汇票是指见票即行付款的汇票,包括见票即付的汇票、到期日与出票日相同的汇票以及未记载到期日的汇票(以提示日为到期日)。远期汇票是指约定一定的到期日付款的汇票,包括定期付款汇票、出票日后定期付款汇票(也叫计期汇票)和见票后定期付款汇票。

(3)根据承兑人的不同,汇票分为商业承兑汇票、银行承兑汇票。商业承兑汇票是以银行以外的任何商号或个人为承兑人的远期汇票。银行承兑汇票承兑人是银行的远期汇票。

(4)根据有无附属单据,汇票分为光票汇票、跟单汇票。光票汇票本身不附带货运单据,银行汇票多为光票。跟单汇票,又称信用汇票、押汇汇票,是需要附带提单、仓单、保险单、装箱单、商业发票等单据,才能进行付款的汇票,商业汇票多为跟单汇票,在国际贸易中经常使用。

【随堂测试】

汇款人将款项交存银行,委托银行签发汇票,交由汇款人持往异地办理结算或支取现金的票据,属于哪一种票据?

【评析】

属于银行汇票。根据我国票据实践,银行汇票一般由汇款人将款项交存当地银行,由银行签发给汇款人持往异地办理转账结算或支取现金。

二、汇票的出票

（一）出票的概念

汇票的出票，又称汇票的发票、汇票的签发、汇票的发行。出票，是指出票人签发票据并将其交付给收款人的票据行为。

出票包括两个行为：一是出票人依照票据法的规定作成票据，即在原始票据上记载法定事项并签章；二是交付票据，即将作成的票据交付给他人占有。出票行为完成，即在出票人和持票人之间产生法律关系，出票人成为汇票的主债务人，承担汇票的承兑和付款义务。

> **小贴士**
>
> 1. 同其他汇票一样，国际贸易中的汇票，其行为主要包括出票、背书、承兑、支付、追索等。
>
> 2. 汇票的出票人在为出票行为时，必须与付款人具有真实的委托付款关系，并且具有支付汇票金额的可靠资金来源；汇票的出票人不得签发无对价的汇票用以骗取银行或者其他票据当事人的资金。由于汇票是出票人委托付款人向持票人支付票据金额的一种委付证券，故出票人与付款人之间必须存在真实的支付委托关系，即出票人与付款人之间必须存在事实上的资金关系或者其他的债权债务关系。
>
> 与此同时，出票人在出票时，必须确保在汇票不承兑或不获付款时，具有足够的清偿能力。汇票的签发，必须给付对价，出票人不得与其他当事人相互串通，利用签发没有对价的承兑汇票，通过转让、贴现来骗取银行或其他票据当事人的资金。

（二）出票的记载事项

汇票是要式证券，出票是要式行为，出票人必须根据有关国家票据法的法定内容制作汇票，只有这样才能产生票据的效力。如果欠缺法律规定所必须记载的事项，则该汇票就不能认为有效。各国的票据法关于汇票必须记载的事项如下。

1. 表明"汇票"的字样

这是指在票据上必须记载足以表明该票据是汇票的文字。如果没有这些文字，"汇票"则为无效。日内瓦《统一汇票和本票法公约》要求汇票必须标明"汇票"字样，并按其规定的必要内容记载才能有效。但是英美法系各国则不要求必须注明"汇票"字样。根据我国现行汇票的用法，汇票可有"银行汇票""银行承兑汇票""商业承兑汇票"等称谓，因此，只要标明"汇票"字样即可。

2. 无条件支付的命令

出票人命令付款人支付汇票金额是不附带任何条件的。如果汇票附有条件（如收货后付款),则汇票无效。

3. 确定的金额

这是指汇票上记载的金额必须是固定的数额。如果汇票上记载的金额是不确定的,如10万元以下、5万元以上等,汇票无效。如果同时以文字和数字表示,两者必须相符;如果不符,根据日内瓦《统一汇票和本票法公约》的规定,应以文字为准。在实践中,银行汇票记载的金额有汇票金额和实际结算金额。

汇票金额,是指出票时汇票上应该记载的确定金额;实际结算金额,是指不超过汇票金额,而另外记载的具体结算的金额。汇票上记载有实际结算金额的,以实际结算金额为汇票金额。如果银行汇票记载汇票金额而未记载实际结算金额,并不影响该汇票的效力,而以汇票金额为实际结算金额。实际结算金额只能小于或等于汇票金额,如果实际结算金额大于汇票金额的,实际结算金额无效,以汇票金额为付款金额。

小贴士

在实践中,银行汇票记载的金额有汇票金额和实际结算金额。汇票金额是指出票时汇票上应该记载的确定金额;实际结算金额是指不超过汇票金额,而另外记载的具体结算的金额。汇票上记载有实际结算金额的,以实际结算金额为汇票金额。如果银行汇票记载汇票金额而未记载实际结算金额,并不影响该汇票的效力,而以汇票金额为实际结算金额。

实际结算金额只能小于或等于汇票金额,如果实际结算金额大于汇票金额的,实际结算金额无效,以汇票金额为付款金额。收款人受理申请人交付的银行汇票时,应在出票金额以内,根据实际需要的款项办理结算,并将实际结算金额和多余金额准确、清晰地填入银行汇票解讫通知的有关栏内。未填明实际结算金额和多余金额或实际结算金额超过出票金额的,银行不予受理。

4. 付款人名称

各国的票据法都要求汇票必须载明付款人名称(或付款人的姓名或商号)。付款人,是指出票人在汇票上的命令支付汇票金额的人。付款人,是汇票的主债务人,如果汇票上未记载付款人的名称,收款人或者持票人将不知道向谁提示承兑或提示付款。因此,汇票上未记载付款人,汇票便为无效。

5. 受款人名称

受款人,是指出票人在汇票上记载的受领汇票金额的最初票据权利人。汇票是否必须载明受款人的姓名,各国的法律有不同的规定。在英美法系国家,法律允许签发无记名式汇票,没有将收款人名称规定为应记载事项。日内瓦《统一汇票和本票法公约》要求在汇票上记载受款人的姓名,原则上不承认无记名汇票。我国《票据法》则不允许签发无记名汇票,故汇票上应将收款人名称作为必须记载的内容,这有利于汇票的转让和流通,减少纠纷的发生。

> **小贴士**
>
> 我国《票据法》不允许签发无记名汇票,汇票上应将收款人名称作为绝对必要记载事项,以利于汇票的转让和流通,减少纠纷的发生。

6. 出票日期和地点

这是指出票人在汇票上记载的签发汇票的日期和地点。出票日期在法律上具有重要的作用,即可以确定出票后定期付款汇票的付款日期、确定见票即付汇票的付款提示期限、确定见票后定期付款汇票的承兑提示期限、确定利息起算日、确定某些票据权利的时效期限、确定保证成立之日期、判定出票人于出票时的行为能力状态以及代理人的代理权限状态等。因此,如果汇票上不记载出票日期,将不利于保护持票人的票据权利。

出票地点关系到汇票的法律适用问题。根据日内瓦《关于解决汇票和本票若干法律冲突的公约》以及各国法律冲突规则,汇票形式与有效性问题一般以出票地国家的法律确定。

日内瓦《统一汇票和本票法公约》规定,汇票应当记载出票日期及地点;但如果汇票上没有载明出票地点,则以出票人姓名旁的地点为出票地点。英美法系各国则认为,出票日期与地点并不是汇票必须记载的事项。如果汇票上没有填写出票日期,汇票仍然有效,在这种情况下,持票人可以将其认为正确的日期补填在汇票上。如果汇票上没有载明出票地点,则可以以出票人的营业所、住所或居住地为出票地点。

> **小贴士**
>
> 出票日期在法律上具有重要的作用,可以确定出票后定期付款汇票的付款日期、确定见票即付汇票的付款提示期限、确定见票后定期付款汇票的承兑提示期限、确定利息起算日、确定某些票据权利的时效期限、确定保证成立的日期、判定出票人于出票时的行为能力状态以及代理人的代理权限状态等。

7. 出票人签章

这是指出票人在票据上亲自书写自己的姓名或盖章。各国的票据法都规定,汇票上必须有出票人的签名才能生效,如果汇票出票人不在汇票上签章,汇票即为无效。

8. 其他记载事项

这里的其他记载事项,是指在出票时应当予以记载,但如果未作记载,可以通过法律的直接规定来补充确定的事项。未记载该事项并不影响汇票本身的效力,汇票仍然有效。如汇票的到期日,就是汇票支付日期。根据日内瓦《统一汇票和本票法公约》和英美法系国家的法律规定,到期日并不是汇票的法定记载条件,如果汇票上未载明到期日,汇票仍然有效,操作上作为见票即付的汇票处理。

> **小贴士**
> 法律规定以外的事项主要是指与汇票的基础关系有关的事项,如签发票据的原因或用途、该票据项下交易的合同号码,等等。

(三) 出票的效力

出票是以创设票据权利为目的的票据行为,出票人依照票据法的规定完成出票行为之后,即对汇票当事人产生票据法上的效力。

1. 对出票人的效力

出票人签发汇票后,即承担保证该汇票承兑和付款的责任。出票人在汇票得不到承兑或者付款时,应当向持票人清偿法律规定的金额和费用。担保汇票的承兑是指汇票到期日前不获承兑时,收款人或持票人可以请求出票人偿还票据金额、利息和有关费用。担保汇票的付款是指汇票到期时,付款人虽已承兑但拒绝付款的,出票人必须承担清偿责任。

2. 对付款人的效力

出票行为是单方行为,付款人并不因此而有付款义务。只是基于出票人的付款委托而使其具有承兑人的地位,只有在其对汇票进行承兑后,付款人才成为汇票上的主债务人。

3. 对收款人的效力

收款人取得出票人发出的汇票后,即取得票据权利,一方面就票据金额享有付款请求权;另一方面,在付款请求权不能满足时,享有追索权。同时,收款人享有依法转让票据的权利。

三、汇票的背书

(一) 汇票背书的概念

背书,是指持票人以转让汇票权利或授予他人一定的汇票权利为目的,按法定的事项和方式在汇票背面或者粘单上记载有关事项并签章的票据行为。背书是转让票据权利的一种方式,也是票据得以流通的基础。

根据各国法律的规定,除无记名汇票得仅凭交付转让外,记名汇票与指示汇票都必须以背书的方式进行转让。

对于背书是否必须记载于票据的背面,各国票据法规定不一致。英美法对此没有规定,日内瓦《统一汇票和本票法公约》只规定空白背书必须记载于背面。

我国《票据法》规定,持票人可以将汇票权利转让给他人或者将一定的汇票权利授予他人行使,持票人行使此项权利时,应当背书并交付汇票。如果出票人在汇票上记载"不得转让"字样,则该汇票不得转让。对于记载"不得转让"字样的票据,其后手以此票据进行贴现、质押的,通过贴现、质押取得票据的持票人主张票据权利的,人民法院不予支持。也就是说,如果收款人或持票人将出票人作禁止背书的汇票转让的,该转让不发生票据法上的效力,出票人和承兑人对受让人不承担票据责任。

(二) 背书的方式

1. 记名背书

记名背书也称为完全背书或特别背书,持票人在背书时,在汇票背面签上自己的名字,并写上被背书人的姓名或商号,将汇票转让给被背书人。记名背书有两种,一种是仅写上被背书人的姓名,另一种是在被背书人的后面加上"或其指定人"字样。被背书人可以通过再背书的方式把汇票再次转让。

2. 空白背书

空白背书又称无记名背书或略式背书,背书人仅在汇票背面签上自己的名字,而不填写被背书人的姓名或商号。经空白背书的汇票可以仅凭交付而转让。目前,各国票据法都承认空白背书的有效性。

(三) 背书日期的记载

各国对背书是否必须载明背书年、月、日的问题有不同的规定。法国、比利时、意大利与荷兰的法律认为,背书必须载明日期;英国、美国等国家的法律则认为,载明日期并不是背书的必要条件。

(四) 法定禁止背书

法定禁止背书,是指根据法律的规定禁止背书转让的情形。日内瓦《统一汇票和本票法公约》规定:背书人得禁止再为背书;禁止后,该背书人对于再以背书取得汇票的人,不负保证之责。由于法律规定在某些情况下,汇票不得背书转让,因此,如果背书人将此类汇票以背书方式转让的,应当承担汇票责任。我国《票据法》规定,汇票被拒绝承兑、被拒绝付款或者超过付款提示期限的,不得背书转让;背书转让的,背书人应当承担汇票责任。

根据各国法律的规定,在票据被拒绝承兑或拒付时,背书人对于其后手(以后的受让人)负有保证承兑和付款的责任,背书人若在背书时注明"免予追索"或类似措词,则这样的背书为免予追索背书,这种汇票如遭到拒付,持票人在向其前手追索时,就不能向该背书人追索。无此类字眼的背书是不能免受追索的背书。英美法系和日内瓦《统一汇票和本票法公约》都允许作免予追索的背书。

(五) 背书不得记载的内容

背书不得记载的内容有两项:一是附有条件的背书;二是部分背书。附有条件的背书是指背书人在背书时,记载一定的条件,以限制或者影响背书效力。背书时附有条件的,所附条件不具有汇票上的效力,即不影响背书行为本身的效力,被背书人仍可依该背书取得票据权利。部分背书是指背书人在背书时,将汇票金额的一部分或者将汇票金额分别转让给二人以上的背书。将汇票金额的一部分转让的背书或者将汇票金额分别转让给二人以上的背书无效。

(六) 背书连续

背书连续，是指在票据转让中，转让汇票的背书人与受让汇票的被背书人在汇票上的签章依次前后衔接。也就是说，票据上记载的多次背书，从第一次到最后一次在形式上相连续而无间断。根据日内瓦《统一汇票和本票法公约》与许多国家票据法的规定，汇票的持票人应以背书的连续证明权利的成立。以背书转让的汇票，背书应当连续。如果背书不连续的，付款人可以拒绝向持票人付款，否则付款人自行承担责任。

背书连续主要是指背书在形式上连续，如果背书在实质上不连续，如有伪造签章等，付款人仍应对持票人付款。但是，如果付款人明知持票人不是真正票据权利人，则不得向持票人付款，否则应自行承担责任。

(七) 委托收款背书和质押背书

委托收款背书和质押背书属非转让背书，具有自己的特殊性。

1. 委托收款背书

委托收款背书，是指持票人以行使票据上的权利为目的，而授予被背书人以代理权的背书。

委托收款背书方式不以转让票据权利为目的，而是以授予他人一定的代理权为目的，其确立的法律关系不属于票据上的权利转让与被转让关系，而是背书人（原持票人）与被背书人（代理人）之间的代理关系，该关系形成后，被背书人可以代理行使票据上的一切权利。在此情形下，被背书人只是代理人，而未取得票据权利，背书人仍是票据权利人。日内瓦《统一汇票和本票法公约》规定了两项被背书人权利：一是行使汇票上的一切权利，包括请求承兑或付款，以及对有关当事人提起诉讼等权利；二是以代理人的资格，为了取款的目的，可以把汇票再度背书给第三人，让后者代为取款，但是不得作其他背书。同时，由于该汇票的权利并未转让给被背书人，该汇票的债务人所提出的抗辩，只能用于背书人，而不能用于被背书人。

《票据法》规定，背书记载"委托收款"字样的，被背书人有权代背书人行使被委托的汇票权利。但是，被背书人不得再以背书转让汇票权利。被背书人因委托收款背书而取得代理权后，可以代为行使付款请求权和追索权，在具体行使这些权利的过程中，还可以请求做成拒绝证明、发出拒绝事由通知、行使利益偿还请求权等，但不能行使转让票据等处分权利，否则，原背书人对后手的被背书人不承担票据责任，但不影响出票人、承兑人以及原背书人的前手的票据责任。

委托收款背书与其他背书一样，持票人依据法律规定的记载事项作成背书并交付，才能生效。

2. 质押背书

质押背书,是指持票人以票据权利设定质权为目的而在票据上做成的背书。背书人是原持票人,也是出质人,被背书人则是质权人。

质押背书确立的是一种担保关系,即在背书人(原持票人)与被背书人之间产生一种质押关系,而不是一种票据权利的转让与被转让关系。因此质押背书成立后,即背书人做成背书并交付,背书人仍然是票据权利人,被背书人并不因此而取得票据权利。但是,被背书人取得质权人地位后,在背书人不履行其债务的情况下,可以行使票据权利,并从票据金额中按担保债权的数额优先得到偿还。如果背书人履行了其所担保的债务,被背书人则必须将票据返还背书人。

质押背书与其他背书一样,也必须依照法定的形式做成背书并交付。质押时应当以背书记载"质押"字样。

> **小贴士**
>
> 我国《票据法》规定,汇票被拒绝承兑、被拒绝付款或者超过付款提示期限的,不得背书转让。汇票未记载付款地的,付款人的营业场所、住所或者经常居住地为付款地,不影响背书的效力。

四、汇票的承兑

(一) 承兑的概念

承兑,是指汇票付款人承诺在汇票到期日支付汇票金额的票据行为。承兑是汇票特有的制度,本票和支票都没有承兑。

(二) 承兑的程序

1. 承兑的记载事项

承兑的记载事项,是指付款人办理承兑手续时需要在汇票上记载的事项。

付款人承兑汇票的,应当在汇票正面记载"承兑"字样和承兑日期并签章;见票后定期付款的汇票,应当在承兑时记载付款日期。汇票上未记载承兑日期的,以持票人提示承兑之日起的第3日,即付款人3天承兑期的最后一日为承兑日期。

汇票承兑的应记载事项必须记载于汇票的正面,而不能记载于汇票的背面或粘单上。在实务中,承兑的应记载事项一般已全部印在正式的标准格式上,因而只需付款人填写即可。

2. 提示承兑

提示承兑,是指持票人向付款人出示汇票,并要求付款人承诺付款的行为。因汇票付款日期不同,提示承兑的期限也不一样。

(1)定日付款和出票后定期付款汇票的提示承兑期限。

定日付款或者出票后定期付款的汇票,持票人应当在汇票到期日前向付款人提示承兑。

> **小贴士**
> 在票据法理论上,定日付款汇票和出票后定期付款的汇票,属于可以提示承兑汇票。也就是说,持票人既可以在到期日前提示承兑,待付款人承兑后于到期日行使付款请求权,也可以不提示承兑,而于到期日直接向付款人请求付款。我国目前使用的银行承兑汇票和商业承兑汇票,都必须提示承兑。上述两类汇票的提示承兑期限是从出票人出票日起至汇票到期日止。在此期间,持票人应当向付款人提示承兑,否则,丧失对其前手的追索权。

(2)见票后定期付款汇票的提示承兑期限。

见票后定期付款的汇票,持票人应当自出票日起1个月内向付款人提示承兑。汇票未按照规定期限提示承兑的,持票人丧失对其前手的追索权。

(3)无需提示承兑汇票。

见票即付的汇票无需提示承兑。这种汇票主要包括两种:一是汇票上明确记载有"见票即付"的汇票;二是汇票上没有记载付款日期,根据法律规定视为见票即付的汇票。我国的银行汇票,未记载付款日期,属于见票即付的汇票,该汇票无需提示承兑。

(三) 承兑的效力

付款人承兑汇票后,应当承担到期付款的责任。到期付款的责任是一种绝对责任,具体表现在:

(1)承兑人于汇票到期日必须向持票人无条件地支付汇票上的金额,否则其必须承担迟延付款责任。

(2)承兑人必须对汇票上的一切权利人承担责任,这些权利人包括付款请求权人和追索权人。

(3)承兑人不得以其与出票人之间资金关系来对抗持票人,拒绝支付汇票金额。

(4)承兑人的票据责任不因持票人未在法定期限提示付款而解除。

五、汇票的保证

(一) 保证的概念

汇票的保证,是指汇票债务人以外的第三人,以担保特定汇票债务人履行票据债务为目的,而在票据上所为的一种附属票据行为。保证的作用在于加强持票人票据权利的实现,确保票据付款义务的履行,促进票据流通。

(二) 保证的当事人

保证的当事人为保证人和被保证人。

1. 保证人

保证人,是指票据债务人以外的,为票据债务的履行提供担保而参与票据关系的第三人。汇票保证人由汇票债务人以外的他人担当,汇票债务人包括出票人、背书人和承兑人,他们都可以成为被保证的对象。但有些国家的票据法以及日内瓦《统一票据法公约》并不排除票据债务人作为票据保证人。

2. 被保证人

被保证人是指票据关系中已有的债务人,包括出票人、背书人、承兑人等。票据债务人一旦由他人为其提供保证,其在保证关系中就被称为被保证人。

(三) 保证事项的记载

1. 保证的记载事项

汇票保证是要式行为,保证人必须在汇票或粘单上记载下列事项:(1)表明"保证"的字样;(2)保证人名称和住所;(3)被保证人的名称;(4)保证日期;(5)保证人签章。

> **小贴士**
>
> 保证文句和保证人签章属于绝对必要记载事项;被保证人的名称、保证日期和保证人住所属于相对必要记载事项。保证人在汇票或者粘单上未记载被保证人名称的,已承兑的汇票,承兑人为被保证人;未承兑的汇票,出票人为被保证人。保证人在汇票或者粘单上未记载保证日期的,出票日期为保证日期。同时,保证不得附有条件;附有条件的,不影响对汇票的保证责任。

2. 保证事项的记载方法

如果保证人是为出票人、承兑人保证的,则应记载于汇票的正面;如果保证人是为背书人保证,则应记载于汇票的背面或者粘单上。

(四) 保证的效力

保证一旦成立,即在保证人与被保证人之间产生法律效力,保证人必须对保证行为承担相应的责任。

1. 保证人的责任

保证人对合法取得汇票的持票人所享有的汇票权利,承担保证责任。但是,被保证人的债务因汇票记载事项欠缺而无效的除外。被保证的汇票,保证人应当与被保证人对持票人承担连带责任。汇票到期后得不到付款的,持票人有权向保证人请求付款,保证人应当足额付款。

2. 共同保证人的责任

共同保证是指保证人为二人以上的保证。保证人为二人以上的,保证人之间承担连带责任。

3. 保证人的追索权

保证人清偿汇票债务后,可以行使持票人对被保证人及其前手的追索权。

六、汇票的付款

(一) 付款的概念

付款,是指付款人依据票据文义支付票据金额,以消灭票据关系的行为。

(二) 付款的程序

付款的程序包括付款提示与支付票款。

1. 付款提示

付款提示,是指持票人向付款人出示票据,请求付款的行为。

付款提示的当事人包括提示人和受提示人。提示人一般是持票人,但也可以是持票人的代理人和质权人;受提示人通常是付款人,在汇票中受提示人包括已进行承兑的承兑人及未承兑的付款人。在实践中,银行汇票属见票即付汇票,银行为受提示人;因银行之间建立联行结算制度建立了代理关系的,银行汇票的代理付款银行也可为受提示人。银行承兑汇票的受提示人是承兑银行,因银行之间建立联行结算代理关系的,该代理付款银行也是受提示人。

2. 支付票款

持票人向付款人进行付款提示后,付款人无条件地在当日按票据金额足额支付给持票人。

日内瓦《统一票据法公约》规定,汇票的付款人付款时,持票人必须向付款人履行一定的手续,持票人获得付款的,应当在汇票上签收即在票据的正面签章,表明持票人已经获得付款,并将汇票交给付款人。

付款人或者代理付款人在付款时应当履行审查义务。付款人及其代理付款人付款时,应当审查汇票背书的连续,并审查提示付款人的合法身份证明或者有效证件。如果付款人或者其代理付款人以恶意或者有重大过失付款的,应当自行承担责任。

此外,如果付款人对定日付款、出票后定期付款或者见票后定期付款的汇票在到期日前付款,应由付款人自行承担所产生的责任。在持票人不是票据权利人时,对于真正的票据权利人并不能免除其票据责任,而对由此造成损失的,付款人只能向非正当持票人请求赔偿。

(三) 付款的效力

付款人依法足额付款后,全体汇票债务人的责任解除。付款人依照票据记载的文义,及时足额支付汇票金额后,票据关系随之消灭,汇票上全体债务人的票据责任予以解除。

七、汇票的追索权

(一) 追索权概述

1. 追索权的概念

汇票追索权,也称为第二次请求权,是指付款人拒绝付款,或者拒绝承兑,或者由于其他法定原因预计在票据到期时得不到付款的,由持票人向其前手请求偿还票据金额、利息以及有关费用的一种票据权利。它是为补充汇票上的第一次权利即付款请求权而设立的,持票人只有在行使第一次权利未获实现时才能行使第二次权利。

2. 追索权的种类

(1)根据持票人行使追索权的时间的不同,可以将追索权分为期前追索权和到期追索权。期前追索权,是指在汇票上所载到期日到来之前持票人所行使的追索权;到期追索权,是指在汇票到期时持票人因不获付款而行使的追索权。

(2)根据行使追索权的人的不同,可以将追索权分为最初追索权和再追索权。最初追索权,是指最后持票人在承兑或提示付款遭拒绝或有其他法定原因时所行使的追索权;再追索权是指向追索人清偿了最初追索金额后所获得并行使的追索权。

3. 追索权的主体

追索权的主体包括追索权人和被追索人。追索权人,包括最后持票人和已为清偿的汇票债务人。最后持票人是汇票上的唯一债权人,也是最初追索权人;其他汇票债务人被持票人追索而清偿债务后,享有与持票人同样的权利,可以向自己的前手行使再追索权。被追索人是指追索权人行使追索权所针对的义务人,包括出票人、背书人和其他债务人。

4. 追索权的客体

追索权的客体,是指追索权人有权取得的、被追索人应当支付的金额和费用,包括汇票金额、法定利息和行使追索权的费用。各国法律都认为持票人具有追索权,可以向其前手背书人以及汇票的出票人请求偿还汇票上的金额。

(二) 追索权的要件

根据各国票据法的规定,行使追索权必须具备一定的要件,包括实质要件和形式要件两个方面。

1. 实质要件

行使追索权的实质要件,是指持票人行使追索权的法定原因。根据我国《票据法》的规定,追索权发生的实质要件包括:

(1)汇票到期被拒绝付款;
(2)汇票在到期日前被拒绝承兑;
(3)在汇票到期日前,承兑人或付款人死亡、逃匿的;
(4)在汇票到期日前,承兑人或付款人被依法宣告破产或因违法被责令终止业务活动。

发生上述情形之一的,持票人可以对背书人、出票人以及汇票的其他债务人行使追索权。

2. 形式要件

行使追索权的形式要件,是指行使追索权必须遵循一定的程序、履行法定的保全追索权的手续、具备相应的条件。

(1)提供被拒绝承兑或者被拒绝付款的有关证明。

各国法律和日内瓦《统一票据法公约》要求持票人必须在规定时间内做成拒付证书和发出拒付通知。所谓拒付证书(又称拒绝证明)是由付款地的公证人或法院、银行公众等做成的、证明付款人拒付的书面文件。我国《票据法》也明确规定,持票人行使追索权时,应当提供被拒绝承兑或者被拒绝付款的有关证明。持票人提示承兑或者提示付款被拒绝的,承兑人或者付款人必须出具拒绝证明,或者出具退票理由书。未出具拒绝证明或者退票理由书的,应当承担由此产生的民事责任。

【知识链接】

"拒绝证明"应当包括的事项:被拒绝承兑、付款的票据的种类及其主要记载事项;拒绝承兑、付款的事实依据和法律依据;拒绝承兑、付款的时间;拒绝承兑人、拒绝付款人的签章。

"退票理由书"应当包括下列事项:所退票据的种类;退票的事实依据和法律依据;退票时间;退票人签章。

(2)不能提供拒绝证明的处理。

英国《票据法》规定,拒付证明通知必须在合理的时间内作出,否则持票人将丧失其对前手背书人与出票人的追索权。

我国《票据法》规定,持票人因承兑人或者付款人死亡、逃匿或者其他原因,不能取得拒绝证明的,可以依法取得其他有关证明。"其他有关证明"主要包括:医院或者有关单位出具的承兑人、付款人死亡的证明;司法机关出具的承兑人、付款人逃匿的证明;公证机关出具的具有拒绝证明效力的文书。

承兑人或者付款人被人民法院依法宣告破产的,人民法院的有关司法文书具有拒绝证明的效力。承兑人或者付款人因违法被责令终止业务活动的,有关行政主管部门的处罚决定具有拒绝证明的效力。

持票人不能出示拒绝证明、退票理由书或者未按照规定期限提供其他合法证明的,丧失对其前手的追索权。但是,承兑人或者付款人仍应当对持票人承担责任。

第四节 本 票

一、本票概述

(一) 本票的概念和特征

本票,是出票人签发的,承诺自己在见票时或在约定的时间无条件支付确定的金额给收款人或者持票人的票据。

与汇票相比,本票具有下列特征:

(1) 本票是自付证券。本票是由出票人约定自己付款的一种自付证券,其基本当事人有两个,即出票人和收款人,在出票人之外不存在独立的付款人。

(2) 本票无须承兑。在出票人完成出票行为之后,即承担了到期日无条件支付票据金额的责任,不需要在到期日前进行承兑。

(二) 本票的种类

大多数国家根据不同的标准,对本票作不同分类,本票有银行本票与商业本票、指定式本票与不记名本票、即期本票与远期本票之分。我国的本票仅限于银行本票,且为记名式本票和即期本票即见票即付本票,无远期本票。银行本票是银行签发的,承诺自己在见票时无条件支付确定的金额给收款人或者持票人的票据。在我国,单位和个人在同一票据交换区域需要支付各种款项,均可以使用银行本票。银行本票可以用于转账,注明"现金"字样的银行本票可以用于支取现金。商业本票又称一般本票,是由企业单位或个人签发并承诺在见票时或指定日期无条件支付一定金额给收款人或持票人的票据,主要是用于同城清偿出票人自身债务。

(三) 本票适用汇票的有关规定

本票作为票据的一种,具有与其他票据相同的一般性质和特征,本票关于出票、背书、付款、拒绝证书以及追索权等的规定,基本上与汇票相同。因此,绝大多数国家都以汇票为中心,对汇票作出了详细的规定,对本票对其个性方面的问题作了特别规定,而有关其一般性的问题,适用汇票的法律规定。

二、本票的出票

本票的出票与汇票一样,包括做成票据和交付票据。本票的出票行为是以自己负担支付本票金额的债务为目的的票据行为。

(一) 本票的出票人

本票的出票人必须具有支付本票金额的可靠资金来源,并保证支付。我国《票据法》

规定,银行本票的出票人,为经中国人民银行当地分支行批准办理银行本票业务的银行机构。

(二) 本票的记载事项

本票出票人出票,必须按一定的格式记载相关内容。与汇票一样,本票的记载事项也包括绝对必要记载事项和相对必要记载事项。

1. 本票的绝对必要记载事项

各国规定本票的绝对必要记载事项一般包括以下六个方面的内容:(1)标明"本票"的字样,这是本票文句记载事项;(2)无条件支付的承诺,这是有关支付文句,表明出票人无条件支付票据金额;(3)确定的金额;(4)收款人名称;(5)出票日期;(6)出票人签章。

本票上未记载上述绝对必要记载事项之一的,本票无效。

2. 本票的相对必要记载事项

本票的相对必要记载事项包括两项内容:付款地;出票地。

此外,本票上可以记载法定事项以外的其他出票事项,但是这些事项并不发生本票上的效力。

三、见票提示

本票的出票人始终居于主债务人的地位,自负到期偿付的义务,无须办理承兑手续。大多数国家规定,对于见票后定期付款的本票,持票人仍然必须向其作见票提示,以确定该本票付款的到期日。即使本票的持票人没有作见票提示,出票人对其本票的付款义务也不免除,只不过付款的具体日期尚未确定而已。

我国《票据法》规定,银行本票是见票付款的票据,收款人或持票人在取得银行本票后,随时可以向出票人请求付款。本票自出票日起,付款期限最长不得超过2个月。

如果本票的持票人未按照规定期限提示见票的,持票人仍对出票人享有付款请求权和追索权,只是丧失对背书人及其保证人等前手的追索权。

【案例 7-1】

甲出具一张银行本票给乙,乙将该本票背书转让给丙,丁作为乙的保证人在票据上签章。丙又将该本票背书转让给戊,戊作为持票人未按规定期限向出票人提示本票。根据票据法的有关规定,下列选项中,戊不得对谁行使追索权?

【评析】

戊不得对乙丙丁行使追索权。《票据法》规定,本票的持票人未按照规定期限提示见票的,丧失对出票人以外的前手的追索权。

第五节 支 票

一、支票概述

(一) 支票的概念

支票,是出票人签发的,委托办理支票存款业务的银行或者其他金融机构在见票时无条件支付确定的金额给收款人或者持票人的票据。英国票据法把支票作为汇票的一种,认为支票是以银行为付款人的即期付款的汇票。

支票的基本当事人有三个:出票人、付款人和收款人。支票的出票人是支票的债务人。在我国,支票的出票人为在经中国人民银行批准办理支票存款业务的银行、城市信用合作社和农村信用合作社开立支票存款账户的企业、其他组织和个人。单位和个人在同一票据交换区域的各种款项结算,均可以使用支票。

支票与汇票和本票相比,有两个显著特征。

(1) 支票的付款人仅限于银行或者其他金融机构,而汇票的付款人则不以银行为限。

(2) 支票是见票即付的票据,而汇票则不限于见票即付。汇票、本票是信用证券,而支票是支付证券,其主要功能是代替现金进行支付。

(二) 支票的种类

依据不同的分类标准,可以对支票作不同的分类。我国《票据法》按照支付票款方式,将支票分为现金支票、转账支票和普通支票。

支票上印有"现金"字样的为现金支票,现金支票只能用于支取现金。支票上印有"转账"字样的为转账支票,转账支票只能用于转账,不得支取现金。支票上未印有"现金"或"转账"字样的为普通支票,普通支票可以用于支取现金,也可以用于转账。在普通支票左上角划两条平行线的,为划线支票,划线支票只能用于转账,不得支取现金。

(三) 支票适用汇票的有关规定

与本票一样,一些确认支票为票据的国家对支票的个性方面的问题作了特别规定,而有关其一般性的问题,则适用票据法中的有关规定。除特别规定外,支票的背书、付款行为和追索权的行使,适用汇票的有关规定。

二、支票的出票

(一) 支票出票的概念

支票的出票,是指出票人委托银行或者其他金融机构无条件向持票人支付一定金额的票据行为。

我国《票据法》规定,支票出票人为在经中国人民银行当地分支行批准办理支票业务的银行机构开立的可以使用支票的存款账户的单位和个人。

(二) 支票的记载事项

支票出票人作成有效的支票,必须按法定要求记载有关事项。记载事项分为绝对必要记载事项和相对必要记载事项。

1. 绝对必要记载事项

根据1931年《关于统一支票的日内瓦公约》和通用的国际商业惯例,支票必须记载下列事项:表明"支票"的字样;无条件支付的委托;确定的金额;付款人名称;出票日期;出票人签章。支票上未记载绝对必要记载事项之一的,支票无效。

《票据法》规定了可以通过授权补记的方式记载的两项事项。

(1)支票上的金额可以由出票人授权补记,未补记前的支票,不得使用。出票人可以授权收款人就支票金额补记,收款人以外的其他人不得补记;在支票金额未补记之前,收款人不得背书转让,提示付款。

(2)支票上未记载收款人名称的,经出票人授权,可以补记。未补记前,支票不得背书转让和提示付款。此外,出票人可以在支票上记载自己为收款人。

2. 相对必要记载事项

相对必要记载事项包括两项内容:付款地和出票地。

(三) 出票的其他法定条件

支票的出票行为取得法律上的效力,必须依法进行,除须按法定格式签发票据外,还须符合其他法定条件。这些法定条件包括:

(1)禁止签发空头支票。出票人签发的支票金额超过其付款时在付款人处实有的存款金额的,为空头支票。支票的出票人签发支票的金额不得超过付款时其在付款人处实有的存款金额。

(2)支票的出票人不得签发与其预留本名的签名式样或者印鉴不符的支票,使用支付密码的,出票人不得签发支付密码错误的支票。

(3)签发现金支票和用于支取现金的普通支票,必须符合国家现金管理的规定。

(四) 支票出票的效力

支票出票的效力,是指出票人签发支票后,出票人、付款人和收款人所承担的责任或享有的权利。

1. 出票人承担担保支票付款的责任

出票人必须按照签发的支票金额承担保证向该持票人付款的责任。

2. 付款人在一定条件下负有向持票人付款的义务

出票人在付款人处的存款足以支付支票金额时,付款人应当在见票当日足额付款。

3. 收款人取得向付款人请求付款的权利及一定条件下行使追索权

出票人一经签发支票,支票收款人便取得向付款人请求付款的权利。除请求付款外,收款人也可以在一定条件下行使追索权。如收款人遭付款拒绝,在法定期限内履行了保全手续后,即可向其前手行使追索权。

三、支票的付款

支票的付款,是指付款人根据持票人的请求向其支付支票金额,以消灭支票关系的行为。支票限于见票即付,不得另行记载付款日期。另行记载付款日期的,该记载无效。

(一) 支票的提示付款期限

持票人在请求付款时,必须为付款提示。支票的持票人应当自出票日起10日内提示付款;异地使用的支票,其提示付款的期限由中国人民银行另行规定。即除中国人民银行另有规定外,支票的提示付款期限为自出票日起10日。

(二) 付款

出票人在付款人处的存款足以支付支票金额时,付款人应当在当日足额付款。持票人在提示期间内向付款人提示票据,付款人在对支票进行审查之后,如未发现有不符规定之处,即应向持票人付款。

(三) 付款责任的解除

付款人依法支付支票金额的,对出票人不再承担受委托付款的责任,对持票人不再承担付款的责任。但是,付款人有恶意或者有重大过失付款的除外。这里所指的恶意或者有重大过失付款是指付款人在收到持票人提示的支票时,明知持票人不是真正的票据权利人,支票的背书以及其他签章系属伪造,或者付款人不按照正常的操作程序审查票据等情形。在此情况下,付款人不能解除付款责任,由此造成损失的,由付款人承担赔偿责任。

第六节 中国票据法

1995年5月10日,第八届全国人民代表大会常务委员会第十三次会议通过了《票据法》,该法于1996年1月1日起施行,并于2004年进行了修改。《票据法》主要内容分为7章,共111条,包括总则、汇票、本票、支票、涉外票据的法律适用、法律责任和附则。该法第2章汇票中规定了出票、背书、承兑、保证、付款、追索权等具体内容。

一、《票据法》的主要内容

（一）适用范围、种类和票据的形式

《票据法》在第2条规定了适用范围："在中华人民共和国境内的票据活动，适用本法。本法所称的票据，是指汇票、本票和支票。"该法规定了汇票的必须记载事项有7项，本票和支票则各有6项。

（二）票据权利

该法第4条规定了票据的权利："本法所称票据权利，是指持票人向票据债务人请求支付票据金额的权利，包括付款请求权和追索权。"付款请求权又称第一次请求权，是指持票人对票据主债务人（如汇票的承兑人、本票的发票人、支票的保付人等）行使请求其支付票据金额的权利。追索权，是指因持票人在第一次请求权没有实现或者无法实现的情况下，对票据的其他付款义务人（如汇票、支票的发票人，汇票、本票的保证人，票据的背书人等）行使请求偿还票款的权利。

> **小贴士**
>
> 票据权利是以获得一定金钱为目的的债权。债权是一种请求权，即为请求他人为一定行为或不为一定行为的权利。票据权利作为一种金钱债权，表现为请求支付一定数额货币的权利。《票据法》规定，票据权利为付款请求权和追索权。这表明票据权利的内容与一般的金钱债权不同。一般的金钱债权是一种简单的一次性的请求权，而票据权利则体现为二次请求权。第一次请求权是付款请求权，这是票据上的主权利；第二次请求权为追索权，是一种附条件的权利，即有赖于第一次请求权不能实现才得以行使的权利，又叫从票据权利。通常情况下，持票人只有在首先向付款人行使付款请求权得不到付款时，才可以行使追索权。

1. 票据权利取得的情形

票据权利与票据同时存在，不持有票据，就不能行使权利，票据权利以持有票据为依据，行为人合法取得票据，即取得了票据权利。当事人取得票据的情形主要有：出票取得；转让取得；通过税收、继承、赠与、企业合并等方式取得。

2. 票据权利取得的限制

（1）票据的取得，必须给付对价，即应当给付票据双方当事人认可的相对应的代价。无对价或无相当对价取得票据的，如果属于善意取得，即票据取得人取得票据不存在欺诈、偷盗、胁迫等情形，没有主观恶意，仍然享有票据权利，但票据持有人必须承受其前手的权利瑕疵，即该票据权利不得优于其前手。如果前手的权利因违法或有瑕疵而受影响或丧失，该持票人的权利也因此而受影响或丧失。前手是指在票据签章人或者持票人之

前签章的其他票据债务人。但是,国际通行的票据规则多主张票据的无因性,并不注意有无真实的交易关系和债权债务关系。

(2) 因税收、继承、赠与等可以依法无偿取得票据的,不受给付对价的限制。但是,所享有的票据权利不得优于其前手的权利。

(3) 因欺诈、偷盗、胁迫、恶意取得票据或因重大过失取得不符合法律规定的票据的,不得享有票据权利。

小贴士

甲、乙之间签订100万元的买卖合同,乙发货后,甲向乙签发一张100万元的支票,乙又将此支票无偿赠与丙,持票人丙因赠与合法、无偿取得票据,能享有票据权利。但是,如果乙发给甲的货物存在严重的质量问题,则出票人甲就可以以对抗乙的理由来对抗持票人丙,因为持票人丙所享有的票据权利不得优于其前手乙。

(三) 票据丧失与权利补救

《票据法》规定了挂失止付、公示催告与法律诉讼三种补救办法。票据丧失,是指持票人非出于本意而丧失对票据的占有。票据丧失有绝对丧失与相对丧失之分。绝对丧失,又称票据的灭失,指票据在物质形态上的丧失,如被火烧毁、被洗化或被撕成碎片等。相对丧失,又称票据的遗失,是指票据在物质形态上没有发生变化,只是脱离了原持票人的占有,如持票人不慎丢失票据或票据被人盗窃或抢夺。票据权利与票据紧密相连,如果票据丧失,票据权利的实现就会受到影响。由于票据丧失并非出于持票人的本意,《票据法》规定了票据丧失后的三种补救措施,即挂失止付、公示催告、普通诉讼。

1. 挂失止付

挂失止付,是指失票人将丧失票据的情况通知付款人,并由接收通知的付款人暂停支付的一种方式。《票据法》规定,票据丧失,失票人可以及时通知票据的付款人挂失止付,但是,未记载付款人的票据或者无法确定付款人及其代理付款人的票据不能挂失止付。

失票人在通知票据的付款人或者代理付款人挂失止付时,应当填写挂失止付通知书并签章。挂失止付通知书应当记载下列事项:(1)票据丧失的时间地点、原因;(2)票据种类、号码、金额、出票日期、付款日期、付款人名称、收款人名称;(3)挂失止付人的姓名(名称)、营业场所或者住所及联系方法。欠缺上述记载事项之一的,银行不予受理。

小贴士

允许挂失止付的票据是有限制的,已承兑的商业汇票、支票、填明"现金"字样和代理付款人的银行汇票以及填明"现金"字样的银行本票丧失,可以由失票人通知付款人或者代理付款人挂失止付。失票人申请挂失止付时,应填写挂失止付通知书。

付款人或代理付款人收到挂失止付通知书后,查明挂失票据却未付款,应立即暂停支付,否则,应承担民事责任。付款人或者代理付款人自收到挂失止付通知书之日起12日内未收到人民法院的止付通知书的,从第13日起,持票人提示付款并依法向持票人付款的,不再承担责任;付款人或者代理付款人在收到挂失止付通知书之前向持票人付款的,也不再承担责任。挂失止付并不是票据丧失后采取的必经措施,而仅仅是一种暂时的预防措施,关键是要申请公示催告。

2. 公示催告

公示催告,是失票人在失票后向法院申请宣告票据无效,是票据权利与票据相分离的一种制度。《民事诉讼法》规定,按照规定可以背书转让的票据持有人,因票据被盗、遗失或者灭失,可以向票据支付地的基层人民法院申请公示催告。《票据法》规定,失票人应当在通知挂失止付后3日内,也可以在票据丧失后,依法向人民法院申请公示催告。

公示催告的申请人应是票据的最后持有人,申请人必须向票据支付地的基层人民法院提出申请。申请时,应递交申请书,写明票面金额、出票人、持票人、背书等票据主要内容和申请的主要理由、事实。人民法院收到公示催告的申请后,应当立即审查,并决定是否受理。人民法院决定受理申请,应当同时通知支付人停止支付,至公示催告程序终结。受理法院应在3日内发出公告,公告期间不少于60日,催促利害关系人申报权利。利害关系人申报权利应向法院出示票据,所出示的票据与申请人的票据不一致的,法院即裁定驳回利害关系人的申报。所出示的票据如果是申请人寻找的票据,法院应当裁定终结公示催告程序,由法院按普通程序以票据纠纷案件审理。

在申报权利期间没有人申报的,或者申报被驳回的,申请人应自申报权利期间届满的次日起,1个月内向法院申请除权判决。逾期不申请判决的,终结公示催告程序。除权判决作出后,法院予以公告,并通知支付人,自判决公告之日起,申请人有权向支付人请示支付,即申请人有权依据判定向付款人请示付款。

公示催告期间转让票据的行为是无效行为,受让人的权利不予保护。如,甲公司的一张支票遗失,乙捡到后去丙商场购物,如果丙商场是在甲公司申请公示催告前受让该支票,则丙商场享有票据权利,甲公司应支付票款;如果丙商场是在甲申请公示催告期间受让,则丙商场不享有票据权利,只能向诈骗人追索货款。由此可见,公示催告是失票人必须采取的,而且是应当迅速采取的补救措施。

3. 提起诉讼

提起诉讼,是指丧失票据的失票人向人民法院提起民事诉讼,要求法院判定付款人向其支付票据金额的活动。

🚩【知识链接】

失票人向人民法院提起诉讼的主要内容及程序

(1)被告一般是付款人,但在找不到付款人或付款人不能付款时,也可将其他票据债务人(出票人、背书人、保证人等)作为被告。

(2)诉讼请求的内容是要求付款人或其他票据债务人在票据到期日或判决生效后支付或清偿票据金额。

(3)失票人在向法院起诉时,应提供所丧失票据的有关书面证明。

(4)失票人向法院起诉时,应当提供担保,以防由于付款人支付已丧失票据票款后可能出现的损失。担保的数额相当于票据载明的金额。

(5)在判决前,丧失的票据出现时,付款人应以该票据正处于诉讼阶段为由暂不付款,而将情况迅速通知失票人和人民法院。法院应终结诉讼程序。失票人与票据提示人对票据债权人没有争议的,应由真正的票据债权人持有票据并向付款人行使票据权利;如失票人与提示人对票据债权人有争议的,任何一方均可向法院起诉,由法院确认。

在法院判决生效后,丧失的票据出现时,付款人不为付款,应将情况通知失票人。如果失票人与提示人对票据权利没有争议的,由真正的票据权利人向付款人行使票据权利;如有争议,任何一方可向法院起诉,请求确认权利人。

(四)票据权利的消灭

1. 票据权利消灭的概念

票据权利的消灭,是指因发生一定的法律事实而使票据权利不复存在。票据权利消灭之后,票据上的债权债务关系随之消灭。

2. 票据权利消灭的事由

(1)付款。

(2)票据时效期间届满。

《票据法》规定,票据权利在下列期限内不行使而消灭:

①持票人对票据的出票人和承兑人的权利,自票据到期日起2年。见票即付的汇票、本票,自出票日起2年。

②持票人对支票出票人的权利,自出票日起6个月。

③持票人对前手的追索权,在被拒绝承兑或者被拒绝付款之日起6个月。

④持票人对前手的再追索权,自清偿日或者被提起诉讼之日起3个月。

除此之外,票据权利可因民事债权的消灭事由如免除、抵销等事由的发生而消灭。

(3)追索义务人清偿票据债务及追索费用。

根据我国《票据法》第72条的规定,被追索人依持票人行使追索权,而进行相应金额的清偿后,其责任解除。这时,并不是所有的票据债务都归于消灭,依被追索人在票据关系中的地位不同而有所不同。汇票的承兑人或其他票据的出票人履行完追索义务,票据权利完全消灭;被追索人为尚有前手的背书人或保证人的,在履行完追索义务后,还可以行使再追索权,这时的票据权利仍未彻底消灭,只是"相对消灭"。

小贴士

持票人因超过票据权利时效或者因票据记载事项欠缺而丧失票据权利的,仍享有民事权利,可以请求出票人或者承兑人返还其与未支付的票据金额相当的利益。

(五)票据抗辩

票据抗辩,是指票据债务人依照《票据法》的规定,对票据债权人拒绝履行义务的行为。根据抗辩原因及抗辩效力的不同,票据抗辩可分为对物抗辩和对人抗辩。

1. 对物抗辩

对物抗辩,是指基于票据本身的内容有瑕疵而进行的抗辩。比如,债务人认为票据本身欠缺某些基本内容,如汇票上未记明金额、发票人没有签名、记有附带条件的支付委托等,认为该票据应该无效或消灭,从而拒绝进行付款,这种抗辩就属于对物的抗辩。

对物的抗辩包括:(1)票据欠缺应记载的内容;(2)票据到期日未到;(3)票据已经依法付款;(4)票据经判决为无效;(5)票款已依法提存;(6)欠缺票据行为能力;(7)票据系伪造及变造;(8)票据因时效而消灭;(9)与票据记载不符的抗辩等。对于前5项,任何票据债务人都有权拒绝支付票款。对于后4项,只限于特定债务人可以对所有债权人进行抗辩。比如对于伪造票据,由于被伪造者并未在票据上签字,因而被伪造者可以对任何债权人进行抗辩。

2. 对人抗辩

对人抗辩,是指基于人的事由发生的抗辩,特定的债务人对特定的债权人的抗辩,多与票据基础关系有关。票据债务人可以对不履行约定义务的与自己有直接债权债务关系的持票人进行抗辩。票据债务人只能对基础关系中的直接相对人不履行约定义务的行为进行抗辩,该基础关系必须是该票据赖以产生的民事法律关系,而不是其他的民事法律关系;如果该票据已被不履行约定义务的持票人转让给第三人,而该第三人属善意、已对价取得票据的持票人,则票据债务人不能对其进行抗辩。

属于对人的抗辩包括:(1)票据原因关系不合法,比如为支付赌债而签发的支票;(2)原因关系不存在或消灭,比如为购货而签发票据但对方没有发货;(3)欠缺对价,比如持票人未按约提供与票款相当的商品或劳务等;(4)票据债务已经清偿、抵销或免除而未载于票据上,可对直接当事人抗辩;(5)票据交付前被盗或遗失,可对盗窃人或拾得人抗辩;等等。

3. 票据抗辩的限制

《票据法》规定,票据债务人不得以自己与出票人或者与持票人的前手之间的抗辩事由,对抗持票人。但是,持票人明知存在抗辩事由而取得票据的除外。

《票据法》中对票据抗辩的限制主要表现在以下方面:

(1)票据债务人不得以自己与出票人之间的抗辩事由对抗持票人。如果票据债务人(如承兑人、付款人)与出票人之间存在抗辩事由(如出票人与票据债务人存在合同纠纷;

出票人存入票据债务人的资金不够等),该票据债务人不得以此抗辩事由对抗善意持票人。

(2)票据债务人不得以自己与持票人的前手之间的抗辩事由对抗持票人。如票据债务人与持票人的前手(如背书人、保证人等)存在抵销关系,而持票人的前手将票据转让给了持票人,票据债务人就不能以其与持票人的前手存在抗辩事由而拒绝向持票人付款。

(3)善意的、已付对价的正当持票人可以向票据上的一切债务人请求付款,不受前手权利瑕疵和前手相互间抗辩的影响。如持票人不知道其前手取得票据存在欺诈、偷盗、胁迫、重大过失等情形,并已为取得票据支付了相应的代价,那么票据债务人不能以持票人的前手存在权利瑕疵而对抗持票人。

(4)持票人取得的票据是无对价或不相当对价的,由于其享有的权利不能优于其前手的权利,故票据债务人可以对抗持票人前手的抗辩事由对抗该持票人。

【随堂测试】

票据债务人无论如何不得以自己与出票人或者与持票人的前手之间的抗辩事由对抗的表述正确吗?

【评析】

《票据法》规定,票据债务人不得以自己与出票人或者与持票人的前手之间的抗辩事由对抗持票人。但是,持票人明知存在抗辩事由而取得票据的除外。所以上述说法是不正确的。

(六)伪造与变造票据等行为的法律责任

《票据法》第14条规定了伪造与变造票据等行为的法律责任。

1. 票据伪造的概念

票据伪造,是无权限的当事人假冒他人名义进行的票据行为。票据的伪造有两种情况:一是票据本身的伪造,也叫狭义上的票据伪造;二是票据签名的伪造,也叫广义上的票据伪造。票据本身的伪造,如伪造发票人的签名或盗盖印章,是假冒他人名义进行的发票行为。票据签名的伪造是假借他人名义而为发票以外的票据行为,如背书签名的伪造、承兑签名的伪造等。票据的伪造必须是无权限之人假冒本人签名。

如果在票据上表明为本人代理之旨而将本人的姓名载在票据上的,属无权代理而不是伪造。法人代表人为自己利益而以法人名称在票据上签名的,也不是票据的伪造。伪造的票据,没有法律上的效力,即使持票人是善意取得,也不能享有票据上的权利。

2. 票据伪造的效力

票据的伪造行为是一种扰乱社会经济秩序、损害他人利益的行为,在法律上不具有任何票据行为的效力。由于其自始无效,持票人即使善意取得,对被伪造人也不能行使票据权利。对伪造人而言,由于票据上没有以自己名义所作的签章,因此也不应承担票据责任。但是,如果伪造人的行为给他人造成损害的,必须承担民事责任,构成犯罪的,应承担刑事责任。同时,票据上有伪造签章的,不影响票据上其他真实签章的效力。在票据上真正签章的人,应对被伪造票据的债权人承担票据责任,票据债权人依法提示承兑、提示付款或行使追索权时,在票据上真正签章人不能以票据伪造为由进行抗辩。

3. 票据变造的概念

票据变造,是指无票据记载事项变更权的人,以实施票据行为为目的,对票据上除签章以外的记载事项进行变更,从而使票据权利义务关系内容发生改变的行为。如变更票据上的到期日、付款日、付款地、金额等。构成票据的变造,须符合以下条件:(1)变造的票据是合法成立的有效票据;(2)变造的内容是票据上所记载的除签章以外的事项;(3)变造人无权变更票据的内容。

4. 票据变造的效力

票据的变造应依照签章是在变造之前或之后来承担责任。如果当事人签章在变造之前,应按原记载的内容负责;如果当事人签章在变造之后,则应按变造后的记载内容负责;如果无法辨别是在票据被变造之前或之后签章的,视同在变造之前签章。

实践中,变造人可能签章,也可能不签章,无论是否签章,其都应就行为承担法律责任,变造人的变造行为给他人造成经济损失的,应承担赔偿责任,构成犯罪的,应承担刑事责任。

小贴士

《票据法》规定,票据上的记载事项应当真实,不得伪造、变造。伪造、变造票据上的签章和其他记载事项的,应当承担法律责任。票据上有伪造、变造的签章的,不影响票据上其他真实签章的效力。票据上其他记载事项被变造的,在变造之前签章的人,对原记载事项负责;在变造之后签章的人,对变造之后的记载事项负责;不能辨别是在票据被变造之前还是之后签章的,视同在变造之前签章。

【案例7-2】

甲签发一张本票交收款人乙,金额为2万元,乙背书转让给丙,丙取得本票后将金额改为5万元然后转让给丁,丁又背书转让给戊。因甲乙签章在变造之前,故应就2万元负责;丙为变造人,应对其所变造的文义负责,即对5万元负责;丁签章在变造之后,应对5万元负责。如果戊向甲请求付款,甲只负责付给2万元。戊已付给丁5万元,其所受损失3万元应向丁和丙请求赔偿。上述有关甲乙丙丁承担责任的表述是否正确?

【评析】

正确。《票据法》规定,票据上其他记载事项被变造的,在变造之前签章的人,对原记载事项负责;在变造之后签章的人,对变造之后的记载事项负责。

（七）涉外票据的法律适用

《票据法》第94条对涉外票据下了定义。涉外票据是指出票、背书、承兑、保证、付款等行为中,既有发生在中华人民共和国境内又有发生在中华人民共和国境外的票据。《票据法》第95条规定:涉外票据的法律适用,依照本章的规定确定。"中华人民共和国缔结或者参加的国际条约有不同规定的,适用国际条约的规定。但是,中华人民共和国声明保留的条款除外。本法和中华人民共和国缔结或者参加的国际条约没有规定的,可以适用国际惯例。"此外,《票据法》第96条至第101条规定了具体的涉外票据的法律适用。

二、票据电子化

随着中国金融电子化水平不断提高,银行汇票、本票和支票都不同程度地实现了电子化,相关法律也随之出台。

2009年10月16日,中国人民银行发布《电子商业汇票业务管理办法》。该办法共6章86条。《电子商业汇票业务管理办法》规定:电子商业汇票是指出票人依托电子商业汇票系统,以数据电文形式制作的,委托付款人在指定日期无条件支付确定金额给收款人或者持票人的票据。电子商业汇票的出票、承兑、背书、保证、提示付款和追索等业务,必须通过电子商业汇票系统办理。

2010年9月19日,中国人民银行发布《电子商业汇票系统管理办法》。该办法共5章48条。《电子商业汇票系统管理办法》规定:电子商业汇票系统是指经中国人民银行批准建立,依托网络和计算机技术,接收、存储、发送电子商业汇票数据电文,提供与电子商业汇票货币给付、资金清算行为等相关服务的业务处理平台。纸质商业汇票登记查询和商业汇票转贴现公开报价也通过电子商业汇票系统办理。

复习思考题

1. 票据基础关系与票据关系的联系和区别有哪些?
2. 关于票据行为形式要件国际上一般有何规定?
3. 票据的日内瓦体系、英美法系和德国法系有何特点?
4. 票据出票对汇票、本票、支票出票人的效力,国际上有什么规定?
5. 国际上关于票据背书的效力有哪些规定?
6. 我国《票据法》对涉外票据的法律适用是如何规定的?
7. 我国《票据法》规定了票据承兑具有哪些效力?
8. 我国《票据法》规定了票据保证人的责任和权利有哪些?
9. 根据我国《票据法》的规定,付款请求权和追索权有何联系和区别?
10. 根据我国《票据法》的规定,伪造、变造票据的法律后果是什么?

11. 我国法律对票据丧失与权利补救有何规定？

案例分析

甲公司为支付一批农副产品货款，向李某开出一张金额为4万元的转账支票。李某为偿还欠款，将该支票背书转让给张某。张某获得该支票后，将支票金额改为14万元，又将该支票背书转让给王某。王某取得该支票后，到为其开立个人银行结算账户的乙银行办理委托收款手续。乙银行在对该支票审查后，未提出任何异议，也未要求王某提供其他任何证明资料，为王某办理了委托收款手续。

甲公司开户的丙银行作为委托付款人，也按照乙银行的审查方式审查该支票后，将票面标明的14万元从甲公司账户转入王某个人银行结算账户。甲公司在与丙银行对账的过程中，发现前述支票转出的金额与所应当支付的金额不符，即提出异议。丙银行在核对的过程中，发现支票票面金额被变造的事实。

根据上述内容，回答下列问题：

(1) 甲公司所受损失可否向丙银行追索？请说明理由。

(2) 本题所述的支票在变造后是否有效？请说明理由。

(3) 乙银行在办理委托收款手续时，除未发现支票变造的事实外，根据《人民币银行结算账户管理办法》的有关规定，是否存在其他过失？请说明理由。

(4) 如果丙银行在向王某付款前发现该支票被变造的事实而拒绝付款，王某可以向哪些人进行追索？被追索对象应承担票据责任的金额分别是多少？请分别说明理由。

【评析】

(1) 甲公司所受损失可向丙银行追索。丙银行在审查支票的过程中未能发现该支票变造的事实。丙银行在审查支票过程中有过失。丙银行应当承担由此给甲公司造成的损失责任。

(2) 支票在变造后仍然有效。甲公司开出的支票是合法成立的有效票据。尽管张某变造了该支票的金额，但并不导致该支票无效。

(3) 乙银行在办理委托收款手续时，存在除未发现支票变造事实之外的其他过失。按规定，支票收款每笔超过5万元的，银行应当审查有关的收款依据。

(4) 王某可以向张某、李某和甲公司中的任何一人或部分或全部进行追索。甲公司应当对4万元负责。李某是在票据变造之前签章的，应按原记载内容负责。张某应对14万元负责。因为张某是票据变造人，签章在票据变造之后，应按变造后的记载内容负责。

第八章 产品责任法

【学习目标】
1. 了解产品责任及产品责任法的概念、特征。
2. 了解产品的含义、产品缺陷的含义、种类及产品缺陷的判断标准。
3. 掌握美国、英国、德国、法国的产品责任立法内容及产品责任的国际公约内容。
4. 掌握我国的产品责任立法内容及我国产品责任法中规定产品责任的免除情况。

第一节 产品责任法概述

一、产品责任法的发展

产品责任法(Product Liability Law)是商品经济、科技进步和法律发展的产物。产品责任法是经济法体系的重要组成部分。现代各国都十分重视产品责任立法。

产品责任法是随着现代工业生产的发展,随着许多新产品投入市场,造成消费者受到伤害的案件不断增多而形成和发展起来的。产品责任法和买卖法有一定的联系,因为买卖法中有关卖方对货物品质的担保责任的规定同产品责任法的某些要求是有共通之处的。但是,就法律性质来说,产品责任法与买卖法是不同的。

买卖法属于"私法"的范畴,它所调整的是卖方与买方之间基于买卖合同所产生的权利义务关系,它的规定大多数是任意性的,双方当事人可以在买卖合同中加以排除和更改;而产品法则属于社会经济立法的范畴,它主要调整产品的制造者、销售者与消费者之间基于侵权行为所引起的人身伤亡和财产损害的责任,它的各项规定或原则都是强制性的,双方当事人在订立合同时不得事先加以排除或变更。

产品责任法主要是确定产品的制造者和销售者对其生产或出售的产品所应承担的责任。如果他们提供的产品存在某种缺陷,致使消费者的人身遭受伤害或财产受到损失,则生产或出售这一产品的制造商、批发商乃至零售商都要对该消费者承担赔偿损失的责任。产品责任法的主旨是加强生产者的责任,保护消费者的利益。从这个意义上说,产品责任法是一种保护消费者的法律。

产品责任法旨在调整生产者与消费者之间因产品缺陷而产生的损害赔偿的社会关系。根据现代产品责任法产生的历史背景与归责理论的不同,大致可以分为四个阶段。

(一) 产品责任的萌芽——"契约责任"原则时期

现代意义的产品责任是英国判例法率先确立的,由 1842 年英国著名判例"温特博特诉赖特"案确立。这一原则规定,因缺陷产品受到损害的原告不能直接起诉与之无合同关系的制造商,原告的起诉对象只能是销售商。随着商品经济的发展,社会分工协作越来越细,一件产品从生产到消费要经过的环节日益复杂,很难确定生产者与产品最终消费者的合同关系。

根据当时的实际情况,产品的瑕疵多数是生产者造成的,而产品消费者只与销售商订有买卖合同关系,与生产者没有合同关系,根据"无契约即无责任原则",生产者就逃避了责任。同时,如果缺陷产品的受害者是消费者以外的第三人,因为第三人与销售者不存在契约关系,第三人也就无法向销售者求偿,更不用说生产者了。可见"无契约即无责任"原则保护的是制造商的利益,剥夺或减少了受害人请求赔偿的机会。

(二) 突破契约关系的束缚——"过错侵权"原则阶段

这是产品责任归责的第二阶段。所谓过错侵权责任,就是指由于生产者和销售者的疏忽,造成产品缺陷,致使消费者的人身或财产受损害应负的责任。而过错主要指应注意、能注意而有疏忽、不注意等要素的存在。

1916 年,纽约州最高法院法官卡多佐审理的"麦克弗森诉别克汽车制造公司"一案中,别克汽车制造公司将一辆车卖给了汽车中间商,中间商又卖给了买主甲,甲在开车途中与其他车相撞且受了重伤,后经检查发现撞车的原因是别克汽车的轮胎有质量问题。原告起诉了别克公司,最后法官判别克公司承担过错责任。过错责任原则的确立,使得消费者可以直接起诉缺陷产品的制造商,不再由于合同关系的阻拦而不能向制造商索赔。同时,该原则也突破了传统契约原则的限制,扩大了受害人的保护范围。但实践中,受害人要胜诉,须证明加害人有过错,这对于普通消费者来说绝非易事。

(三) 契约理论与侵权理论的结合——"担保责任"原则阶段

担保责任归责理论是由契约责任演变而来的,商品买卖是契约行为,出卖人必须保证其出卖的物品符合双方当事人契约约定的标准,法律赋予出卖人的义务就是提供符合约定标准的产品给买受人。

在美国,担保责任可分为明示担保和默示担保两种。根据《美国统一商法典》的规定,明示担保通过以下三种方式产生:

(1)卖方对买方就有关产品作了事实的确认或许诺,并成为交易的一部分。

(2)对产品的任何说明,只要是作为交易基础的一部分。这种说明的形式可以是文字、图形或产品说明书等。

(3)任何作为交易基础一部分的样品,模型也是一种明示担保。

默示担保与明示担保不同,它是法律规定应该适用于买卖合同的,只要买卖双方在合同中没有相反的规定,这种默示担保就依法适用于他们之间订立的合同。在1932年"巴克斯特所福特汽车公司"案中,法院判决认为,制造商凭借广告向一般消费者做广泛陈述,若其陈述虚伪而导致消费者受损,则基于政策及诚实信用原则,制造商应承担明示保证责任,因为原告信任了被告在广告中的说明。

担保责任理论无疑较过错责任理论容易证明产品责任,但仍不能从根本上解决充分保护广大消费者的权益问题。在此诉讼中,消费者要胜诉,仍需证明确实存在着担保以及被告违反了该担保义务。过错责任和担保责任实际上并未免除受害者的举证者任,各有其局限。因此20世纪30年代后,世界各国产品责任立法纷纷改弦易辙,转而适用严格责任原则。

(四)现代产品责任法的核心——"严格责任"原则

经历了多年的诸多磨合与创新,美国产品责任法终于创设出了适应现代社会需要的产品责任的特别原则——"严格责任"原则。大法官特雷诺首先在判例法中确立了"严格责任"。侵权法学家威廉普罗舍在起草《侵权法复述(第2版)》时,在该书中明确肯定了"严格责任"。他们对现代世界产品责任法的发展产生了深远的影响。

关于严格责任的内涵,多数国家解释为,只要产品存在缺陷给消费者、用户造成损害,即使未能确认制造者、销售者有过错,制造者、销售者也要对产品责任事故负赔偿责任。这一原则不仅不要求产品的受害者证明被告过错或违反合同的明示或默示担保义务,把受害者从举证责任的泥潭中解脱出来,而且扩大了契约的效力。买方不仅包括直接购买者,还包括使用该缺陷产品的买者的家属、亲友及受到该缺陷产品伤害的人。

严格责任原则的确立,一方面能迫使制造商或生产者增加产品安全投入,设法减少和消除可能发生的危险;另一方面也免除了受害者费时费力的举证责任,提高了诉讼效益,加大了对社会广大弱势群体的保护。

与英美法系的产品责任归责原则的发展历史相比,在大陆法系国家中,其"产品责任"的历史演变有所不同。在产品侵权赔偿的严格责任被立法确立以前,法官出于对产品缺陷受害人的同情,往往在侵权行为的构成要件之过失上做文章,而不是用担保理论来解决类似问题,通过在诉讼中转移诉讼当事人的举证责任来加大对受害人的救济力度。如对被诉之制造商课以证明自己无过错的责任,若不能证明自己无过错,则法官在认定事实时推定其有过错,从而使受害人的权利被救济的可能性更大。后来,无论是法官还是学者,都意识到这样处理的结果对消费者来说,仍然很不公平,于是逐渐对厂商适用较为严格的责任。

1985年,欧共理事会通过的《欧共体缺陷产品责任法指令》,本指令规定了生产者主观上存在过错与否不再是产品侵权赔偿责任的构成要件,即规定了生产者的无过错责任(严格责任是英美法系的称谓)。随后,法国将指令内容修订入《民法典》,而德国则是依据上述指令内容而制定单行的《产品责任法》来转化指令内容。这样,世界上两大法系的主要国家在立法层次上严格责任原则确立起来。

二、产品责任法的立法模式

世界上关于产品责任的立法模式，大体有三种：一是扩大解释，适用原合同法、侵权法中的有关规则，如法国、荷兰等；二是在相关的立法中，对产品责任作出若干规定，如英国、加拿大等国颁布的《消费者保护法》；三是制定专门的产品责任法，如原联邦德国、意大利、丹麦、挪威、日本等国。

美国的做法另有特点，其产品责任法包括判例法和制定法。美国商务部1979年公布了专家建议文本《统一产品责任示范法》。此外，联邦政府还通过了《联邦食品、药品、化妆品法》《消费品安全法》等单行法。

在中国，《民法典》《产品质量法》和《消费者权益保护法》等构筑起产品责任法律制度的框架。另外，还制定了一系列相关的法律、法规，如《工业产品质量责任条例》《药品管理法》《食品安全法》等。最高人民法院的有关司法解释也是产品责任法律制度的内容之一。

伴随着世界经济一体化的进程，产品责任立法愈益显示出国际化趋势。产品责任方面的区域性和国际性公约有：欧共体于1977年和1985年制定的《关于人身伤害和死亡的产品责任欧洲公约》和《欧共体产品责任指令》；1972年海牙国际私法会议制定的《关于产品责任的法律适用公约》，这是解决侵权性产品责任案件的一个国际性公约。

三、产品和产品责任

（一）产品

产品是构筑产品责任法体系和确立产品责任承担的基点。美国《统一产品责任示范法》指出："产品是具有真正价值的，为进入市场而生产的，能够作为组装整件或者作为部件、零售交付的物品，但人体组织、器官、血液组成成分除外。"美国《产品责任法》确定的产品范围相当广泛。

在《关于产品责任的法律适用公约》中，产品是指"天然产品和工业产品，无论是未加工的还是加工的，也无论是动产还是不动产。"《欧共体产品责任指令》规定，"产品是指初级农产品和狩猎物以外的所有动产，即使已被组合在另一动产或不动产之内。初级农产品是指种植业、畜牧业、渔业产品，不包括经过加工的这类产品。产品也包括电"。与美国的规定相比，其所界定的产品范围略微狭窄。

我国《产品质量法》规定："产品是指经过加工、制作，用于销售的产品。建设工程不适用本法规定。"采用的是概括式的规定，适应性较强。按照其规定，产品必须具备两个条件：首先，必须经过加工、制作。这就排除了未经过加工的天然品（如原煤、原矿、天然气、石油等）及初级农产品（如未经加工、制作的农、林、牧、渔业产品和猎物）。其次，用于销售。这是区分产品责任法意义上的产品与其他物品的又一重要特征。这样,非为销售而加工、制作的物品被排除在外。

🚩【知识链接】

对于书籍等出版物、计算机软件等特殊产品,是否也构成产品责任法上的"产品",各国立法上大多无明确规定,但在实践中不乏这样的判例。美国著名的"弗路尔公司诉杰帕逊公司"案,涉及了一张机场仪表线路图没有标示出一座在本地区内最高的小山,结果导致飞机失事造成伤亡事件。法院判决该航空地图属于《侵权行为重述》第402条所指出的"缺陷产品",其出版商应对因信赖该地图而发生的损害承担严格责任。

(二) 产品责任

产品责任是指产品的生产者或销售者因为生产、销售有缺陷产品,从而给消费者或使用者造成财产损失甚至人身伤亡时应承担的赔偿责任。

中国产品责任的主要规定见之于2018年12月29日第十三届全国人民代表大会常务委员会第七次会议进行第三次修订的《产品质量法》中。该法采用产品质量责任的概念。产品质量是指国家有关法律法规、质量标准以及合同规定的对产品适用、安全和其他特性的要求。产品质量责任是指产品的生产者、销售者违反了上述要求,给用户、消费者造成损害而应依法承担的法律后果,包括民事、行政和刑事责任。其中,承担民事责任分别指承担产品瑕疵担保责任和产品侵权赔偿责任。

产品质量责任与产品责任既有联系,又有区别。

1. 产品质量责任与产品责任的联系

产品质量责任与产品责任的联系在于,产品质量责任包含产品责任,即产品侵权赔偿责任。

2. 产品质量责任与产品责任的区别

产品质量责任与产品责任的区别在于以下几个方面:

(1)判定依据不同。前者判定依据包括:默示担保、明示担保、产品缺陷。只要不符合这三项依据之一,生产者、销售者就应承担相应的责任。后者判定依据仅指产品存在缺陷,即存在不合理危险。

(2)承担责任的条件不同。前者只要产品质量不符合默示担保或明示担保之一,无论是否造成实际损害,都应承担相应的责任。后者承担责任的条件是产品存在缺陷,并且实际造成了他人人身伤害、财产损失。

(3)责任的性质不同。前者包括产品瑕疵担保责任和产品侵权赔偿责任,其中产品瑕疵担保责任属于合同责任。而后者仅指侵权责任。

(三) 产品责任的特征

产品责任具有以下几个方面的特征:

1. 产品责任是由产品的缺陷引起的

产品缺陷是指产品具有不合理的危险性，而且这种危险性在投入市场前已存在。产品的缺陷有以下几种：(1) 设计方面的缺陷；(2) 生产方面的缺陷，包括产品原材料的缺陷和制造装配的缺陷；(3) 警示（指示）方面的缺陷。

2. 产品责任是一种侵权责任，即无过失责任

所谓产品侵权责任，是指生产者、销售者因产品存在缺陷而造成的死亡、人身伤害和缺陷产品以外的其他财产损害及其他损失时，应当承担的赔偿责任。

这种责任着眼于对受害人的损害提供补偿。它的法律特征在于不考虑双方当事人的过失，也不能推定行为人有过失。也就是说，过失在这个原则中并不适用，这个原则不具有制裁不法行为并预防不法行为发生的作用。至于归责的要件也只是以因果关系作为其基本要件，也就是只要行为与结果有因果关系，也就可以认定责任的成立了，根本不涉及行为人的主观过失问题。因此可以说，无过失原则是"纯粹的客观归责"。也就是说，即使是受害人的过失或不可抗力，也不能认定为被告的免责条件至于被告的责任的成立，在损害事实发生时只要有因果关系存在就可以了，甚至不能以其他不可抗力作为免责条件。

3. 产品责任是一种损害赔偿责任

损害赔偿是在损害发生的基础上应予赔偿的范围。损害的发生是客观事实，但是对损害范围的界定却包含着人们对产品安全事故的主观判断，反映了人们一定的价值观念，并有赖于法律的规定。产品责任的损害赔偿是这种由法律规定的对产品缺陷造成的损害范围的界定，责任人应在一定范围内对缺陷产品造成的损害后果承担赔偿责任。

（四）产品责任的主体

产品责任主体是指产品责任的承担者。从各国立法和国际立法的规定来看，产品责任主体主要有两种：一是单一主体。以《欧共体产品责任指令》为代表，认定产品生产者为产品责任承担者，并对生产者做扩大解释，以涵盖销售者、进口商等责任人。二是复合主体。以美国为代表，认定产品制造者或销售者为产品责任人，并分别界定其范围。美国的产品责任法关于产品责任主体规定的范围要广得多。

在实践中，某些案件的受害人虽能证明损害是由某一特定缺陷产品引起的，但难以确认产品的生产者，因为同时有多个生产者生产同类产品投放市场。20 世纪 70 年代末美国法院曾判决同类产品生产者均为被告，各被告根据其产品占有的市场份额承担赔偿责任。所占市场份额越大，其所获利润越多，承担的赔偿数额也就越大。这表明严格责任原则得到进一步发展。

根据我国《产品质量法》的规定，中国产品责任主体与各国基本一致，即包括生产者和销售者，但没有对其范围作出规定。在确定产品缺陷责任时，采用不同的归责原则：对生产者采用严格责任，对销售者则实行过错责任。一般情况下，销售者有过错的才承担责任；另外，销售者在不能指明产品的生产者或提供者时，也要求其承担责任。后一种情况可认为是过错推定，过错推定仍属于过错责任，是过错责任原则的一种运用方式。此外，《产品质量法》还规定了生产者和销售者相互之间的追偿权：属于生产者的责任而销售者赔偿的，销售者有权向生产者追偿；属于销售者的责任而生产者赔偿的，生产者有权向销售者追偿。如此规定有利于充分保护消费者利益。

四、产品责任法的概念和特征

（一）产品责任法的概念

产品责任法是指由国家制定的调整生产者、销售者和消费者、使用者之间基于产品侵权行为而引起的人身伤害和财产损失的权利与义务关系的法律规范的总称。

（二）产品责任法的法律特征

1. 强制性

产品责任法对当事人具有强制性，与属于私法范畴的买卖法不同。当事人在订立合同时不得事先加以排除或变更，过分排除一方产品责任会造成显失公平的后果。

2. 补偿性

产品责任是基于侵权所引起的一种财产责任，即产品的制造者、销售者给消费者造成的人身伤害和财产损失进行赔偿。这种赔偿以对消费者造成的损失为限，具有补偿性的特征。但依据产品责任法的赔偿金额比一般贸易索赔金额要大得多。补偿受害者的损失应是整个损失，不仅包括过去的损失、将来的效益和实际开支，而且包括受害者的痛苦代价，同时，赔偿的金额必须一次支付，并且不得扣除原告可能从其他方面取得的任何补偿和津贴，如保险赔偿或社会救济金。

3. 特定性

产品责任法调整的社会关系是特定的，仅调整产品的制造者、销售者与产品的消费者之间因产品缺陷发生损害所形成的损害赔偿关系。依据产品责任法的诉讼并不要求原告与被告之间存在合同关系。作为原告的当事人可以是直接使用该产品而受伤害的消费者、使用者或者其家属或者家中的任何人，甚至可以是旁观者和过路人；作为产品责任方的被告可以是产品的直接生产者、装配者、出口商、进口商、批发商以至零售商。

第二节 几个主要国家的产品责任法

一、美国的产品责任法

美国的产品责任法主要是州法，而不是联邦统一的立法。各州都有自己的产品责任法,而且各有差异,为了统一各州的产品责任法,美国商务部在 1979 年 1 月提出了一项《统一产品责任法(草案)》(*Draft Uniform Product Liability Law*)供各州采用,但至今尚未被各州采纳。

(一) 产品责任的诉讼依据

美国产品责任法是以下列几种法学理论为依据的:①疏忽说(theory of negligence);②违反担保说(breach of warranty);③严格责任说(strict liability)。凡原告由于使用有缺陷的产品遭受损害向法院起诉要求赔偿损失时,必须基于上述三种理由之一,作为要求该产品的生产者或销售者承担责任的依据。

1. 疏忽

所谓疏忽是指产品的生产者或销售者有疏忽之处,致使产品有缺陷,而且由于这种缺陷使消费者的人身或财产遭到损害,对此,该产品的生产者和销售者应承担责任。但是,当原告以疏忽为理由向法院起诉要求被告赔偿其损失时,原告必须提出证据证明以下两个方面:

(1) 被告没有做到"合理的注意"(reasonable care),即被告有疏忽之处。

(2) 由于被告的疏忽直接造成了原告的损失,仅凭原告使用产品造成了损失这一事实的本身一般并不能推定被告有疏忽。另外,如果由于原告自己的疏忽造成了损失,原告也不能要求被告赔偿损失。

疏忽在英美法上是一种侵权行为。在以疏忽为理由提起诉讼时,原告与被告之间不需要有直接的合同关系,因为这不是根据合同提起的诉讼。所以,作为原告的一方就不仅限于买方,而且扩及其他有关的人,如买方的家属、亲友、来访者以至过路的行人或旁观者,只要他们是由于该产品的缺陷而受到损害,都可以对该产品的生产者和销售者提起疏忽之诉。

原告在以疏忽为理由对被告起诉时,可以从各个不同的方面证明被告有疏忽。例如,原告可以证明产品的设计有缺点,从而说明生产者在设计产品时没有尽到"合理注意"的义务;原告也可以证明被告对产品的危险性没有作出充分的说明,以提醒消费者或使用者的注意,从而构成疏忽;此外,原告还可以证明被告在生产或经销该产品时,违反了联邦或州的有关这种产品的质量、检验、广告或推销方面的规章、法令,而违反这种规章法令的本身就是一种疏忽行为。但实际上,在现代化大生产的条件下,要证明某种产品有缺陷往往是很困难的,有时甚至是不可能的。这是原告在以疏忽为理由控告生产者和销售者时所遇到的一个难题。

2. 违反担保

所谓违反担保是指产品存在某种缺陷或瑕疵,卖方违反了对货物的明示或默示担保,以致给买方或消费者造成了损害,应承担赔偿责任。如果原告由于产品的缺陷遭受损害,原告可以以违反担保为理由对被告起诉,要求其赔偿损失。

3. 严格责任

严格责任又称侵权法上的"无过错责任",是最近发展起来的一种产品责任理论。按照严格责任的原则,只要产品存在缺陷,对使用者或消费者具有不合理的危险(unreasonable dangerous),并因此而使他们的人身或财产遭受损失,该产品的生产者和销售者都应承担赔偿责任。美国法学会在1965年出版的《侵权行为重述》中确认了这一来自判例法的原则。该重述第402A条和第402B条对此作了规定。其主要内容是:

(1)凡出售任何有缺陷的产品对使用者或消费者或其财产带来不合理危险的人,对于由此而造成使用者或消费者的人身伤害或财产损失应承担责任,只要销售者是从事经营出售此种产品的人,而且当产品到达使用者或消费者手中时,对该产品在出售时的条件并没有重大的改变。

(2)尽管出售者在准备和出售其产品时已经尽到一切可能的注意义务,而且使用者或消费者并没有从出售者手中购买该产品,即同出售者之间并无任何合同关系,上述原则仍应适用,出售者仍须承担责任。

对原告来说,以严格责任为依据对被告起诉是最为有利的,因为严格责任原则消除了以违反担保或以疏忽为理由提出损害赔偿时所遇到的种种困难。

第一,严格责任是一种侵权行为之诉(a form of tort action),它不用于以合同为依据的违反担保之诉,不要求双方当事人之间要有直接的合同关系。

第二,在以严格责任为理由起诉时,原告毋需承担证明被告有疏忽的举证责任,因为它要求卖方承担无过失责任。在这种情况下,原告的举证责任仅限于以下三个方面:①证明产品确实存在缺陷或不合理的危险;②正是由于产品的缺陷给使用者或消费者造成了损害;③产品所存在的缺陷是在生产者或销售者把该产品投入市场时就有的。

只要原告能证明以上三点,被告就要承担赔偿损失的责任。但是,如果使用者或消费者在拿到产品之后,擅自改变了产品的性能,因而造成了人身伤害或财产上的损失,他就不能要求生产者或销售者赔偿损失。

所谓产品的缺陷不仅包括设计和生产上的缺陷,而且包括为使产品安全使用所必需的各种因素,如包装、标签、提醒用户注意的事项、安全使用说明书,等等。如果由于没有满足上述要求,致使使用者或消费者遭到损失,卖方和制造者亦应承担责任。

以严格责任为理由起诉和以疏忽为理由起诉的主要区别在于,疏忽是以卖方有无疏忽,即卖方是否尽到"适当注意"的义务作为确定其应对原告承担损害赔偿责任的依据;而严格责任则不必考虑买方是否已尽到"适当注意"义务的问题,即使卖方在制造或销售产品时已经尽到了一切可能尽到的注意,但如果产品有缺陷并且使原告遭到损失,卖方仍须对此负责。这里所说的卖方不仅包括同买方直接订立合同的卖方,还包括生产者、批发商、经销商、零售商以及为制造该项产品提供零部件的供应商。

所谓买方也不仅包括直接买主,还包括买方的家属、亲友客人乃至过路行人。所以,严格责任原则是对消费者最充分的保护。

【案例 8-1】

1963年美国加利福尼亚法院在"格林曼诉尤巴电器公司"一案中第一次应用了严格责任原则。

原告格林曼的妻子买了一件组合电动工具(既能当锯、钻,又能成为木料车床)作为1955年圣诞节礼物送给原告。1957年原告买来能使该工具作为车床用的必要附件。当按照制造商宣传册的说明正常使用了几次这个工具锯木后,在之后的一次使用中,突然飞出一块木头击中他的前额,使他受了重伤。十个半月后,原告以违反担保和过失为由起诉了零售商和制造商,要求赔偿。

法官认为虽然原告无法证明工具制造商有疏忽,也不属于违反担保责任的范围,但仍判决原告胜诉,理由是此案使用侵权法上的严格责任原则。特雷诺法官在判决中指出:"当一个制造商将一件产品投放到市场中时,如果明知它将不经检查而使用,而此项产品被证明含有致使人受到伤害的缺陷,那么该制造商在侵权方面负有严格责任。""即使没有疏忽,只要公众准则认为哪一方负责后最能有效地减少市场上有缺陷的产品对人的生命和健康的潜在威胁,那么就应该由哪一方负责。"此即所谓产品责任法上著名的"格林曼规则"。

(二) 被告可以提出的抗辩

在产品责任诉讼中,被告可以提出某些抗辩,要求减轻或免除其责任。被告可以提出的抗辩依随原告起诉的诉因之不同而有所不同。被告的抗辩主要有以下几种:

1. 担保的排除或限制(disclaimer or limitation of warranties)

《美国统一商法典》允许卖方排除其对货物的明示担保和默示担保(如商销性的担保和适合特定用途的担保等)。在产品责任诉讼中,如果原告以被告"违反担保"为理由对其起诉,被告如果已经在合同中排除了各种明示或默示担保,他就可以提出担保已被排除作为抗辩。但是,按照美国1974年法律(Magnuson-Moss Warranty Act)的规定,为了保护消费者的利益,在消费交易中,卖方如有书面担保就不得排除各种默示担保。

此外,这项抗辩仅能对抗以"违反担保"为理由起诉的原告,而不能用来对抗以"疏忽"为理由起诉的原告,因为后者是属于侵权之诉,不受合同中关于排除明示或默示担保义务的制约。

2. 承担疏忽(contributory negligence)或相对疏忽(comparative negligence)

承担疏忽是指原告(受害者)在使用被告所提供的有缺陷的产品时也有疏忽之处,由于双方面的疏忽而使原告受到伤害。按照普通法早期所确立的原则,承担疏忽在侵权之诉中是一种充足的抗辩理由。因此,在以疏忽为依据提起的产品责任诉讼中,一旦确认原告有"承担疏忽",原告就不能向被告要求任何损害赔偿。但是近年来,美国许多州已通过立法或判例放弃了承担疏忽原则而采用相对疏忽原则。

所谓相对疏忽是指尽管原告方面也有一定的疏忽,但法院只是按原告的疏忽在引起损害中所占的比重,相应减少其索赔的金额,而不是像承担疏忽那样使原告不能向被告请求任何损害赔偿。现在,美国许多州都把相对疏忽原则适用于严格责任之诉。

应当指出的是,无论是承担疏忽还是相对疏忽都属于侵权范畴。被告只有在侵权之诉中才能提出这些抗辩,而不能在合同之诉(如违反担保之诉)中提出这种抗辩。

3. 自担风险(assumption of the risks)

自担风险是被告在产品责任诉讼中可以提出的另一种抗辩。所谓自担风险是指:①原告已经知道产品有缺陷或带有危险性;②尽管如此,原告也甘愿将自己置于这种危险或风险的境地;③由于原告甘愿冒风险而使自己受到损害。

按照美国法,无论原告是以被告违反担保为由起诉还是以疏忽为由起诉,或以严格责任为由起诉,被告都可以提出"自担风险"作为抗辩。根据美国《侵权行为重述》第402A条的注解,如果使用者或消费者已经发现产品有缺陷,并且知道有危险,但他仍然不合理地使用该产品,并因此使自己受到损害,他就不能要求被告赔偿损失。但是,在采用前述"相对疏忽原则"的各州中,有些州已不再把自担风险作为完全阻止原告索取任何赔偿的抗辩,而只是把原告的疏忽作为减少其索赔金额的依据。

4. 非正常使用产品或误用、滥用产品(misuse or abuse of the product)

在产品责任诉讼中,如果原告由于非正常地使用产品或误用、滥用产品,使自己受到损害,被告可以以此为理由提出抗辩,要求免除责任。但是,当被告提出原告非正常使用产品或误用、滥用产品的抗辩时,法院往往对此加以某种限制,即要求被告证明原告对产品的误用或滥用已超出了被告可能合理预见的范围。如果这种对产品的误用或滥用是在被告可能合理预见的范围之内,被告就必须采取措施予以防范,否则就不能免除责任。

5. 擅自改动产品(subsequent alteration)

如果原告对产品或其中部分零部件擅自加以变动或改装,从而改变了该产品的状态或条件,因而使自己遭受损害,被告就可以以原告擅自改变产品的状态或条件为理由提出抗辩,要求免除责任。

6. 带有不可避免的不安全因素的产品

如果某种产品即使正常使用,也难以完全保证安全,而且权衡利弊,该产品对社会公众是有益的,是利大于弊的,则制造或销售这种产品的被告可以要求免除责任。其中,以药物最为典型。因为有些药物不可避免地含有某种对人体有害的副作用,但它又确能治疗某些疾病。在这种情况下,制造和销售这种产品的卖方只要能证明,该产品是适当加工和销售的,而且他已提醒使用者注意该产品的危险性(如药物的副作用),他就可以要求免责。即使在严格责任之诉中,被告也可以提出这一抗辩。

(三)在产品责任诉讼中原告可以请求损害赔偿的范围

按照美国法院的判例,在产品责任诉讼中,原告可以提出的损害赔偿的请求范围相当广泛,判决赔偿的金额往往也相当可观,通常都在100万美元以上,有时甚至高达上亿美元。具体来说,原告可以提出的损害赔偿主要包括以下几种。

1. 对人身伤害的损害赔偿

如果原告由于产品的缺陷,遭受人身伤害,他可以向被告要求针对如下伤害的赔偿:①痛苦与疼痛;②精神上的痛苦和苦恼;③收入的减少和挣钱能力的减弱;④合理的医疗费用;⑤身体残废。

美国法律不仅允许受害者要求被告赔偿其医疗费用,还允许他索赔肉体上和精神上的痛苦带来的损害,而且后者的金额在全部赔偿额中占很大比重,这是美国产品法的一个重要特点。

2. 财产损失的赔偿

财产损失的赔偿通常包括替换受损坏的财产或修复受损财产所支出的合理费用。

3. 商业上的损害赔偿

商业上的损害赔偿通常是指有缺陷的产品的价值与完好、合格的产品的价值(合同价金)之间的差价。

4. 惩罚性的损害赔偿

如果有过错的被告全然置公共政策于不顾,受损害的原告可以要求法院给予惩罚性的损害赔偿。惩罚性损害赔偿的金额一般很高,其目的是对有过错一方的恶意的、不负责任的行为施加惩罚,以遏止其他人重犯类似过错。至于是否判处惩罚性的损害赔偿以及其金额的大小,主要由陪审员根据案件事实酌情决定。

二、英国的产品责任法

(一)英国产品责任法的起源

英国自1932年上议院在多诺霍诉史蒂文森案中确立了产品的疏忽责任原则以后,在此后的一段时间内一直坚持该原则。该原则与契约关系原则相比,在一定意义上利于保护受到损害的非购物人的利益,并可增大受损消费者获得补偿的机会,这对弥补传统产品责任法的缺陷及克服其在社会上的不良反映都是有帮助的,有其进步意义。

但是英国法同时又规定,根据"过失"的理由而对生产者或相关人提出补偿之诉的原告必须负证明生产者或相关人有过失的责任,这使其法律的社会效益大打折扣。因为,在科学技术、现代化工业生产日益复杂的条件下,要证明生产者或相关人的过失是非常困难的,它可能涉及对生产者工作检验制度、生产者的其他货物的安全记录进行全面的费时费钱的调查。故英国法的上述规定是有局限性的,它对受损的"非购物人"并未带来多大的好处,在有些情况下难以给予受害人以公平合理的救济。

可见,该原则赋予了受害人较重的举证义务,虽然有时法院可以用"事实自证"规则把举证义务转移到被告身上,但这毕竟仅限于部分案件。为了进一步从法律上保护广大消费者的利益,英国司法大臣于1971年11月2日要求法制委员会检讨现行法制,并提出改进的建议。1973年设立了由皮尔逊勋爵主持的皇家委员会,负责检查英国现行的有关产品责任的制度。

1975年,英国法制委员会提出有缺陷产品责任的研究报告,公开征询专家、学者及社会人士的意见。1977年法制委员会参考各界人士提出的意见,正式发表第82号报告,该报告提出了关于英国产品责任改进的建议。除个别内容外,该建议的多数原则已同美国的严格产品责任理论趋向一致,建议英国在产品责任法领域建立严格责任原则。

此后,英国法制委员会于1977年和1978年又先后发表了与产品责任有关的两份报告:《关于对缺陷产品责任的报告》和《皇家委员会对个人伤害的民事责任及赔偿的报告》。这两份报告均再次建议英国采用严格产品责任制度。当然,这种"引入"并确立严格责任的作法,在当时的英国立法界尚存争议,但在司法实践中,英国的法院已经在不同程度上接受了该原则,在理论上也与美国的严格产品责任理论基本一致,并最终接受了严格责任的归责原则,在其1987年5月颁布、1988年3月1日正式生效的《消费者保护法》中规定,产品的生产者对其所提供的产品负无过错责任亦即严格责任。

【知识链接】

严格责任

严格责任是指一种比因没有尽到合理的注意而须负责的通常责任标准更加严格的责任标准,责任产生于应该避免的伤害事件发生之处,而不论其采取了怎样的注意和谨慎。严格责任不同于绝对责任,也不同于危险责任。它介于疏忽责任与绝对责任之间,既比前者严格,也不像后者那样绝对。严格责任注重产品本身是否安全,即不论生产经营者主观上有无过错,只要产品存在缺陷而使他人造成损害,就必须承担损害赔偿责任。

(二) 英国产品责任法的主要内容

从英国《1987年消费者保护法》等有关的制定法以及有关的司法判例来看,其严格产品责任规则日臻完善,主要体现在以下几点。

1. 产品责任(权利)主体

原告毋需证明被告有疏忽,任何受到有缺陷产品伤害的消费者,不论他是不是该产品的买主,都可以对责任方提起诉讼,即"任何受到生产者本应考虑的作为或不作为行为所密切地或直接地影响的人都包括在原告之列"。

2. 产品责任(义务)主体

产品责任(义务)主体包括:制造商、加工商、提供原材料和零部件的供应商、进口商以及产品牌号的所有人乃至装配商、批发商、修理商,即从产品的制造到最终消费者手里一长串连锁中的任何一个有关的当事人都可能成为产品责任的责任主体。按照该法的规定,上述被告负连带责任,原告可以对他们全体起诉,也可以对其中一人起诉。而且不允许卖方在合同中排除其责任。

3. 产品的定义

1987年《消费者保护法》第1条(2)款将产品定义为:"任何物品或电力,同时根据本条(3)款之规定,包括组成另一产品的产品,无论此产品是不是以零配件或原材料或其他的形式构成前者。"这里的"物品",依该法第45条(1)款,是指"物质、生长的作物、附着于其他东西之上并于土地混为一体的东西和任何船舶、航空器或机动车辆。"对于其中的"物质""航空器""船舶"等,该法第45条又作了进一步解释。由此可见,该法对"产品"的规定是十分广泛与详尽的。

4. 产品责任损害赔偿

产品责任法实质上属于侵权法的范畴。其损害赔偿范围包括人身伤害和财产损失。英国产品责任法在实践中把对人身的伤害看作是最重要的伤害,因产品缺陷而引起的人身伤害通常包括两个方面,即有形损失和无形损失。有形损失包括受害人谋生能力和收入的损失等,无形损失是指受害人精神上的痛苦。

5. 原告的举证责任

在诉讼中的举证责任方面,原告只须证明以下几点:(1)产品是有缺陷的;(2)产品缺陷在出厂时即已存在;(3)产品的缺陷与他所受的损害之间存在因果关系,即可成立产品责任,产品提供者即应负责赔偿受害人的损失。

6. 管辖权的确定

在确定管辖权上,总的来说,英国法是以"实际控制"为原则。

7. 法律适用

在法律适用上,英国法院一直主张适用侵权行为地/损害发生地法之原则。

总之,该法对受害人的举证责任、被告的范围、损害赔偿的范围及金额等方面,都作了新的规定,体现了严格责任原则,在价值目标上更倾向于充分与合理地保护消费者的利益,成为英国产品责任法走向成熟的标志。

三、德国的产品责任法

(一) 德国产品责任法的发展

德国法产品责任走过了一段相当曲折的道路,从最初的一般侵权法独立适用,到与合同法积极侵害债权与附保护利益第三人责任的并用,然后是侵权法的回归在判例中产生了举证责任倒置的推定过错责任原则,并以《德国民法典》第823条为基础,发展成一整套本土的产品责任法律体系。1989年11月5日,德国按欧共体的要求通过并颁布了成文的《产品责任法》。

依据《德国民法典》第823条,产品责任受害人可以对加害人提起一般侵权的诉讼。但在德国,受害人同样遇到举证困难问题。即便原告能够举证,企业仍可依据《德国民法典》第831条等条款开脱责任。这些条款在产品缺陷责任中的适用,在最初产生极大的不公平。一般侵权法在调整因产品缺陷产生的法律关系中显露出明显缺陷。

德国学者与法官为此发展了积极侵害债权、附保护利益第三人契约等合同理论,主张给予原告"合同举证责任倒置"、注意义务标准降低及时效延长等方面的法律优待,限制企业引用《德国民法典》第831条等免责条款,要求加害人不仅应对与其订立合同的人承担责任,还应对与订立合同人有密切关系的人承担责任,以弥补一般侵权法的不足。这些理论后来渐被法官们所接受。

(二)德国产品责任法的主要内容

1. 产品的定义

德国《产品责任法》第2条规定:"本法所指的产品是指一切动产,包括构成另一动产和不动产之一部分的物以及电力。未经初级加工的土地上的、畜牧业的、养蜂业的和渔业的农产品(农业自然产品)不属于本法中的产品,捕猎产物亦同。"

2. 缺陷含义及其判定标准

德国《产品责任法》第3条规定,一件产品如不能提供人们有权期待的安全性,即为存在缺陷的产品。在判断一件产品是否能够提供人们有权期待的安全性时,首先应当考虑使用者期待/制造人期待。这种期待可以通过广告、制造人的使用说明或者通过产品按规定使用的用途形式并且固定下来。然后要考虑所有具体情况,包括普通使用者的类型、价格与给付之间的关系、产品的可以合理地期待的使用。该法也规定,不能仅以后来投入流通的产品更好为理由认为以前的产品有缺陷。

3. 产品责任诉讼当事人

德国法仅将制造商列为产品责任诉讼被告。对于流通环节中的中间商及零部件制造商、装配商能否成为被告,德国法持谨慎态度。

至于谁能够成为原告,德国《产品责任法》第1条规定:"由于产品有缺陷,致使人死亡,使人身或健康受到伤害或财物遭受损失,产品制造人有义务对由此发生的损失予以赔偿。"依据此条以及其他条文的含义,我们不难看出,德国法中,能够作为原告的人系指因有缺陷产品而致人身伤害及财产损失的一切人。

4. 损害赔偿的范围及是否适用惩罚性赔偿金

在损害赔偿的范围上,德国法只给予"客观赔偿",对受害人精神上所受痛苦的"主观赔偿"一般不考虑。对于惩罚性赔偿金,德国法持否定态度。

在赔偿数额方面,德国法则明确规定最高限额,人身伤害赔偿为1.6亿马克,在有财产损失赔偿的情况下,受害人所负担不超过1125马克的损失。

5. 举证责任

1968年"鸡瘟案"确立了举证责任由被告承担的原则。也即,德国的产品责任法采取了严格责任原则。

6. 管辖权与法律适用

德国的产品责任法在管辖权上采取被告住所地原则;在法律适用上采用侵权行为地

法和有利于受害人法。

四、法国的产品责任法

法国一直没有独立的产品责任法,其契约和侵权的两种形式的产品责任都集中规定在《法国民法典》中。作为欧共体成员国,在实施 1985 年《欧共体产品责任指令》之前,法国在把契约和侵权行为的各项原则统一化地适用于产品责任的过程中所取得的成绩远在欧洲其他国家之上。而为实施指令,法国通过修改民法典,将产品责任作为民法典第三编侵权中的内容加以规定,以与指令内容相协调。

(一)诉讼根据

法国产品责任法的诉讼根据有两种:

有直接或间接的契约关系时,卖主承担无过失担保责任。以法国法为代表的大陆法体系遵循罗马法原则,在标的物有重大瑕疵时扩大对买主的保护,规定凡买卖标的物不符合一般用途或双方约定的特殊用途时,均属有瑕疵,卖主对此负有担保责任。《法国民法典》第 1641 条、第 1643 条规定,出卖的标的物含有隐蔽瑕疵以至于不适于其应有用途或减少其用途,致使买方知此情形不会承受或必须降低价格方愿承受时,出卖人应负担保责任;出卖人即使不知标的物含有隐蔽瑕疵仍应负担保责任。

买主的责任是证明瑕疵在买卖时即存在,反之,卖主对后来出现的瑕疵不负责任,除非买主能辨明瑕疵是货物所固有的,且在短时期内提出其要求。

无直接或间接的契约关系时,依法国民法规定,当事人之间只能依侵权责任求偿。《法国民法典》有关侵权行为责任的适用有两个重要原则:其一是侵权行为的一般责任原则,其二是"物的监护人"的严格责任原则。

(1)一般责任原则。

《法国民法典》第 1382 条和第 1383 条规定:"任何行为使他人受损害时,因自己的过失而致使损害发生之人应对他人负赔偿责任。""任何人不仅对因其行为所引起的损害,而且对因其过失或疏忽所造成的损害负有赔偿责任。"这些规定明确了侵权行为的过失责任基础。

(2)"物的监护人"的严格责任。

《法国民法典》第 1384 条第 1 款规定:"任何人不仅对其自己的行为所造成的损害,而且对应由其负责的他人的行为或在其管理下的物件所造成的损害,均应负赔偿责任。"该规定不仅使雇主对其雇员有缺点的工作负代理责任,使"监护人"对其管理下的物件所造成的损害负赔偿责任,其最基本的一点,是提供了一种基于产品的缺陷而非行为人的过失的责任基础。1897 年法国最高法院扩大了对该条的适用范围,使"管理之下物件造成的损害"扩及于火车、汽车、电气、瓦斯等产品缺陷所致的损害。

1914 年最高法院在一案例中进一步扩大解释为:物的监护人,除非能证明损害是由于不可抗力、被害人的过失或第三人的过失所致外,即使监护人对损害的发生并无过失,也应负赔偿责任。

(二)赔偿范围

在法国,卖主的责任包括由于违约所造成的经济损失和身体伤害,其损害赔偿责任的范围与侵权行为损害赔偿责任相同,均可及于请求权人所受的全部损害。法国法院把"全部损害"扩大解释为包括侵权引起的损害赔偿,如财产上之损失、医药费、收入之损失、非财产性损失、所有可预见与不可预见之损失。然而,卖主责任的严格性却为《法国民法典》第1645条和第1646条的规定所局限。该两条规定强调卖主因主观上的善意或恶意对隐蔽瑕疵负有不同的责任。如果卖主的行为是诚实的,不知货物有瑕疵,仅返还价金和偿还买主所遭损失的必要开支;如果卖主明知标的物有瑕疵,除返还价金外,还应赔偿买主由此遭受的所有损失。

(三)管辖权与法律适用

法国产品责任法在管辖权上适用当事人国籍管辖。在法律适用上采取侵权行为地/加害行为地法。

第三节 有关产品责任的国际立法

欧洲国家的产品责任可以分为有合同关系的产品责任和无合同关系的产品责任,即侵权行为的产品责任,主要规定在各国的民法典中,在责任性质上均属于传统的过错责任或推定过错责任。但20世纪70年代以来,欧洲理事会和当时的欧洲共同体相继制定了几个产品责任方面的公约,对欧洲各国产生影响,英、法、德等国通过专门立法或审判实践吸收了公约原则或有关规定,使这些国家的产品责任由过错责任转变为无过错责任。

一、欧洲理事会公约

欧洲理事会公约的全称是《关于人身伤亡的产品责任欧洲公约》(*European Convention on Products Liability in regard to Personal Injury and Death*)。该公约于1976年在欧洲理事会总部所在地斯特拉斯堡通过,所以又称为《斯特拉斯堡公约》。该公约采用无过失责任原则,但赔偿范围仅限于对人身伤亡的责任,不包括对财产损害的责任。尽管法国、奥地利、比利时等几个国家已经在公约上签字,但该公约目前尚未生效。其主要内容如下。

(1)抛弃了欧洲大陆法国家传统的过失责任原则,采用了严格责任原则,凡由产品缺陷造成的损害,生产者均应当负责。

(2) 对产品责任的损害赔偿范围仅限于人身伤害及死亡,不包括对财产造成的损失。

(3) 确定"生产者"的范围包括:制造者、产品进口商,或将他的名字、商标等标志在商品上的人;在产品没有标明任何生产者的身份时,则每个供应者都应视为公约所指的生产者。

(4) 制造商不能提出"客观技术水平限制"作为抗辩理由。

(5) 如果生产者能够证明该产品不是由他投放市场流通,或者考虑到各种情况,在他将产品投放市场流通时,造成损害的缺点可能并不存在,或者缺陷是在以后才发生的,则不应负责任。

(6) 受损害的当事人提起诉讼的时效为 3 年,从受损害的当事人发现或应当发现损害之日起算;生产者对其产品所造成的损害承担责任的时效为 10 年,从产品投放到市场时起算。

(7) 缔约国在签字缴存公约批准书时可以声明保留其国内法规定的赔偿限额的权利。但对每一死者或遭受人身伤害的人的赔偿限额不得少于 20 万德国马克,同一产品造成的全部赔偿不得少于 3000 万德国马克,或等值的其他货币。

二、欧共体产品责任指令

1976 年欧洲理事会制订的《关于人身伤亡的产品责任公约》,但至今尚未正式生效。为了协调欧洲经济共同体各成员国有关产品责任的法律,欧洲经济共同体理事会于 1985 年 7 月 25 日通过了一项《关于对有缺陷的产品的责任的指令》,要求各成员国在 1988 年 8 月 1 日以前采取相应的国内立法予以实施,但允许各成员国有某些取舍的余地。

到 1989 年为止,英国、希腊、意大利和德国已通过本国的立法程序将该指令纳入本国的国内法。欧共体产品责任指令的全称为《关于对有瑕疵的产品的责任的指令》(*Directive Concerning Liability for Defective Product*)(以下称《指令》)是欧共体为消除其成员国在产品责任方面的法律分歧而发布的法律命令。《指令》共有 22 条,主要包含以下内容:

(一) 对产品责任采用无过失责任即严格责任原则

《指令》对产品责任放弃了欧洲大陆法传统的过失责任原则,而采用无过失责任原则,这是一个很大的变化。作出这种改变的主要出发点是使消费者获得更充分的保护。因为当代技术产品纷繁复杂,需要在生产者和消费者之间妥善地分摊风险,而在两者当中,生产者处于更有利的地位,他们能够通过严格的设计、加工和检验程序尽量减少或避免他们所生产的产品的危险性。而且,他们还可以通过产品责任保险,将保险费加在货价上而使自己获得保障。因此,在立法指导思想上就应当加重生产者的责任,使消费者受到更有力的保护。基于上述考虑,《指令》明确规定,在产品责任诉讼中,受害的消费者只须证明他受到损害和产品有缺陷的事实,以及二者之间存在着因果关系,即可以使该产品的生产者承担责任,而无需证明生产者有过失。

(二) 关于"生产者"的定义

根据该《指令》第1条的规定,生产者应对有缺陷的产品所引起的损害承担责任。因此,确定谁是"生产者"是一个十分重要的问题。《指令》对生产者所下的定义是较为广泛的,它包括:①制成品的制造者;②任何原材料的生产者;③零部件的制造者;④任何将其名称、商标或其他识别标志置于产品之上的人;⑤任何进口某种产品在共同体内销售、出租租赁或在共同体内以任何形式经销该产品的人;⑥如果不能确认谁是生产者,则提供该产品的供应者,即被视为生产者,除非受损害的消费者在合理时间内得到生产者已被查获的通知。

(三) 关于"产品"的定义

《指令》的另一项重要内容是确定该指令所指的"产品"的定义。按照《指令》的规定,所谓"产品"是指可以移动的物品,但不包括初级农产品和赌博用品。不过,各成员国可以通过国内立法,将上述两种产品包括在"产品"的定义范围之内。至于经过工业加工的农产品则包括在"产品"的范围内。

(四) 关于"缺陷"的定义

《指令》对缺陷的定义采用客观标准。按照这种标准,如果产品不能提供一般消费者有权期望得到的安全,该产品就被认为是有缺陷的产品。在确定产品是否有缺陷时,要考虑到各种情况,其中包括:产品的状况、对产品的合理预期的使用和把产品投入流通的时间。不能因为后来有更好的产品投入市场,就认为先前的产品有缺陷。

例如,在20世纪60年代,汽车座位上都没有安全带,当时不认为这种汽车是有缺陷的产品,但是,如果80年代生产的汽车没有装设安全带,就将被认为是有缺陷的产品。对产品的操作、使用说明书,也是涉及产品的安全性的因素之一。

(五) 对产品责任的抗辩理由

对产品责任的抗辩,包括生产者并未将有瑕疵产品投入市场,引起损害的瑕疵在生产者将产品投入市场时并不存在,以及受害人的自身过失等。

(六) 诉讼时效

受害人诉讼的时效期限为3年,从受害人发现损害之时起算;生产者对其产品所造成的损害的时效期限为10年,从产品投入市场时起算。

(七) 赔偿限额

《指令》允许成员国在立法中规定,生产者对于具有同样瑕疵的同类产品造成人身伤亡的全部赔偿责任不得少于7000万欧洲货币单位。

（八）强制性

产品责任法是强行法，不得由当事人以合同任意排除或限制。

三、关于产品责任法律适用的海牙公约

为了统一国际产品责任的法律适用问题，1973年10月2日，第12届海牙国际私法会议通过了一项《关于产品责任的法律适用公约》（以下称《公约》），目前已经有法国、奥地利、比利时、荷兰、西班牙、葡萄牙、瑞士等十几个国家在该《公约》上签字。该《公约》于1978年10月1日生效。

《公约》对国际产品责任法律适用采用的原则是，首先适用直接受害者惯常居所所在国的内国法，其次适用损害发生地所在国的内国法。这个原则规定在《公约》的第4条和第5条中。

《公约》的第4条规定，适用的法律应为损害发生地所在国的内国法，但以该国也是下列所在地为条件：(1)直接受害者惯常居住地；或(2)被指控为责任者的主要营业地；或(3)直接受害者取得产品的所在地。

《公约》的第5条规定，尽管有第4条的规定，适用法律应为直接受害者惯常居所地所在国的内国法，但以该国也是下列所在地为条件：(1)被指控为责任者的主要营业地；或(2)直接受害者取得产品的所在地。

《公约》的第6条还规定，凡第4条和第5条都不适用时，则适用的法律应为被指控为责任者的主要营业地所在国的内国法，除非原告根据损害发生地所在国的内国法提出要求。该《公约》的第8条对适用法律的范围作了规定。

（一）对产品、损害及责任主体的规定

《公约》规定，产品是指天然产品和工业产品。损害是指对人身的侵害或对财产的损害以及经济损失；但除非与其他损害有关，产品本身的损害以及由此而引起的经济损失不应包括在内。主体是指品或部件的制造商、天然产品公约生产者、产品的供应者、在产品准备或销售等各个商业环节中的有关人员（包括修理人、仓库管理员）。

（二）对产品责任的法律适用规则的规定

1. 适用直接受害人的惯常居所地国家的法律

适用受害者惯常居所地的法律为第一顺序。但还必须符合下列条件之一：(1)直接受害人的惯常居所地；(2)被请求承担责任的人的主营业地；(3)为直接受害人取得产品的所在国。

2. 适用侵害地国家的法律

如果不具备适用直接受害人的惯常居所地国家的法律，则适用损害发生地所在国法。但还须符合下列条件之一：(1)为侵害国家同时直接受害人的惯常居所地；(2)为被

请求承担责任人的营业地;(3)为直接受害人取得产品的地点。

3. 适用被请求承担责任人的主营业地的国家的法律

如上述指定的适用的法律都不适用,则除非原告基于侵害地国家的国内法提出其请求,应适用被请求承担责任人的主营业地国家的国内法。

第四节　中国的产品责任法

一、中国产品责任法概述

我国的产品责任法更多的是通过产品质量责任来表现的。有关产品责任的立法内容最早见于 1986 年 4 月公布的《民法通则》(第 122 条)和《工业产品质量责任条例》(共 31 条);1993 年 2 月 22 日,我国制定通过了《产品质量法》,该法自 1993 年 2 月 22 日第七届全国人民代表大会常务委员会第三十次会议通过,并于 2000 年 7 月 8 日第九届全国人民代表大会常务委员会第十六次会议进行第一次修正,于 2009 年 8 月 27 日第十一届全国人民代表大会常务委员会第十次会议进行第二次修正,于 2018 年 12 月 29 日第十三届全国人民代表大会常务委员会第七次会议进行第三次修正。《产品质量法》是我国第一部涉及产品质量和产品责任的专门立法。

二、中国产品质量法的主要内容

(一) 产品的范围

我国产品质量法所指的产品是指经过加工、制作,用于销售的产品。未经加工天然形成的产品,如原矿、原煤、石油、天然气以及初级农产品不包括在内。

(二) 产品缺陷的含义

《产品质量法》第 46 条规定:"本法所称缺陷,是指产品存在危及人身、他人财产安全的不合理的危险;产品有保障人体健康和人身、财产安全的国家标准、行业标准的,是指不符合该标准。"我国对产品缺陷采用双重标准:一是指不合理的危险;二是指不符合法定安全标准。

(三) 责任主体

我国产品质量法规定的责任主体包括生产者和销售者。《民法典》规定,凡因产品质量问题造成的人身、财产损害的,产品的制造者、销售者、运输者、仓储者都是产品责任的主体。但是,运输者和仓储者为产品责任的间接主体。

(四) 产品责任归责原则

我国产品责任法规定的归责原则的规定主要来自《产品质量法》,根据责任主体的不同,采取不同的归责原则。

1. 生产者承担产品责任适用严格责任原则

《产品质量法》第 41 条规定:"因产品存在缺陷造成人身、缺陷产品以外的其他财产(以下简称他人财产)损害的,生产者应当承担赔偿责任。"所以,生产者承担的是严格的无过失责任。

2. 销售者承担产品责任的归责原则在一般情况下适用过错责任原则

《产品质量法》第 42 条规定:"由于销售者的过错使产品存在缺陷,造成人身、他人财产损害的,销售者应当承担赔偿责任。"所以,销售者的产品责任属于过错责任。

(五)生产者、销售者的产品质量责任和义务

1. 生产者的产品质量责任和义务

(1)生产者应当对其生产的产品负责,并使其生产的产品质量符合下列要求:不存在危及人身、财产安全的不合理的危险,有保障人体健康和人身、财产安全的国家标准、行业标准的,应当符合该标准;具备产品应当具备的使用性能,但是,对产品存在使用性能的瑕疵作出说明的除外;符合在产品或者其包装上注明采用的产品标准,符合以产品说明、实物样品等方式表明的质量状况。

(2)遵守产品质量表示制度。产品或其包装上的标识应当符合下列要求:有产品质量检验合格证明;有中文标明的产品名称、生产厂家的厂名和厂址;根据产品的特点和使用要求,需要标明产品规格、等级、所含主要成分的名称和含量的,用中文相应予以标明;需要事先让消费者知晓的,应当在外包装上标明,或者预先向消费者提供有关资料;限期使用的产品,应当在显著位置清晰地标明生产日期和安全使用期或者失效日期;使用不当,容易造成产品本身损坏或者可能危及人身、财产安全的产品,应有警示标志或者中文警示说明。裸装的食品和其他根据产品的特点难以附加标识的裸装产品,可以不附加产品标识。

(3)易碎、易燃、易爆、有毒、有腐蚀性、有放射性等危险物品以及储运中不能倒置和其他有特殊要求的产品,其包装质量必须符合相应要求,依照国家有关规定作出警示标志或者中文警示说明,标明储运注意事项。

(4)生产者不得生产国家明令淘汰的产品。

(5)生产者不得伪造产地;不得伪造或者冒用他人的厂名、厂址;不得伪装或者冒充合格产品。

2. 销售者的责任和义务

依据我国《产品质量法》的规定,产品的销售者对销售的产品质量承担下列的责任和义务:

(1)建立并执行进货检查验收制度,验明产品的合格证明和其他标识。

(2)销售者应采取积极主动措施,保持销售产品的质量。

(3) 销售者不得销售国家明令淘汰并停止销售的产品和失效、变质产品。

(4) 销售者销售的产品标识应当符合下列要求：①有产品质量检验合格证明；②有中文标明的产品名称、生产厂厂名、厂址；③有用中文注明的产品特点和使用要求；④需要事先告知消费者的，应预先提供资料；⑤标有生产日期、安全使用期、失效期；⑥有警示标志、中文警示说明；⑦有中文标明的储运注意事项。

(5) 销售者不得伪造产地，不得冒用他人的厂名、厂址。

(6) 销售者不得冒用认证标志。

(7) 销售者不得掺杂、掺假、不得以假充真、以次充好；不得以不合格产品冒充合格产品。

(六) 损害赔偿的范围

我国产品责任法规定损害赔偿的范围包括人身伤害、财产损失和精神损害赔偿。我国《产品质量法》第44条规定："因产品存在缺陷造成受害人人身伤害的，侵害人应当赔偿医疗费、治疗期间的护理费、因误工减少的收入等费用；造成残疾的，还应当支付残疾者生活自助具费、生活补助费、残疾赔偿金以及由其扶养的人所必需的生活费等费用；造成受害人死亡的，并应当支付丧葬费、死亡赔偿金以及由死者生前扶养的人所必需的生活费等费用。因产品存在缺陷造成受害人财产损失的，侵害人应当恢复原状或者折价赔偿。受害人因此遭受其他重大损失的，侵害人应当赔偿损失。"

(七) 产品责任的免除

我国《产品质量法》第41条规定，生产者能够证明下列情形之一的，不承担赔偿责任：未将产品投入流通的；产品投入流通时，引起损害的缺陷尚不存在的；将产品投入流通时的科学技术水平尚不能发现缺陷的存在的。

【案例 8-2】

上海市某区人民法院接到消费者陈某的起诉，状告上海某一化妆品不合格，造成她脸部皮肤严重损伤，要求该化妆品厂赔偿她3万元损失。在法庭上，化妆品厂承认陈某使用的化妆品确为该厂生产，但该产品是正在研制过程中的实验品，并没有投入市场，不清楚陈某是从哪里得到该化妆品的。陈某向法庭陈述：她使用的化妆品是其男朋友刘某送的，刘某是这家化妆品厂的产品检验员，并告诉她该化妆品下月将在市场上出售。

法庭传讯了刘某，刘某向法庭证实：(1) 他是该化妆品厂的产品质量检验员，产品是从成品车间偷来送给女朋友的。(2) 该化妆品不是实验品，是下月将在市场出售的正式产品。刘某当庭出示了产品检验合格证书和该厂在下季度出售该产品的广告宣传。法院立即委托有关产品质量检验机构对该化妆品进行技术检验。检验结果为，该厂生产的化妆品不存在有对人体皮肤损害的缺陷，是合格产品。法院又请皮肤专家对受害人陈某进行皮肤测试，皮肤专家的结论是陈某皮肤属特殊的过敏性皮肤，对某些化妆品的使用具有严重过敏性。法院再次开庭,经法庭辩论,法院判决化妆品厂不承担赔偿责任。

【评析】

在本案中,如何理解化工厂对陈某使用该化妆品造成脸部皮肤受损而不承担赔偿责任呢?

根据《产品质量法》第41条第2款的规定,未将产品投入流通的,生产者不承担赔偿责任。在本案中,化妆品厂职工刘某承认陈某使用的化妆品是其从成品车间偷来的,所以不存在化妆品已出厂销售的事实。受害人陈某虽使用了该厂合格产品造成皮肤损害,但刘某的行为证明化妆品厂在这一侵权损害行为中具有免责条件,陈某的损害根据民法的有关规定应该由其男友刘某负责。

据《产品质量法》第41条第2款和第3款的规定,化妆品厂仍然可以免除赔偿责任。陈某指控其使用的化妆品是不合格产品就意味着产品存有危害人身健康的缺陷,事实上化妆品也确实危害了陈某的脸部皮肤。但法庭委托有关产品质量监督检验机构对该厂化妆品进行了检验。结果证明该化妆品为合格产品,不存在缺陷。皮肤专家对陈某皮肤测试后得出的结论是:陈某皮肤属特殊过敏性皮肤,所以法庭根据《产品质量法》第41条第3款的规定认定该化妆品属目前科学技术水平尚不能发现缺陷存在的产品,所以法院判决化妆品厂免除对受害者陈某的赔偿责任。

(八)产品责任的诉讼时效

我国法律规定诉讼时效期间为2年。《产品质量法》第45条规定,因产品存在缺陷造成损害要求赔偿的诉讼时效期间为2年,自当事人知道或应当知道其权利受到侵害之日起计算。产品责任时效为10年,即在造成损害的缺陷产品交付最初消费者满10年丧失;但是,尚未超过明示的安全使用期的除外。

(九)违反《产品质量法》的处罚

违反《产品质量法》,除了民事赔偿之外,其处罚还包括行政处罚和刑事处罚。

(十)争议的解决

《产品质量法》第47条规定:"因产品质量发生民事纠纷时,当事人可以通过协商或者调解解决。当事人不愿通过协商、调解解决或者协商、调解不成的,可以根据当事人各方的协议向仲裁机构申请仲裁;当事人各方没有达成仲裁协议或者仲裁协议无效的,可以直接向人民法院起诉。"由此可见,《产品质量法》认为产品损害赔偿属于民事责任,相关争议可以通过协商调解、仲裁、诉讼三种途径解决。

复习思考题

1. 根据《美国统一商法典》的规定,明示担保通过哪几种方式产生?
2. 产品责任的特征是什么?

3. 根据《英国产品责任法》的规定,在诉讼中,原告的举证责任是什么?
4. 我国产品责任法中规定产品责任的免除有哪几种情况?

案例分析

2019年12月,北京海淀区一位老人过七十大寿时,儿孙们给他买了一条安徽省桐城某家电厂生产的电热毯。正巧当晚大雪纷飞,气温骤然降至零下。晚11时,大儿子为老人铺好电热毯,安顿老人安然入梦。第二天,大儿子起床后闻到老人屋里传出刺鼻的焦味,他急忙叫醒众人,撞开门,只见满屋浓烟滚滚,老人躺在床上已死去,全身烧焦,屋内物品均化为灰烬。案发后,海淀区技术监督部门对电热毯进行了质量监督检验。检验发现电热毯有7项技术指标不符合国家有关标准的要求,属劣质品。

问题:
1. 该案中家电厂是否应该承担赔偿责任?
2. 如果家电厂应承担赔偿责任,其赔偿范围包括哪些?

【评析】

本案涉及生产者、销售者的产品质量责任和义务以及损害赔偿责任等问题。

《产品质量法》第13条规定:"可能危及人体健康和人身、财产安全的工业产品,必须符合保障人体健康和人身、财产安全的国家标准、行业标准;未制定国家、行业标准的,必须符合保障人体健康和人身、财产安全的要求。禁止生产、销售不符合保障人体健康和人身、财产安全的标准和要求的工业产品。"第26条规定:"生产者应对其生产的产品的质量负责。"

电热毯属于可能危及人身、财产安全的产品,我国对其有专门的国家标准。在本案中,桐城某家电厂生产的电热毯有7项技术指标不符合有关国家标准的要求,违反了强制性产品标准,属于有缺陷的劣质品。所以家电厂应该承担赔偿责任。

《产品质量法》第44条规定,因产品缺陷造成受害人死亡的应支付丧葬费、死亡赔偿金以及由死者生前扶养的人所必须的生活费等费用。造成受害人财产损失的,侵害人应当赔偿损失。另外按照《产品质量法》第49条的规定:"生产、销售不符合保障人体健康和人身、财产安全的国家标准、行业标准的产品的,责令停止生产、销售,没收违法生产、销售的产品,并处违法生产、销售产品货币金额等值以上三倍以下的罚款;有违法所得的,并处没收违法所得;情节严重的,吊销营业执照;构成犯罪的依法追究刑事责任。"所以应责令桐城某家电厂和商场停止生产、销售该类电热毯、没收违法生产、销售该电热毯的违法所得,并可吊销电热毯厂的营业执照。

第九章 国际知识产权法

【学习目标】
1. 了解知识产权、商标、专利、著作权、商业秘密的概念。
2. 了解各国对专利权、商标权、著作权、商业秘密的保护。
3. 掌握知识产权保护的国际公约。

第一节 知识产权法概述

一、知识产权

(一) 知识产权的概念

知识产权是指自然人或法人对自然人通过智力劳动所创造的智力成果,依法确认并享有的权利。

1. 世界知识产权组织对知识产权的定义

1967年7月14日签订,1970年4月26日生效的《建立世界知识产权组织公约》第2条(8)款对"知识产权"的范围作了如下定义:(1)与文学、艺术及科学作品有关的权利(指版权或著作权);(2)与表演艺术家的表演活动、录音制品和广播有关的权利(指版权的邻接权);(3)与人类在一切领域创造性活动产生的发明有关的权利(指专利权);(4)与科学发现有关的权利;(5)与工业品外观设计有关的权利;(6)与商品商标、服务商标、商号及其他商业标记有关的权利;(7)与防止不正当竞争有关的权利;(8)一切来自工业、科学及文学艺术领域的智力创作活动所产生的权利。

到2003年1月为止,已有179个国家参加了这一公约。该公约第16条规定:"对本公约,不得有任何保留。"这表明,世界上大多数国家已经承认对知识产权的上述定义。

2. 世界贸易组织(WTO)对知识产权的定义

1994年4月15日签署,1995年1月1日生效的世界贸易组织《与贸易有关的知识产权协议》(TRIPS)第1条对"知识产权"的范围作了以下定义:(1)版权与邻接权;(2)商标权;(3)地理标志权;(4)工业品外观设计权;(5)专利权;(6)集成电路布图设计(拓扑图)权;(7)未披露过的信息(商业秘密)专有权。

（二）知识产权的分类

1. 狭义的（传统的）知识产权

狭义的知识产权包括工业产权和版权两大类。

（1）工业产权。工业产权是指人们依照法律对应用于商品生产和流通中的创造发明和显著标记等智力成果，在一定期限和地区内享有的专有权。工业产权可以分为三类：创造性成果权（包括发明专利权、实用新型权、外观设计权）；识别性标记权（包括商标权、服务标记权、商号权、货源标记权和原产地名称权）；制止不正当竞争权。

（2）版权。广义的版权可以分为作品创作者权和作品传播者权两类。

作品创作者权即一般所讲的版权（狭义）或著作权，大陆法系国家称之为作者权。创作者权可分为经济权利（财产权）和精神权利（人身权）两种。

作品传播者权即一般所讲的版权的邻接权，又称为与版权有关的权利，包括表演者权、录制者权、广播者权、出版者权等。

2. 广义的知识产权

世界知识产权组织在《建立世界知识产权组织公约》第 2 条第（8）款对知识产权的定义，实际上是对广义的知识产权定义。我们可以把广义的知识产权分为三大部分：工业产权、版权、对"边缘保护对象"的保护权。

（三）知识产权的基本性质

这里所讲的知识产权的基本性质，主要是针对狭义的（传统的）知识产权而言的。

1. 无形性

知识产权的客体即智力成果，是一种没有形体的精神财富。客体的非物质性是知识产权的本质属性所在，也是该项权利与有形财产所有权的最根本区别，无形性是知识产权最基本的性质，其他特性都是在此基础上形成的。

2. 专有性

知识产权的专有性，又可称为独占性、排他性、垄断性，是指知识产权的权利主体依法享有独占使用智力成果的权利，他人不得侵犯。从本质上讲，知识产权是一种垄断权，这种垄断权必须符合法律规定并受到一定限制。

3. 地域性

知识产权具有地域性，这也是它与有形财产权的重要区别之一。知识产权作为一种专有权，在空间上的效力并不是无限的，而是受到地域性的限制，即具有严格的领土性，其效力仅限于本国境内。

4. 时间性

知识产权有法定的保护期限，在法定的保护期限内权利有效，超过了保护期限权利终止。这也是知识产权与有形财产权的区别之一。有形财产权的有效期限，以其标的物的存在为前提，法律一般不能规定其有效期限。知识产权的有效期则是法定的。

> **小贴士**
>
> 知识产权的终止、失效，只是其标的（权利）的丧失，作为其客体的智力成果依然存在，只是由"专有领域"进入"公有领域"。之所以对知识产权规定法定保护期限，是为了更有效地推动科学技术、文化艺术的发展，并考虑到知识产权权利所有人利益等社会公众利益的兼顾和平衡。知识产权的失效，并不意味着其原来所保护的客体失去了使用价值。

5. 可复制性

可复制性又称为工业再现性，这个特性在工业产权中更为突出。知识产权的客体可以固定在有形物上，并可以重复再现，重复利用，具有可复制性。

二、知识产权法

（一）知识产权法的概念

知识产权法是调整人类在智力创造活动中因智力成果而产生的各种社会关系的法律规范的总称。知识产权法主要包括专利法、商标法、版权（著作权）法等及相关法规。

（二）知识产权法的分类

知识产权法可分为两大类，一类是国内法，由各国自行制定，另一类是国际法，主要包括各国公认的国际条约、国际惯例，以及双边或多边签署的协议。

对由各国自行制定的知识产权法而言，知识产权法既是国内法，又是涉外法。这是由知识产权的地域性所决定的。在国内法中，知识产权法不是一个独立的法律部门，而是一项法律制度，从世界上大多数国家的现状来看，它们倾向于将知识产权法归为民法法律部门中的一项法律制度，尽管其与民法基本原理之间还存在一些很明显的差异。

有关知识产权的国际双边和多边条约，是知识产权法的重要组成部分。从国际法的原则来讲，一个国家所缔结的国际条约（包括双边协定），除了该国特别声明保留的条款外，其都应直接或间接地成为该国国内法的组成部分。

第二节 商 标 法

一、商标和商标权

（一）商标（Trade mark）

商标是经营者在其商品或者服务项目上使用的，由文字、图形、三维标志或其组合构成的，具有显著特征、便于识别商品或服务来源的专用标记。

1. 商标是一种特殊的标记

标记或标志是一种可以表示或体现某一具体事物的文字、符号、图形或其组合。标记或标志基本上可以分为两大类：通用标记和专用标记。商标是专用标记中的一类，是商品经济所产生的一种特殊的专用标记。

2. 商标的所有者和使用者是从事或参与经营活动的法律实体或自然人

这就是说，商标的所有者和使用者有特定的范围，是制造、销售商品、提供服务或参与其他经营活动的法律实体或自然人。

3. 商标的标识对象是商品或服务

4. 采用商标的目的主要是区分商品的来源或服务的提供者，便于推销商品或推广服务。

（二）商标的分类

根据不同的角度和标准，商标可以有多种不同的分类方式。

（1）按商标的用途分为：①商品商标；②服务商标（Service Trade Mark）；③商业商标（Commercial Trade Mark）；④证明商标（Certication Trade Mark）；⑤等级商标；⑥营业商标；⑦备用商标。

（2）按商标的使用者分为：①制造商标（Manufacturing Trade Mark）；②销售商标（Sale Trade Mark）；③集体商标（Collective Trade Mark）。

其中，由不同的企业依共同利益自愿组成的、具有法律实体资格的工商业团体或行业性组织共同申请注册、各自使用的商标，称为集体商标。

（3）按商标构成分为：①文字商标；②图形商标；③记号商标；④组合商标；⑤立体商标；⑥全息商标；⑦音响商标；⑧气味商标。

其中，全息商标是指采用激光全息技术制成的商标。此类商标主要用于防伪，因为这种商标难以仿冒。

（4）按商标的特殊性质分为：①驰名商标（Well — Known Trade mark）；②联合商标（Associated Mark）；③防御商标（Defensive Mark）。

小贴士

《驰名商标认定和保护规定》中指出：驰名商标是指在中国为相关公众广为知晓并享有较高声誉的商标。驰名商标认定遵循个案认定、被动保护的原则。"驰名商标"的称谓，最早来自《保护工业产权巴黎公约》。按照国际和国内的知识产权法律法规，驰名商标制度是为充分保护知名商标所有权人的合法权益而创设的，其宗旨是合理保护相关的商标所有权，维护公平竞争，制止侵犯他人商标专用权的行为。

驰名商标能够为企业带来巨大的经济效益，有利于企业在市场经济中巩固地位，对抗恶意抢注、不同商品的相似商标影响等一系列问题。

目前，我国驰名商标的认定实行行政主管部门与人民法院均可认定的双轨制，但以当事人提出申请或请求为前提,并且该申请或请求必须建立在相关权益受损的基础上。驰名商标的保护也不同于普通商标保护中仅限于相同或相似的商品。驰名商标采取跨类保护,只要认定为驰名商标,其他企业在其任何商品中均不得使用该驰名商标。

驰名商标不是自封的,也不是随意产生的,它是在长期的市场经济发展中逐步形成的,必须得到社会和消费者的认可,才具有生命力。对于驰名商标应加以特殊的保护。因为驰名商标作为一种无形资产具有相当高的价值,也是一个企业实力的象征。

商标所有人将一具有独创性或已为公众知晓的商标,在该商标核定使用的商品和服务类别之外的不同商品和服务上加以注册的同一商标,称为防御商标。防御商标又称为防护商标。

(三) 商标权(Right of Trade Mark)

商标权又称为商标所有权,是指商标所有人依法对其商标所享有的权利。商标权是经济权利,一般包括以下内容。

1. 专有使用权

商标专用权是商标权中最重要的一种权利,即商标的独占使用权。商标注册人可以独占使用其注册商标。这种独占使用的条件限制很严格,商标注册人只能对其核准注册的商标以及核定使用的商品或服务享有专用权。

2. 禁用权

禁用权即商标注册人可以禁止他人未经许可而使用其注册商标的权利。这种禁止权行使的范围要大于独占使用权:商标注册人不仅可以禁止他人随意使用其注册商标,也可以禁止他人随意使用与其注册商标"近似"的标记;同时还可以禁止他人将此类商标用于其核定使用的商品或服务,或者用于与核定的"类似"的商品或服务上作为商标。

3. 续展权

商标所有权人有权依法在商标注册有效保护期满时,向商标局提出续展申请,延长商标的有效保护期。

4. 转让权

商标注册人有权将其注册商标转让给他人,转让注册商标的,转让人和受让人应当签订转让协议,并共同向商标局提出申请。受让人应当保证使用该注册商标的商品质量。转让注册商标经核准后,予以公告。商标的转让是商标所有权转移的一种形式,一经转让,原来的商标注册人就失去了自己的商标权。

> **小贴士**
>
> 证明商标不能自行转让,集体商标一般不得转让,联合商标、防御商标不允许分割转让。

5. 许可使用权

商标注册人可以通过签订商标使用许可合同，许可他人使用其注册商标。许可人应当监督被许可人使用其注册商标的商品质量。被许可人应当保证使用该注册商标的商品质量。经许可使用他人注册商标的，必须在使用该注册商标的商品上标明被许可人的名称和商品产地。

6. 争议权

对注册商标有争议，是指在先商标注册人对在后注册商标由于与其在先注册商标相同或者近似，被核准用于同种或类似商品而产生的对商标专用权的权利争端。这是赋予商标注册人的一种权利，只有在先商标注册人才有权利提出争议。

7. 变更权

商标注册人有权变更其注册商标的有关内容。注册商标需要在同一类的其他商品上使用的，应当另行提出申请。注册商标需要改变标志的，应当重新提出注册申请。

8. 标记权

商标注册人有权标明"注册商标"或者注册标记。

9. 注销权

商标所有人有权注销已注册的商标，可以在有效期内主动向商标局提出注销申请，也可以采取到期不续展的方式使注册商标自动失效。

10. 起诉权

商标所有人在其注册商标被侵权，或被他人假冒时，商标注册人或者利害关系人可以向人民法院起诉，也可以请求工商行政管理部门处理。

11. 质押权

商标所有人可以依法将其商标专用权进行质押。

12. 禁止侵权商品进出口权

对于侵害其商标权的商品，商标注册人有权禁止该商品进出口。

二、各国商标法的介绍

商标法是调整在确认、保护商标专用权和商标使用过程中发生的社会关系的法律规范的总称。

（一）商标权的取得

各国商标法关于如何取得商标权的问题，有不同的规定，大体上有以下三种做法。

1. 商标权属于最先注册的人

按申请注册的先后确定商标权的归属，即谁最先申请注册，商标权就授予谁。按照这一原则，只有经过商标局核准注册的商标，该商标的申请人才能取得商标权。

注册在先原则被大多数国家采用，如中国、日本、法国、德国、意大利、比利时、丹麦、荷兰、墨西哥、俄罗斯等。

> **小贴士**
> 采用注册原则确定商标权的归属,并不排除使用原则在特定条件下所具有的意义。我国《商标法》第31条规定:"两个或者两个以上的商标注册申请人,在同一种商品或者类似商品上,以相同或者近似的商标申请注册的,初步审定并公告申请在先的商标;同一天申请的,初步审定并公告使用在先的商标,驳回其他人的申请,不予公告。"这一规定,体现了在特定条件之下的使用原则。

2. 商标权属于首先使用该商标的人

按照使用商标的先后来确定商标权的归属,即谁先使用该商标,商标权就属于谁,并可以"使用在先"为由对抗使用在后的人,要求后者撤销其注册商标。采用这一原则确认商标权的取得有利于使用在先的人,但不利于使用在后的注册商标所有人,目前世界上采用这种取得原则的国家很少,例如菲律宾、美国等。

3. 以在规定期间内无人对已注册的商标提出指控来决定商标的所有权

商标权原则上归商标首先注册人所有,但商标的首先使用人可在一定期限内提出异议,请求予以撤销。如果规定期限已过,无人对此注册的商标提出异议,则该商标的注册人就取得了无可辩驳的专用权。如英国、美国、澳大利亚、加拿大、印度、新西兰、奥地利、西班牙等国都采用这种制度。

(二) 对商标内容的限制

各国根据本国政治经济环境以及文化传统风俗等因素,规定禁止使用某些特定的标志或名称作为商标。

1. 不能作为商标注册的内容主要有以下几项。

(1)本国或外国的国旗、纹章、勋章、军旗、军徽以及其他官方标志、名称或图形。

(2)红十字标章或"红十字"及日内瓦"红十字"的字样。

(3)违反公共秩序或道德的文字、图形或标记。

(4)通用的名称、文字、图形、数目、记号、图画或图像,除非它们与识别商品有关,并且具有明显的特色。

(5)通常用来表示类别、品种、性质、来源、原料、用途、重量、尺码、价值、质量的通常名称和图形。

(6)含有他人商号、姓名、艺名或肖像的商标,未经本人或其合法继承人的书面同意,不得使用。

(7)地理名称或图形。

(8)与已经注册的商标相同或类似的商标。

2. 根据我国《商标法》的规定,商标不得使用下列标志:

(1)同中华人民共和国的国家名称、国旗、国徽、军旗、勋章相同或者近似的,以及同中央国家机关所在地特定地点的名称或者标志性建筑的名称、图形相同的。

（2）同外国的国家名称、国旗、国徽、军旗相同或者近似的，但该国政府同意的除外。

（3）同政府间国际组织的旗帜、徽记、名称相同或者近似的，但经该组织同意或不易误导公众的除外。

（4）与表明实施控制、予以保证的官方标志、校验印记相同或者近似的，但经授权的除外。

（5）同"红十字""红新月"的标志、名称相同或者近似的。

（6）带有民族歧视性的。

（7）夸大宣传并带有欺骗性的。

（8）有害于社会主义道德风尚或者有其他不良影响的。

（9）县级以上行政区划的地名或公众知晓的外国地名，但是，地名具有其他含义或者作为集体商标、证明商标组成部分的除外。

另外，根据我国商标法，下列标志不得作为商标注册：

（1）仅有本商品的通用名称、图形、型号的。

（2）仅直接表示商品的质量、主要原料、功能、用途、重量、数量和其他特点的。

（3）缺乏显著特征的。

小贴士

我国《商标法》还规定，以三维标志申请注册商标的，仅由商品自身的性质产生的形状、为获得技术效果而需有商品形状或者使商品具有实质性价值的形状，不得注册。对容易与驰名商标相混淆的，也不予注册。

（三）商标注册的手续

大多数国家采用自愿注册，有极少数国家采用强制注册，如蒙古。有相当一部分国家以自愿注册为原则，但对个别商品的商标要求强制注册。我国对大多数商品采用自愿注册，但对人用药品和烟草制品规定强制注册。

商标注册须经过申请、初审、公告、异议、复审、核准等一系列程序。世界各国有关申请商标注册的手续大同小异，一般都要求申请人提供以下书件和办理有关手续：

1. 应提供的主要文件

（1）申请书。所有国家都规定要填写申请书，申请书的内容各国规定大致相同，除美国规定申请书必须由申请人自己填写外，其他大多数国家不作规定，申请书可由代理人代为填写，中国也接受这种申请。

（2）委托书。委托书是商标申请人委托并授权代理人办理申请商标注册的重要文件。绝大多数国家规定申请注册时都要附送委托书。

（3）本国注册证件。有些国家，如《马德里协定》的一些国家和中东国家规定，申请商标注册时，须提交该商标在其本国注册的证件。一些国家对中国《商标法》公布前所颁发的没有注册有效期限的注册证,还要求中国注册机关提供该商标有效期限为10年的证明。

(4)国籍证明书和企业登记证明书。申请人如果是公司组织,只要在其本国取得它是根据该国法律组织而成的公司的证明就可以了。有的国家规定可以提交企业登记证明,或以公司、商业登记摘录代替国籍证明书。

(5)其他证件。有少数国家还要求附送一些其他文件,如瑞士要求企业地址证明;南也门要求商标所有权声明书等。

2. 提交商标图样

对商标图样,各国要求不一,有的要求提供5到10张,或10到20张。关于图样大小的规定也不一。

3. 缴纳规定的申请注册费

各国商标法都规定商标申请注册必须缴纳注册费,不缴纳注册费不予注册。

4. 优先权声明

商标制度是具有国际性的制度。因此,不少国际条约都在协调有关商标权的保护问题,其中最主要的是《保护工业产权巴黎公约》规定的优权。这一原则得到了联盟成员国的普遍承认。凡享有优先权待遇的外国人,都可以申请优先权。

小贴士

一个申请人已向中国商标局提出商标注册申请后的半年时间内都可向其他任何国家提出申请。一个申请人要想得到优先权就必须在申请文件中明确声明。要求在先申请的优先权声明必须注明在先申请的国家以及在先申请的日期和号码。

(四)注册商标的有效期及续展

各国商标法对注册商标都规定了一定的有效保护期限,对续展的次数都不加以任何限制。世界各国对注册商标的有效期限规定不一:有的规定有效期为7年、续展14年,如澳大利亚、英国、新西兰等国;有的规定有效期为10年、续展也是10年,如中国、德国、日本等50多个国家。综合而言,规定有效期为10年、续展也是10年的国家为数最多。

(五)商标注册的撤销

商标获准注册后,如出现下列情况,有关主管当局得依法撤销其注册:(1)因第三者的异议成立而被撤销;(2)因有效期届满未按时办理续展而被撤销;(3)因不使用而被撤销。

按照我国《商标法》的规定,凡有下列情况之一者,商标局可责令限期改正或者撤销其注册商标:(1)自行改变注册商标的文字、图形或者其组合的;(2)自行改变注册商标的注册人名义、地址或者其他注册事项的;(3)自行转让注册商标的;(4)连续3年停止使用的。

(六)对外国人申请商标注册的国民待遇

按照各国商标法的规定,对于外国人申请商标注册,一般都给以国民待遇。在实行国民待遇原则时,各国也有一些具体的要求,主要有以下几点。

1. 关于互惠问题

有些国家的商标法规定,外国人在该国申请商标注册,须以互惠为条件,即如果该外国人所属国家允许该国国民办理商标注册,该国就允许其注册,否则就不允许其在该国注册。有的国家还要求有双方国家达成商标注册互惠协议,才允许对方国家的个人或企业申请商标注册。但大多数国家对外国人申请商标注册不要求以互惠为条件,任何外国人都可自由申请注册。

2. 关于商标注册代理问题

大多数国家的商标法规定,外国人要在该国办理商标注册,必须在该国设有营业所或住所,否则必须委托在该国设有营业所或住所的代理人代为办理。根据我国《商标法》的规定,外国人或者外国企业在中国申请商标注册和办理其他商标事宜的,应委托国家指定的组织代理。

3. 关于提供本国商标注册登记证书的问题

有些国家的商标法规定,外国人在申请商标注册时,须提交本国相应的注册证书。也就是说,只有先在本国获准注册的商标,才能在该外国办理注册手续。如美国、德国、瑞典、瑞士、芬兰、菲律宾等国的规定。但大多数国家的商标法都不要求外国人在申请注册时提交本国的注册证明。

【案例9-1】

苹果 iPad 和唯冠的商标之争

杨荣山利用手下数家子公司,从2000年到2001年,先后在31个国家和地区,申请并成功注册了总共十个 iPad 商标,其中就包括中国大陆的两个商标。2012年初,深圳唯冠公司向深圳市福田区人民法院、惠州市中级人民法院、上海浦东法院提起了对苹果 iPad 商标侵权诉讼。并指出苹果公司"盗用"了深圳唯冠公司的商标,并以 iPad 的名义涉嫌非法销售平板电脑。

结果:iPad 与唯冠公司的商标之争,在经历一年多的马拉松之后终于以 iPad 付出6000万美元收购商标的结果而尘埃落定:苹果公司与深圳唯冠公司就 iPad 商标案达成和解,正式解决该争议。

第三节 专 利 法

一、专利和专利权

(一) 专利

专利有三种含义:一是指专利权,即专利为专利权的简称,是指专利权人依法获得的一种垄断性权利。这是"专利"一词在法律上最基本的含义。二是指依法获得专利法保护的发明创造本身。通常被称为"专利技术"。三是指记载专利技术的公开的专利文献的总和。具体包括记载发明创造内容的专利文献,如专利说明书及其摘要、权利要求书、外观设计的图形或照片等。

(二) 专利权

专利权,是指法律赋予专利权人对其获得专利的发明创造在一定范围内依法享有的专有权利。一般包括以下内容:

1. 独占权

专利权人有自己制造、使用和销售专利产品,或使用专利方法的权利,即实施专利的权利。他人未经专利权人许可,不得实施其专利,即不得以生产经营为目的制造、使用、许诺销售、销售、进口其专利产品;不得使用其专利方法;不得使用、许诺销售、销售、进口依照该专利方法直接获得的产品。

2. 许可权

专利权人有权采用多种形式许可他人制造、使用、许诺销售、销售、进口其专利产品,或者使用其专利方法以及使用、许诺销售、销售、进口依照其专利方法直接获得的产品。

3. 转让权

转让权是指专利权人享有将自己的专利申请权或专利权通过买卖、赠与、出让等方式有偿或无偿地转让给其他人的权利。

4. 标记权

专利权人有权在其专利产品或者产品的包装上标明专利标记和专利号。

5. 请求保护权

当专利人的权利受到不法侵害时,专利权人有权向专利管理机关请求保护,也可以向法院起诉,请求司法保护。

6. 质押权

专利权人可将其专利权中的财产权进行质押,作为权利质押的标的,提供债权担保。

7. 放弃专利权

专利权人有权以书面形式声明放弃专利权。专利权人提出放弃专利权声明后,经国家专利行政部门登记和公告,专利权即告终止,任何人可自由使用该专利。

二、各国专利法介绍

专利法,是指调整因确认发明创造的所有权和因发明创造的实施而产生的各种社会关系的法律规范的总称。

(一) 专利申请人的资格

根据各国专利法的规定,发明人或设计人(自然人、法人)可以作为申请人向政府主管部门——专利管理机关提出专利申请。至于外国人申请专利问题，大多数国家都给予国民待遇，但也有一些国家和地区要求以互惠为条件，如日本、法国、奥地利、捷克、埃及、伊朗、波兰、罗马尼亚、俄罗斯、印度等。

此外，按照各国专利法的规定，外国人在申请专利时，一般都要在申请国设有营业所或住所，否则应委托在该国设有营业所或住所的代理人代为办理。

（二）专利法的保护对象

发明创造作为专利法的保护对象，其种类多样。最为常见的有发明、实用新型、外观设计、植物专利，等等。各国在专利法的立法中对发明创造的保护范围是有区别的。

> **小贴士**
>
> 我国《专利法》第2条规定："本法所称的发明创造是指发明、实用新型和外观设计。"即《专利法》所保护的专利权的客体有发明、实用新型、外观设计三种，总称为发明创造。世界上将这三种发明都置于专利法中给予保护的国家为数不多，通常所讲的专利一般是指发明专利，而将实用新型、外观设计分别立法保护，如日本、德国等。美国专利法的保护范围包括发明专利、植物专利和外观设计专利。西班牙、波兰、意大利、澳大利亚等国家的专利法的保护范围包括发明专利和实用新型。

（三）取得专利的条件

根据中国与大多数国家专利法的规定，一项发明要取得专利权，必须具备以下三项条件：新颖性（novelty）、先进性（progress）、实用性（utility）。

1. 新颖性

新颖性是指一项发明在申请人提出专利申请时，必须是从未公开发表、公开使用或以其他形式为公众所知的。新颖性是一个法律概念，由各国的专利法确定，国际公约没有统一的具体要求。

判断新颖性的参照物，或者称为对照标准，是现有技术。现有技术是指在申请日以前公众能够得知的技术，也是一个法律概念。一项技术处于保密状态，不属于现有技术，公开以后才可能成为现有技术。因此，现有技术的判断，与时间、公开方式和地域都有关，这些要素也构成了判断新颖性的标准。

影响专利申请新颖性的除了现有技术以外，还有抵触申请。抵触申请是指在一项专利申请的申请日以前由他人向同一专利局提出过申请，而又在该申请日之后（含申请日）公布的，具有同样技术内容的专利申请。

我国《专利法》规定："新颖性，是指该发明或者实用新型不属于现有技术；也没有任何单位或者个人就同样的发明或者实用新型在申请日以前向国务院专利行政部门提出过申请，并记载在申请日以后公布的专利申请文件或者公告的专利文件中。"也就是说，在我国，抵触申请只影响发明和实用新型专利申请的新颖性，不影响外观设计的新颖性。

2. 创造性

创造性又称先进性、进步性,是指提出专利申请的发明,同申请日以前已有的技术相比,有突出的、实质性特点和显著的进步。

创造性的参照标准是现有技术,即已有技术,不包括抵触申请。"实质性特点"是针对发明创造的技术特征而言的,就是说该发明创造至少具有一个与现有技术有本质区别的技术特征,而这一个(或不止一个)技术特征,是所属技术领域普通技术人员在现有技术的基础上通过逻辑分析、推理无法得到的,它不是简单的现有技术组合,也不是简单的材料代换。"显著的进步"主要是指技术效果上的进步。如克服了现有技术的不足,取得了意外的效果等。

【知识链接】

为了便于操作,各国在实践中创造了一些判断创造性的实用规则,也就是参考性判断基准:

(1)解决了人们长期想解决而未能解决的技术难题。

(2)克服了技术偏见。

(3)系"首创性"或"开拓性"技术方案。

(4)产生了意料不到的效果的以下发明创造:

①组合发明:将现有技术或现有技术的某些技术特征重新组合而成的技术方案。

②选择发明:从许多公开的技术方案中优选出的某一方案,常见于化学领域,如配比、组合成分比、反应条件、工艺顺序等选择。

③用途发明:将公知的产品或方法用于新的技术领域或新的目的。

④要素变更发明:将现有技术中的某些技术要素改变,替代(如材料替代)或省略。

3. 实用性

实用性,又称为工业再现性、工业实用性,是指申请专利的发明必须能够在产业部门制造或者使用,并且能够产生积极效果。

(四)不能获得专利的发明

各国基于社会、政治、经济与工业保护政策上的考虑,认为某些发明不宜由个人垄断时,就在专利法中把它们列为不能取得专利的项目,不授予专利权。对于不能取得专利的发明,各国法律有不同的规定,一般有以下六项:(1)纯科学原理或理论;(2)违反法律与社会道德的发明;(3)动植物新品种;(4)化学物质;(5)食物与药物;(6)原子能技术。

我国专利法也规定,下列各项不授予专利权:(1)违反国家法律、社会公德和妨害社会公共利益的发明创造;(2)科学发现;(3)智力活动的规则和方法;(4)疾病的诊断和治疗方法;(5)动物和植物品种;(6)用原子核变换方法获得的物质。

(五）专利的申请与审查程序

1. 专利申请

根据各国专利法的规定，发明人在提出专利申请时，必须对发明的内容作出说明，并具体指出要求保护的范围（claims），必要时还要附具图样对其发明作出解释。根据专利法的基本原则，对于同一个发明只能授予一个专利权，不能授予几个专利权。因此，各国专利法规定了以下几种专利申请的原则：

（1）书面原则。申请专利的各种申请文件和各项手续，都应当以书面形式或专利行政部门规定的其他形式办理，否则不产生效力。

（2）先申请原则。同样的发明创造只能授予一项专利权。如果两个以上的申请人分别就同样的发明创造申请专利，专利权授予最先申请的人，即为先申请原则。如果是两个人在同一日提出申请，则可协商解决，或者采取共同申请的方式，或者转让给其中一方申请。协商不成时，各方都不能获得批准，只能作为技术秘密保护或使其成为自由公知技术。目前，大多数国家采用先申请原则，只有美国、加拿大等少数国家采用先发明原则。

（3）单一性原则。单一性原则又称为一项发明一项专利原则，是指一件专利申请只限于一项发明创造。一件外观设计专利申请应当限于一项外观设计。然而，同一产品两项以上的相似外观设计，或者用于同一类别并且成套出售或者使用的产品的两项以上的外观设计，可以作为一件申请提出。"成套出售或者使用的产品"，比如成套餐具中的碗、碟子、勺子等。

（4）优先权原则。专利申请人就其发明创造第一次提出专利申请后，在法定期限内，又就相同主题的发明创造提出专利申请的，以其第一次申请的日期为其申请日，这种权利称为优先权。

> **小贴士**
>
> 此处所谓的法定期限，就是优先权期限，第一次申请日叫作优先权日。优先权包括国际优先权和国内优先权。

2. 专利的申请和审查程序

根据各国专利法的规定，发明人要取得专利权一般必须经过申请、审查和批准三个阶段。

（1）申请。根据各国专利法的规定，申请人申请专利必须向专利局提交专利申请文件，包括申请书、说明书、专利请求、附图、说明书摘要。

（2）审查。专利局受理申请案后，专利申请就进入了审查阶段。世界各国实行的对专利申请的审批制度，归纳起来有以下三种形式。

①形式审查制度。形式审查制又称不审查制，是指只审查专利申请书的形式是否符

合法律的要求,而不审查该项发明是否符合新颖性等实质性的条件,只要申请的手续完备,申请书的内容符合法律的要求,就给予专利权。目前仅有极少数国家采用此种制度,如法国。

②实质审查制度。实质审查制是指专利局不仅审查申请书的形式,而且对发明的新颖性、创造性和实用性进行实质性的审查,依法对发明是否具备取得专利权的条件作出决定,只有具备上述专利条件的发明,才授予专利权。

③早期公开,迟延审查制度。"早期公开,迟延审查"即专利局对那些公开的专利申请是否进行审查,视专利申请人是否提出实质审查请求而定。申请人在规定的时间内,如不提出实质审查请求,其申请按自动撤回处理。目前多数国家采用此种制度,如荷兰、日本、德国等。我国对发明专利采用早期公开,迟延审查制度,对实用新型和外观设计采用形式审查制度。

(3) 批准。发明专利申请经实质审查,没有发现驳回理由的,专利局应作出授予发明专利权的决定,发给发明专利证书,并予以登记和公告。发明专利自公告之日起生效。

(六) 专利权的期限、终止和无效

1. 专利权的期限

专利权的期限是指专利权受法律保护的有效时间。各国专利法对专利权的保护都规定了一定的期限,但是期限的长短与计算期限的办法各国有所不同。西方国家的专利期限一般多为 15 年至 20 年;苏联及东欧各国为 10 年至 15 年;发展中国家的情况比较复杂,有短至 5 年的,也有长达 20 年的,视不同国家和发明的不同性质与不同的部门而异。计算期限的方法,多数国家是从提出专利申请之日起算,少数国家是从授予专利权之日起算。如中国、法国、英国等国规定专利权的期限为从提出申请之日起 20 年;美国规定从授予专利权之日起 17 年。

2. 专利权的终止

专利权的终止包括自然终止和提前终止。自然终止是指专利权的有效期届满而自然消灭。专利权提前终止的法定情形有:①没有按规定缴纳年费的;②专利权人以书面声明放弃其专利权的。

3. 专利权的无效

专利权是由国家专利主管机关依法批准授予的权利。尽管专利主管机关对专利申请依法进行了审查,但由于各种原因,并不能绝对保证所授予的专利权都是符合法律规定的授权条件的。因此,许多国家设立了专利权无效宣告制度。我国《专利法》规定,专利权经国务院专利行政部门授予并公告后,任何单位和个人认为该专利权不符合我国《专利法》及其实施细则的规定,自公告之日起可以请求国务院专利复审委员会宣告该公告的专利无效。宣告无效的专利权视为自始不存在。

(七) 专利的强制许可

专利的强制许可是限制专利权的一项重要的手段,是指主权国家的专利行政机构根据本国专利法规定的特定理由,不经专利权人同意,由专利行政机构依法准许其他单位和个人实施专利权人的专利的一种强制性法律手段。

目前在世界各国的知识产权立法中都有关于强制许可的规定,特别是发展中国家的专利法都规定了专利权人有实施其专利发明的义务,把不实施其专利发明视为滥用专利权的行为,并采用强制许可证(compulsory license)、撤销专利权或由国家征用其专利权等办法予以制裁。设立强制许可制度的目的不仅是防止专利权的滥用,更主要的是维护公共利益,促进专利技术的推广利用。

我国专利法规定,有下列情形之一的,国务院专利行政部门根据具备实施条件的单位或者个人的申请,可以给予实施发明专利或者实用新型专利的强制许可:

(1) 专利权人自专利权被授予之日起满 3 年,且自提出专利申请之日起满 4 年,无正当理由未实施或者未充分实施其专利的。

(2) 专利权人行使专利权的行为被依法认定为垄断行为,为消除或者减少该行为对竞争产生的不利影响的。

(3) 在国家出现紧急状态或者非常情况时,或者为了公共利益的目的,国务院专利行政部门可以给予实施发明专利或者实用新型专利的强制许可。

(4) 一项取得专利权的发明或者实用新型比前已经取得专利权的发明或者实用新型具有显著经济意义的重大技术进步,其实施又有赖于前一发明或者实用新型的实施的,国务院专利行政部门根据后一专利权人的申请,可以给予实施前一发明或者实用新型的强制许可。

第四节 著作权法

一、著作权概述

(一) 著作权的概念

著作权,是作者依法对其创作的文学、艺术与科学作品享有的专有权。

在大陆法系国家,著作权又称为作者权(author's right),在英美法系国家称为版权(copyright),日本称为著作权。这三个概念基本含义相同,但是严格地讲,它们在内涵和外延上还是有所区别的。在我国著作权法体系中,"著作权"和"版权"为同义。

(二) 著作权的法律性质和地位

著作权属于知识产权的重要组成部分,同时它又是独立于专利权、商标权等工业产权之外的另一种知识产权。著作权基于文学、艺术和科学作品的创作而产生和受法律保护,因此在国外也被称为文学艺术产权,以此区别于工业产权。

技术的发展已经使著作权摆脱了原来所处的次要地位。在著作权仅涉及少数人(作家、作曲家、造型艺术家等)的年代,作品创作被认为是十分重要的,但属于经济意义不大的领域,因为文化、教育、新闻、戏剧等活动对国家财富的形成没有重大影响。随着新的复制、传播和利用作品的手段在市场上涌现,工业化国家出现了广义上的出版业、娱乐业、信息产业和大众传媒,文化交流和作品产权交易在国际上日渐兴起和扩大。

作品使用方式的改变和著作权对象不断扩充的事实,已经说明著作权具有与以往不同的重要经济意义。网络传播的实现,则为作品的传播和使用提供了更为广阔的空间,网络传播中的著作权保护已成为各国关注和研究的焦点问题。传统的著作权保护规则遭遇了一次又一次的挑战,并被不断地修改和完善,以适应形势的变化发展。著作权在民事权利保护制度中的地位也因此不断提升,保护水平进一步提高,保护措施更加完善。

二、著作权的国际保护

著作权与商标权、专利权一样,也具有严格的地域性,即受一国保护的著作权,仅在该国境内有效,其他国家没有保护的义务。19世纪上半期,欧洲许多国家逐步走上了资本主义发展的道路,随着科学技术的日益进步与工业生产的迅速发展,作为传播科学文化手段的出版业也由于印刷技术的改进而迅速发展起来。同时,随着文化与经济贸易等方面的国际交往的不断扩大,各国对科学文化知识的需求日益迫切,使得许多优秀作品打破一国界限而在许多国家被大量翻印、翻译与出版发行。

一方面,这促进了各国之间的文化交往;另一方面,由于版权的地域性特点,本国的作者与出版商的合法利益得不到外国法律的保护。为了保护本国作者与出版商的利益,便于本国出版商在国际图书市场的竞争方面处于有利地位,英国、法国等欧洲发达国家便积极地开展谋求国际版权保护的活动。它们之间除了通过签订双边版权协定相互给予互惠待遇外,主要是通过缔结多边国际公约实现对版权的国际保护。

经过多次国际会议,以英国、法国、德国与西班牙等国家为中心,于1886年在瑞士首都伯尔尼签订了《保护文学艺术作品伯尔尼公约》。美国、阿根廷、巴西、智利等国家于1889年在乌拉圭首都蒙得维的亚签订了《美洲国家间版权公约》(简称《泛美公约》)。1952年,在联合国教科文组织的发起与主持下,在日内瓦签订了《世界版权公约》。美国与《泛美公约》的缔约国都先后参加了《世界版权公约》,所以《泛美公约》这个地区性的多边版权公约已经被实质上取代了。非洲13个法语国家于1977年在中非首都班吉签订了《班吉协定》(其附件七是世界上第一部地区性的跨国版权法)。截至2012年底,已经有7个有关公约问世。在后面的章节会作分别介绍。

三、著作权的保护对象

著作权的保护对象包括享有保护的主体和受保护的客体,主要是指受保护的客体:作品。

(一)作品的概念

作品就是作者以语言、文字、图形、符号、绘画、雕塑、音乐、图像等人们可以感知或通过机器感知的形式,表达思想、意愿、情感的文学、艺术、科学的智力劳动成果。

(二)作为著作权法保护的作品必须具备特点

(1)作品必须具有独创性或原创性,即作者自己独立创作的。

(2)作品必须具有表达性,即表现了作者的构思。

(3)作品必须具有可复制性,即可以以某种形式固定在一定的物质载体上,加以复制,并被人感知。

(三)作品的分类

(1)按照作品内容的不同,可以把作品分为文学作品、艺术作品、科学作品三大类。

(2)按照作品被人感知方式的不同,可以把作品分为人读作品(人直接可读作品)和机读作品(人间接可读作品)两大类。

(3)按照作品的表现形式不同,可以把作品分为口述作品、文字作品、文艺作品(包括音乐、戏剧、曲艺、舞蹈作品等)、影视作品(包括电影、电视、录像、录音作品等)、工程设计作品(包括工程设计图、产品设计图及说明书、模型作品、建筑作品等)、图形作品(包括地图、示意图、线路图等)、民间文学作品(指民间广泛流传、没有固定的载体、没有确定的作者的作品,包括传说、寓言、神话、音乐、舞蹈等)、计算机软件作品等。

四、著作权人对其作品享有的权利

著作权从其内容上讲包括两类权利,一类是经济权利,又称为财产权;另一类是精神权利,又称为人身权或人格权。

(一)经济权利

经济权利是指著作权人依法利用其作品或许可他人使用其作品而获得经济利益的权利。主要包括:

(1)复制权。指著作权人具有复制其作品、许可或禁止他人复制其作品的权利。复制权是著作权中最重要、最基本的权利之一。

(2)出版权。指作者对其作品具有选择适当的时间、载体出版的权利,也具有许可或禁止他人出版的权利。这是作者所享有的一项最基本的权利。

世界上两个主要的版权公约《伯尔尼公约》和《世界版权公约》都把作品的"首次出版地"作为确认作品"国籍"的标准。

(3)发行权。指为了满足公众对作品的合理要求,以出售、出借、散发、出口等方式向公众提供一定数量的作品复制件的权利。

> 🔖 **小贴士**
>
> 出版物须经过发行才能提供给公众。一般可以认为,"出版"中实际包括了一部分"发行"。因此,许多国家的版权法中,包括上述两个主要的版权国际公约,仅有"出版权",而没有单列出"发行权";另一些国家的版权法中则只有"发行权",而没有单列出"出版权"。

(4)演绎权。指作者对其作品具有许可或禁止他人进行演绎创作的权利。构成"演绎"要具备两个必要条件,一是派生的新作品要保持原作品创作思想的基本表达,不可随心所欲地加以更改;二是在派生的新作品中要能体现新作者的创造性劳动成果。

演绎权可以依据演绎方式的不同分为翻译权、改编权、注释权、汇编权、制片权等。在多数国家的版权中都是直接列出翻译权、改编权、制片权,只有美国等少数国家在版权法中列出演绎权。

(5)传播权。指作者具有许可或禁止他人将其作品以多种方式进行宣传、介绍、传送的权利。

(6)追续权。又称为"转售的版税权",是指作者享有在其作品被出售以后,从他人转售的盈利中按一定比例提取报酬的权利。目前在著作权法中规定追续权的有近二十个国家,主要是大陆法系的一些国家。

🚩 **【知识链接】**

著作权中的经济权利,也可以分为使用权和获酬权两大类。使用权是指著作权所有人具有许可或禁止他人以复制、出版、发行、演绎、传播等方式利用其作品的权利。获酬权是指著作权所有人具有通过利用(包括许可他人)其作品获得经济利益的权利,也包括作者或其合法继承人享有的追续权、出租权等。

(二) 精神权利

著作权中所讲的精神权利是指作者基于作品依法享有的以人身利益为内容的权利。主要包括:

(1)发表权。指作者具有决定其作品是否公之于众,以及何时首次公之于众、以何种方式、通过哪些表现形式公之于众的权利。

(2)署名权。指作者具有在其作品及复制件上署名(真名、笔名)或不署名,禁止或许可他人在其作品上署名,禁止或许可他人用自己的名字发表他人作品的权利。演绎作品的作者也可以享有署名权。

(3)修改权。广义的修改权是指作者具有修改或者允许他人修改其作品,禁止他人修改或歪曲、篡改其作品,收回自己已经发表的作品并禁止他人发行自己申明收回的作品的权利。广义的修改权也可以分为"修改权"(狭义的)、"保持作品完整权"和"收回权"三种。

【案例9-2】

赞比亚舞厅伴奏音乐案

1978年赞比亚卢萨卡高等法院审理了一起案件,被告向公众复制播放原告创作的音乐。原告向法院起诉,请求法院发布禁令,禁止被告本人及其代理人、雇员向公共播放其作品,并请求被告承担赔偿责任。

原告称,其诉讼目的是保护音乐词典作者及表演者的著作权。1975年,原告到被告营业场所进行了调查,发现了被告的侵权行为。在当年9月,他向被告寄了一封信,指出被告侵犯了他人知识产权;当年10月,他再次向被告发信,提醒被告未经许可播放他人作品的法律后果;后来,他还写信要求被告向自己申请许可。但是,他从来没有收到被告的回信。

被告辩称,他自己确实播放了有关音乐作品,但并没有故意侵权,他的确收到了原告的信,但是,他并不明白信里面的要求和内容。而且,他活了这么多年,从来不知道有著作权这一档事。他买了几张唱片,在自己的烧烤店播放时,从来没有人告诉他不能播放这些音乐。原告的信中也没有提到过这些歌曲的名字。后来,他见到了律师,律师向他讲解了原告的信,他才明白。在法庭调查中,被告还辩称,自己问了开迪厅的朋友,他们也不知道有著作权。他收到信后,觉得是敲诈信,所以没回。

法官指出,侵权行为发生时,被告并不知晓也无合理理由相信其行为已经侵犯他人著作权,这的确是著作权侵权诉讼中一种有效抗辩。赞比亚《著作权法》第13条规定,若某人实施了或导致他们实施了著作权保护范围之内的行为且未获得权利人的许可,即构成了著作权侵权行为。

本案中,如被告所承认的,被告确实实施了未经权利人许可播放他人音乐的行为。赞比亚《著作权法》第13条第3款规定,在著作权侵权诉讼中,若(1)侵权行为已经实施;(2)侵权行为发生之时被告不知也无合理理由相信所涉作品受到著作权保护,原告无权获得赔偿,但有权获得实行因此获得的利润,无论原告是否获得了其他救济。

显然,被告提出的不知情的抗辩是有依据的。尽管赞比亚没有相关判例,但英国法院有关的判例是有说服力的。英国的一本著作指出,侵权行为通常是对侵权者提起诉讼一个诉因,无论是故意侵权行为还是非故意侵权行为,所以不知情不能构成侵犯著作权的抗辩。然而,若侵权行为发生时侵权者不知其著作权之存在,原告无权获得赔偿,但可以获得侵权者得到的利润。

法官最终判决,由于被告在当时并不完全知晓原告的著作权,被告不承担赔偿责任,而是判决被告将得知侵权当天获得的利润交给了原告;另外,由于被告并不反对法院发布禁令,法官应原告的要求,发布禁令,禁止被告播放三部音乐作品。

第五节 商业秘密法

一、商业秘密保护制度的建立与发展

商业秘密在社会经济生活中历来十分重要,只不过经营者初始时是借助自力的保密措施来维护自己的商业或经营利益的。随着商品经济的高度发展,商业秘密对于经营者在市场竞争中的生存和发展越来越具有重要意义。市场竞争的加剧,使侵犯商业秘密持有人权益的行为日益普遍,手段也日益复杂,仅靠权利人自身的力量显然已经无法维持正常的经济秩序。有鉴于此,19世纪中叶后,英国广泛使用了商业秘密这一法律概念。

这一概念传入欧美国家后,更加引起了各国工商界的关注。美国是最早采取法律手段保护商业秘密的国家之一,其保护商业秘密的最初法律依据是普通法中保护商业秘密的规则。此后,一些国家的《反不正当竞争法》也将侵犯商业秘密作为一种不正当竞争行为予以禁止。例如,德国1896年的《反不正当竞争法》第9条、第10条规定企业内部职工不得泄露企业的商业秘密,否则应承担刑事责任。最近20多年来,商业秘密的保护立法日益受到世界各国的普遍重视,一些国家纷纷制定专门的商业秘密保护法。美国于1979年制定了《统一商业秘密法》,经1985年修订,现为美国各州普遍采用。

与此相适应,一些相关的国际组织也对商业秘密的保护给予了足够的重视。1996年世界知识产权组织《反不正当竞争示范条款》第6条"关于秘密信息的不正当竞争"规定:"凡在工商业活动中导致他人未经合法控制秘密信息人员(即商业秘密的合法持有人)的许可,并以违背诚实商业做法的方式泄露、获得或使用该信息的行为或做法,应构成不正当竞争的行为。"世界贸易组织《知识产权协议》第二部分(协议第39条)更是将"未公开信息"独立地列为协议保护对象之一,从而在世界贸易组织范围内对多年以来知识产权法学界和司法界争论的关于商业秘密能否作为一种独立的财产权来对待这一问题作出了肯定的回答。

二、商业秘密的定义

尽管商业秘密已是目前国际上通用的一个法律术语,但并非所有的相关国内立法或国际条约都对它进行了准确的定义,而是更多地采用界定其构成条件和范围的方式来概述其含义。

美国《统一商业秘密法》将商业秘密界定为包括配方、模型、编辑、计划、设计、方法、

技术、程序在内的信息，它必须：(1)不为众所周知，无法由他人通过正当方法轻易获知，其泄露或者使用能够使他人获取经济利益而且有现实的或潜在的独立价值；(2)已尽合理的努力维持其秘密性。

德国的立法者也意识到给商业秘密提供一个确切的定义是十分困难的，因而有意将这一任务交由法学家和法官来完成。德国法院的判例认为，商业秘密是指任何一项与企业经营相关的，不为公众所知悉的，依企业所有人之表达出来的或可资识别的意思，应予以保密的，并且企业所有人对保守秘密具有正当利益的事实。

世界知识产权组织《反不正当竞争示范条款》第6条规定，符合下列条件的信息应当被视为秘密信息：(1)作为整体或在其组成部分的精确配置和组合上，不为通常涉及该类信息的同行为中的人们所普遍了解或容易获得；(2)因其为秘密而具有商业价值；(3)由合法持有人根据情况已采取了合理的步骤来保守秘密。世界贸易组织《知识产权协议》对协议提供保护的未公开信息的界定与世界知识产权组织对商业秘密的界定完全相同。

目前，还没有专门保护商业秘密的国际公约，在世界贸易组织（WTO）的知识产权协议（TRIPS）中，把商业秘密称之为"未披露过的信息"，作为反不正当竞争的一个重点加以保护。在TRIPS的第39条中明确规定，作为"商业秘密"的信息必须符合下列三个条件：(1)属于一种秘密，并非有关工作领域的人们普遍所知或容易获得；(2)因其属于秘密而具有商业价值；(3)合法控制该信息之人，采取了合理的保密措施。

TRIPS对"商业秘密"的这一定义，得到了世界上大多数国家的认可。

在我国的《反不正当竞争法》第9条中对商业秘密作了以下定义："本法所称的商业秘密，是指不为公众所知悉、具有商业价值并经权利人采取相应保密措施的技术信息、经营信息等商业信息。"

三、商业秘密的侵权与救济

（一）侵犯商业秘密行为的具体表现

根据我国《反不正当竞争法》第9条的规定，经营者不得实施下列侵犯商业秘密的行为：

(1)以盗窃、贿赂、欺诈、胁迫、电子侵入或者其他不正当手段获取权利人的商业秘密。

(2)披露、使用或者允许他人使用以前项手段获取的权利人的商业秘密。

(3)违反保密义务或者违反权利人有关保守商业秘密的要求，披露、使用或者允许他人使用其所掌握的商业秘密。

(4)教唆、引诱、帮助他人违反保密义务或者违反权利人有关保守商业秘密的要求，获取、披露、使用或者允许他人使用权利人的商业秘密。

经营者以外的其他自然人、法人和非法人组织实施前款所列违法行为的，视为侵犯商业秘密。第三人明知或者应知商业秘密权利人的员工、前员工或者其他单位、个人实施本条第一款所列违法行为,仍获取、披露、使用或者允许他人使用该商业秘密的,视为侵犯商业秘密。

(二) 侵犯商业秘密的举证责任

侵犯商业秘密案件应当适用"谁主张谁举证"的举证责任分配原则。当事人主张他人侵犯其商业秘密的,应当对自己的拥有的商业秘密符合法定条件、对方当事人采取了违法手段以及获得、使用、披露或允许他人使用的信息与自己所拥有的商业秘密相同或者实质相同负举证责任。

原告在举证证明其持有符合法定条件的商业秘密时,应当提供记载其该项商业秘密的载体、说明商业秘密的具体内容、该项商业秘密的来源、商业价值(必要时包括提供产生该项商业秘密的开支情况)、对于该商业秘密所采取的保密措施,即可以认为原告初步完成其持有符合法定条件商业秘密的举证责任。当原告完成上述举证责任后,被告仍然否认原告商业秘密的具体构成要件的,则由被告对其主张负担相应的举证责任。

原告举证证明被告接触了原告所掌握的商业秘密或者被告有非法获取原告商业秘密的条件,被告使用的商业秘密又与原告的商业秘密相同或实质相同,根据案件的具体情况或者已知事实和日常生活经验法则,能够判断被告具有违法获取商业秘密的较大可能性,可以推定被告以违法手段获得了商业秘密,但被告对其商业秘密的合法来源属实的除外。

(三) 侵犯商业秘密的司法救济

各国法律在对被侵犯的商业秘密进行司法救济时,会援引相关法律对侵犯商业秘密行为追究法律责任。

(1)将侵犯商业秘密行为视为违约行为,如果合同当事人依合同约定应当承担保密义务而非法公开、使用或允许他人使用商业秘密的,则依合同约定追究其违约责任。

(2)将侵犯商业秘密行为视为民事侵权行为,如果商业秘密被他人非法获取、泄露或使用,其权利人可对其侵权行为追究侵权人的侵权责任。其民事救济方法一般是申请法院颁发禁止侵害令,禁止侵害令又分临时禁止令和长期禁止令。临时禁止令一般在诉讼中发出,长期禁止令一般在案件审结裁决时发出。请求损害赔偿既可单独使用,也可以同时使用。

(3)将侵犯商业秘密行为视为不正当竞争行为,依反不正当竞争法追究其法律责任,其法律责任一般是刑事责任。如德国1909年实施的《反不正当竞争法》规定,雇员故意泄露工商秘密的,处5年以下有期徒刑,可以并处罚金。这主要是大陆法系国家的做法。

(4)将侵犯商业秘密行为视为犯罪行为,依照刑法追究其刑事责任。如美国联邦法院《国家被盗财产法》对侵犯商业秘密行为可以处以1万美元以下罚金或10年以上监禁,或者两者并处。美国的一些州的刑法则规定了盗窃商业秘密条款。法国、日本等国在其刑法典中规定了盗窃商业秘密条款以及泄露工商秘密罪或泄露企业秘密罪。我国刑法中也对侵犯商业秘密的行为规定了刑事责任。

第六节 知识产权的国际公约

一、保护工业产权国际公约

(一)《保护工业产权巴黎公约》

1. 概述

《保护工业产权巴黎公约》(Paris Convention for the Protection of Industrial Property,简称《巴黎公约》)是保护工业产权方面最重要的一项国际公约。有的工业产权条约或协定如《专利合作条约》《商标国际注册马德里协定》等明文规定,只有《巴黎公约》的缔约国才能加入这些条约或协定。该公约于1883年3月20日在巴黎签订,并于1884年7月7日正式生效。到2003年7月,《巴黎公约》共有164个缔约国。我国于1985年3月19日成为该公约的第96个成员国,并声明对该公约第28条第1款提出保留,即主张成员国之间有关公约的解释或公约的适用的争议,不提交国际法院解决。

另外,根据"一国两制"的原则和我国有关特别行政区基本法以及《巴黎公约》第24条第1款的规定,我国政府还先后于1997年6月和1999年11月通知世界知识产权组织总干事,将《巴黎公约》于1997年7月1日适用于我国香港特别行政区、于1999年12月20日适用于我国澳门特别行政区。

2.《巴黎公约》的主要内容

根据《巴黎公约》第1条的有关规定,工业产权的保护对象有(发明)专利、实用新型、工业品外观设计、商标、服务标记、厂商名称、货源标记或原产地名称以及制止不正当竞争;由缔约国组成保护工业产权联盟(即巴黎联盟)。《巴黎公约》的实质性条款主要体现在具体规定了国民待遇原则、优先权原则和专利与商标独立原则。

(1)国民待遇原则。根据该公约第2条、第3条的规定,在保护工业产权方面,每一个缔约国必须将其法律现在给予或将来可能给予本国国民(包括自然人和法人)的保护同等地给予其他缔约国国民;非缔约国的国民,如果在缔约国内有住所或有真实、有效的工商业营业所,应享有与缔约国国民同样的待遇。

应当指出,根据该公约第2条第3款的规定,缔约国的工业产权法可以规定,在国内没有住所或营业所的人(当然包括其他缔约国国民)必须选择送达地址或委托一个代理人以利于有关程序的进行。因此,我国《专利法》第18条有关在中国国内没有住所或营业所的外国人在中国申请专利等必须委托代理机构办理的规定,是符合《巴黎公约》国民待遇原则的。

国民待遇原则并不排斥缔约国给予其他缔约国国民以高于本国国民的待遇,即"超国民待遇"。只是作出这样规定的缔约国国民一般不能根据《巴黎公约》国民待遇原则要求在本国享有这种"超国民待遇",除非该缔约国另有专门的规定。

(2)优先权原则。即在任一缔约国提出正规专利申请或商标注册申请(不论该申请以后是否批准)的申请人或其合法继承人,可以享有在一定期限内就同样的发明创造或商标标识向其他缔约国提出申请的优先权,即以其首次申请的日期视为在后申请的日期来判断申请的先后。该优先权的期限,发明和实用新型专利申请为12个月,外观设计专利申请和商标注册申请为6个月。

小贴士

优先权原则使得申请人首次提出申请后,不必过多担心其同一发明创造在其他缔约国丧失新颖性或同一商标标识在其他缔约国被他人抢先申请注册,从而有一定的时间仔细考虑该向哪些国家提出申请。

(3)专利权与商标权独立原则。即缔约国国民在各缔约国就同一发明创造所取得的专利权或就同一商标标识所取得的商标权是相互独立的。也就是说,一个缔约国批准、驳回了一项专利申请或商标注册申请,其他缔约国并不必然也批准、驳回基于同一发明创造的专利申请或基于同一商标标识的商标注册申请;一个缔约国宣告了一项专利权无效或撤销了一项商标权,其他缔约国并不必然也宣告基于同一发明创造的专利权无效或撤销基于同一商标标识的商标权。

(二)《专利合作条约》

1. 概述

《专利合作条约》在遵循《巴黎公约》基本原则的基础上,于1970年6月19日在美国华盛顿缔结,是有关专利申请的程序性国际公约,旨在简化国际专利申请的手续和程序,强化对发明创造的国际保护。该公约于1978年6月1日正式生效,只对《巴黎公约》成员国开放,我国于1994年1月1日正式成为公约成员国。我国国家专利局也成为该条约的受理局,并被指定为条约的国际检索和国际初审单位。为进一步实施该条约,1970年6月19日,国际专利合作联盟(PCT联盟)大会通过了《专利合作条约实施细则》,此后频繁修订,其最新修订版的实施细则自2013年1月1日起生效。

2.《专利合作条约》的主要内容

《专利合作条约》共有68条,其规定的主要申请程序如下。

(1)国际申请。该条约缔约国的国民或者居民申请人应当使用一种指定的语言和统一的格式文件,向其主管国家的专利局、地区性专利局或者国际机构(即受理局)提出专利申请,申请至少指定一个希望获得专利权的指定缔约国。受理局是指受理国际专利申请的国家专利局或政府间组织。受理局在收到国际申请后,按条约和细则规定的格式对其专利申请进行形式审查,经审查认为申请文件和手续符合要求,则以收到国际申请的日期作为国际申请的提交日期。

(2) 国际检索。受理局在自国际申请受理之日起 1 个月之内,将申请文件副本送交由该条约联盟大会委托的一个检索单位,按统一的标准由国际检索单位检索。国际检索单位由国际专利合作联盟大会委任,可以是一个国家专利局,或是一个政府间组织。

国际检索单位在收到检索副本之日起 3 个月内或自国际申请日(或优先权日)起 9 个月内,提出检索报告,分别送交国际局和申请人。申请人在收到该报告后,可决定撤回或者维持国际申请。申请人也可对申请文件中的权利要求书进行修改。

(3) 国际公布。从国际申请的优先权日期算起满 18 个月,国际局应公布国际申请。国际局在公布国际申请的同时,将国际申请和国际检索报告送交各个指定国。公布后的国际申请在各个指定国是否享有临时保护权,由各个指定国根据各自的国内法决定。

(4) 国际初步审查。经申请人要求,其国际申请应按规定接受国际初步审查。国际初步审查由国际初步审查单位进行,并在规定时间内写成国际初步审查报告,转交给申请人和国际局。国际初步审查的目的是对申请专利的发明是否新颖、是否具有创造性和是否在工业上适用等问题提出初步的无约束力的意见。

《专利合作条约》自生效以来,大大简化了成员国国民在其他成员国申请专利的手续,减轻了各成员国专利局的工作量。

(三)《商标国际注册马德里协定》

1. 概述

《巴黎公约》在商标保护方面,虽然为成员国商标权的保护提供了方便,但商标所有人若希望在多个国家注册,就要重复履行手续,很不方便。为此,《巴黎公约》第 19 条规定,成员国可以在该公约的基本原则下,订立一些保护工业产权的专门公约。《巴黎公约》缔结 8 年之后,第一个专门性的公约产生了。这就是《商标国际注册马德里协定》(*Madrid Agreement Concerning the International Registration of Marks*,简称《马德里协定》)。

1819 年,由法国、比利时、西班牙、瑞士及突尼斯发起,缔结了《商标国际注册马德里协定》,作为对《巴黎公约》中关于商标的国际保护的补充。参加该协定的国家,必须首先是巴黎公约的成员国。到 1997 年 1 月为止,有 51 个国家成为马德里协定的成员国。1989 年 10 月 4 日,中国正式成为该协定的缔约国。

《马德里协定》的宗旨是解决商标的国际注册问题。按照协定的规定,协定缔约国的商标所有人在本国国内办理商标注册后,如要在成员国得到保护可向国际局申请,由国际局通知那些注册人要求保护的缔约国。

2.《马德里协定》的主要内容

(1) 商标国际注册程序。

①申请商标国际注册人,必须是《马德里协定》的成员国的国民,或者是在某个缔约

国有居所或设有从事实际商业活动的营业场所的人。

②申请国际注册的商标,必须由申请人首先在其本国获得注册。

③申请国际注册的人,必须通过本国的商标主管部门,向世界知识产权组织(简称WIPO)国际局提交申请文件。申请文件的语言必须用法文。

④国际局对申请文件进行形式审查。审查通过后,就得到了"国际注册"。这时,商标并未在其他缔约国生效,国际局公布国际注册,同时将该注册分送到申请人要求得到保护的国家。

⑤接到国际注册文件的国家的商标主管机关,有权在1年之内,在说明理由的前提下拒绝为该商标提供保护。如果在1年内未表示拒绝,该商标的国际注册就在该国自动生效,转变为该国国内注册商标。

(2)国际注册效力及有效期。

商标国际注册的生效日期从国际局注册生效的日期开始,那些未予驳回商标的生效日期,如同商标直接在那里获准注册一样。经国际注册的商标均享有《巴黎公约》所规定的优先权。国际注册的商标,有效期为20年。期满可以续展,续展期仍为20年。有效期届满前6个月,国际局应发送非正式通知,提醒商标权人注意届满日期。国际注册续展,可给予6个月的宽展期。

(3)国际注册与国内注册的关系。

根据《马德里协定》,商标自获准国际注册之日起5年内,如该商标在其所属国已全部或部分不再享受法律保护时,该商标国际注册所得到的法律保护,也全部或部分不再享有。但从获得国际注册之日起满5年以后,国际注册与商标所有人在其所属国的国内注册没有关系,国际注册不受国内注册变化的影响而独立存在。

【知识链接】

《马德里协定》存在的主要问题

《马德里协定》签订至今已有一个世纪,但参加国不多,特别是像美国、日本这样的发达工业国家,没有参加该协定,其中的主要问题是:

(1)按照协定第6条的规定,商标的国际注册在各缔约国生效之后的5年内,还会随着它在其本国的注册被撤销而失效。就是说,只有在5年之后,由国际注册转变的各国国内注册,才具有独立性。

(2)按照协定的程序而产生的国际注册,并不过问商标是否已付诸商业使用,也不过问是否将付诸商业使用。这与那些把使用作为注册的前提的国家的国内法不相容。例如美国就是把使用作为注册的前提条件。

(3)审查过于简单。一些国家担心简单的审查,有可能使许多根本无意使用的商标进入本国的商标注册簿,从而使本国注册簿很难成为本国市场上实际使用着的商标的真实记录。

二、保护著作权的国际公约

(一)《保护文学艺术作品伯尔尼公约》

1. 概述

《保护文学艺术作品伯尔尼公约》(Berne Convention for Protection of Literary and Artistic Works,简称《伯尔尼公约》),是世界上第一个保护版权的国际公约,于1886年9月9日在瑞士首都伯尔尼签订,1887年12月5日生效,由缔约国组成伯尔尼联盟。之后该公约经过多次修订与修正,其最新文本是1971年的巴黎修订本。到2003年7月,已有151个国家参加了该公约。我国于1992年10月15日正式成为该公约的缔约国,同时我国政府声明,根据该公约附件的有关规定,中国享有在一定条件下颁发翻译权和复制权强制许可证的权利。

2.《伯尔尼公约》的基本原则

(1)国民待遇原则,即任何缔约国国民的作品,或者非缔约国国民首先在缔约国出版的作品,在其他缔约国所受到的保护,应当与该缔约国法律现在给予和今后可能给予本国国民作品的保护相同。

按《伯尔尼公约》规定,只要是缔约国国民的作品,不论是否出版,如果出版也不论是在何地出版,均可按国民待遇原则得到保护;如果是在缔约国有惯常居所的非缔约国国民,其作品按缔约国国民的作品得到保护;如果是在缔约国无惯常居所的非缔约国国民,只要其作品首先在缔约国出版,或者在一个缔约国和一个非缔约国同时出版(包括作品在非缔约国首次出版后30天内又在缔约国内出版),也可按国民待遇原则得到保护。

(2)自动保护原则,即有权依照该公约享有和行使国民待遇所提供的有关保护的作品,不需要履行任何手续,便在一切缔约国中受到保护。因此,根据自动保护原则,作品完成即自动享有著作权,无须登记注册、无须交存样本、也无须在作品上加注标记。

(3)独立保护原则,即各缔约国所提供的著作权保护,不受作品在起源国受保护状况的影响,在满足公约规定最低保护要求前提下,作品在其他缔约国受保护的程度,完全由该国法律决定,即作品在起源国受到的保护和在其他缔约国受到的保护是相互独立的。

这表明,公约虽然规定了自动保护原则,但承认各国保护水平的差异。因此,自动保护原则并没有打破著作权的地域性限制。

3. 受《伯尔尼公约》保护的作品

文学、科学和艺术领域内的一切作品,不论其表现形式或方式如何,只要其以某种物质形式固定下来便受该公约保护。包括:①书籍、小册子和其他文字作品;②讲课、演讲、讲道和其他同类性质作品;③戏剧或音乐戏剧作品;④舞蹈艺术作品和哑剧;⑤配词或未配词的乐曲;⑥电影作品以及使用类似摄制电影的方法表现的作品;⑦图画、油画、建筑、雕塑、雕刻和版画作品;⑧摄影作品和以类似摄影的方法表现的作品;⑨实用艺术作品;

⑩与地理、地形、建筑或科学有关的示意图、地图、设计图、草图和立体作品。

4.《伯尔尼公约》保护的权利

《伯尔尼公约》保护的权利包括经济权利和精神权利。缔约国至少应授予作者下列经济权利：(1)翻译权；(2)复制权；(3)表演权；(4)广播权；(5)朗诵权；(6)改编权；(7)制片权。

另外，《伯尔尼公约》还规定了追续权，即对于艺术作品原件和文字、音乐作品手稿的第一次转让之后的任何出售，作者有权从中按一定比例分享利益。但追续权不是该公约要求缔约国必须规定的经济权利，而是允许缔约国自行规定。

《伯尔尼公约》规定的作者精神权利包括作者身份权、修改权、保护作品完整权，并规定这些权利不受作者经济权利的影响，甚至在上述经济权利转让之后，作者仍享有这些精神权利。

(二)《世界版权公约》

1. 概述

《伯尔尼公约》签订后，许多国家包括一些大国因其出版业不发达或因其国内法律与该公约存在差距而未加入该公约，如美国直到1989年才加入。于是，在联合国教科文组织主持下，决定起草一个保护水平低于《伯尔尼公约》从而有更多国家加入的国际版权公约。1952年9月6日终于在瑞士日内瓦缔结了《世界版权公约》，40个国家的代表在公约上签了字。该公约于1955年9月16日开始生效，生效后的公约于1971年在巴黎修订过一次。到2003年7月有98个成员国。我国于1992年10月30日正式成为该公约的成员国，并声明根据该公约第5条规定，有权在一定的条件下颁发翻译权和复制权强制许可证。

2.《世界版权公约》的主要原则

(1)国民待遇原则，即任何缔约国国民出版的作品及在该国首先出版的作品，在其他各缔约国中，均享有该其他缔约国给予其本国国民在本国首先出版之作品的同等保护，以及该公约特许的保护；任何缔约国国民未出版的作品，在其他各缔约国中，享有该其他缔约国给予其国民未出版之作品的同等保护，以及该公约特许的保护。

(2)非自动保护原则，即缔约国应保护其他缔约国国民所出版的作品，只要经作者或版权所有者授权出版的作品的每份复制品上，自首次出版之日起标有版权标记：即英文字母C外加一个圆圈的符号，并注明版权所有者之姓名、首次出版年份等；其他缔约国国民尚未出版的作品，则无须履行手续。该原则与《伯尔尼公约》的自动保护原则形成了鲜明的区别。

3. 受《世界版权公约》保护的作品

受《世界版权公约》保护的作品是文学、科学、艺术作品，包括文字、音乐、戏剧和电影作品，以及绘画、雕刻和雕塑等。

4. 受《世界版权公约》保护的权利

包括保证作者经济利益的各种基本权利,其中有准许以任何方式复制、公开表演及广播等专有权利。无论它们是原著形式还是从原著演绎而来的任何形式。

5. 保护期限

受本公约保护的作品,其保护期限不得少于作者有生之年及其死后的25年。如果对摄影作品或实用美术作品作为艺术品给予保护时,保护期限不得少于10年。

《世界版权公约》还规定了权利的限制、对发展中国家的优惠条款等。该公约无追溯力。总体看来,在受保护的作品范围、受保护的权利种类及保护期等方面,该公约的保护水平确实低于《伯尔尼公约》。

(三)《保护表演者、唱片制作者和广播组织公约》

《保护表演者、唱片制作者和广播组织公约》,由联合国世界劳工组织、联合国教科文组织和世界知识产权组织共同发起并于1961年10月26日在罗马签订,因而又称《罗马公约》。该公约于1964年5月18日生效。任何国家,只要参加了《世界版权公约》或《保护文学艺术作品伯尔尼公约》,均可参加本公约。到2021年10月,本公约共有96个成员方。我国尚未加入该公约。

"表演者"是指演员、歌唱家、音乐家、舞蹈家和以表演、歌唱、演说、朗诵、演奏或以别的方式表演文学或艺术作品的其他人员。表演者享有的权利包括:(1)未经许可,不得广播或以其他方式向公众传播其表演,但是如果该表演本身就是广播演出或出自录音、录像者例外;(2)未经许可,不得录制其未曾录制过的表演;(3)未经许可,不得复制其表演的录音或录像。

"唱片制作者"是指首次将表演的声音或其他声音录制下来的自然人或法人。唱片制作者的主要权利是授权或禁止直接或间接复制他们的唱片。

广播组织的权利包括:(1)授权或禁止他人转播其广播节目;(2)授权或禁止他人录制其广播节目;(3)禁止他人擅自复制其广播节目的录音或录像。

表演者、唱片制作者和广播组织的上述权利保护期,应至少为20年,自表演、录制和广播之年年底开始计算。

(四)保护唱片制作者防止唱片被擅自复制公约

《保护唱片制作者防止唱片被擅自复制公约》简称为《唱片公约》,于1971年10月29日在日内瓦签订,1973年7月生效。到2003年7月,共有72个成员国。我国于1993年4月正式成为该公约成员国,并自1997年7月1日起,该公约适用于我国香港特别行政区。与《罗马公约》相比,该公约的特点是赋予了唱片制作者以禁止他人进口擅自复制的其唱片之权利,同时该公约的缔约国也可以不是《世界版权公约》或《保护文学艺术作品伯尔尼公约》的缔约国。

该公约规定唱片制作者享有如下的权利:(1)禁止他人擅自复制其唱片;(2)禁止他

人进口擅自复制的其唱片;(3)禁止他人销售擅自复制的其唱片。

上述权利的保护期不得少于 20 年,自唱片录制之年或首次发行之年底起计算。

三、《与贸易有关的知识产权协议》

(一)《与贸易有关的知识产权协议》概述

世界贸易组织的《与贸易有关的知识产权协议》(Agreement on Trade－Related Aspects of Intellectual Property Rights,简称 TRIPS 协议)于 1993 年 12 月 15 日通过,世界贸易组织成立一年后即 1996 年 1 月 1 日开始生效。与《成立世界知识产权组织公约》和《保护工业产权巴黎公约》不同,该协议的成员既可以是主权国家,也可以是单独关税区政府。到 2003 年 7 月,WTO 共有 146 个成员,也即 TRIPS 协议共有 146 个成员。

我国于 2001 年 12 月 11 日加入 WTO,随后我国台湾地区也以"单独关税区"的身份加入 WTO。此前,我国香港特别行政区、澳门特别行政区以"单独关税区"身份并以"中国香港""中国澳门"的名义参加世界贸易组织从而成为该组织的创始成员。因此,在 TRIPS 协议方面,我国存在"一国四席"的情况。这在我国加入的知识产权国际协议中是绝无仅有的现象。

(二) TRIPS 协议保护的知识产权

1. 对著作权及其相关权利的保护

TRIPS 协议要求成员遵守《伯尔尼公约》的有关规定;著作权保护应延及表达,但不得延及思想、程序、操作方式或数学概念本身;以源程序或目标程序编写的计算机程序均应作为文学作品予以保护;无论是采用机器可读方式或者其他方式的数据或其他内容的汇编,只要是其内容的选取或编排构成了智力创作,就应对其本身提供保护,但不应扩展到数据或内容本身,也不应影响对数据或内容本身所获得的任何著作权;计算机程序和电影作品应享有租赁权;除摄影作品或实用艺术作品之外,作品的保护期不得短于 50 年;表演者有权禁止未经其同意而对其尚未录制的表演进行录制和复制已录制的内容、通过无线手段进行播放以及向公众传送他们的表演实况;唱片制作者应有权同意或者禁止对其录音制品的直接或间接的复制;广播组织有权制止未经其同意而进行的录制、对录制品的复制、通过无线广播手段重新播放以及通过电视播放将这样的内容传送给公众等。

2. 对商标权的保护

能够将商品或服务相区别的任何符号或符号组合都能够构成商标,包括个人姓名、字母、数字、图形要素和颜色组合以及任何这些符号的组合都应能够注册为商标;商标的实际使用不应成为提交注册申请的前提条件,不得仅仅以在自申请日起的 3 年之内没有使用为理由来驳回一个申请;只有在至少不间断地连续 3 年不予使用之后,而且商标所有者没有提出由于存在障碍使之无法使用的正当理由的情况下,方能取消注册;依《巴黎公约》的有关规定保护驰名商标;原始注册商标和每一次续展注册商标的保护期限不得短于 7 年,续展注册次数不受限制;不允许商标的强制许可,注册商标的转让无需将商标所属企业一同转让。

3. 对地理标记的保护

地理标记是指标示出一种商品的产地,而该产品的某种质量、声誉或者其他特性在本质上取决于其产地;在产品的名称或表述上采用任何方式指示或者暗示该产品是由不同于真实原产地的地域生产,从而会使公众对该产品的产地产生误解的等不当行为,应予以制止;对葡萄酒和烈性酒地理标记予以特殊保护等。

4. 对工业品外观设计的保护

缔约方应对独立创作的新的或原创的工业品外观设计给予保护;既可以通过工业品外观设计法又可以通过著作权法保护工业品外观设计;保护期限至少应为 10 年。

5. 对专利权的保护

所有技术领域中的任何发明,不论是产品还是方法,只要它具有新颖性、创造性和实用性,均可获专利保护;对植物新品种,可以专利方式或者专门制度或两者的结合给予保护;产品专利的专利权人有权禁止第三方在未经其同意的情况下从事制造、使用、许诺销售、出售,或为上述目的进口该产品;严格限制强制许可;保护期限不得短于自申请日起的 20 年等。

6. 对集成电路布图设计的保护

未经权利人同意为商业目的而进口、出售,或销售受到保护的布图设计,或采用了受到保护的布图设计的集成电路,或者采用了包括非法复制的布图设计的上述集成电路的产品,是非法行为;保护期限不少于 10 年。

7. 对未公开信息的保护

对于处于秘密性、实用性和采取了保密措施的信息应提供保护等。

此外,TRIPS 协议还对知识产权执法、知识产权取得与维持程序方面、纠纷的预防和解决及过渡安排作出了详细规定。

第七节 中国知识产权保护法

一、现状

在改革开放前,中国只有《商标管理条例》和《专利权暂行条例》,没有商标法、专利法与著作权法。

(一) 商标法

1982 年 8 月 23 日,第五届全国人民代表大会常务委员会公布了《商标法》,并于 1983

年3月1日起正式施行。在《商标法》开始实施之日,旧的商标管理条例同时废止。

在改革开放之初制定和颁布商标法,是应社会经济发展之急需,是恢复、发展商标制度的必要措施。由于最初的《商标法》在立法技术和商标保护上存在许多问题和不足,之后,根据1993年2月22日第七届全国人民代表大会常务委员会第三十次会议《关于修改〈中华人民共和国商标法〉的决定》进行了第一次修正;根据2001年10月27日第九届全国人民代表大会常务委员会第二十四次会议《关于修改〈中华人民共和国商标法〉的决定》进行了第二次修正;根据2013年8月30日第十二届全国人民代表大会常务委员会第四次会议《关于修改〈中华人民共和国商标法〉的决定》进行了第三次修正;根据2019年4月23日第十三届全国人民代表大会常务委员会第十次会议《关于修改〈中华人民共和国建筑法〉等八部法律的决定》进行了第四次修正。最终使《商标法》的制度设计和安排基本达到国际水平,与国际规则大致接轨。

(二) 专利法

为了奖励与推广使用发明,提高群众改进技术的积极性,促进科学技术的繁荣与国民经济的发展,1950年,中国颁布了《保障发明权和专利权暂行条例》及其施行细则。1954年,又公布了《有关生产的发明、技术改进及合理化建议的奖励暂行条例》。1963年,国务院制定了《发明奖励条例》与《技术改进奖励条例》,以代替前面两个暂行条例。为了适应中国改革开放与对外经济贸易及技术交流的需要,经国务院批准,中国于1980年成立了专利局。

我国的《专利法》于1984年3月12日第六届全国人民代表大会常务委员会第四次会议通过,后根据1992年9月4日第七届全国人民代表大会常务委员会第二十七次会议《关于修改〈中华人民共和国专利法〉的决定》进行第一次修正;根据2000年8月25日第九届全国人民代表大会常务委员会第十七次会议《关于修改〈中华人民共和国专利法〉的决定》进行了第二次修正;根据2008年12月27日第十一届全国人民代表大会常务委员会第六次会议《关于修改〈中华人民共和国专利法〉的决定》进行了第三次修正;根据2020年10月17日第十三届全国人民代表大会常务委员会第二十二次会议《关于修改〈中华人民共和国专利法〉的决定》进行了第四次修正。

(三) 著作权法

我国的《著作权法》于1991年6月1日起施行。根据2001年10月27日第九届全国人民代表大会常务委员会第二十四次会议《关于修改〈中华人民共和国著作权法〉的决定》进行了第一次修正;根据2010年2月26日第十一届全国人民代表大会常务委员会第十三次会议《关于修改〈中华人民共和国著作权法〉的决定》进行了第二次修正;根据2020年11月11日第十三届全国人民代表大会常务委员会第二十三次会议《关于修改〈中华人民共和国著作权法〉的决定》进行了第三次修正。

(四) 商业秘密法

在我国,商业秘密一词在法律条文中首次出现在《民事诉讼法》(1991)第66条及第120条,《最高人民法院关于适用〈中华人民共和国民事诉讼法〉若干问题的意见》(1992)第154条对《民事诉讼法》所规定的"商业秘密"做了进一步的解释。1993年《反不正当竞争法》明文规定"商业秘密权"。2020年5月28日通过的《民法典》第123条正式确立了"商业秘密"与专利、商标、作品、地理标志、集成电路布图设计、植物新品种等一样,同属知识产权的权利客体。

目前,我国还没有单独的商业秘密保护法,与国际商法相关商业秘密保护法律规定散见于:《民法典》《反不正当竞争法》《促进科技成果转化法》《公司法》《刑法》《关于禁止侵犯商业秘密行为的若干规定》《科学技术保密规定》《关于审理侵犯商业秘密民事案件适用法律若干问题的规定》等法律法规中。

对于商业秘密的侵权行为,我国规定了民事责任,包括停止侵害、赔偿损失责任承担形式;《民法典》第1185条还规定了惩罚性赔偿责任:"故意侵害他人知识产权,情节严重的,被侵权人有权请求相应的惩罚性赔偿。"此外,还规定了行政处罚和刑事责任。

二、新经济形势下知识产权法律制度的变革

为了适应国际和国内知识产权保护形势的变化,我国陆续颁布或修订了一些法律、法规或部门规章。

(一) 完善和强化对外贸易中的知识产权保护

2004年4月6日全国人大常委会修改了已经施行10年的《对外贸易法》(2004年7月1日起施行)。与原法律相比,新修订的《对外贸易法》增加了3章内容和26个新条款,其中新增加的3章内容包括与贸易有关的知识产权保护,有助于我国更好地应对加入世界贸易组织的新形势,有利于对外贸易的"持续、协调和健康"发展。

(二) 重视知识产权保护领域的反垄断规制

为规范实施发明专利或者实用新型专利的强制许可的给予、费用裁决和终止程序,2003年6月13日,国家知识产权局公布《专利实施强制许可办法》(2003年7月15日起施行)。此后,为解决我国面临的公共健康问题,并帮助有关国家、地区解决其面临的公共健康问题,落实世界贸易组织多哈部长会议《关于TRIPS协议与公共健康的宣言》和世界贸易组织总理事会《关于实施TRIPS协议与公共健康的多哈宣言第六段的决议》,2007年8月30日,全国人大常委会通过了《反垄断法》(2008年8月1日起施行),其中第55条规定:"经营者滥用知识产权,排除限制竞争的行为,适用本法。"

(三) 制定和实施国家知识产权战略

为了提升我国知识产权创造、运用、保护和管理能力,建设创新型国家,实现全面建

设小康社会目标,我国国务院于2008年6月5日发布《国家知识产权战略纲要》。纲要指出,必须把知识产权战略作为国家重要战略,切实加强知识产权工作,提出到"2020年,把我国建设成为知识产权创造、运用、保护和管理水平较高的国家。知识产权法治环境进一步完善,市场主体创造、运用、保护和管理知识产权的能力显著增强,知识产权意识深入人心,自主知识产权的水平和拥有量能够有效支撑创新型国家建设,知识产权制度对经济发展、文化繁荣和社会建设的促进作用充分显现"。

复习思考题

1. 简述知识产权、商标、专利、著作权的概念。
2. 商标权包括哪些内容?
3. 专利权取得的条件是什么?
4. 著作权中的经济权利包括哪些内容?
5. 试述《巴黎公约》的主要内容。
6. 试述《专利合作条约》的主要内容。
7. 试述《商标国际注册马德里协定》的主要内容。
8. 试述《保护文学艺术作品伯尔尼公约》的主要内容。
9. 试述《与贸易有关的知识产权协议》对知识产权的保护。

案例分析

奇瑞腾讯"QQ"商标争夺

案情:2003年3月,奇瑞"QQ"轿车上市两个月前,奇瑞公司就向商标局申请注册了第3494779号"QQ"商标,指定使用在国际分类第12类中的大客车、电动车辆、小汽车、汽车等商品上,但腾讯公司随后在该商标的初审公告期间提出异议,就此开始"QQ"商标的"鏖战"。

结果:商标评审委员会作出过裁定,对腾讯公司持有的争议商标依法予以撤销。腾讯公司不服,随后向北京市第一中级人民法院提起行政诉讼。在一审判决其败诉后,腾讯公司继续表示不服,又向北京市高级人民法院提起上诉。

北京市高级人民法院最终判令撤销腾讯公司在汽车等商品上的"QQ"注册商标。双方11年的商标大战终于尘埃落定。

第十章 国际商事仲裁法

【学习目标】
1. 了解国际商事仲裁的概念、特征、形式。
2. 了解各国主要的常设商事仲裁机构。
3. 了解仲裁协议的概念、形式、内容、效力。
4. 了解中国国际经济贸易仲裁委员会的受案范围。
5. 掌握国际商事仲裁的基本程序,国际商事仲裁的裁决的承认与执行。

第一节 国际商事仲裁法概述

一、国际商事仲裁的概念

仲裁是指当事人通过仲裁协议的方式,自愿将他们的争议交由仲裁协议所确定的第三人予以裁决的一种争议解决方式。当事人通过仲裁方式解决争议,其前提是当事人之间存在自愿仲裁的协议。仲裁裁决具有强制性,即作为仲裁结果的仲裁裁决,在当事人不履行的情况下,可以由当事人向人民法院申请强制执行。

国际商事仲裁,又称对外经济贸易及海事仲裁、涉外仲裁等,是解决跨国性商事争议的一种仲裁方法,如果仲裁审理的争议双方当事人具有不同国籍,或者其营业地分处于不同国家或地区,或争议标的、法律关系具有国际性,即为国际商事仲裁。

国际商事仲裁是解决国际经济贸易纠纷的一种常用的方式。在国际经济贸易活动中,交易双方处于不同的国家或地区,政治、经济、文化和自然条件等都有很大的差异,当事人双方之间存在各种合同争议是在所难免的。采取何种适当方式,公平合理地解决当事人之间的纠纷,是国际商事活动中的一个重要问题。

国际商事仲裁主要运用于下列案件:国际货物买卖合同中的争议;国际货物运输中的争议;国际保险中的争议;国际贸易、支付结算中的争议;国际投资、技术贸易以及合资、合作经营、补偿贸易、来料加工、国际租赁、国际合作开发自然资源、国际工程承包等方面的争议;国际知识产权保护方面的争议;海上碰撞、救助和共同海损中的争议;国际环境污染、涉外侵权行为中的争议等。

国际商事仲裁的特点是以双方当事人的协议为基础,仲裁机构一般是民间性质的组织。作为一种普遍使用的解决国际商事争议的方式,仲裁与协商和解、调解、诉讼相比,具有以下特点:(1)当事人自主性较大;(2)程序灵活、迅速及时,收费较低;(3)具有必要的强制性;(4)有利于保持当事人间的关系,并可协调不同法律之间的冲突。

中华人民共和国在 1995 年制定实施了《仲裁法》。在 1986 年,第六届全国人大常委会通过决议,中国正式加入 1958 年联合国主持制定的《承认与执行外国仲裁公约》,使中国国内仲裁制度和国际仲裁制度有机地结合在一起。中国国际经贸仲裁委员会和中国海事仲裁委员会都有自己的仲裁规则,当事人也可以选择采用联合国国际贸易法仲裁委员会的仲裁规则。

二、国际商事仲裁机构

(一) 我国的国际商事仲裁机构

我国专门处理涉外仲裁案件的机构,是中国国际经济贸易仲裁委员会和中国海事仲裁委员会。中国国际经济贸易仲裁委员会设在北京,在深圳、上海等地设立了分会。仲裁委员会同时使用"中国国际商会仲裁院"名称。

依据我国法律规定,仲裁机构是依法设立的从事仲裁活动的民间组织,它与行政机构和其他任何部门没有隶属关系,各种仲裁组织之间也没有隶属关系。按照我国《仲裁法》的规定,仲裁机构为仲裁委员会,包括各专门委员会,如中国国际贸易仲裁委员会、中国海事仲裁委员会等。仲裁机构的设立地点应在各省、自治区、直辖市的人民政府所在地,也可以根据需要在其他设区的市设立,而不按行政区划层层设立。根据需要,仲裁委员会还可以在其他地区设立分会。仲裁委员会设立的发起,应该由所在地人民政府组织有关部门和商会统一组建,并要经过省、自治区、直辖市的司法行政部门登记。

《仲裁法》第 73 条规定,涉外仲裁规则可以由中国国际商会依照《仲裁法》和民事诉讼法的有关规定制定。中国国际经济贸易仲裁委员会的仲裁规则于 2012 年 2 月 3 日修订并通过,自 2012 年 5 月 1 日起施行。依据该规则的规定,中国国际经济贸易仲裁委员会受理下列争议案件:

(1)仲裁委员会根据当事人的约定受理契约性或非契约性的经济贸易等争议案件。

(2)前款所述案件包括:国际或涉外争议案件;涉及香港特别行政区、澳门特别行政区及台湾地区的争议案件;国内争议案件。

中国海事仲裁委员会设在北京,在上海设立分会。中国海事仲裁委员会以仲裁的方式,独立、公正地解决海事、海商争议以及其他契约性或非契约性争议,以保护当事人的合法权益,促进国际、国内经济贸易的发展。

《中国海事仲裁委员会仲裁规则》于 2004 年 7 月 5 日由中国国际商会修订并通过,于 2004 年 10 月 1 日起施行。根据该规则的规定,中国海事仲裁委员会受理以下争议案件:

(1)租船合同、多式联运合同或者提单、运单等运输单证所涉及的海上货物运输、水上货物运输、旅客运输争议。

(2) 船舶、其他海上移动式装置的买卖、建造、修理、租赁、融资、拖带、碰撞、救助、打捞，或集装箱的买卖、建造、租赁、融资等业务所发生的争议。

(3) 海上保险、共同海损及船舶保赔业务所发生的争议。

(4) 船上物料及燃油供应、担保争议，船舶代理、船员劳、港口作业所发生的争议。

(5) 海洋资源开发利用、海洋环境污染所发生的争议。

(6) 货运代理，无船承运，公路、铁路、航空运输，集装箱的运输、拼箱和拆箱，快递，仓储，加工，配送，仓储分拨，物流信息管理，运输工具、搬运装卸工具、仓储设施、物流中心、配送中心的建造、买卖或租赁，物流方案设计与咨询，与物流有关的保险，与物流有关的侵权争议，以及其他与物流有关的争议。

(7) 渔业生产、捕捞等所发生的争议。

(8) 双方当事人协议仲裁的其他争议。

【知识链接】

1954年，中华人民共和国中央人民政府通过决定，在中国国际贸易促进委员会内设立对外贸易仲裁委员会。1958年，国务院决定在中国国际贸易促进委员会内设立海事仲裁委员会。此后，对外贸易仲裁委员会的名称变更为"中国国际经济贸易仲裁委员会"，同时使用"中国国际商会仲裁院"名称。

（二）国际商事仲裁机构

1. 外国的常设仲裁机构的种类

许多国家都有常设的仲裁机构，这些仲裁机构可以分为两类。

一类是全国性的仲裁机构，例如国际商会仲裁院、英国伦敦仲裁院、美国仲裁协会、瑞典斯德哥尔摩商会仲裁院、瑞士苏黎世商会仲裁院、日本商事协会、意大利仲裁协会、澳大利亚国际商事仲裁中心等。

一类是设立在特定行业内的专业性制裁机构，例如伦敦油籽协会、伦敦谷物贸易协会、伦敦羊毛终点市场协会、伦敦黄麻协会等行会所设立的仲裁机构。

2. 外国常设仲裁机构简介

(1) 国际商会仲裁院（The ICC Court of Arbitration，ICCCA）。国际商会仲裁院成立于1923年，是附属于国际商会的一个国际性常设调解与仲裁机构，也是目前世界上提供国际经贸仲裁服务较多、具有重大影响的国际经济仲裁机构。国际商会仲裁院是国际性民间组织，具有很大的独立性，该仲裁院总部设在巴黎，理事会由来自40多个国家和地区的具有国际法专长和解决国际争端经验的成员组成，其目的是通过处理国际性商事争议，促进国际间的经济贸易合作与发展。

仲裁院自身并不解决争议，其职责在于确保该院所制定的仲裁规则和调解规则的执行。仲裁当事人在申请仲裁时应当向秘书处提交仲裁申请书，秘书处应通知申请人和被申请人已经收到申请书以及收到日期,秘书处收到申请书的日期在各种意义上均应视为仲裁程序开始的日期。一般情况下,被申请人应当在收到秘书处转来的申请书之后30天内提交答辩。

争议由1名或3名仲裁员裁决,仲裁员均应独立于各当事人并保持独立。当事人没有商定仲裁员人数的,仲裁院将指定1名独任仲裁员审理案件。当事人约定由1名独任仲裁员解决争议的,他们可以协议共同指定一名仲裁员。如果当事人没有共同指定1名独任仲裁员,仲裁院将指定1名独任仲裁员处理案件。争议由3人仲裁庭审理的,每一方当事人均应各自指定1名仲裁员。如果当事人没有指定,仲裁院将代其指定1名仲裁员。第三名仲裁员担任首席仲裁员,由仲裁院指定。

当事人有权自由约定仲裁庭处理案件实体问题所应适用的法律规则。当事人对此没有约定的,仲裁庭将决定适用其认为适当的法律规则。在任何情况下,仲裁庭均应考虑合同的规定以及有关贸易惯例。

案件决定开庭审理的,仲裁庭应当以适当方式通知当事人在指定的时间到指定地点出席开庭审理。任何当事人经适当传唤无正当理由而未出庭的,仲裁庭有权继续进行仲裁程序。仲裁庭必须作出终局裁决的期限为6个月。

(2)伦敦仲裁院(London Court of International Arbitration,LCIA)。英国伦敦仲裁院成立于1892年。1981年改名为伦敦国际仲裁院,这是国际上最早成立的常设仲裁机构,也是英国最有国际影响的常设商事仲裁机构。现由伦敦市、伦敦商会和女王特许协会三家共同组成的联合管理委员会管理,仲裁院的日常工作由女王特许协会负责,仲裁协会的会长兼任仲裁院的主席,1978年设立了由来自30多个国家的具有丰富经验的仲裁员组成的"伦敦国际仲裁员名单"。由于其较高的仲裁质量,它在国际社会上享有很高的声望。

伦敦国际仲裁院的职能是为解决国际商事争议提供服务,它可以受理当事人依据仲裁协议提交的任何性质的国际争议,在国际社会享有较高的声望,特别是在国际海事案件的仲裁领域具有相当的权威。在仲裁员的选任方面,其更注重仲裁员的专业知识,聘任某些技术领域方面的专家为该院仲裁员。当事人决定将争议提交给该院仲裁时,可就仲裁员及仲裁庭组成进行选择。如果当事人未就仲裁员人选达成协议,则由该院从其仲裁员名单中加以指定。

在组成仲裁庭方面,该仲裁院确定了一项重要的原则,即在涉及不同国籍的双方当事人的商事争议中,独任仲裁员和首席仲裁员必须由1名中立国籍的人士担任。仲裁庭组成后,一般应当按照伦敦国际仲裁院的仲裁规则进行仲裁程序,但同时,该仲裁院也允许当事人约定按《联合国国际贸易委员会仲裁规则》规定的程序仲裁。

(3)美国仲裁协会(American Arbitration Association,AAA)。美国仲裁协会是美国主要的国际商事仲裁机构,设立于1926年,它是由1922年成立的美国仲裁协会和1925年成立的美国仲裁基金会合并组成。总部在纽约,在全国主要城市设有分会。

美国仲裁协会的主要职能为管理仲裁案件。根据美国仲裁规则的规定,仲裁案件由仲裁规则中提到的"仲裁管理人"(即国际争议解决中心)全权管理。仲裁管理人的职责包括:仲裁案件的日常管理、接收当事人提交的文件、就当事人对仲裁员的异议作出裁定以及要求当事人支付预付金。国际争议解决中心(ICDR)建立于1996年,是美国仲裁协会的单独部门,其办公地点在纽约,欧洲办公室在都柏林,拥有400余名公正、独立的仲裁员和调解员队伍。

美国仲裁协会制定了国际争议解决程序(包括调解和仲裁规则),2006年5月1日修改并生效。美国仲裁协会建立了B2B争议处理议定书来指导电子商务争议解决。

(4)瑞典斯德哥尔摩商会仲裁院(The Arbitration Institute of Stockholm Chamber of Commerce, AISCC)。瑞典斯德哥尔摩仲裁院成立于1917年,是瑞典全国性的仲裁机构,它是斯德哥尔摩商会内部机构,但在职能上独立。瑞典的仲裁历史悠久,体制完善,有一套完整的仲裁规则和一批精通国际商事仲裁理论与仲裁实践的专家。瑞典中立国的地位,为其公平性提供了很好的保障。因此,在国际商事仲裁中,瑞典斯德哥尔摩仲裁院享有很好的国际声誉。近年来,该仲裁院已经成为国际贸易制裁中心。随着我国对外开放的不断深入,许多涉外合同当事人选择AISCC作为解决其争议的仲裁机构。

瑞典斯德哥尔摩仲裁院没有统一的仲裁员名单,对仲裁员的国籍也没有限制,双方当事人可以自由指定任何国家的公民作为仲裁员。如果当事人未就仲裁员人数达成协议,则仲裁员人数为3人。如果当事人已同意争议由一名独任仲裁员仲裁,则该独任仲裁员由仲裁院指定。在其他情况下,当事人各指定同等人数的仲裁员,仲裁院指定一名仲裁员担任首席仲裁员。如果当事人同意,仲裁院可以指定仲裁庭的所有仲裁员。仲裁庭必须在制定仲裁院之日起1年内作出裁决,仲裁裁决必须说明理由。当事人如果对裁决有异议,可以在收到裁决后60天内向法院提出。

仲裁院设立一个3人组成的理事会,理事会成员由商会执行委员会任命,任期2年。理事会一名成员为理事长,应由在处理商务争议方面有经验的法官担任。其余两名理事,一名由开业律师担任,另一名应是在商界享有盛誉的人士。

目前,瑞典斯德哥尔摩商会仲裁院可以受理世界上任何国家当事人所提交的商事争议。双方当事人之间发生争议时,如果要将该争议提交仲裁院仲裁,必须向仲裁院提出书面申请,并提供所依据的合同副本或者仲裁协议副本。仲裁院经过审查后,对于符合受理条件的争议案件予以受理,并设立仲裁庭。仲裁庭在进行仲裁时,可以适用该仲裁院的仲裁规则,也可以适用当事人选定的其他仲裁规则,也允许当事人约定按《联合国国际贸易法委员会仲裁规则》规定的程序仲裁,仲裁庭对争议案件经过审理后作出的仲裁裁决具有终局效力。

【案例10-1】

曾经被娃哈哈和法国达能视为决定成败的"终极一战"的海外仲裁结果已经得到媒

体披露。斯德哥尔摩商会仲裁院仲裁庭作出的裁决认定董事长宗庆后与娃哈哈集团等严重违反了相关合同,使达能因不正当竞争蒙受了"重大损失"。达能表示,待和解协议执行完毕后,双方将终止与双方之间纠纷有关的所有法律程序。

2007年4月,娃哈哈与达能之间的纠纷公开化。达能公司被曝欲以40亿元人民币的低价并购娃哈哈非合资企业。同年5月9日,达能向瑞典斯德哥尔摩商会仲裁院提出8项仲裁申请。6月7日,宗庆后辞去娃哈哈合资企业董事长职务。随后双方拉开了国内外法律诉讼战。2009年1月,瑞典斯德哥尔摩商会仲裁院对该案开庭审理,9月30日,斯德哥尔摩商会仲裁院仲裁庭就该案做出了裁决。同日,双方在北京签署和解协议,终止合资关系。

达能发表声明,这一裁决并不会影响达能与娃哈哈双方达成的友好和解方案。在9月30日双方签署和解协议后,斯德哥尔摩仲裁的程序已暂停;待和解协议执行完毕后,双方将终止与双方之间纠纷有关的所有法律程序。达能对与娃哈哈达成的和解协议表示满意,它为彻底解决争端提供了关键性的机遇。

巧合的是,双方联合发布声明宣布和解的日期也是9月30日。达能表示,有关仲裁结果是在和解声明发出后才确认收到的。按当时双方的公布,达能和娃哈哈将终止其现有的合资关系,达能将合资公司中的51%的股权出售给中方合资伙伴。据新华社报道,娃哈哈方面表示,很多资产目前正在加紧清理之中,整个和解协议进展顺利。

2006年起,娃哈哈和合作10年的合资伙伴法国达能出现严重分歧。2007年5月起,达能在瑞典斯德哥尔摩商会仲裁院对娃哈哈集团及集团董事长宗庆后提起违反合资合同的仲裁后,在美国、BVI、萨摩亚等地展开各种诉讼。达能和娃哈哈之间的争议,被认为是中国商业史上耗时最久的合资纠纷。

(资料来源:http://news.dayoo.com/finance/200911/05)

第二节 国际商事仲裁协议

一、仲裁协议的概念

仲裁协议是双方当事人表示愿意把他们之间的争议交付仲裁解决的一种书面协议,它是仲裁机构或仲裁员受理争议案件的依据。我国《中国国际经济贸易仲裁委员会仲裁规则》规定,仲裁协议系指当事人在合同中订明的仲裁条款或以其他方式达成的提交仲裁的书面协议。

仲裁条款具有独立性。合同中的仲裁条款应视为与合同其他条款分离的、独立存在的条款,附属于合同的仲裁协议也应视为与合同其他条款分离的、独立存在的一个部分;合同的变更、解除、终止、转让、失效、无效、未生效、被撤销以及成立与否,均不影响仲裁条款或仲裁协议的效力。

二、仲裁协议的形式

我国的《中国国际经济贸易仲裁委员会仲裁规则》和《仲裁法》均规定,仲裁协议应当采取书面形式。在仲裁申请书和仲裁答辩书的交换中,一方当事人声称有仲裁协议而另一方当事人不做否认表示的,视为存在书面仲裁协议。

所谓书面形式包括合同书、信件、电报、电传、传真、电子数据交换和电子邮件等可以有形地表现所载内容的形式。

书面的仲裁协议有两种形式。

(一) 仲裁条款

仲裁条款是指双方当事人在签订有关条约或合同时,在该条约或合同中订立的约定将其可能发生的争议提交仲裁解决的条款。仲裁条款订立于争议发生之前,是一种最常见和最重要的仲裁协议。

(二) 仲裁协议书

仲裁协议书,是指由双方当事人订立的,表示同意把争议提交仲裁解决的协议,这是独立于主合同之外的一个单独的协议。

三、仲裁协议的效力

(一) 仲裁机构取得争议案件的管辖权

仲裁协议是仲裁机构受理仲裁案件的依据。如我国《仲裁法》规定,仲裁协议是仲裁机构受理争议案件的依据,如没有仲裁协议或者协议无效,仲裁机构就没有权力受理该项争议。仲裁协议规定了仲裁机构的受案范围,仲裁机构只能受理当事人在仲裁协议中约定提出的争议事项。

(二) 当事人必须将争议提交仲裁解决

当事人双方约定通过仲裁方式解决争议,在争议发生后,应当将该争议提交仲裁解决,并且按照仲裁协议的规定,选择仲裁员和参与仲裁审理。仲裁协议的法律效力对当事人的约束主要体现在各方当事人依法签订仲裁协议后,就表示放弃了将特定争议事项向法院提出诉讼解决的权利。协议的任何一方在发生争议时都不得向法院提出诉讼,而必须用仲裁的方式解决争议。

(三) 排除法院对争议案件的管辖权

只要当事人订立了仲裁协议,就不得把有关争议提交法院解决。如果一方当事人违反了仲裁协议,将有关争议向法院提起诉讼,对方当事人可以根据仲裁协议请求法院停止诉讼程序,把案件发回仲裁机构审理。

四、仲裁协议的内容

由于仲裁协议具有重要意义,因此,当事人在订立仲裁协议时应当尽可能明确、具体、完整地作出规定。一般来讲,仲裁协议应包括如下内容:

(一)仲裁地点

仲裁地点是仲裁协议的关键内容之一,关系到仲裁程序与准据法的选择。在国际经济贸易活动中,由于双方当事人分属于不同的国家,在不同国家进行仲裁可能产生不同的裁决,对当事人的利益产生重大影响。许多国家的法律都规定,仲裁地点与仲裁所适用的程序法和实体法有密切关系。一般来说,除双方当事人已经明确作出选择的以外,仲裁机构要参照仲裁所在地国家的法律冲突规则来确定合同的准据法。

我国《国际经济贸易仲裁委员会仲裁规则》规定,当事人对仲裁地有约定的,从其约定。当事人对仲裁地未作约定或约定不明的,以管理案件的仲裁委员会或其分会/中心所在地为仲裁地;仲裁委员会也可视案件的具体情形确定其他地点为仲裁地。仲裁裁决视为在仲裁地作出。

(二)仲裁机构

仲裁机构是主持仲裁工作的组织,是经当事人仲裁协议授权受理涉外争议案件并作出仲裁裁决的仲裁管辖机构。国际仲裁有两种仲裁形式:常设仲裁机构和临时仲裁庭。

常设的仲裁机构有固定的组织机构,有确定的仲裁程序,有专业的仲裁员,仲裁审理形成稳定的运作体系,方便当事人进行仲裁。临时仲裁庭是根据当事人订立的仲裁条款或协议,在争议发生后由当事人临时指定仲裁人员组成一次性的仲裁庭,按照当事人约定的方式和规则进行审理并作出裁决。国际商事仲裁一般都选择机构仲裁。我国的涉外仲裁都是机构仲裁,没有临时仲裁。在约定仲裁机构的时候,当事人应当写明指定仲裁机构的名称的全称。

(三)仲裁程序规则

仲裁程序是规定如何进行仲裁的程序和做法,是仲裁机构审理案件的程序依据,其作用主要是为当事人和仲裁员规定了进行仲裁活动的行为准则,在仲裁中有所依据。仲裁规则由仲裁机构自行制定。一般来讲,在哪个仲裁机构仲裁,就适用哪个机构的仲裁规则,但也有的国家允许当事人任意选择仲裁规则。

【知识链接】

我国《国际经济贸易仲裁委员会仲裁规则》规定:

(1)本规则统一适用于仲裁委员会及其分会/中心。

(2)当事人约定将争议提交仲裁委员会仲裁的,视为同意按照本规则进行仲裁。

(3)当事人约定将争议提交仲裁委员会仲裁但对本规则有关内容进行变更或约定适用其他仲裁规则的,从其约定,但其约定无法实施或与仲裁程序适用法强制性规定相抵触者除外。当事人约定适用其他仲裁规则的,由仲裁委员会履行相应的管理职责。

(4)当事人约定按照本规则进行仲裁但未约定仲裁机构的,视为同意将争议提交仲裁委员会仲裁。

(5)当事人约定适用仲裁委员会制定的专业仲裁规则的,从其约定,但其争议不属于该专业仲裁规则适用范围的,适用本规则。

1976年,第31届联合国大会正式通过了《联合国国际贸易法委员会仲裁规则》。该规则由当事人自愿选择使用,不具有普遍的法律约束力。2002年6月21日,联合国国际商法委员会召开第35次会议,通过《国际商事调解示范法》,以此有效地解决国际商事纠纷。按照《国际商事调解示范法》的有关规定,不同国家的当事人之间的商事纠纷可以提请调解人予以调解,达成一致协议。该协议对当事人有效而且可以申请执行机构强制执行。

(四) 仲裁裁决的效力

仲裁裁决的效力主要是指裁决是否具有终局性,对当事人有无约束力,能否向法院上诉等,这些都须在仲裁协议中明确。从各国仲裁裁决的规定来看,原则上各国不允许上诉,有些国家虽然允许上诉,但法院对仲裁裁决只审查其程序是否适当,不审查仲裁裁决在认定事实或适用法律上是否正确。有些国家的法院在某些情况下可以撤销仲裁裁决。

我国仲裁法律规定,涉外仲裁的裁决都是终局的,具有法律约束力,当事人不得上诉。除非发生法定情况,即程序不合法,或裁决违背公共利益,法院才有权否定涉外仲裁裁决的效力。

第三节 国际商事仲裁程序

仲裁程序必须得到高度尊重和严格遵守。各个仲裁机构都有各自的仲裁规则,这些规则中规定了各类仲裁应当遵循的程序,其作用在于规定当事人、仲裁员和仲裁机构等在仲裁程序中的权利与义务。

自仲裁机构受理申请人提出的仲裁申请书开始,至仲裁机构作出仲裁裁决为止的整个过程是仲裁程序阶段。仲裁程序指仲裁机构在进行仲裁审理过程中,仲裁机构、各方当事人以及其他参与人从事仲裁活动必须遵循的程序。国际商事仲裁程序一般包括如下阶段。

(1)仲裁的申请和受理。

(2)仲裁庭的组成。临时仲裁机构可直接作为仲裁庭,常设仲裁机构内部则设有仲裁庭组织。仲裁庭由双方当事人合意选定或由有关仲裁机构基于当事人的授权或依职权指定的仲裁员组成。

(3)仲裁审理。仲裁案件的审理分为口头审理和书面审理两种方式。

(4)仲裁裁决。仲裁庭作出裁决后,仲裁程序即告终结。

一、仲裁的申请与受理

(一)仲裁的申请

它是指有关仲裁协议中约定的争议事项发生后,仲裁协议的一方当事人依据该协议将有关争议提交给他们约定的仲裁机构,请求对争议进行仲裁审理的活动。

当事人申请仲裁的条件是:(1)有仲裁协议;(2)有具体的仲裁请求和事实、理由;(3)属于仲裁委员会的受理范围。当事人申请仲裁,应当向仲裁委员会递交仲裁协议、仲裁申请书及副本。仲裁申请是启动仲裁程序的最初步骤。仲裁申请必须以书面形式进行。

(二)仲裁的受理

仲裁委员会根据当事人的仲裁协议和书面申请,受理案件。仲裁委员会收到仲裁申请书后,即予以审查。仲裁机构审查的焦点为申诉人提供的仲裁协议,经过审查认为符合要求且手续完备,即应受理。受理后应及时通知当事人,并将仲裁申请书及其附件连同仲裁机构的仲裁规则和仲裁员名册各一份寄送给被诉人;认为不符合受理条件的,应当书面通知当事人不予受理,并说明理由。

仲裁机构可以根据当事人的申请和本国法律的规定,提请被诉人财产所在地或仲裁机构所在地法院作出关于保全措施的裁定。

二、仲裁庭的组成

被诉人应在收到仲裁申请书之日起一定期间内在仲裁机构仲裁员名册中指定一名仲裁员,或者委托仲裁委员会主席指定,并应在收到仲裁申请书之日起的一定期限内提交答辩书及有关证明文件。如果被诉人在规定的期限内不做答复,仲裁机构主席可按仲裁规则的规定代替被诉人指定仲裁员。

仲裁庭可以由1名或3名仲裁员组成。被指定的仲裁员如果与案件有利害关系,应自行向仲裁机构请求回避。当事人也有权要求与案件有利害关系的仲裁员回避,由仲裁机构主席决定该仲裁员是否回避。

> **小贴士**
>
> 为保证仲裁活动的公正性,仲裁法规定了仲裁员回避制度。仲裁员与案件有利害关

系的,应当以书面形式向仲裁委员会披露并请求回避。当事人对仲裁员的公正性和独立性产生合理怀疑时,可以书面向仲裁委员会提出要求该仲裁员回避的请求,但应说明提出回避请求所依据的具体事实和理由,并提供必要的证据。仲裁员是否回避,由仲裁委员会主任作出决定。

三、仲裁的审理

仲裁庭组成之后,在对争议进行审理的过程中会涉及许多程序问题,如审理日期、审理方式、搜集证据和调查证人等,有时还要作出临时性的保全措施,以保护当事人的利益。

关于争议案件的审理日期由仲裁庭决定,并于开庭前一定期间通知双方当事人。当事人有正当理由的,可以在规定的期间内请求延期,除非有不能预见的特殊情况发生。

仲裁庭有两种审理方式:开庭审理和书面审理。各国一般都规定应该采取口头方式开庭审理,但经双方当事人申请或征得双方当事人同意后,也可以书面审理,即不开庭审理,只依据双方提供的书面文件进行审理并作出裁决。无论采取何种方式,重要的是仲裁庭必须贯彻当事人的权利平等原则,使双方都享有答辩或提出书面证据的均等机会。开放审理的,如一方拒不出庭,仲裁庭可以根据出庭一方当事人的申请,进行审理或裁决。仲裁一般在仲裁机构所在地进行,经仲裁机构主席批准,也可以在其他地点进行审理。

在审理案件过程中,当事人双方为支持各自的观点和主张,需要提出充分的证据。仲裁庭认为必要时,也可以自行调查、搜集证据,甚至可以就案件中的专门问题向专家咨询或指定鉴定人进行鉴定。英国、瑞典等国的仲裁法规定,在证人自愿的前提下,仲裁员可传唤证人出庭作证。但如果证人不愿出庭作证,仲裁员无权强令证人出庭,只能由仲裁员或当事人申请法院发出传票,命令证人到庭;在仲裁庭保出裁决之前,如果双方当事人自行达成和解,申诉人应及时申请撤销案件。

四、仲裁裁决

仲裁裁决是仲裁庭通过对仲裁案件的审理而作出的裁决。仲裁裁决应当按照多数仲裁员的意见作出,少数仲裁员的不同意见可以记入笔录。仲裁裁决应当写明裁决的形式、内容、所依据的理由、仲裁费用以及该裁决的效力等问题,由仲裁庭全体或多数仲裁员署名,并写明作出裁决的日期和地点。在仲裁庭不能形成多数意见时,按照首席仲裁员或者公断人的意见作出仲裁裁决。裁决自作出之日起发生法律效力。

有些国家允许仲裁机构对其受理的案件进行调解。经调解达成和解协议的案件,仲裁庭应当根据双方当事人和解协议的内容作出裁决书。这类裁决书不需要说明所依据的理由。

仲裁庭应当根据事实,依照法律和合同规定,参考国际惯例,并遵循公平合理原则,独立公正地作出裁决。仲裁裁决是终局的,对双方当事人均有约束力,不许起诉,这是当前国际商事仲裁的一般规定和总的发展趋势。但在实践中,各国的做法仍不相同。大多数国家规定裁决是终局的,但也有的国家规定当事人可以向法院起诉。有的国家虽然规定当事人不得就仲裁裁决起诉,但允许当事人按法律规定的条件请求法院撤销裁决。概括起来,这些条件是:(1)无有效的仲裁协议;(2)仲裁员行为不当;(3)仲裁程序不当,裁定不符合法律要求;(4)裁决内容超出协议所规定的范围或仲裁机构的受案范围;(5)裁决所依据的证据是伪造的,或发现了新的足以推翻原有证据的证据。

第四节　国际商事仲裁裁决的承认和执行

一、国际商事仲裁裁决的承认与执行的国际条约

在国际经济贸易仲裁中,裁决的执行是一个比较复杂的问题。当事人拒不执行仲裁裁决,便会导致仲裁执行问题。一般情况下,对于涉及本国仲裁机构的裁决的执行,手续比较简单。但是,对于外国仲裁机构裁决的执行,情况就比较复杂,因为这不仅涉及双方当事人的利益,而且涉及两国间的利害关系,故各国对执行外国的仲裁裁决,都规定了一些限制,存在许多分歧。因此,许多国家对于执行外国的仲裁裁决都在本国法律中作出了一些限制。例如以互惠条件,或者以该裁决不违反执行国的"公序良俗"或"社会公共秩序"为前提等。如果外国的裁决不符合执行国的法律,则执行国的法院有权拒绝执行。

为了解决各国在承认和执行外国仲裁裁决方面存在的分歧,国际社会先后通过了三个国际公约,分别是:《1923年日内瓦仲裁条款议定书》、1927年《关于执行外国仲裁裁决的公约》、1958年在联合国主持下缔结的《承认和执行外国仲裁裁决的公约》(简称《纽约公约》)。《纽约公约》已经取代了前两个公约,成为有关承认和执行外国仲裁机构裁决的最重要的国际公约,我国于1986年12月2日正式加入了该公约,但是有两项保留:一是仅适用于缔约国之间所作出的裁决,二是只适用于商事关系所引起的争议。

《纽约公约》规定,缔约国应当相互承认和执行对方国家所作出的仲裁裁决,并应提出在实质上比承认和执行本国的仲裁裁决更为麻烦的条件和征收更高的费用。一方当事人申请承认和执行仲裁裁决的,应当提供经过适当证明的仲裁裁决的正本或副本、仲裁协议的正本或经过适当证明的规定副本,必要时还应当附具正本。

《纽约公约》规定拒绝承认和执行外国仲裁裁决的条件,明确规定,凡外国仲裁裁决具有所规定的情况的,被请求执行的机关可以依照被诉人的请求,拒绝承认和执行该裁决。此规定既反映了缔约国保护本国境内被申请人的利益,又在很大程度上限制和统一了各国关于当事人可申请拒绝承认和执行外国裁决的抗辩理由。

🚩【知识链接】

《纽约公约》

被申请人举证证明公约第5条所列5项条件中任何一项成立，则该裁决可被拒绝承认和执行：

(1)被申请人证明仲裁协议的当事人无行为能力情形者，或根据该项仲裁协议所指定的准据法，或根据裁决地所在国法律的，该项仲裁协议是无效的。

(2)被申请人一方未接获关于指派仲裁员或仲裁程序的适当通知，或因为其他原因而不能对案件提出意见，导致未能申辩的。

(3)裁决的事项超出仲裁协议所规定的范围的。

(4)仲裁庭的组成或仲裁程序与各方当事人之间的协议不相符合，或者双方没有仲裁协议而与仲裁地所在国法律不相符合的。

(5)仲裁裁决对各方尚未发生拘束力，或者裁决已经被裁决地所在国的国家主管机关撤销或停止执行的。

为了维护被申请承认和执行国的国家利益，《纽约公约》第5条第2款规定，被请求承认和执行裁决国家的执行管辖机关，如果查明仲裁裁决具有下列任何问题之一的，可拒绝承认和执行：(1)争执的事项依照承认和执行地国家法律规定属于不可以仲裁方式解决的；(2)承认和执行该项裁决将与执行地国家的公共秩序相抵触。

二、我国关于国际商事仲裁裁决承认与执行的规定

(一) 中国仲裁机构所作出的裁决的执行程序

对于仲裁机构作出的仲裁协议，当事人应当自动履行。当事人不履行的，另一方当事人可以向被申请人住所地或者财产所在地的中级人民法院申请执行；也可以根据有关国际公约的规定向外国有管辖权的法院申请执行。

涉外仲裁委员会作出的发生法律效力的仲裁裁决，当事人请求执行的，如果被执行人或者其财产不在中华人民共和国领域内，应当由当事人直接向有管辖权的外国法院申请承认和执行。

对中华人民共和国涉外仲裁机构作出的裁决，被申请人提出证据证明仲裁裁决有下列情形之一的，经人民法院组成合议庭审查核实，裁定不予执行：(1)当事人在合同中没有订有仲裁条款或者事后没有达成书面仲裁协议的；(2)被申请人没有得到指定仲裁员或者进行仲裁程序的通知，或者由于其他不属于被申请人负责的原因未能陈述意见的；(3)仲裁庭的组成或者仲裁的程序与仲裁规则不符的；(4)裁决的事项不属于仲裁协议的范围或者仲裁机构无权仲裁的。人民法院认定执行该裁决违背社会公共利益的，裁定不予执行。仲裁裁决被人民法院裁定不予执行的，当事人可以根据双方达成的书面仲裁协

议重新申请仲裁,也可以向人民法院起诉。

【案例 10-2】

日本某国际贸易公司与我国某对外贸易公司在中国南京市签订一项购销乳胶手套及制造设备的合同。合同规定:日本某国际贸易公司向我国某对外贸易公司出售一套乳胶手套制造设备,价款 CIF 南通 53 万美元,75% 货款以货币支付,25% 货款以产品补偿。合同中还约定了出现争议提交中国国际经济贸易仲裁委员会仲裁的条款。合同签订后,日本某国际贸易公司交付了设备,我国某对外贸易公司依约支付了 75% 的货款。后来,双方就设备投产后的产品质量及补偿产品的价格等问题产生争议。

为此,双方进行了协商,决定将原合同中以产品补偿货款 25% 的付款方式变更为以现款方式。但是,付款期限过后,我国某对外贸易公司始终拒付款项,日本某国际贸易公司在多次催讨无着的情况下,依照合同中的仲裁条款,向中国国际经济贸易仲裁委员会申请仲裁,仲裁委员会依法作出裁决。我国某对外贸易公司未按仲裁裁决履行,日本某国际贸易公司依据中华人民共和国民事诉讼法的规定,向我国人民法院申请执行。

【评析】

涉外经济仲裁是终局裁决,即裁决一经作出即具有法律效力,负有义务的当事人应当依照裁决自觉执行,当事人逾期不执行的,对方当事人可以向被申请人住所地或者财产所在地的法院申请执行。因此,我国法院接到日本某国际贸易公司申请执行书后,经审查认为该申请符合我国《民事诉讼法》的规定,决定予以执行。

(二) 外国仲裁机构所作出的仲裁裁决的执行

我国《民事诉讼法》第 283 条规定,国外仲裁机构的裁决,需要中华人民共和国人民法院承认和执行的,应当由当事人直接向被执行人住所地或者其财产所在地的中级人民法院申请,人民法院应当依照中华人民共和国缔结或者参加的国际条约,或者按照互惠原则办理。

第五节 中国的仲裁机构、仲裁程序与仲裁法

中国现有 180 多家仲裁机构,不以行政区域设置,区县均无仲裁机构。国内比较权威的仲裁机构是中国国际经济贸易仲裁委员会(CIETAC)。并根据业务发展的需要,设立了上海分会、华南分会、西南分会、浙江分会、湖北分会、福建分会、香港中心、天津中心等。

一、中国国际经济贸易仲裁委员会(CIETAC)

(一) 简介

中国国际经济贸易仲裁委员会,是以仲裁的方式,独立、公正地解决契约性或非契约

性的经济贸易等争议的常设商事仲裁机构,是中国国际贸易促进委员会根据中央人民政府政务院1954年5月6日的决定,于1956年4月设立的,当时名称为对外贸易仲裁委员会。我国实行对外开放政策以后,为了适应国际经济贸易关系不断发展的需要,对外贸易仲裁委员会于1980年改名为对外经济贸易仲裁委员会,又于1988年改名为中国国际经济贸易仲裁委员会,自2000年10月1日起同时启用"中国国际商会仲裁院"名称。

(二) 仲裁范围

中国国际经济贸易仲裁委员会以其独立、公正、高效的仲裁工作在国内外享有广泛的声誉,赢得了中外当事人的高度信赖,现已成为世界上重要的国际商事仲裁机构之一。

仲裁委员会的受案量自1990年以来居于世界仲裁机构的前列,案件当事人涉及除中国之外的45个国家和地区,仲裁裁决的公正性得到了国内外的一致认可,其仲裁裁决在香港地区的执行率达到了99%以上,并可以依据联合国《承认和执行外国仲裁裁决公约》(《纽约公约》)在世界上140多个国家得到承认和执行。

二、中国国际经济贸易仲裁程序

(一) 仲裁程序规则

仲裁程序规则,是指双方当事人和仲裁庭在仲裁的整个过程中所应遵循的程序和规则。仲裁程序主要是规定如何进行仲裁的程序和方法,包括如何提出申请、指定仲裁员组成仲裁庭、如何审理并作出裁决,以及如何分担仲裁费用,等等。之所以要形成仲裁程序,主要是为当事人和仲裁员提供一套进行仲裁的行为规则,以便仲裁时有所依据。

(二) 仲裁的申请、答辩与反请求

1. 申请

当事人依据本规则申请仲裁时应:

(1)提交由申请人或申请人授权的代理人签名及/或盖章的仲裁申请书。仲裁申请书应写明:申请人和被申请人的名称和住所,包括邮政编码、电话、传真、电子邮件或其他电子通讯方式;申请仲裁所依据的仲裁协议;案情和争议要点;申请人的仲裁请求;仲裁请求所依据的事实和理由。

(2)在提交仲裁申请书时,附具申请人请求所依据的证据材料以及其他证明文件。

(3)按照仲裁委员会制定的仲裁费用表的规定预缴仲裁费。

2. 答辩

被申请人应自收到仲裁通知后45天内提交答辩书。被申请人确有正当理由请求延长提交答辩期限的,由仲裁庭决定是否延长答辩期限;仲裁庭尚未组成的,由仲裁委员会秘书局作出决定。仲裁庭有权决定是否接受逾期提交的答辩书。被申请人未提交答辩书的,不影响仲裁程序的进行。

3. 反请求

被申请人如有反请求,应自收到仲裁通知后 45 天内以书面形式提交。被申请人确有正当理由请求延长提交反请求期限的,由仲裁庭决定是否延长反请求期限;仲裁庭尚未组成的,由仲裁委员会秘书局作出决定。被申请人提出反请求时,应在其反请求申请书中写明具体的反请求事项及其所依据的事实和理由,并附具有关的证据材料及其他证明文件。被申请人提出反请求,应按照仲裁委员会制定的仲裁费用表在规定的时间内预缴仲裁费。被申请人未按期缴纳反请求仲裁费的,视同未提出反请求申请。

仲裁委员会秘书局认为被申请人提出反请求的手续已经完备的,应向双方当事人发出反请求受理通知。申请人应在收到反请求受理通知后 30 天内对被申请人的反请求提交答辩。申请人确有正当理由请求延长提交答辩期限的,由仲裁庭决定是否延长答辩期限;仲裁庭尚未组成的,由仲裁委员会秘书局作出决定。仲裁庭有权决定是否接受逾期提交的反请求答辩书。申请人对被申请人的反请求未提出书面答辩的,不影响仲裁程序的进行。

4. 受案范围

仲裁委员会根据当事人的约定受理契约性或非契约性的经济贸易等争议案件,包括(1)国际或涉外争议案件;(2)涉及香港特别行政区、澳门特别行政区及台湾地区的争议案件;(3)国内争议案件。

(三)仲裁庭

仲裁庭可以由 3 名仲裁员或者 1 名仲裁员组成。由 3 名仲裁员组成的,设首席仲裁员。当事人约定由 3 名仲裁员组成仲裁庭的,应当各自选定或者各自委托仲裁委员会主任指定一名仲裁员,第三名仲裁员由当事人共同选定或者共同委托仲裁委员会主任指定。第三名仲裁员是首席仲裁员。当事人约定由一名仲裁员成立仲裁庭的,应当由当事人共同选定或者共同委托仲裁委员会主任指定仲裁员。当事人没有在仲裁规则规定的期限内约定仲裁庭的组成方式或者选定仲裁员的,由仲裁委员会主任指定。仲裁庭组成后,仲裁委员会应当将仲裁庭的组成情况书面通知当事人。

(四)仲裁审理

仲裁庭审理案件不公开进行。双方当事人要求公开审理的,由仲裁庭决定是否公开审理。仲裁庭应开庭审理案件,但双方当事人约定并经仲裁庭同意或仲裁庭认为不必开庭审理并征得双方当事人同意的,可以只依据书面文件进行审理。

当事人约定了开庭地点的,仲裁案件的开庭审理应当在约定的地点进行,当事人约定在仲裁委员会或其分会或中心所在地之外开庭的,应预缴因此而发生的差旅费、食宿费等实际费用。当事人未在仲裁委员会规定的期限内预缴有关实际费用的,应在仲裁委员会或其分会或中心所在地开庭。

当事人可以撤回全部仲裁请求或全部仲裁反请求。申请人撤回全部仲裁请求的,不影响仲裁庭就被申请人的仲裁反请求进行审理和裁决。被申请人撤回全部仲裁反请求的,不影响仲裁庭就申请人的仲裁请求进行审理和裁决。因当事人自身原因致使仲裁程序不能进行的,可以视为其撤回仲裁请求。仲裁请求和反请求全部撤回的,案件撤销。在仲裁庭组成前撤销案件的,由仲裁委员会秘书长作出撤案决定;仲裁庭组成后撤销案件的,由仲裁庭作出撤案决定。

(五)仲裁审理中的调解

双方当事人有调解意愿的,或一方当事人有调解意愿并经仲裁庭征得另一方当事人同意的,仲裁庭可以在仲裁程序进行过程中对其审理的案件进行调解。双方当事人也可以自行和解。调解过程中,任何一方当事人提出终止调解或仲裁庭认为已调解成功的可能时,仲裁庭应停止调解。

经仲裁庭调解达成和解或双方当事人自行和解的,双方当事人应签订和解协议。经调解或当事人自行达成和解协议的,当事人可以撤回仲裁请求或反请求;当事人也可以请求仲裁庭根据当事人和解协议的内容作出裁决书或制作调解书。当事人请求制作调解书的,调解书应当写明仲裁请求和当事人书面和解协议的内容,由仲裁员署名,并加盖"中国国际经济贸易仲裁委员会"印章,送达双方当事人。

调解不成功的,仲裁庭应当继续进行仲裁程序并作出裁决。当事人有调解意愿但不愿在仲裁庭主持下进行调解的,经双方当事人同意,仲裁委员会可以协助当事人以适当的方式和程序进行调解。如果调解不成功,任何一方当事人均不得在其后的仲裁程序、司法程序和其他任何程序中援引对方当事人或仲裁庭在调解过程中曾发表的意见、提出的观点、作出的陈述、表示认同或否定的建议或主张其作为其请求、答辩或反请求的依据。

(六)仲裁裁决

仲裁庭应在组庭后6个月内作出裁决书。经仲裁庭请求,仲裁委员会秘书长认为确有正当理由和必要的,可以延长该期限。

由3名仲裁员组成的仲裁庭审理的案件,裁决依全体仲裁员或多数仲裁员的意见作出。少数仲裁员的书面意见应附卷,并可以附在裁决书后,该书面意见不构成裁决书的组成部分。仲裁庭不能形成多数意见时,裁决依首席仲裁员的意见作出。其他仲裁员的书面意见应附卷,并可以附在裁决书后,该书面意见不构成裁决书的组成部分。

做出裁决书的日期,即为裁决发生法律效力的日期。裁决是终局的,对双方当事人均有约束力。任何一方当事人均不得向法院起诉,也不得向其他任何机构提出变更仲裁裁决的请求。仲裁庭认为必要或当事人提出经仲裁庭同意的,仲裁庭可以在作出最终裁决前,就当事人的某些请求事项作出部分裁决。部分裁决是终局的,对双方当事人均有约束力。一方当事人不履行部分裁决,不影响仲裁程序的继续进行,也不影响仲裁庭作出最终裁决。

(七) 简易程序

1. 程序的适用

除非当事人另有约定,凡争议金额不超过人民币 200 万元,或争议金额超过人民币 200 万元,但经一方当事人书面申请并征得另一方当事人书面同意的,适用简易程序。没有争议金额或争议金额不明确的,由仲裁委员会根据案件的复杂程度、涉及利益的大小以及其他有关因素综合考虑决定是否适用简易程序。

2. 独任仲裁

仲裁庭由 1 名仲裁员组成,独任仲裁员由双方当事人在被申请人收到仲裁通知后 15 天内共同选定或共同委托仲裁委员会主任指定。其他的规定与 3 人组成的仲裁庭一致。

3. 答辩和反请求

被申请人应在收到仲裁通知后 20 天内提交答辩书及所依据的证据材料以及其他证明文件;如有反请求,也应在此期限内提交反请求书及所依据的证据材料以及其他证明文件。申请人应在收到反请求书及其附件后 20 天内对被申请人的反请求提交答辩。当事人确有正当理由请求延长上述期限的,由仲裁庭决定是否延长;仲裁庭尚未组成的,由仲裁委员会秘书局作出决定。

4. 作出裁决的期限

仲裁庭应在组庭后 4 个月内作出裁决书。经仲裁庭请求,仲裁委员会秘书长认为确有正当理由和必要的,可以延长该期限。程序中止的期间不计入上述规定的裁决期限。

三、我国《仲裁法》概述

我国《仲裁法》是为保证公正、及时地仲裁经济纠纷,保护当事人的合法权益,保障社会主义市场经济健康发展而制定的法律法规。1994 年 8 月 31 日第八届全国人民代表大会常务委员会第九次会议通过,2009 年 8 月 27 日第十一届全国人民代表大会常务委员会第十次会议第一次修正,2017 年 9 月 1 日第十二届全国人民代表大会常务委员会第二十九次会议第二次修正,于 2018 年 1 月 1 日生效。最新《仲裁法》全文包括总则、仲裁委员会和仲裁协会、仲裁协议、仲裁程序、申请撤销裁决、执行、涉外仲裁的特别规定、附则共 8 章 80 条。

复习思考题

1. 什么是国际商事仲裁?国际商事仲裁的特征是什么?
2. 主要的国际商事仲裁机构有哪些?
3. 仲裁条款应当包括哪些内容?
4. 我国国际经济贸易仲裁的主要程序是什么?
5. 国际商事仲裁裁决承认和执行的基本规定有哪些?

案例分析

原告利行公司是一家在马来西亚登记注册的航运公司，2001年11月，其与被告宇宙公司签订了一份代理协议，约定由宇宙公司作为利行公司的中国境内代理人接受托运人的订舱并代利行公司收取运费。协议履行至今年，经核对账目，利行公司认为宇宙公司共计拖欠运费78643.80美元。为此，利行公司向上海海事法院提起诉讼。

上海海事法院在审理中查明：当事人双方签定的代理协议的第17条明确约定了因履行本协议而产生的纠纷提交马来西亚仲裁的仲裁条款。条款译文为："任何与本协议本身或相关条款有关的以及终止或无效等的争议、分歧或纠纷应由马来西亚的独任仲裁员进行仲裁解决。仲裁员的裁决为最终裁决并对双方产生效力"。同时，协议的第18条也明确本协议的效力及履行应适用马来西亚法律。

上海海事法院认为，当事人双方就涉案船舶代理协议履行过程中可能产生的纠纷，已事先以书面协议形式约定了通过仲裁途径解决的仲裁条款。根据我国民事诉讼法的规定，当事人在合同中订有仲裁条款的，不得向人民法院起诉。利行公司应依据马来西亚的仲裁程序将涉案纠纷提交马来西亚独任仲裁员仲裁。上海海事法院遂裁定驳回了利行公司的起诉。

【评析】

我国《民事诉讼法》《仲裁法》和《纽约公约》都规定了双方当事人可以通过订立书面的仲裁协议或仲裁条款约定将可能发生的或已经发生的民商事纠纷提交仲裁。仲裁作为一种准司法性质的民间救济方式，已经得到了大多数国家的认可和支持。我国《民事诉讼法》第271条第1款和《仲裁法》第5条规定，一旦当事人达成书面仲裁协议，法院便不得再受理协议中所约定的纠纷，除非上述仲裁协议或条款被认定无效。

本案中，利行公司与宇宙公司订立的代理协议中第17条关于"任何与本协议本身或相关条款有关的以及终止或无效等的争议、分歧或纠纷应由马来西亚的独任仲裁员进行仲裁解决。仲裁员的裁决为最终裁决并对双方产生效力"的约定，含义十分明确，即将与履行本代理协议有关的可能发生的一切纠纷交由马来西亚独任仲裁员仲裁。因此，法院对本案纠纷不具有管辖权，不能再对涉案纠纷继续予以审理。最终，法院驳回了利行公司的起诉。

参考资料

一、著作

1. [英]艾伦·雷德芬、马丁·亨特.国际商事仲裁法律与实践.林一飞译.北京：北京大学出版社,2005.
2. 杨良宜.仲裁法：从1996年英国仲裁法到国际商务仲裁.北京：法律出版社,2006.
3. 张子愚.知识产权法.北京：中国政法大学出版社,2010.
4. 陈宪民.新编海商法教程.北京：北京大学出版社,2011.
5. 吴德昌.国际商事合同通则法律功能研究.北京：法律出版社,2011.
6. 黄海东、孙玉红.国际货物运输保险.北京：清华大学出版社,2012.
7. 张彤.欧洲私法的统一化研究.北京：中国政法大学出版社,2012.
8. 马平.国际商法.北京：清华大学出版社,2015.
9. 宋阳.国际商法与国内法关系问题研究.北京：法律出版社,2016.
10. 甘培忠、周淳.企业与公司法学.北京：北京大学出版社,2017.
11. [美]雷·奥古斯特、唐·迈耶、迈克尔·比克斯比.国际商法.高瑛玮译.北京：机械工业出版社,2018.
12. 梁慧星.民法总则讲义.北京：法律出版社,2018.
13. 刘晓红、袁发强.国际商事仲裁法案例教程.北京：北京大学出版社,2018.
14. 赵平.国际商事仲裁律师实务.北京：法律出版社,2018.
15. 韩世远.合同法总论.北京：法律出版社,2018.
16. 高圣平.担保法前沿问题与判解研究.北京：人民法院出版社,2019.
17. 中国国际经济贸易仲裁委员会.涉"一带一路"国家仲裁案例.北京：法律出版社,2019.
18. 张玉卿.国际商事合同通则2016.北京：中国商务出版社,2019.
19. 董学立.中国动产担保物权法编纂研究.北京：法律出版社,2020.
20. 杜月秋、孙政.民法典条文对照与重点解读.北京：法律出版社,2020.
21. 景光强.以物抵债疑难法律问题精释.北京：中国法制出版社,2020.
22. 广东省律师协会.典型海事海商案例汇编.北京：法律出版社,2021.
23. 温希波.电子商务法——法律法规与案例分析.北京：人民邮电出版社,2021.

二、参考网站

1. 世界贸易组织网:http://www.wto.org/.
2. 中华人民共和国商务部网:http://www.mofcom.gov.cn/.
3. 中国服务贸易指南网:http://tradeinservices.mofcom.gov.cn/i/index.shtml.
4. 中国法学网:http://www.iolaw.org.cn/.
5. 中国民商法律网:http://www.civillaw.com.cn/.
6. 杨立新民商法网:http://www.yanglx.com/.
7. 中国大律师网:http://www.maxlaw.cn/.
8. 国家知识产权局官网:http://www.sipo.gov.cn/.
9. 中国人民银行网官网:http://www.pbc.gov.cn.
10. 中国证券监督管理委员会官网:http://www.csrc.gov.cn/pub/newsite/.
11. 中顾合同纠纷网:http://news.9ask.cn/htjf/htzs/yunshu/201101/1063592.shtml.
12. 国家工商行政管理总局官网:http://www.saic.gov.cn/zcfg/.